中国社会科学院文库
经 济 研 究 系 列
The Selected Works of CASS
Economics

中国社会科学院创新工程学术出版资助项目

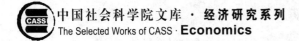
中国社会科学院文库 · 经济研究系列
The Selected Works of CASS · **Economics**

中国现代制造业体系论

ON THE SYSTEM OF CHINESE MODERN MANUFACTURING

李金华 等著

中国社会科学出版社

图书在版编目（CIP）数据

中国现代制造业体系论/李金华等著．—北京：中国社会科学
出版社，2015.1
　　ISBN 978 - 7 - 5161 - 5486 - 1

　　Ⅰ．①中…　Ⅱ．①李…　Ⅲ．①制造工业—产业发展研究—
中国—现代　Ⅳ．①F426.4

　　中国版本图书馆 CIP 数据核字（2015）第 014343 号

出 版 人	赵剑英
责任编辑	卢小生
责任校对	石春梅
责任印制	王　超

出　　　版	中国社会科学出版社
社　　　址	北京鼓楼西大街甲 158 号（邮编　100720）
网　　　址	http：//www. csspw. cn
	中文域名：中国社科网　　010 - 64070619
发 行 部	010 - 84083635
门 市 部	010 - 84029450
经　　　销	新华书店及其他书店

印　　　刷	北京市大兴区新魏印刷厂
装　　　订	廊坊市广阳区广增装订厂
版　　　次	2015 年 1 月第 1 版
印　　　次	2015 年 1 月第 1 次印刷

开　　　本	710 × 1000　1/16
印　　　张	20.25
插　　　页	2
字　　　数	338 千字
定　　　价	60.00 元

《中国社会科学院文库》出版说明

　　《中国社会科学院文库》（全称为《中国社会科学院重点研究课题成果文库》）是中国社会科学院组织出版的系列学术丛书。组织出版《中国社会科学院文库》，是我院进一步加强课题成果管理和学术成果出版的规范化、制度化建设的重要举措。

　　建院以来，我院广大科研人员坚持以马克思主义为指导，在中国特色社会主义理论和实践的双重探索中做出了重要贡献，在推进马克思主义理论创新、为建设中国特色社会主义提供智力支持和各学科基础建设方面，推出了大量的研究成果，其中每年完成的专著类成果就有三四百种之多。从现在起，我们经过一定的鉴定、结项、评审程序，逐年从中选出一批通过各类别课题研究工作而完成的具有较高学术水平和一定代表性的著作，编入《中国社会科学院文库》集中出版。我们希望这能够从一个侧面展示我院整体科研状况和学术成就，同时为优秀学术成果的面世创造更好的条件。

　　《中国社会科学院文库》分设马克思主义研究、文学语言研究、历史考古研究、哲学宗教研究、经济研究、法学社会学研究、国际问题研究七个系列，选收范围包括专著、研究报告集、学术资料、古籍整理、译著、工具书等。

中国社会科学院科研局

2006 年 11 月

前　言

　　本书是中国社会科学院 A 类重大课题"中国战略性新兴产业发展背景下现代制造业体系的构建"的最终研究成果。课题立项后，课题组先后到国家统计局、国家信息中心、国家发改委宏观研究院、湖北省统计局等单位收集资料，并赴武汉、郑州、深圳、广州、南京、大连、银川、中卫、太原等地进行实地调研，前后举行过十余次规模不等的专家咨询会或学术讨论会，讨论课题的研究思路和调研过程中发现的问题。课题组确定的研究思路是：中国现代制造业的发展背景—现实基础—依托环境—设计构建—空间布局—生产效率—生态效益—竞争实力。研究的思路也基本确定了本书的结构或框架。经过调查、研究和思考，我们形成了关于中国现代制造业体系的研究结论和认识。

　　第一，中国现代制造业体系发展面临的大背景。进入 21 世纪后，世界经济格局发生重大变化，国际上作为外商直接投资承载主体的跨国公司凭借国外直接投资（FDI）不断进行全球性生产布局，将劳动密集型产业和资本、技术密集型产业中的劳动密集型生产环节大量转移到发展中国家，形成了一种国际产业转移的浪潮。加之祸起 2008 年的全球范围的金融危机，重创了世界众多国家的经济，包括制造业在内的许多行业面临着升级、调整、转型的历史选择。作为世界最大经济体之一的中国，这一任务更是紧迫、艰巨，如何在新形势、新挑战面前，有效调整产业结构，加快新型工业化进程，在世界性的产业竞争中立于不败之地，是政府当前面临的重大课题，也是中国现代制造业体系发展的大背景。

　　第二，中国现代制造业的现实基础是中国制造业的规模、结构、水平。2010 年，中国国内生产总值总量超过日本，出口额排名全球第一，成为世界第二大经济体，也是世界第二大进口国。由于近 20 年中国劳动力成本较低、外来投资强劲，经济扩张迅猛，所以制造业发展迅速，对 GDP 增长发挥了重要影响。不可否认，作为国民经济的支柱，中国制造业发展的成就是巨大的，影响是深远的，在某些方面也是领先世界水平的。中国制造业的规模、结构、集聚状况，构成了中国现代制造业发展的现实基础。现阶段，中国制造业的生产体系已基本完善，对外贸易规模不断扩大。在制造总量上已超过美国，居世界第一，成为名副其实的世界制造业大国。在结构上，高新技术产业比重不断增加，产业集中度明显提高，区域性产业集聚已成趋势，行业结构也发生重大变化，这是中国现代制造业体系的依托环境。

第三，现代制造业体系是由一系列现代制造行业构成的有机整合体。与传统制造业相比，现代制造业体系应具备六大特征：一是生产技术先进，劳动生产率高；二是知识密集，产品附加值高，产业链长；三是行业结构优化，地域分布合理；四是掌握核心技术或关键技术，具有国际知名品牌，具有国际知名企业，具备较强的国际竞争力和比较优势，创新成果不断增加；五是污染小、能耗低，具有可持续发展潜力；六是管理运营模式科学高效，拥有高素质的产业工人、技术人员和管理人员，具备不断创新、不断发展的能力。现代制造业体系是国际经济发展大背景、大趋势下提出的新的产业概念，是现代科学技术与制造业相结合的产物。发展现代制造业体系，是世界各国抢占先机、引领世界经济发展的必然选择。中国现代制造业体系由15个支撑行业构成，按照行业代码顺序，依次为：农副食品加工业（C13）、纺织业（C17）、化学原料及化学制品制造业（C26）、医药制造业（27）、化学纤维制造业（C28）、橡胶制品业（C29）、塑料制品业（C30）、非金属矿物制品业（C31）、黑色金属冶炼及压延加工业（C32）、有色金属冶炼及压延加工业（C33）、通用设备制造业（C35）、专用设备制造业（C36）、交通运输设备制造业（C37）、电器机械及器材制造业（C39）、通信设备、计算机及其他电子设备制造业（C40）。这里既有国家产业政策支持发展的高科技行业、装备制造业，又有资源密集型行业和传统优势行业，这15个行业构成现代制造业体系的主体。现代制造业体系的构建目标是缔造世界制造业强国，即拥有一批国际顶级制造企业、一批国际知名的制造品牌，在世界制造领域掌握先进技术，引领国际制造的发展方向。

第四，中国现代制造业体系的空间布局体现为产业资源的空间集聚。目前，中国现代制造产业集聚度水平地区分化明显，呈扩散之势，制度特征阻碍了产业集聚；不同因素决定了不同行业的集聚度水平，技术密集型行业集中于发达地区；产业外向特征的影响作用会减弱。这是中国现代制造业体系空间分布的基本状况。现代制造行业间全要素生产率（TFP）增长变化趋同，现代制造业实现了集约型增长；影响因素对 TFP 增长均具有较强的解释力，现代制造业的增长主要是靠 TFP 增长推动的，且 TFP 增长主要是靠技术进步推动的，技术效率和配置效率对 TFP 增长的贡献较低且稳定，而规模效率则有持续恶化的趋势。在研究期限内，中国现代制造业的技术进步保持了较快的增长速度。

第五，现阶段，中国现代制造业普遍存在环境技术无效的现象，这一事实说明大多数行业在生产活动中没有使用与其经济能力相适应的环境技术，而这些行业只要有效使用与其经济能力相适宜的环境技术，就能在不改变经济能力的前提下减少"三废"的排放，中国现代制造业的生态效益水平与集聚度水平、全要素生产率水平没有明显的相关关系。现代制造业的环境绩效在研究期限内总体上得到了改善，且这种改善是由环境技术进步主导推动的。行业的生产率、集聚度、生态效益、利润率和市场份额共同决定了中国现代制造业的竞争实力；行业类别与竞争实力水平类别有极高的吻合度；国际贸易中的"绿色壁垒"和关键产品的定价权是限制中国现代制造业市场份额的主要因素。因此，必须在现代制造业发展实践中高度关注世界产业发展走势的多变性和不确定性，注重选择和培育具备潜在增长优势的制造产业，不断调整比较优势产业和产品，谋求现代制造业比较优势的动态更迭和相对竞争实力的提高，建立中国现代制造业和产品的"动态比较优势"体系。

本书有两个重要的特色：一是注重定量分析，书中的各部分都使用了较多的数量分析方法，众多研究结论都源自调研、数据处理和数据的分析。二是注重成果的应用价值。对每个重要的问题，我们都提出了解决问题的对策，解决问题的政策思考，并且力图使政策建议和行动方案具有可操作性。

值得说明的是，在课题研究过程中，课题组成员在国外重要学术期刊（SCI 收录）发表学术论文 1 篇，国内核心期刊发表学术论文 10 篇，其中 2 篇被《人大报刊复印资料》转载，在《中国社会科学院要报》发表研究报告 3 篇，出版研究报告 2 篇。作为阶段性成果，这些公开发表的论文和研究报告也部分地反映在本书中。这既展示了课题研究的成绩，也体现了本书的理论意义和应用价值。

　　本书的作者分工是：第一章刘艳；第二章李金华；第三章李金华、杨林涛；第四章杨林涛、李金华；第五章李金华、刘艳、李世祥；第六章刘艳、王青云；第七章刘艳、李金华；第八章李金华、刘艳；第九章刘艳、李金华。全书由李金华负责总体框架设计、各章的修改定稿和总纂。

　　成果面世之际，我们真诚感谢中国社会科学院数量经济与技术经济研究所科研处张杰副处长所给予的支持帮助！

　　在较短时间内完成中国现代制造业体系构建这样一个复杂庞大问题的深入研究困难很大。研究过程中，我们常有心有余而力不足之感。特别是由于资料的限制和调研的困难，有些问题分析不全面，思考不深入，这有待今后进一步努力。科学研究的过程是一个不断探索、不断深入、不断完善的过程。囿于我们的研究能力和学术水平，本书一定存在许多不妥和讹谬之处，欢迎专家、同行批评指正。

李金华

2014 年 8 月

于中国社会科学院

目　　录

第一章 现代制造业体系的理论铺垫

　　制造业是一个国家经济发展的支柱产业和经济跨越的发动机，历来受各国重视。改革开放以来，在全球生产体系逐步发展和变革的影响下，中国制造业得以迅猛发展，并推动着中国经济快速增长。中国制造业的发展在取得举世瞩目成就的同时，也存在着自身发展的矛盾与不足。面对国内外经济发展新形势和新挑战，中国提出要培育和发展战略性新兴产业，这很大程度上就是要培育和发展代表全球科技创新和产业发展方向、对产业结构调整和经济发展方式转变及国家竞争力提升具有根本性重大影响的现代制造业。这就现实地提出了对现代制造业进行研究的问题。

第一节　问题的提出与研究价值

一　问题的提出

　　制造业，是指对采掘的自然物质和工农业生产原材料进行加工和再加工，为国民经济其他部门提供生产资料，为全社会提供日用消费品的生产部门。制造业的劳动对象是各种自然产品或工农业生产的原材料，其生产过程是加工和制造，产出则是生产资料或日用消费品。制造业范围广、产品杂、技术性强、覆盖面宽，在国民经济行业中占有极其重要的地位。按照国家统计局颁布的中国产业标准分类，中国官方统计部门界定的"制造业"的范围主要是《国民经济行业分类与代码（GB/T4754－2002）》中的门类 C，含 30 个大类，即 C1310—4320，169 个中类，482 个小类。

　　制造业是国民经济的命脉，是一个国家经济发展和经济跨越的依托。制造业为社会提供各种必需的生活用品，满足居民和政府部门的物质生活消费，同时也为国民经济各部门生产活动提供技术装备，决定了国民经济各部门生产设备的先进程度，因而它是基础性、战略性产业，是实现工业化的基础条件，是一个国家综合国力和技术水平的重要体现，也是国家安全的重要保障。在当今信息化时代，制造业的整体规模和水平仍然是衡量一个国家现代化水平和综合实力的主要标志。纵观全球，但凡经济发达国家都具有强大的制造业。美国、英国、德国、日本等发达国家的经济之所以强大，主要是因为这些国家在先进技术的基础上建立起了强大的制造业。发达国家大力发展具有竞争力强、科技含量高、附加值高、处于价值链高端环节的工业制造业体系，在国际分工中获得了具有竞争优势的贸易条件；同时把高能耗、高污染、劳动密集型、低附加值的环节纷纷转移到发展中国家，发展中国家在承接发达国家产业转移的浪潮中也得到了迅猛发展，涌现出一些世界性的制造基地。因此，大力发展制造业是一个国家发展经济、跻身世界强国之林的必然选择。

改革开放以来，中国制造业取得了巨大成就，中国经济的快速增长很大程度上依赖于制造业的发展。2013 年 3 月 5 日，温家宝在十二届全国人大一次会议上代表国务院向大会做政府工作报告时指出："中国制造业规模跃居全球首位，高技术制造业①增加值年均增长 13.4%，成为国民经济重要先导性、支柱性产业。"

然而，中国目前正处于社会转型过程中，工业化任务尚未完成。相比较发达国家，中国制造业的发展模式还具有较大的差距。中国制造业的发展以低成本的劳动力为优势，以巨额的能源资源消耗和对自然环境的严重破坏为代价，投入高、效率低、产业竞争力弱。这种粗放型的增长方式使得经济的健康、稳定增长面临着诸多方面的挑战。在利润分配不均的全球价值链方面，中国依靠低廉的劳动力成本和要素价格参与国际分工，承接发达国家转移的劳动密集型产业和技术密集型产业中的劳动密集型环节，替发达国家打工，生产附加值低、利润率低的产品，在全球价值链体系中处于"微笑曲线"的低端。位于"微笑曲线"两端的研发设计和品牌营销环节则被发达国家的跨国公司控制，控制了产品定价权，攫取了高附加值的垄断利润。在国内方面，中国对知识产权的保护不力，使得中国制造业的研发动力不足。在国际贸易方面，发达国家通过非关税壁垒对国内弱势工农业生产部门给予补贴，通过"绿色壁垒"、"技术壁垒"、严格的产

---

① 高技术制造业是工业化发展的高级阶段，是具有高技术含量和高附加值的产业，是工业化后期和后工业化的产物；高端制造业的显著特征是高技术、高附加值、低污染、低排放，具有较强的竞争优势。

品准入条件、严格的技术认证、特殊的对外贸易管理和反倾销等措施达到了限制进口、鼓励出口、保护既有市场的目的。

2008年金融危机对世界经济造成了最为严重的冲击和影响，为了提振经济，尽快走出金融危机的泥潭，各国纷纷提出了制造业的升级、调整和转型战略。

美国于2008年、2009年和2010年先后出台了《美国：国家生物燃料行动计划》、《重整美国制造业政策框架》和《连接美国：国家宽带计划》，选择高科技清洁能源行业、电动汽车、生物工程、航空业、纳米技术等行业为重点发展的战略性产业，通过增加关键科研机构开发预算、抵免研究及实验性税收、以技术创新项目刺激制造业创新、发动清洁能源革命、支持先进的汽车技术等措施，以确保未来的发展更稳固、更广泛、更有力，创造高质量就业，实现共同繁荣。

英国于2009年出台了《建设英国未来》和《英国低碳转型计划：国家气候与能源战略》两项法案，选择新能源、信息通信技术、生物、先进制造业等为重点发展的战略性产业，通过设立战略性投资基金、支持低碳技术、提高能源和资源效率、改善公共设施、加强基础设施建设等措施，以建设更干净、更绿色、更繁荣的英国。

日本分别于2009年和2010年出台了《未来开拓战略》和《下一代汽车战略》，选择环境与能源、医疗与护理、新能源汽车和信息技术为重点发展的战略性产业，通过实现太阳能发电、普及环保汽车、实现交通城市的低碳、发挥IT潜力、促进电池的第二次利用和构筑资源循环利用系统的措施，以实现低碳革命，使日本走入经济发展轨道，使日本成为全球下一代汽车研发和生产的中心。

与这些发达国家相似，中国政府分别于2009年和2010年出台了《十大产业振兴规划》和《国务院关于加快培育和发展战略性新兴产业的决定》。选择节能环保产业、新一代信息技术、生物技术、高端装备制造、新能源、新材料和新能源汽车七大产业为战略性新兴产业；主要措施是：加强产业关键核心技术和前沿技术研究，落实人才强国战略和知识产权战略，实施重大产业创新发展工程，实施重大应用示范工程，创新市场拓展和商业模式；战略目标为：协调推进战略性新兴产业健康发展，实现经济社会可持续发展。此外，在《国民经济和社会发展第十二个五年规划纲要》中指出，要"以重大技术突破和重大发展需求为基础，促进新兴科技与新兴产业深度融合，在继续做强、做大高技术产业基础上，把战略性新兴产业培育发展成为先导性、支柱性产业"。

对比中国与几个国家实施的产业发展战略，不难发现：各国所选的重点发展的战略性新兴产业主要集中在高端制造、信息技术、生物制造、新能源新材料等行业，这些行业绝大多数属于制造业范畴。因此，培育和发展战略性新兴产业，很大程度上就是要培育和发展代表全球科技创新和产业发展的方向，对产业结构调整和经济发展方式转变以及国家竞争力提升具有根本性重大影响的现代制造业。发展战略性新兴产业，推进制造业升级，需要构筑中国现代制造业体系。如何在新形势、新挑战面前有效调整产业结构，加快新型工业化进程，在世界性的产业竞争中立于不败之地，是政府面临的紧迫、艰巨的重大课题。其中，制造业的升级、现代制造业体系的构建是关键环节。因此，有必要对中国现代制造业体系展开研究，其中包括现代制造业的内涵、结构，现代制造业体系的空间布局、生产效率、生态效益、竞争实力等。

二　研究价值

(一) 理论意义

构建现代制造业体系体现了产业结构的演进与优化，产业结构优化既是经济发展的结果也是推动经济发展的原因。经济发展理论、后工业社会理论、标准产业结构理论关于产业结构优化的观点都认为产业结构的优化能够促使经济结构发生良性变迁，从而推动经济的增长。

中国迫切需要制造业的优化升级，提高制造业生产效率和技术水平，提高制造产品的附加值，增强制造产品在国际竞争中的地位，构筑起现代制造业体系。中国制造业优化升级，构筑现代制造业体系，可以为中国制定未来发展战略实现产业升级提供理论参考，同时也丰富了发展中国家制造业产业升级理论。

产业经济学（Industrial Economics）是以"产业"为研究逻辑起点，主要研究科技进步、劳动力等要素资源流动、空间发展与经济绩效的学科以及产业的动态变动规律。产业经济学主要包括产业组织理论、产业结构理论、产业竞争理论、产业布局理论、产业发展理论、产业政策研究等。产业经济学有利于建立有效的产业组织结构；有利于产业结构的优化升级，落实科学发展观；有利于产业的合理布局、降低能耗、提高效益。

以产业经济学理论为指导，从现代制造业体系构建出发，将现代制造业体系视作一个有机整体，探讨以工业化为中心的经济发展中现代制造业的空间结构特征、生产率特征、生态效率特征和竞争实力特征等，这对于丰富产业发展理论、认识现代制造业发展规律和特点具有重要的理论意义。

（二）实践意义

中国制造业在参与全球价值链的过程中，虽然在降低产品生产成本和增强即时供货柔性能力的工艺升级以及提升产品式样、质量、安全、环保的产品升级方面取得了一定进步，但是却在进入诸如核心自主研发、品牌拓展和全球市场销售渠道等高附加值环节过程中遇到了来自发达国家跨国公司的钳制，难以实现功能升级和结构升级。固化的国际分工使发展中国家无法实现自然的产业升级。发达国家为了推行全球竞争战略和获取全球资源优势，集中精力占据处于制造业价值链高端的环节，将价值链低端环节转移到发展中国家。当发展中国家通过"依附发展"在一定程度上降低了对初级产品生产的依赖，需要产业结构升级的时候，发达国家为了维护其竞争优势，转而抑制发展中国家的发展（Abraham et al.，1996）。[①]于是，发达国家垄断产品的核心技术、掌握全球市场销售终端、拥有品牌产权和产品定价权，发展中国家只能通过加工贸易的方式参与国际分工，最终沦为"世界组装车间"，无法有效改变在全球价值链中的低端地位。

与此同时，廉价劳动力是发展中国家的比较优势。波特（Porter，2002）[②]指出：竞争力与廉价劳动力之间并无必然联系，产业竞争中生产要素非但不再扮演决定性的角色，其价值也在快速消退中，以生产成本或政府补贴作为比较优势的弱点在于更低成本的生产环境会不断出现，由于新技术的快速发展，以往被认为不可能的、不经济的资源会异军突起，同样让一个传统资源见长的国家迅速失去竞争力。随着中国经济发展水平的提高，劳动力等要素价格将不断升高，中国的劳动力成本优势将逐渐消失。面对印度、越南等具有更低成本优势的发展中国家的竞争压力，中国劳动力成本优势已经出现逐渐被取代的趋势。正如张其仔（2008）[③]所

① Abraham, K., Taylor, S., "Firm's Use of Outside Contractors: Theory and Evidence"［J］. *Journal of Labor Economies*, Vol. 14, 1996, pp. 394－424.

② Porter, M. E., "What Do We Know about Variance in Accounting Profitability?"［J］. *Management Science*, Vol. 7, 2002, pp. 834－851.

③ 张其仔：《比较优势的演化与中国产业升级路径的选择》，《中国工业经济》2008年第9期。

言："中国不得不面对来自低收入国家的'挑战'，在产业升级过程中又会遭遇到发达国家的'阻击'，如果我们无法跨越这些挑战，中国的发展就会陷入比较优势的'断档'期，引发经济衰退。"这说明，研究中国制造业结构优化具有现实迫切性。

纵观全球，许多国家都把强化科技创新作为国家战略，把科技投资作为战略性投资，大幅度增加科技投入，并超前部署和发展前沿技术及战略产业，实施重大科技计划，着力增强国家创新能力和国际竞争力。面对国际新形势，我们必须把提高自主创新能力作为调整经济结构、转变增长方式、提高国家竞争力的中心环节，把建设创新型国家作为面向未来的重大战略选择。中国已经具备了加强自主创新的基本条件：科技投入能力已经较强，研究与开发体系已经具备，科研人才数量巨大，依靠科技进步提高经济社会效益的市场竞争体系已经形成，先进技术知识供给体系初步建立，与发达国家的技术应用能力差距不断缩小。

因此，准确把握产业调整的新机遇，加快构筑中国现代制造业体系，深入研究中国现代制造业发展的各项特征和规律，指导中国制造业健康、协调发展，使中国制造业在能源资源约束下实现在全球产业价值链体系中升级优化，具有重大的现实意义。

第二节　产业空间布局理论及研究成果

一　关于现代制造业的理论阐释

查阅有关文献发现：很多学者在研究中虽然使用了"现代制造业"概念，却没有对其进行系统的理论界定。大多数包含"现代制造业"的行文中还是将其理解成现代的制造业或者是采用了现代科技和组织形式的制造业。而专门对现代制造业的概念、框架、体系进行科学界定的文献只有寥寥几篇。王岳平（2004）[1] 认为，现代制造业是相对于传统制造业而言的，其对信息化水平、企业的组织形式、经营的开放性与全球性、企业的研究开发能力与产品的技术含量都有较高的要求。提出了现代制造业应具有四个特征，分别是：充分应用和吸收当今世界先进制造技术，紧跟信

---

[1]　王岳平：《现代制造业发展的特点与趋势》，《宏观经济研究》2004 年第 12 期。

息化的步伐，并呈现出制造业与服务业既分工又融合的特点；建立起与现代技术相适应的生产方式和企业组织形式；具有与全球化相适应的资源配置方式；利用现代信息技术，改造和集成业务流程，形成以价值链为基础的分工协作模式。论述了现代制造业的六个发展趋势，分别是：以信息化带动制造业的发展，出现了新的制造模式；以加工制造为主转向更加重视营销和研发，向两端延伸的趋势；企业组织结构和业务流程重塑；生产者、消费者和供应商的紧密关系改变着市场运营模式；在全球范围内整合和实现资源优化配置的趋势；市场竞争上升为品牌和服务竞争。李海燕（2006）① 认为，现代制造业是相对于传统制造业而言的。并从产业技术角度界定了现代制造业，认为高新技术产业化与传统产业高新技术化实际上已模糊了现代制造业与传统制造业的边界。现代制造业应包括高新技术类的制造业（如光电子产业）及用高新技术进行改造，已与高新技术进行嫁接的"原"传统制造业。同时提出，现代制造业应具有五个特征，分别是：产业链长，波及效果大；产业自成长性强；规模经济效益明显；产业结构空间宽；产业的贡献力强。

迄今为止，学术界关于现代制造业体系还没有一个统一的广为接受的定义。

二　传统经济学中的产业集聚理论

产业的空间布局在经济学理论中主要体现为关于产业集聚的阐述。传统经济学最早从分工协作角度解释产业集聚的机理，此后有比较优势理论和新古典经济理论。

产业集聚的思想最早可追溯到古典经济学家亚当·斯密，在其1776年的著作《国富论》中解释了产业集聚的形成机理：产生于集聚经济内部的专业化分工带来的外部规模经济和生产率的提高，又进一步促进产业集聚。马克思把分工与协作看作是产业集聚的原因，在其《资本论》中认为生产组织方式的选择以降低个别生产成本为目的，以满足生产增值的目标。资本家认为建立在分工协作基础上的生产比分散生产更有效率，于是采用分工协作的方式来降低成本，对高效率和低成本的追求是产业集聚的动力。

传统比较优势理论认为，自然资源、要素禀赋、技术差异等是解释产

---

① 李海燕：《现代制造业技术标准战略研究及武汉实证分析》，武汉理工大学，2006年。

业集聚的因素。比较优势理论的代表李嘉图建立了 19 世纪英国和葡萄牙对外贸易的比较成本模型，认为存在比较优势的两个国家通过分工，专业化生产自己具有比较优势的产品并以此相互交换时，两国的福利都可以获得提高。因此，自然资源、要素禀赋、技术差异等是解释产业集聚的因素。学者们在实证研究中也验证了比较优势理论：金（Kim，1995，1999）[1] 利用美国 1880—1987 年的数据研究发现，以原材料成本表示的比较优势和以平均工厂规模表示的规模经济与表示产业集聚度的胡佛（Hoover）系数成正相关关系。埃利森和科尔哈斯（Ellison and Kohlhase，1999）[2] 利用 1987 年美国州的数据发现自然优势可以解释 20% 的产业集聚。黄玖立等（2006）[3] 发现地区的农业资源与人力资源因素能够显著地影响产业地理集聚。路江涌等（2005）[4] 根据产业集聚度系数（EG 指数）研究了中国制造业的集聚，发现溢出效应、运输成本、自然禀赋显著正向影响了制造业集聚，而地方保护主义则显著限制了产业集聚。

新古典经济理论模型以完全竞争、规模报酬不变和要素流动无成本为假设前提，并将规模经济和集聚经济带来的规模报酬递增看作是外生变量。新古典经济学代表马歇尔（Marshall，1890）[5] 在其著作《经济学原理》中将产业集聚称为产业地方化，认为地方性工业起源的原因在于自然资源、宫廷奖掖，统治者邀请远方的工人，并使他们住在一起，即供给和需求引起了地方性工业的产生。此外，产业集聚区内较高的专业化分工程度和部门间形成的紧密的网络体系使区域内的生产企业受益于技术溢出效应，从而降低了整体成本。此后，马歇尔所描述的集聚被称为"马歇

① Kim, S., "Expansion of Markets and the Geographic Distribution of Economic Activities: The Trends in U. S. Regional Manufacturing Structure, 1860 - 1987" [J]. *The Quarterly Journal of Economics*, Vol. 110, No. 4, 1995, pp. 881 - 908.

Kim, S., "Region, resources, and economic geography: Sources of U. S. regional comparative advantage, 1880 - 1987" [J]. *Regional Science and Urban Economics*, Vol. 29, No. 1, 1999, pp. 1 - 32.

② Ellison, G., Glaeser, E. L., "The geographic concentration of industry: Does natural advantage explain agglomeration?" [J]. *American Economic Review*, Vol. 89, No. 2, 1999, pp. 311 - 316.

③ 黄玖立、李坤望：《对外贸易、地方保护和中国的产业布局》，《经济学季刊》，北京大学出版社 2006 年版，第 733—760 页。

④ 路江涌、陶志刚：《区域专业化分工与区域间行业同构——中国区域经济结构的实证分析》，《经济学报》，清华大学出版社 2005 年版，第 29—52 页。

⑤ Marshall, A., *Principles of Economics*. London: Macmillan, 1890.

尔集聚"，其从外部规模经济的角度分析产业集聚的方法对以后的研究产生了重要影响。受其影响，皮奥里和萨贝尔（Piore and Sabel，1984）① 认为，产业在地理上集中的动力是企业为了利用范围经济和创新环境，专业化分工，应对外在环境的不确定性和增强自身创新能力的自驱动的结果，并且认为产业区被三种相互依赖的特征限定：产业区与市场的关系、生产的弹性、平衡竞争与合作制度的建立，其中第一个因素强调产业区产品能够开拓海内外产品市场，符合市场要求，后两个因素构成前一因素的决定性因素。

三　区域经济学中的产业集聚理论

区域经济学中的产业区位理论是研究产业集聚的重要分支。德国经济学家 A. 韦伯（Webber）在《工业区位论》（1909）② 一书中第一次提出了工业区位理论；构建了揭示工业空间分布的理论体系；第一次提出了影响工业分布于各区域的"区位因素"和把工业集中于某一地区的"集聚因素"概念，并系统分析了运输、劳动力和集聚等因素对工业区位的影响；创造性地提出了有关区位分析的概念和工具，如原材料指数、等运费线、临界等运费线等，并运用临界等运费曲线定量方法对产业集聚回归路径进行了纯理论研究，认为成本运费的节省是促使企业集聚的直接动因，并且指出只有当工厂为追求集聚的好处而迁移所增加的运费小于或等于迁移后因集聚而使工厂所节约的成本时，集聚才可能产生。认为集聚的因素有两类：一是由于企业规模经济引起的工业集中，二是因为企业间协作、分工和基础设施的共同利用引起不同企业在既定空间集中；揭示了工业区位形成的基本动力在于经济利益、成本节约以及由此产生的对工业的吸引力。韦伯理论的局限性在于：忽视了文化因素和需求因素在产业区位选择时产生的影响；在分析单个企业的区位决定问题时，其研究视角是局部的静态的，缺乏宏观和动态视角。

美国区域经济学家 E. M. 胡佛在《经济活动的区位》（1948）③ 一书中将集聚经济视为生产区位的一个变量，并把某产业在特定地区的集聚所产生的规模经济定义为企业群落产生的规模经济。他认为，规模经济有三

---

①　Piore, M., Sabel, C., *The Second Industrial Divide*：*Possibilities for Property*. New York：Haper & Row, 1984.

②　［德］阿尔弗雷德·韦伯：《工业区位论》，李刚剑译，商务印书馆1997年版。

③　［美］埃德加·M. 胡佛：《区域经济学导论》，张翼龙译，商务印书馆1990年版。

个层次：单个区位单位的规模经济、单个企业的规模经济和产业集聚的规模经济。此外，E. M. 胡佛认为，产业集聚存在一个最佳的规模，如果集聚企业太少，则因集聚规模太小而达不到集聚能产生的最佳效果；如果集聚企业过多，则可能由于某些方面的原因使集聚区的整体效应反而下降。奥古斯特·勒施[1]在其著作《经济空间秩序——经济财货与地理间的关系》中认为经济区的分布是紊乱的，但在紊乱中存在秩序。奥古斯特·勒施把集聚分为点状集聚和平面集聚；同类企业集聚的原因在于大量生产和联合生产能使利益增加，集聚使市场规模扩大，外部经济降低企业的生产费用；不同企业集聚的原因在于与企业数目有关的利益，便利的铁路运输，廉价的水电，劳动力市场及公共基础设施。

四　经济地理学中的产业集聚理论

经济地理学中有关产业集聚的理论有增长极理论和新产业区理论。

Francis Perroux[2][3] 是增长极理论的代表人物，他在 1950 年首次提出了"增长极"的概念。所谓"增长极"，是指"围绕主导工业部门而组织的有活力的高度联合的一组工业，它不仅本身迅速增长，而且通过乘数效应带动其他经济部门的增长"。Perroux 认为，企业的建立在地理上是分散的，并形成各自的一定的实力边界；经济空间是各种不同经济关系的集合，是抽象关系的构成体。J. R. Boudeville[4] 把经济空间划分为三种：由原材料、劳动力、资本、动力的供应者和购买者之间建立的经营计划为基础的计划空间；有引力和斥力的中心与其作用范围组成的极化空间；在等值的经济变量作用和影响下的均匀空间。Perroux 的增长极是从第二种空间延伸出来的，他运用增长极的概念解释了产业集聚的过程即经济增长并不是同时出现在多个地方，它以不同的强度首先出现在一些增长点或增长极上，然后通过不同的渠道向外扩散，并对整个经济产生不同的影响。

新产业区理论兴起于 20 世纪七八十年代，当时美国硅谷、德国巴

---

① ［德］奥古斯特·勒施：《经济空间秩序——经济财货与地理间的关系》，王守礼译，商务印书馆 1995 年版。

② Francis, Perroux, "Economic Space: Theory and Applications" ［J］. *Quarterly Journal of Economics*, Vol. 2, 1950, pp. 48 - 62.

③ Francis, Perroux, *Note on the Concept of Growth Poles, Regional Economics: Theory and Practice*. The Free Press, 1955, pp. 93 - 104.

④ J. R., Boudeville, *Problems of Regional Economic Planning*. Edinburgh University Press, 1966.

登—符腾堡、意大利的中北部区域出现了以中小企业集中为内容的、具有马歇尔产业区经济特征的普遍繁荣，Bag-nasco① 将其称为"新产业区"，并将其界定为"具有共同社会背景的人们和企业在一定自然地域上形成的社会地域生产综合体"。此后，沿着这一思路对新产业区进行研究的经济学家在解释产业区形成上没有形成一致的观点。斯托珀和沃克（Storper and Walker, 1989）② 认为，工业区位理论强调的产业集聚是工业化的产物而不是原材料和消费地等因素的产物，并利用区域规格与区域能力概念来研究产业区的形成。Becattini（2002）③ 认为，新产业区的形成在于区域存在着由价值观念、知识、行为、制度等构成的多元文化系统和向中小企业提供融资的信用体系代表的供给条件和大量中产阶层出现产生的需求条件，正是这些供给条件和需求条件使新产业区得以形成。王缉慈（2001）④ 认为，新产业区是基于一定的地方劳动力市场，由社会分工紧密联系在一起的企业所组成的本地地方化网络，其外部规模经济和范围经济的实现，取决于新产业区内企业网络和劳动力市场网络的具体性质，以及这些为学习和创新而组织的网络形式，弹性专精、创新环境与创新网络是产业区形成发展的机制。Amin 和 Thrift（1992）⑤ 强调，产业区的形成有许多严格的外部约束，如关键的专业技术、快速变化的市场和融资、商业文化传统以及制度基础和企业家通过劳动分工促进增长的传统，缺乏这些条件，鼓励马歇尔式增长的努力可能失败。哈里森（Harrison, 1992）⑥、派克（Pyke, 1992）⑦、Remigio（1997）⑧ 和

① Bag-nasco, A., Tre, Italie, La, Problem Territoriale dello Sviluppo Italian: Il Mulino, Bologna, 1977.

② Storper, M., Walker, R., *The capitalist imperative: Territory, Technology and industrial growth*, Basil Blackwell, 1989.

③ Becattini, G., From Marshall's to the Italian "industrial Districts": A Brief Critical Reconstruction, In: Curzio, A., Fortis, M. (eds.), *Complexity and Industrial Clusters: Dynamics and Models in Theory and Practice*, Physical –Verlag Press, 2002, pp. 83 – 106.

④ 王缉慈：《创新的空间：企业集群与区域发展》，北京大学出版社 2001 年版。

⑤ Amin, A., Thrift, N., "Neo-Marshallian Nodes in Global Networks" [J]. *International Journal of Urban and Regional Research*, Vol. 16, No. 4, 1992, pp. 571 –587.

⑥ Harrsion, B., "Industrial Districts: Old Wine in New Bottles?" [J]. *Regional Studies*, Vol. 26, No. 5, 1992, pp. 469 –483.

⑦ Pyke, F., Sengenber, W., "Industrial District and Local Economic Regeneration". International Institute For Labor Studies, 1992.

⑧ Remigio, R., Alberto, B., Richard, G., *The Dynamics of Innovative Region: The GREMI Approach*, Ashgate Publishing Ltd., 1997.

Scott（1993）① 认为，新产业区区别于传统产业区理论的特性是在强调外部性以及外部性产生于网络性、嵌入性、创新性和"弹性专精"这样的表现机制。胡晨光等（2011）② 认为，"新产业区是适应多样化的需求而形成，产业在地理上集中的动力是企业为了利用范围经济和创新环境，专业化分工，节省交易成本，应对外在环境的不确定性和增强自身创新能力自驱动的结果，而产业区的形成反过来又促成了区域范围经济和创新环境、专业化分工与创新能力"。

五　波特的竞争理论与产业集聚

20世纪七八十年代以后，同类企业的集聚引起了广泛的关注。Poter（1990）③ 把产业集聚纳入国家竞争的角度进行分析，系统地提出了新竞争经济学的企业集群理论。他认为，企业集群是集中在特定区域的、在业务上相互联系的一群企业和相关机构，包括提供零部件等上游的中间商、下游的渠道与顾客、提供互补产品的制造商以及具有相关技能、技术或共同投入的属于其他产业的企业，此外还包括政府或非政府机构。同时，波特还提出了分析企业竞争力的钻石模型，认为企业竞争力取决于以下六个因素：生产要素、需求条件、相关的支持性产业、企业战略、机会和政府；构成钻石体系要素的部分关键要素会促发产业集聚。从产业集聚的角度，结合钻石理论，波特着眼于国家竞争优势的视角，认为政府与其他关键要素的作用既非正面也非负面。此外，他对于不同的产业集聚于国家的何处并不关心，这类似于对政府政策对国家产业或者经济发展作用的宏观研究。波特还强调"金钱外部性"④，认为当集群内企业数目达到关键多数时，会出现自我强化的过程。在规模经济和技术外部性对产业集群的作用方面，波特认为，大型国内市场有利于企业扩大投资、提高技术、发展生产率，而产业集群激烈的竞争则有利于形成企业创新和发展的外部经济。

波特的集群理论强调了集群的钻石构架对区域创新系统的重要性；集群是最重要的区位因素之一，而不仅仅是区位选择的结果；集群是一种综

---

① Scott, A., Technopolis, *High – Technology Industry and Regional Development it*. South California：UC Press, 1993.

② 胡晨光、程惠芳、陈春根：《产业集聚的集聚动力：一个文献综述》，《经济学家》2011年第6期。

③ Porter, M. E., *The Competitive Advantage of Nations*. Macmillan, 1990.

④ 外部性被分为技术外部性与金钱外部性，技术外部性是指企业的产出依赖其他企业的要素投入与产出，金钱外部性是指企业之间利润依赖于由于产业前后向关联而产生的成本上的节约。

合环境，它比交通、资源等区位因素更重要；明确了政府在建立集群方面的职能，即政府应该在产业政策制定、基础设施建设、人员培训和教育等方面发挥较大的作用，以促进产业集聚的形成与发展。

六 新经济地理学中的产业集聚理论

新经济地理学研究的产业集聚模型有"中心—外围"模型、区域与城市体系模型和国际贸易模型三类。三类模型都认为，历史偶然的因素是产业集聚的重要原因。

"中心—外围"模型研究"中心—外围"结构如何形成。缪达尔（Myrdal，1957）[1] 和赫希曼（Hirschman，1958）[2] 的增长极理论则强调了计划区域偶然性因素引起的推动性工业出现时"中心—外围"结构出现的原因。Prebisch（1950，1959）[3][4] 提出了发达资本主义国家与世界其他国家构成的"中心—外围"的理论：中心和外围在经济结构上存在差异性和不平等性，技术进步首先发生在最后成为中心的国家，然后通过中心和外围地区生产和贸易不平等性使"中心—外围"之间的不平等性加深，形成典型的"中心—外围"结构。弗里德斯（1966，1972）[5][6] 认为，大城市高度拥挤，快速增长的人口和文化的一致性等因素是有利于区域创新的条件，出现创新的大城市地区能够凭借供给系统与市场系统的支配地位而逐渐强化自身的支配地位，从而形成与周边地区的"中心—外围"结构。克鲁格曼（1995）[7] 用"中心—外围"模型来阐述产业集聚的形成机理，认为产业集聚是由企业的规模报酬递增、运输成本和生产要素移动通过市场传导的相互作用而产生，这样的循环累积过程使产业集聚一旦发生，就能自我增强而持续下去。此外，克鲁格曼还将最初的产业集聚归于一种历史的偶然，

---

① Myrdal, G., Economic Theory and Under-developed Regions: Duckworth, 1957.

② Hirschman, A. O., *The Strategy of Economic Development*, Yale University Press, 1958.

③ Prebisch, R., The Economic Development of Latin America and its Principal Problems: United Nations Economic Commission for Latin America, 1950.

④ Prebisch, R., "Commercial Policy in the Underdeveloped Countries" [J]. *American Economic Review*, Vol. 49, No. 2, 1959, pp. 251 – 273.

⑤ Friedman, J., *Regional Development Policy: A Case Study of Venezuela*, MIT Press, Cambridge, Massachusetts, 1966.

⑥ Friedman, J., Generalized theory of Polarized development, In: Han Sen, N. M. (ed.), *Growth Centers in Regional Economic Development*, The Free Press, 1972, pp. 82 – 107.

⑦ ［美］保罗·克鲁格曼：《地理与贸易》，张兆杰译，北京大学出版社、中国人民大学出版社2000年版，

初始的优势因"路径依赖"而被放大，从而产生"锁定"效应，集聚的产生和集聚的区位都具有"历史依赖性"，工业集聚将导致制造业中心区的形成。

区域与城市体系模型研究城市经济体的形成。雅各布斯（Jacobs，1969）[①] 从城市增长角度研究产业集聚，认为城市的发展依托于产生出口的城市多样化过程，多样化产生技术产业间外溢的外部性，技术外溢孕育和催生城市新一轮增长，在此过程中新工作增加到旧工作中，使劳动分工更加多样化。此外，雅各布斯（1961）[②] 认为，政府主要在分配资本与城市规划方面起作用：分配资本帮助城市新企业的产生，促成城市的多样化；城市规划帮助城市阐释导致多样化的条件；城市是经济多样性的发动机和新企业的天然孵化器，城市商业的多样性无论从经济上还是从社会角度对城市都有极其重要的影响；城市多样化有效集中了经济资源，而城市的多样化集聚又必然进一步促进城市的多样化。胡佛（1975）[③] 认为，产业集聚有单一产业集聚与城市化集聚两种方式，技术进步、劳动力和企业家才能的流动性增强使得地区专业化日渐稀少；而城市化集聚则强调城市的规模和多样性是引起集聚的重要因素，单一产业集中程度的外部经济与反映城市规模的外部经济之间，有着某种连续的、由小而大的层次关系，城市化经济是城市形成、功能和结构问题的基础。

国际贸易模型则主要研究产业如何因为前后向关联形成专业化分工或者集聚。经济学家通常把产业集聚与经济一体化和贸易自由化联系起来。福斯利德（Forslid，2002）[④] 认为，贸易成本的降低不仅促进产业集聚，而且具有转移产业集聚中心的效果。此外，他还建立了一个大规模可计算的一般均衡模型，模拟了欧盟贸易自由化和产业集聚之间的关系。

第三节 生产效率理论及研究成果

对生产效率的研究体现为对生产率的测度与计算。对生产率的重视和

---

① Jacobs, J., *The Economy of Cities*. Random House, New York, 1969.

② Jacobs, J., *The Death and Life of Great American Cities*. Random House, New York, 1961.

③ Hoover, E. M., *Introduction to Regional Economics*. Alfred A., Knopf Inc., 1975.

④ Forslid, R., Haaland, J. I., Knarvik, K. H. M. A., "U - shaped Europe? A simulation study of industrial location" [J] . *Journal of International Economics*, Vol. 57, No. 2, 2002, pp. 273 - 297.

研究始于英国经济学家亚当·斯密，对生产率的定量测度始于 20 世纪 20 年代末柯布—道格拉斯提出的生产函数。此后美国经济学家 Abramovitz（1956）① 发现，除了生产要素投入引起的产出增长外，还存在其他因素对产出增长作出的贡献。索洛（Solow，1956）② 将其归结为由技术进步引起产出增长的产出增长率即"索洛余值"（Solow's residual）。此后便引起了学界对全要素生产率的关注。

蒂莫西·J. 科埃利等（2008）③ 将全要素生产率（Total Factor Productivity，TFP）定义为：是一种包括所有生产要素的生产率测量，是总产量与要素投入量之比。传统的生产率测量（单要素生产率测量或部分生产率测量）孤立地考察部分生产率，有可能会对引起总生产率变化的原因产生误导。全要素生产率能更好地度量要素使用效率的提高和技术进步的程度，能更好地反映生产率的综合水平及变动情况。全要素生产率的来源包括技术进步、组织创新、专业化和生产创新等。同时，全要素生产率也是衡量一个产业增长质量、技术进步和管理效率水平的重要标志。通过对全要素生产率的分解计算，可以确定经济增长中各种投入要素的贡献程度，识别一个行业增长的方式。

转变现代制造业的增长方式就是从依靠投入增长推动的粗放型增长模式转变为依靠全要素生产率提高来推动的集约型增长模式。因此测度并研究中国现代制造业全要素生产率显得尤为重要。

一　全要素生产率理论与方法

索洛（1957）④ 把总产出看作资本、劳动两大投入要素的函数，从总产出增长中扣除资本和劳动所带动的增长，得到的余值（索洛余值）作为技术进步所带动的产出的增长。索洛研究中的假设前提主要包括：市场条件为完全竞争市场，技术进步是希克斯中性技术进步，生产要素投入主要是资本和劳动力，并且资本和劳动力在任何时候都可以得到充分利用。

---

① Abramovitz, M., "Resource and output trends in the United States since 1870" [J]. *The American Economic Review*, Vol. 46, No. 2, 1956, pp. 5 – 23.

② Solow, R. M., "A contribution to the theory of economic growth" [J]. *Quarterly Journal of Economics*, Vol. 70, No. 1, 1956, pp. 65 – 94.

③ [美] 蒂莫西·J. 科埃利、D. S. 普拉萨德·拉奥、克里斯托弗·J. 奥唐奈、乔治·E. 巴蒂斯：《效率与生产率分析引论》第二版，王忠玉译，中国人民大学出版社 2008 年版。

④ Solow, R. M., "Technical Change and the Aggregate Production Function" [J]. *Review of Economics and Statistics*, Vol. 39, No. 3, 1957, pp. 312 – 320.

他的研究表明，美国1909—1949年经济增长中80%的增长归结为技术进步的结果，即"索洛余值"。

索洛的研究揭示了经济增长是多种因素作用的结果，除了生产的投入要素之外，技术进步也同样起着重要的作用，可以在生产要素投入量不变的条件下使经济得到增长。然而他的研究也存在一定的缺陷，主要在于假设前提的局限性：资本和劳动力得到充分利用的假设在现实中难以实现；假定所有生产者在技术上都是充分有效的，在经济计量和数学推导的基础上用生产函数间接地测定"余值"（误差项），将误差项全部归结为技术进步结果的做法会导致技术进步贡献力的高估，因为"余值"不仅包含技术进步，还包含函数模型设定误差、计量误差、统计误差等因素。

丹尼森（1962）[①] 对美国经济增长因素进行了详细的分析，他把经济增长归因于生产要素投入（资本、劳动）带动的增长和生产率提高导致的增长。丹尼森把生产要素生产率分解为资源配置的改善、规模的节约和知识的进步三个方面，并认为知识进步能使同样生产要素投入量的产品所需投入量减少，从而促进经济的增长。此外，丹尼森还认为，索洛测量的技术进步之所以存在一个较大的 TFP 增长率，主要是由于对投入增长率的低估造成的，而这种低估又是由于对资本和劳动两种投入要素的同质性假设造成的。

乔根森（Jorgenson，1967）[②] 采用超越对数生产函数的形式对美国经济的全要素生产率进行了测算，并对投入产出要素进行了细致分解。此后，乔根森（1995）[③] 对产量与投入要素思想进行了较好的阐述，他将劳动力按行业、性别、年龄、教育、就业类别和职业六个特征进行交叉分类，并认为劳动投入的增长是工作小时数和劳动质量这两个要素变动的总和；通过对美国经济增长的研究，得出了人力资本和非人力资本投入是经济增长的主要根源，而生产率的作用并不显著的结论。总之，乔根森的研

① Denison, E. F., The sources of economic growth in the United States and the alternatives before us, New York: Committee for Economic Development, 1962.

② Jorgenson, D. W., Grillches, Z. T., "The explanation of productivity change"［J］. *Review of Economic Studies*, Vol. 34, No. 3, 1967, pp. 249 – 283.

③ Jorgenson, D. W., *Productivity: Postwar U. S. Economic Growth*. Cambridge, M. A., MIT Press, 1995.

究使理论和方法进一步深化，为后来的研究提供广阔的思路和视野。

二　全要素生产率的应用研究

全要素生产率的测算整体上可以分为参数方法和非参数方法。参数方法又分为生产函数法和随机前沿生产函数法，非参数法主要包括指数法和数据包络分析法（DEA）。

（一）生产函数法

生产函数法又称为计量生产模型，广泛应用在早期的全要素生产率测量中。使用生产函数法，首先要基于不同的假设前提选择不同的生产函数的数学形式。常见的生产函数形式包括：柯布—道格拉斯生产函数、超越对数生产函数以及常替代性生产函数。这些不同生产函数计算全要素生产率都是基于"索洛余值"的方法，其共同的假设条件是规模报酬不变。伯恩特（Ernst R. Berndt，1979）[1] 发展了全要素生产率测量的参数方法，该方法不需要依赖规模报酬不变的假设。C. Subal 和 Kumbhakar（1999）[2] 在测算瑞典水泥工业的生产率和技术进步时，比较了几种参数模型在全要素生产率测算中的不同。

（二）随机前沿生产函数法

随机前沿生产模型相对计量生产模型的不同在于允许技术无效率的存在，并将全要素生产率的变化分解为技术进步和技术效率的变化，这种方法比传统的生产函数法更加接近生产和经济的实际情况。Kumbhakar（2000）[3] 将全要素生产率分解为技术进步、技术效率的变化、资源配置效率变化和规模效率变化四部分。孔翔（1999）[4]，徐宏毅、欧阳明德（2004）[5] 等均

---

① Ernst R. Berndt, Mohammed S. Khaled［J］. *The Journal of Political Economy*，Vol. 87，No. 6，1979，pp. 1220 – 1245.

② Subal, C., Kumbhakar, Almas Heshmati, Lennart Hjalmarsson, "Parametric Approaches to Productivity Measurement: A Comparison among Alternative Models"［J］. *Scan of Economics*，Vol. 101，1999，pp. 405 – 424.

③ Kumbhakar, S. C., Denny, M., Fuss, M., "Estimation and Decomposition of Productivity Change When Production is not Efficient: A Panel data Approach"［J］. *Econometric Reviews*，Vol. 19，No. 4，2000，pp. 312 – 320.

④ 孔翔、Robert, E. Marks、万广华：《国有企业全要素生产率变化及其决定因素》（1990—1994），《经济研究》1999 年第 7 期。

⑤ 徐宏毅、欧阳明德：《中国服务业生产率的实证研究》，《工业工程与管理》2004 年第 5 期。

做了实证方面的尝试。严兵（2008）① 采用随机前沿方法研究了中国制造业全要素生产率的变动，并将全要素生产率增长分解为技术进步和效率增进两部分。涂正革和肖耿（2005）②、王争等（2006）③、张军等（2009）④、牛泽东等（2012）⑤ 在分析中国工业全要素生产率变动时采用了随机前沿方法，并采用了 Kumbhakar 的分解公式将全要素生产率增长分解为技术进步、技术效率改进、规模效率变化和要素配置改进四部分。

（三）指数法

TFP 增长率测度的指数法是一种典型的统计学方法，它由 Kendric 和丹尼森开创，后经过乔根森、Griliches 等人的发展而成熟起来，测量方法包括 Paasche 指数、Laspeyres 指数、Divisia 指数、Tornqvist 指数、Fisher 指数和 Malmquist 指数。指数方法在全要素生产率的测算中一般与数据包络分析法或随机前沿生产函数法一起被用来进行 TFP 的测度和分解，比如 DEA – Malmquist 指数或 SFA – Malmquist 指数。

（四）数据包络分析法（DEA）

DEA 理论是查尼斯和库珀（Charnes and Cooper）在 1978 年提出的。该方法是使用数学规划（包括线性规划、多目标规划、具有锥结构的广义最优化、半无限规划、随机规划等）模型评价具有多投入、多产出的决策单元的有效性。数据包络分析通过使用线性规划的方法，避开了在选择边界生产函数的具体形式和变量时所遇到函数模型选择方面的问题及对随机变量分布假设选择的问题，并且在技术描述形式为多投入和多产出时能以实物的形式表示，避开价格体系不合理等非技术因素对距离函数的影响，其中广泛应用的是投入导向型的 DEA 模型。DEA 模型并不能直接应用到全要素生产率模型，它更多的是与 Malmquist 指数结合来测算。

　① 严兵：《效率增进、技术进步与全要素生产率增长——制造业内外资企业生产率比较》，《数量经济与技术经济研究》2008 年第 11 期。
　② 涂正革、肖耿：《中国的工业生产力革命——用随机前沿生产模型对中国大中型工业企业全要素生产率增长的分解及分析》，《经济研究》2005 年第 3 期。
　③ 王争、郑京海、史晋川：《中国地区工业生产绩效：结构差异制度冲击及动态表现》，《经济研究》2009 年第 7 期。
　④ 张军、陈诗一：《结构改革与中国工业增长》，《经济研究》2009 年第 7 期。
　⑤ 牛泽东、张倩肖、王文：《中国装备制造业全要素生产率增长的分解：1998—2009》，《上海经济研究》2012 年第 3 期。

张海洋（2005）①、陈勇和唐朱昌（2006）②，徐雷（2011）③ 等采用 DEA – Malmquist 指数方法分析了中国工业的增长并将增长分解为技术进步、技术效率变化两部分。同样基于指数方法，李丹和胡小娟（2008）④、李春顶（2009）⑤ 等研究了中国制造业的问题，并在分解时考虑了规模效率变化对增长的贡献。

三　制造业全要素生产率研究

王永保（2007）⑥ 运用 1992—2004 年的时间序列数据采用柯布—道格拉斯函数形式的随机前沿生产函数对中国装备制造业的变动趋势及其影响因素进行了分析。结果表明，1992—2004 年，中国装备制造业的全要素生产率呈现先降后升、逐年提高的态势；进一步对装备制造业的全要素生产率增长因素分析发现，研究期间内，技术进步是全要素生产率提高的主要来源，技术效率水平（34%）还有待进一步提高，中国装备制造业的增长方式属于粗放型。对效率函数的估计结果表明，提高技术进步水平、推进所有制结构改革、提高人力资源素质和提高对外开放水平，有利于提高中国装备制造业的全要素生产率水平。

薛万东（2010）⑦ 采用和王永保相同的数据和随机前沿函数形式进一步研究表明：在中国装备制造业工业增长诸因素的贡献率由高到低依次为：资本投入（53%）、全要素生产率（49%）、劳动投入（−2%），全要素生产率增长对产出增长的平均贡献率在逐步提高，表明中国装备制造业正处于由粗放型向集约型转变的过程中。然而王永保和薛万东的研究采

①　张海洋：《R&D 两面性外资活动与中国工业生产率增长》，《经济研究》2005 年第 5 期。

②　陈勇、唐朱昌：《中国工业的技术选择与技术进步：1985—2003》，《经济研究》2006 年第 9 期。

③　徐雷：《中国装备制造业全要素生产率动态实证分析》，《渤海大学学报》2011 年第 1 期。

④　李丹、胡小娟：《中国制造业企业相对效率和全要素生产率增长研究——基于 1998—2007 年行业数据的实证分析》，《数量经济与技术经济研究》2008 年第 7 期。

⑤　李春顶：《中国制造业行业生产率的变动及影响因素——基于 DEA 技术的 1998—2007 年行业面板数据分析》，《数量经济与技术经济研究》2009 年第 12 期。

⑥　王永保：《提高中国装备制造业全要素生产率的途径》，《煤炭经济研究》2007 年第 9 期。

⑦　薛万东：《中国装备制造业全要素生产率测算及实证分析》，《产经评论》2010 年第 5 期。

用的随机前沿方法存在一定的缺陷（牛泽东等，2012）[1]：第一，前沿生产函数采用柯布—道格拉斯形式，常替代弹性、中性技术进步等假设过于苛刻，很可能会引起模型误设。第二，他们采用时序数据估计随机前沿模型，无法反映装备制造业生产率的地区或行业差异，且容易产生序列相关技术效率估计不一致等计量问题。第三，他们对于 TFP 增长的分解仅考虑了技术进步和技术效率变化两方面，而在中国这样的转型经济体中，由于要素市场的不完善，中国工业通过要素重置提高生产率的空间比成熟经济体要大得多。因此，在分析全要素生产率变动来源时有必要将要素配置效应考虑进去。

李星光、于成学（2009）[2] 运用 1995—2006 年的行业面板数据，采用 DEA – Malmquist 指数法对中国装备制造业的全要素生产率增长情况进行了测算，并把 TFP 的增长构成分解为技术进步和技术效率变化两个部分。结果显示，样本期间内，中国装备制造业全要素生产率平均增长5.7%且在不同时期技术效率和技术进步的贡献存在一定的差异。分行业看，全要素生产率增长最快的是通信设备、计算机及其他电子设备制造业。王欣和庞玉兰（2010）[3] 运用 1999—2007 年的省际面板数据，采用三阶段 DEA 模型从时间和空间两个维度测算全要素生产率。结果发现，在样本期间内，全国平均全要素生产率仅为 0.432，进一步根据 Malmquist 指数分析还发现全要素生产率保持了 11.8% 的年均增长速度，且主要来源于技术进步。三阶段 DEA 方法是确定性边界的 DEA 方法的改进。尽管如此，却也不能完全剥离环境因素和随机误差对效率值的影响。中国属于转型经济，受体制转轨和国际市场环境等不完全可控因素的影响大。牛泽东（2012）[4] 等运用 1998—2009 年的省际面板数据，采用超越对数形式的随机前沿模型研究中国装备制造业全要素生产率的区域及动态变化特征，并根据 Kumbhakar 的方法将全要素生产率增长分解为技术进步、技术

---

① 牛泽东、张倩肖、王文：《中国装备制造业全要素生产率增长的分解：1998—2009》，《上海经济研究》2012 年第 3 期。

② 李星光、于成学：《基于 Malmquist 指数的中国装备制造业全要素生产率测度分析》，《科技与管理》2009 年第 5 期。

③ 王欣、庞玉兰：《装备制造业全要素生产率动态测度》，《安徽工业大学学报》2011 年第2 期。

④ 牛泽东、张倩肖、王文：《中国装备制造业全要素生产率增长的分解：1998—2009》，《上海经济研究》2012 年第 3 期。

效率改进、规模效率变化和配置效率变化四部分。结果表明，在样本期间，全要素生产率增长对全国装备制造业产出增长的贡献率仅为0.117。对全要素生产率增长的分解发现，技术进步已经成为中国装备制造业全要素生产率增长的主要源泉，资本产出弹性在全要素总产出弹性中的份额相对较小，因而资本投入的迅速增加导致装备制造业的要素配置效率迅速下降。同时，规模报酬呈现明显的递减趋势，利用配置效率和规模效率的改进来提升中国装备制造业的全要素生产率水平还有很大余地。

第四节　生态效率理论及研究成果

从工业化进程来看，中国制造业正处于工业化进程中期向后期的过渡阶段，即以深加工工业为主体的重化工业阶段，也是属于资源消耗量最大的阶段，制造业面临的资源约束问题日益显现。为了实现工业化，缓解资源约束矛盾，中国制造业的重要出路在于通过建立资源节约型产业结构和产业经济体系，实现制造业的升级与战略转型，走出一条不同于传统发展模式的新型工业化道路。

一　生态效率理论

生态效率评价脱胎于环境绩效评价。环境绩效概念由国际标准化组织（ISO）于1999年正式提出：所谓环境绩效，是指一个组织管理其环境问题的结果，它们可依照组织的环境方针、目标和指标来进行测度。该组织公布了名为"环境绩效评价标准（ISO14031）"的指标库，以使其根据不同的目的、意义而应用于不同的领域。该指标库包括了环境状态指标（Environmental Condition Indicators，ECIs）、管理绩效指标（Management Performance Indicators，MPIs）和操作绩效指标（Operational Performance Indicators，OPIs）。

生态效率（Eco - Efficiency）作为一种从产出角度评价环境效益的思路，是在研究环境绩效的测度方法中形成的。生态效率根据经济活动的期望产出和非期望产出来测度经济活动的生态效率，而不需要经济活动的各种投入数据。生态效率的概念由世界可持续发展委员会（WBCD）于2000年正式提出：生态效率的获得是通过提供竞争性定价的产品和服务，满足人类的需求并提高生活质量，同时逐步将产品寿命周期中对生态的影响和对资源的利用，减少到至少与地球的预计承载能力一致的水平。生态效率采用经济活动的产出与其对环境造成的破坏之比来体现。

蒋国瑞、高丽霞（2010）[①] 认为，生态效率作为环保性质的现代企业经营理念是通过评估企业环境影响，然后评估企业相关绩效并向环境友好方向指导企业的下一步活动。生态效率的目标是，在最大化经济效益的同时最小化生态环境的影响。汤洁佘和孝云（2005）[②]、龚胜刚和孙智君（2007）[③]、陈静等（2007）[④] 从经济和生态两个维度进行考虑，认为在追求经济效益时应该兼顾生态环境保护，以维系生态体系的平衡。通过减少对生态环境的冲击减少资源能源消耗，减少废弃物的排放等更进一步地实现生产的可持续发展，从而获得更好的经营绩效和竞争优势。

二 生态效率测度方法成果

生态效率评价方法包括两个方面的问题，其一是评价指标的设计，其二是指标体系的赋权。

（一）评价指标的设计

国内外学者对生态效率的评价几乎都强调资源、能源的消耗和污染物排放三个方面。Tezko 和 Aoe（2007）[⑤] 指出，生态效率指标要能够通过生态设计指导产品的改进，提出的生态效率评价指标包括温室效应、气体排放指标、资源能源消耗指标和特定物质消耗指标，并采用数据包络分析模型把生态效率评价运用在几种家电的环境冲击对比中，并以此得出家电的环境友好性对比，在评价家电环境影响时考虑了人类健康、生态系统质量和资源三种因素。

中国学者将生态效率应用于企业分析起步比较晚，大多数研究集中在对土地、森林以及其他作物的探讨上，目前也已经开始应用到具体产业或者产品中，但是相对较少。陈迪（2008）[⑥] 认为，生态效率强调"以少生多"，达到追求企业利润最大化的目标，并利用 TOPSIS 法对中国制造业

---

① 蒋国瑞、高丽霞：《中国电子信息产业生态效率评价体系构建与应用》，《中国管理信息化》2010 年第 3 期。

② 汤洁佘、孝云、林年丰：《吉林省大安市生态环境规划系统动力学仿真模型》，《生态学报》2005 年第 25 期。

③ 龚胜刚、孙智君：《企业生态机制及其实现机制探讨》，《经济管理》2007 年第 29 期。

④ 陈静、林逢春、杨凯：《基于生态效率理念的企业环境绩效动态评估模型》，《中国环境科学》2007 年第 27 期。

⑤ Taezko, Aoe, "Eco – efficiency and Eco – design in Electrical and Electronic Products"［J］. *Cleaner Production*, Vol. 15, No. 15, 2007, pp. 1406 – 1414.

⑥ 陈迪：《中国制造业生态效率评价区域差异比较分析》，《中国科技论坛》2008 年第 1 期。

企业区域生态效率进行评价，指出其中的差异和分布特点，强调生产与生态平衡、发展与环境和谐。陈迪（2008）① 针对区域研究的特殊性以及数据的完整性，把生态效率指标分为经济价值、环境冲击和环境治理三方面，在具体要求指标上，经济价值选用了总产值和销售收入。陈静等（2007）② 从产品的价值、产品的生成对环境的影响和产品的使用对环境的影响等方面来构建生态效率的框架，并借此构建企业环境指标体系：单位能源消耗的产值，单位水消耗的产值，单位原物料消耗的产值，单位水污染物排放的产值，单位气污染物排放的产值，单位包装固体废物产生的产值。林逢春等（2006）③ 把中国企业环境绩效评估指标体系设置为环境守法指标、内部环境管理指标、外部沟通指标、安全卫生指标、先进性指标、生命周期环境影响指标。以上指标体系虽然基本相似，但是根据具体情况设定的指标体系还是有很大差别，同时这些指标都是对客观物质流方面的分析，没有环保意识。

（二）指标体系的赋权

生态效率的测度有三种确定指标权重的方法：一是对所有指标赋予相同的权重，用指标的简单加总测度生态效率；二是在专家意见基础上采用模糊数学赋权法确定指标权重；三是用数据包络分析法（DEA）内生地确定指标权重。

曾敏刚、田洪红（2008）④ 分析了生态效率的内涵，提出了具体的生态效率指标体系，探讨了电子产品逆向物流生态效率指标体系的设计原则与评价方法，并利用模糊数学赋权法确定各指标权重。

Kortelainen（2008）⑤ 首次尝试 DEA 方法在生态效率评价中的应用，同时还结合 Malmquist 指数将生态效率从静态评价推广到动态分析。他以 Malmquist 指数为基础，以欧盟地区 20 国在不同年份的生态效率比测度了生态效率的动态演变，同时将环境绩效的变化分解成相对生态效率变化和

① 陈迪：《中国制造业生态效率评价区域差异比较分析》，《中国科技论坛》2008 年第 1 期。

② 陈静、林逢春、杨凯：《基于生态效率理念的企业环境绩效动态评估模型》，《中国环境科学》2007 年第 27 期。

③ 林逢春、陈静：《企业环境绩效评估指标体系及模糊综合指数评估模型》，《华东师范大学学报》（自然科学版）2006 年第 6 期。

④ 曾敏刚、田洪红：《电子产品逆向物流生态效率指标体系》，《工业工程》2008 年第 11 期。

⑤ Kortelainen, M., "Dynamic Environmental Performance Analysis: A Malmquist Index Approach"［J］. *Ecological Economics*, Vol. 64, No. 4, 2008, pp. 701 – 715.

环境技术变化两个组成部分，进而探讨动态环境绩效的决定因素，更进一步，为了解释经济中的环境技术变迁是否具有偏向性，他还将环境技术的变化分解成一个数量指标和一个偏向性指标，从而揭示了环境技术变化是否具有希克斯（Hicks）中性[1]特点。据我们所知，国内基于 DEA 方法的环境绩效研究对这一思路进行介绍和应用的有杨文举（2009，2011）[2][3]，他分别从地区和行业的维度测度了中国工业的动态环境绩效，认为环境技术无效普遍存在，希克斯中性的环境技术进步主导了多数地区行业的环境绩效改善。其他基于 DEA 的环境绩效研究则是抛开了环境绩效评价指标体系，在对决策单元的全要素生产率进行分析的同时引入环境要素，如张炳等（2008）[4]、王兵等（2008）。[5]

三　制造业生态效率研究

制造业生态效率的研究成果并不多见。曹正（2008）[6] 认为，资源约束既是中国制造业面临的重大挑战，也是实现产业战略转型的良好契机。推进制造业服务化、大力发展装备制造业、以自主创新推动产业升级等是中国制造业高级化的最重要的战略措施，同时也是突破资源瓶颈制约的有效办法。

鲁成军、邵光黎（2008）[7] 通过替代弹性模型对制造业分部门投入要素的自价格弹性和相互之间的替代弹性进行了测算，发现资本、能源和劳动之间的替代关系不仅在整个制造业层面上差别很大，而且在每个分部门的内部差别也非常显著。就制造业整体而言，资本与劳动、劳动与能源之间都表现出明显的替代关系，而资本与能源之间表现出较强的互补关系。此外，能源的自价格弹性要明显高于资本和劳动的自价格弹性，表明了利用能源价格上升

① 希克斯中性技术进步，指不改变资本和劳动的边际产量之比率的技术进步，相应的生产函数为 $Y = A(t)F(L, K)$。总量生产函数的希克斯中性，即技术变化项保持要素边际替代率不变，仅仅增加或减少由给定投入所获得的产出。
② 杨文举：《中国地区工业的动态环境绩效：基于 DEA 的经验分析》，《数量经济技术经济研究》2009 年第 6 期。
③ 杨文举：《中国工业的动态环境绩效——基于细分行业的 DEA 分析》，《山西财经大学学报》2011 年第 6 期。
④ 张炳、毕军、黄和平：《基于 DEA 的企业生态效率评价：以杭州湾精细化工园区企业为例》，《系统工程理论与实践》2008 年第 4 期。
⑤ 王兵、吴延瑞、颜鹏飞：《环境管制与全要素生产率增长：APEC 的实证研究》，《经济研究》2008 年第 5 期。
⑥ 曹正：《资源约束下中国制造业的战略转型》，《中国经济问题》2008 年第 5 期。
⑦ 鲁成军、邵光黎：《中国制造业的能源替代研究——基于分行业的面板数据分析》，《开发研究》2008 年第 4 期。

进行节能具有较大的空间。在制造业内部，要素价格变化导致每个行业内部不同的要素替代，进而在此基础上，提出了中国能源政策的调整思路。

金碚（2009）[1] 认为，中国工业生产对资源的浪费和环境的污染仍然相当严重，加强政府的资源环境管制并提高管制的有效性，仍然是现阶段中国工业化过程中一个极为重要的问题。常城等（2012）[2] 认为，中国石油化工企业面临资源环境的约束日益严峻，选取了湖北省具有代表性的石油化工企业 2010—2011 年数据为样本，分析了资源环境约束与中国石油化工企业竞争力之间的关系。研究表明，资源环境约束对中国石油化工企业竞争力具有正向影响。

第五节　产业竞争力理论及研究成果

制造业研究属于产业研究的大范畴，因而有关产业竞争力研究的理论成果是制造业研究的重要理论基础。

一　产业竞争力理论

产业竞争力的分析框架是建立在美国著名管理学家迈克尔·波特（Michael E. Porter）在研究国际竞争力时提出的"钻石模型"基础之上。波特（1990）[3] 认为，一国的产业是否具有竞争力，主要取决于组成"钻石模型"的六个因素，即要素条件、需求条件、相关产业与辅助产业状况、企业策略、政府行为和对手。其中前四个因素为内生因素，后两个为外生因素。产业竞争力的分析框架便基于该理论。波特根据该理论分析了新加坡和韩国的经济前景，并认为新加坡的经济前景不容乐观，后来的发展事实证明新加坡的经济发展要比韩国成功，这说明了波特的理论不适用于所有的国家和地区。波特钻石理论的缺陷主要在于研究视角从本国出发，在分析一国产业国际竞争力时忽视了其他国家和国外企业的影响作用。因此，后来的学者对波特的理论进行了不断修正和扩展，使之适应于不同背景国家和地区的产业竞争力状况的研究。

---

① 金碚：《资源环境管制与工业竞争力关系的理论研究》，《中国工业经济》2009 年第 3 期。
② 常城、李慧、舒先林：《资源环境约束下中国石油化工企业竞争力研究》，《决策参考》2009 年第 9 期。
③ Porter, M. E., *The Competitive Advantage of Nations*. Macmillan, 1990.

　　鲁格曼（Rugman，1991）[①] 在研究加拿大经济的时候，提出了"双钻石模型"（double diamond model），双钻石为两个国家：美国和加拿大。鲁格曼认为，加拿大是典型的小国开放经济，其国内市场容量和经济规模不及美国的 1/10，而美加自由贸易协定又使得加拿大的经济更为开放，在这种条件下，两国相关产业、要素以及企业结构、竞争状态紧密相连，从而形成双钻石体系。此后，鲁格曼和德克鲁兹（D'Cruz，1993）[②] 又建立了加拿大和新西兰的双钻石分析框架。鲁格曼的研究考虑了其他国家对一国竞争力的影响作用，扩展了波特的钻石理论。然而双钻石模型并非对所有的开放型小国都适用，双钻石模型同样不能解决前文提到的新加坡和韩国的竞争力比较问题。

　　邓宁（Dunning，1993）[③] 在钻石理论中加入了"跨国公司商业活动"因素，具有与政府、机遇同样的决定作用，形成更完善的波特—邓宁（Porter – Dunning）模型。邓宁（1995）[④] 关注外部资源对跨国公司竞争优势的影响，扩展了波特钻石理论的本国视角。

　　Cho（1994）[⑤] 以韩国经济发展为例对符合发展中国家经济竞争力提升特点的钻石模型进行了研究，从而提出"九要素模型"（the nine – factor model）。该理论认为，国际竞争力的决定因素可分为物质要素和人力要素两大类，前者包括资源禀赋、商业环境、相关和支持产业、国内需求，这些因素通过相互间的作用决定特定时间内一国的国际竞争力水平，后者包括工人、政治家和官僚、企业家、职业经理人，这类人创造、激发和控制前 4 种物质要素，促使一国产业的国际竞争力的提高。此外，机遇为第九种要素，这九大要素一同构成产业国际竞争力分析的新范式。

　　Moon、Rugman 和 Verbeke（1995）[⑥] 分析了波特在研究新加坡和韩

　　① Rugman, A. M. , "Diamond in the rough"[J]. *Business Quarterly*, Vol. 55, No. 3, 1991, pp. 61 –64.
　　② Rugman, A. M. , D'Cruz, J. R. , "The double diamond model of international competitiveness: Canada's experience", *Journal of International Business Studies* [J]. Vol. 33, No. 2, 1993, pp. 17 –39.
　　③ Dunning, J. H. , "Internationalizing Porter's diamond special issue" [J]. *Management International Review*, Vol. 33, No. 2, 1993, pp. 7 –15.
　　④ Dunning, J. H. , "Reappraising the eclectic paradigm in the age of alliance capitalism" [J]. *Journal of International Business Studies*, Vol. 26, No. 3, 1995, pp. 21 –30.
　　⑤ Cho, D. , Choi, J. , Yi, Y. , "International advertising strategies by NIC multinationals: The case of a korean firm" [J]. *International Journal of Advertising*, Vol. 13, 1994, pp. 77 –92.
　　⑥ Moon, H. C. , Rugman, A. M. , Verbeke, A. , "The generalized double diamond approach to international competitiveness" [J]. *Research in Global Strategic Management*, Vol. 5, 1995, pp. 97 –114.

国两国产业发展时存在不足的基础上，提出了"一般化的双钻石模型"
（A generalized double diamond model），把邓宁提出的"跨国公司活动"纳
入该体系中，该模型包括了"国际钻石"、"国内钻石"和"全球钻石"。
他们认为，波特分析韩国和新加坡产业国际竞争力时存在的问题为仅仅考
虑了国内钻石那一层面。从国内钻石层面来考察，新加坡处于劣势，但从
三个层面的钻石来比较两国的相对竞争优势时，新加坡则更有竞争力，所
以新加坡的产业国际竞争力要比韩国更强。

二　制造业竞争力的研究成果

学者们对制造业竞争力的研究仍围绕着如何证明波特的钻石模型及其
后一系列理论模型所涉及的影响因素和支撑指标的决定作用进行。

Fagerberg（1996）[①] 采用16个OECD国家1965—1987年的统计数据拟
合对数线性回归模型对波特"钻石模型"中的"需求条件"因子，特别是
其中的国内成熟的消费者对于产业竞争力的决定作用进行了实证检验，证
明这一因子对于产业国际竞争力具有很强的正向影响。Marion 和 Kim
（1991）[②] 用美国食品制造业1967—1987年的数据建立计量模型，研究了美
国食品制造业的国内市场结构与竞争强度对其国际竞争力的决定作用。
Moreno Lourdes（1997）[③] 采用西班牙14个制造业分支产业1978—1989年
的数据建立面板对数线性回归模型，实证检验了制造业出口竞争力的决定
因素，考察的因素包括出口对象国的国民收入水平、汇率、国内需求、广
告密度和技术投资。这些研究是对制造业竞争力理论的实证检验。

在制造业竞争力评价体系构建方面，对于制造业竞争力的衡量，较早
的有 Karnani（1982）[④] 采用均衡市场份额、Enoch（1978）[⑤] 用单位劳动

---

① Fagerberg, J., "Technology and competitiveness" [J]. *Oxford Review of Economic Policy*, Vol. 12, No. 3, 1996, pp. 39 –51.

② Marion, B., D. Kim, "Concentration changes in selected food manufacturing industries: The influence of Mergers and Acquisitions vs. Internal Growth" [J]. *Agribusiness: An International Journal*, 1991, Vol. 7, No. 5, pp. 416 –431.

③ Moreno, Lourdes, "The determinants of Spanish industrial exports to the European union", *Applied Economics*, Vol. 29, 1997, pp. 723 –732.

④ Karnani, A., "Equilibrium market share—A measure of competitive strength" [J]. *Strategic Management Journal*, Vol. 3, 1982, pp. 43 –51.

⑤ Enoch, C. A., "Measures of international trade" [J]. *Bank of England Quarterly Bulletin*, Vol. 18, No. 2, 1978, pp. 23 –35.

成本（unit la cost，ULC）、Menzler – Hokkanen（1989）[①] 用单位产出所消耗的所有劳动成本来研究一国的制造业竞争力。这些指标均是反映竞争力的重要因子，但是要想建立综合竞争力评价机制，必须建立一个能将各种指标有机融合的评价体系。

国内较早专门对制造业竞争力进行研究的有任若恩（1996，2001）[②][③]，他着重对比了中美的相对价格水平、劳动生产率和单位劳动成本等方面的情况。利用购买力平价以全要素生产率、单位劳动成本、相对价格水平和固定市场份额分析中国制造业的国际竞争力，以中国为中心的劳动生产率进行多国比较，这里首次对中国制造业全要素生产率进行了双国背景和多国背景下的比较，认为中国制造业产品的比较优势源于便宜的劳动成本，维持中国产品成本国际竞争力的方法是提高劳动生产率。

建立更进一步的综合性指标体系的还有赵彦云（2005）[④]，他提出用核心竞争力、基础竞争力和环境竞争力三位一体模式认识中国的国际竞争力和产业竞争力，认为突出核心、基础、环境竞争力结构协调升级是发展中国家现阶段最为重要的问题，其中核心竞争力包括国家经济实力、企业管理竞争力和科技竞争力，是创造增加值和国民财富的竞争力；基础竞争力包括基础设施竞争力和国民素质竞争力，是长期持续发展和成长的能力；环境竞争力包括政府管理竞争力、国际化的竞争力和金融体系竞争力，属于市场、法制、体制和政策的软环境。在此基础上，赵彦云利用1999—2003 年中国工业企业数据对中国制造业产业进行动态基本面分析和区域制造业产业竞争力评价，其评价框架也是根据其研究国际竞争力的三位一体模式构建，包括制造业竞争力实力、成长竞争力、市场竞争力、成本竞争力、创新竞争力、投资竞争力和管理竞争力七大要素。

如上理论和研究成果是进行中国现代制造业体系分析和研究的重要理论铺垫。

---

① Menzler – Hokkanen, I., "Can international competitiveness be measured by the relative unit labor cost approach? A comment on professor Artto" [J]. *Management International Review*, Vol. 29, No. 1, 1989, pp. 72 – 77.

② 任若恩：《关于中国制造业国际竞争力的初步研究》，《中国软科学》1996 年第 6 期。

③ 任若恩、柏满迎、黄勇峰、何耀光：《关于中国制造业国际竞争力的研究》，《政策与管理》2001 年第 11 期。

④ 赵彦云：《中国制造业产业竞争力评价分析》，《经济理论与经济管理》2005 年第 5 期。

第二章 现代制造业体系的发展背景

当今世界是一个发展的世界，同时也是充满变革、充满挑战、充满竞争的世界。这一时期，中国制造业发展面临的国际新环境是国际产业大转移、全球产业价值链出现新动向，新贸易保护主义屡屡现身；面临的国内背景则是新型工业化、产业结构升级以及经济发展方式的转变。现在，发达国家通过国外直接投资（FDI）将低端制造业、劳动密集制造业转移到发展中国家，并以环境保护形式、技术优势壁垒以及严格的产品准入条件和特殊的对外贸易管理等，形成新一轮世界范围内的产业革命和产业竞争。在利用技术优势进行市场竞争的同时，发达国家的"巨无霸"跨国公司还利用产品开发、制造、运输、市场营销、售后服务以及包装品循环利用等实现着各环节的价值增值，构成了一条全球范围内的价值增值链，迫使欠发达国家的低端制造业面临巨大的生存压力。

第一节 国际竞争背景

中国现代制造业发展所面临的国际背景的特征是：国际分工和产业转移，国际贸易保护主义新形式以及国际金融危机后的新的竞争环境。

一 国际竞争更趋激烈

现阶段，全球制造业主要集中在北美、欧洲和东亚三大区域，其中东亚地区以中国、日本、韩国三国为代表。20世纪90年代以来，以制造业为主的中国经济得到了长足发展，中国在全球制造业中比重从3%提高到2007年的13.2%。目前，中国制造业在全球占有重要地位，位居美国之后成为全球第三大制造国家，被称为"世界工厂"。

2007年，美国次贷危机引发了全球性金融危机，使得全球金融和经济遭遇严重打击，大量银行、企业相继破产，全球失业人数激增。在金融危机的冲击下，世界三大经济体欧盟、美国和日本几乎同时进入衰退。由于中国对美国、欧盟和日本三大经济体直接和间接出口占出口总额的近60%，美国、欧洲、日本等主要市场的经济形势不乐观，这直接影响到中国制造业的国际市场需求。特别是2008年，数以万计的中小制造业企业由于外部总需求量减少加之人民币升值、银根紧缩等原因纷纷破产。面临如此严重的经济形势，因此世界各国都相继推出了积极的财政政策扩大投资拉动本国的经济增长，中国也公布了一个4万亿元的投资政策以拉动国内需求，这在很大程度上保障了中国经济在2009年依然取得了较快的增长速率。但是，投资的刺激作用并不能长久维系，国际金融危机后的世界制造业竞争会更趋激烈。

制造业作为一国经济发展的支柱和经济跨越的依托，一直被各国所重视。近年美国先进制造业联合会的一份报告中指出，制造业仍是美国经济增长最为强劲的发动机。在经济全球化、贸易投资一体化的进程下，中国被很多专家认为是经济全球化的最大赢家，这在一定程度上说明中国制造业取得的重要成绩。经过改革开放30多年的发展，中国逐渐融入全球生产体系之中，承接全球产业的转移，并逐渐变为世界制造大国。制造业的迅猛发展是推动中国经济快速增长的主导力量。可以说，改革开放以来中国经济的高速增长，在很大程度上得益于外向型制造业的快速增长。

然而，中国制造业主要是建立在高能耗、高污染、高投入、低效益基础之上，产业竞争力弱，比较优势低。这种增长方式导致经济逐渐进入高成本增长阶段，过高的能源消耗与依赖程度使经济持续增长动力面临诸多领域的严峻挑战。并且，当前中国制造业的竞争优势主要来源于劳动力成本、要素价格等低层次优势，产品的附加值明显偏低，产业的技术创新能力差。中国融入全球生产体系，承接发达国家转移的制造行业大部分是处于价值链低端的产业，处于"微笑曲线"的低端，价值链上游的研发和下游的市场营销则被发达国家主导的跨国公司所控制，产品最终定价权控制在发达国家手中。产品定价权的丧失必然导致财富分配权的丧失，而且这种状态有被"锁定"的危险。处于这一分工状态的中国制造业，对能源等要素更加依赖，更加强化了强势国家的控制，经济主权进一步丧失。同时，贸易摩擦增多，国际贸易谈判中会处于更加劣势地位。因此，依赖于低层次优势，发展技术含量低的加工产业的传统思路已经难以继续，实现经济发展方式的转变和产业升级已经是决定中国经济实行可持续发展、维护中国经济安全的必然抉择。

二　出现新型产业国际分工

新型的国际分工，是指以跨国公司为主导的全球价值链分工为主要形式，同时包含产业间、产业内和产品内多元的立体分工格局，它是相对于传统产业间垂直型国际分工而言的。这种新型的国际分工的边界已经细化到价值链层次，从而导致一个国家的竞争优势不再体现在某个特定产业或某项产品上，而是体现在产业链条中所占据的环节或工序上。因为伴随着国际分工的深化，国际分工的产业边界在弱化，产业链条或产品工序的作用在提升。具体而言，就是在产业链条层次，由生产制造环节向研发设计和品牌营销环节的转移是增值能力和分工地位提升的显著标志。而生产环节又可细分为上游生产（关键零部件的生产，如电脑中的芯片、微波炉的磁控管等）和下游生产（终端的加工组装），越接近于上游的生产其技术含量越高、附加值越大，越接近于下游的生产其知识技能的要求越低、附加值也越小。所以在生产环节中，由下游生产向上游生产的递进也一样，意味着分工地位和增值能力的提升。

在当代国际贸易中，发展中国家的资本、技术密集型产品出口大为扩张，但这些国家实际上从事的主要还是劳动密集型的加工组装环节，其大部分技术和技能仍包含在进口的零部件中。根据联合国贸发会议新近公布的《贸易与发展报告》：尽管发达国家在世界制成品出口的份额现在有所下降，但其在世界制成品增加值中的份额却在上升；而发展中国家却与此相反，虽然在世界制成品出口的份额大幅度增加，但并没有以相应的幅度提高在世界制成品增加值中的份额。这说明发展中国家所承接的加工制造环节在整个国际分工体系中始终处于较低层次，其增值能力有限，附加值较低。

随着信息技术的不断发展，知识经济的逐步涌现，信息技术和知识经济正极大地改变产业发展的技术环境和经营条件，也改变着产业竞争基础和商业模式。伴随着全球化，制造业的国际分工也由垂直分工逐步变为水平分工，产业链逐步得到细分。发达国家凭借技术优势逐步把低技术产业转移出去，对于高技术产业领域，它们也是尽力抢占高技术、高附加值环节，把低技术环节转移给处于较低发展水平的国家，进一步完成价值链的分离和转移，使生产环节逐步细化。作为全球化阶段主要的受益者，中国自20世纪90年代以来逐渐成为国际制造业转移的重要聚集地，国内市场的国际化竞争程度越来越高，中国的制造业通过产业内外和产品内的国际分工逐步融入全球的生产体系之中。伴随着新型国际分工的出现，这种状况会加剧中国制造业竞争的激烈程度。

三　国际产业转移形成新格局

在经济全球化和世界产业结构调整的背景下，近年出现了一股国际产业转移浪潮，作为外商直接投资承载主体的跨国公司凭借国外直接投资（FDI）不断进行全球性生产布局，将劳动密集型产业和资本、技术密集型产业中的劳动密集型生产环节大量转移到发展中国家，并在移入国或地区形成集聚。这种转移呈现出一些新特征。

第一，产业链更加细化，增值环节更多。随着知识经济的不断发展，科学技术的不断进步和产业结构的不断升级，特别是信息技术的突飞猛进，高度发达的信息技术和网络系统正极大地改变着各个产业发展的技术环境和经营条件，也改变着产业竞争的业态基础和商业模式。伴随着经济全球化，制造业的国际分工正由垂直分工发展到水平分工，甚至网络分工，产业链被极大地细化了。这一方面是因为，现今的制造业其产品价值链上的增值环节越来越多，一些产品的不同生产工序或价值环节都可以超越国家范围进行分工，使得制造业产业链在全球延伸；另一方面，处于主导地位的制造厂商越来越注重在全球范围内寻求最为优越的生产区位来分配其价值链上的一些环节，以实现全球范围内的产品价值链的整合，使产品的生产更具比较优势。

第二，跨国公司成为制造业国际转移的主体。跨国公司的迅速发展和膨胀是当今国际经济发展的典型特征，它已经成为制造业国际转移的主要承担者。根据联合国贸发会议的数据：目前全球共有跨国公司四五万家，其子公司25万家，平均一个公司拥有国外子公司5.5家，这些公司控制了世界生产总值的40%—50%。由于跨国公司具有雄厚的经济实力，拥有全世界配置资源和开拓市场的优势，因此它会成为今后国际制造业转移的主要载体。同时，为了降低成本，跨国公司在转移产业的过程中也开始实施人才本土化战略，对产业移入国的人力资源的素质提出了新的要求。

第三，劳动密集型产品开始向以资本技术密集型产品为主转移。近几年来，国际产业转移的结构高度化趋势明显加强，作为国际产业转移一部分的制造业国际转移也出现这样趋势。世界银行统计资料显示，20世纪50—80年代，国际产业转移主要以初级产品加工和原材料为主转移产业。

进入90年代以后，其重心开始由原材料工业向加工工业、由初级工业向高附加值工业、由传统工业向新兴工业转移。以前跨国公司向中国的国际产业转移主要集中于消费品制造业、轻型制造业或一般制造业；而从2002年起，资本品制造业、重型制造业或装备制造业将成为跨国公司新一轮向中国转移的重点。同时，还呈现出制造业和现代服务业同步转移的趋势和特点，形成了制造、研发、服务、人才一体化转移的局面。

第四，产业国际转移出现组团式、集群式。国际制造业向外转移过程中，产业集群特征比较明显。随着区域竞争不断加剧，产业转移已由原来单个项目、单个企业、单个产业的转移转向产业链式转移，且在产业链整体转移趋势中，有产业特色和配套产业基础的大型开发区成为承接国际产业转移的主要载体。

现在，国际产业转移发展越来越迅速，虽然服务业的转移开始增多，但在产业转移中占主要地位的仍然是制造业转移，且规模不断扩大。据联合国工业发展组织的一份报告统计，到2005年，发达国家所占全球制造业的份额已由1970年的86%下降到67.6%，而发展中国家所占份额则从1970年的10.3%上升至30.6%。这一变化，正意味着世界制造业的大规模转移及发达国家对目前产业结构的调整。这一调整，形成了国际制造业发展的新格局。

四　新形式的国际贸易保护主义

伴随着国际产业分工和产业转移的出现，国际贸易保护主义出现一种新形式，即"绿色贸易壁垒"和"技术贸易壁垒"。

绿色贸易壁垒，也叫环境壁垒，是国际贸易中一些国家以保护生态资源、生物多样性、环境和人类健康为借口，设置一系列苛刻的高于国际公认或绝大多数国家不能接受的环保法规和标准，对外国商品进口采取的准入限制或禁止措施。其惯常运用的手段是环境附加税、绿色环境标志制度、产品加工标准制度、绿色包装和标签制度、绿色卫生检疫制度、绿色补贴制度等。

由于各国生产力发展水平不同，经济所处发展阶段不同，进行环境保护的能力和对环境质量的需求存在着巨大差异，各种环境问题在不同国家的严重程度也不尽相同，由此决定绿色贸易壁垒中不同国家的环境标准参差不齐，难以协调。发达国家经过长期的经济发展，社会生产力和环境保护的意识远远高于发展中国家。虽然环境标准的规定和实施非常严格，但对发达国家产品竞争力的影响却微乎其微，而对发展中国家却可产生巨大的冲击。因此，发达国家往往以环境规则和标准为借口来限制发展中国家产品的进出口，从而达到贸易保护的目的。

绿色贸易壁垒是以保护世界资源、环境和人类健康为名，行贸易限制和制裁措施之实，近十年被使用的频率越来越高，成为继反倾销措施以后的又一重要的贸易措施。据欧盟环保机构一项调查：全球共计有 137 个进口国采用了绿色壁垒措施，仅 1998 年，欧盟国家禁止进口的"非绿色产品"价值就达 300 亿美元，其中 90% 来自发展中国家，涉及纺织、成衣、化妆品、日用品、玩具、家具和家用电器等几千种商品。目前，绿色壁垒措施涉及的领域也越来越广。一方面绿色壁垒本身也随着社会经济发展的需要在不断调整和补充，出现了层出不穷、变化多端的绿色贸易措施，包括环境保护、人类健康、生物多样性、动植物安全等多个领域；另一方面，绿色壁垒所管辖的对象范围越来越宽泛，它不仅对产品本身提出绿色环保要求，还对产品的设计开发、原料投入、生产方式、包装材料、运输、销售、售后服务，甚至工厂的厂房、后勤设施等整个周期的各个环节提出了绿色环保的要求。这些绿色保护措施给发展中国家的制造业和对外贸易与经济发展带来了极大挑战。

技术性贸易壁垒是以国家或地区的技术法规、协议、标准和认证体系等形式出现的贸易保护手段，其涉及的内容广泛，涵盖科学技术、卫生、检疫、安全、环保、产品质量和认证等诸多方面。由于此类壁垒大量的以技术面目出现，因此常常会披上合法外衣，成为当前国际贸易中最为隐蔽、最难对付的非关税壁垒。现在，世界贸易组织关于技术性贸易壁垒的文件有两个，分别是《技术性贸易壁垒协定》（《TBT 协定》）和《实施卫生与动植物卫生措施协定》（《SPS 协定》），于 1995 年 1 月 1 日世界贸易组织正式成立起开始执行。特别是 TBT 的表现形式十分广泛，既涉及国际或区域性协议、国家法律、法令、规定、要求、指南、准则、程序等强制性措施，也包括非政府组织等制定的自愿性规则，涵盖范围渐趋广泛。

技术性贸易壁垒主要通过严格繁杂的技术法规和技术标准、复杂的合格评定程序、严格的包装、标签规则来实施，客观上促进了经济的可持续发展，促使各国要不断提高本国产品的质量、卫生及安全性能。但在现行的国际标准体系中，标准的制定者基本上都是发达国家，发展中国家大多是标准的被动接受者，这无疑会大大限制和束缚发展中国家的经济发展。

现在，贸易技术措施涉及贸易的各个领域，如农产品、食品、机电产品、纺织服装、信息产品、家电、化工医药，包括它们的初级产品、中间产品和制成品；也涉及各个环节，如加工、包装、运输和储存等环节。从国际贸易壁垒的发展趋势看，随着传统贸易壁垒逐步走向分化，关税、配额和许可证等壁垒逐渐弱化，反倾销等传统贸易壁垒虽然在相当长时间内仍继续存在，而以技术性贸易壁垒为核心的新贸易壁垒会不断发展，将逐渐取代传统贸易壁垒成为国际贸易壁垒中的主体，成为实行贸易保护主义的主要手段和高级形式。所以，未来中国制造业的发展必须要面对和适应这种发展的新环境。

第二节　国内发展背景

中国现代制造业发展所面临的国内背景是：新型工业化、产业结构升级以及经济发展方式的转变。

一　中国处于新型工业化阶段

目前，中国制造业规模扩大，装备水平和生产技术水平不断提高，高新技术产业不断兴起，特别是重工业呈现快速增长势头，工业增长明显转向以重工业为主导的格局，从而再次出现了重化工业势头，经济进入新型工业化阶段。

20世纪90年代中期，中国居民消费结构出现升级，在彩电、冰箱等传统家电类的消费保持较快增长的同时，空调、个人计算机和通信等需求领域以更高速度增长，从而推动电子信息产业的高速增长，促成了产业结构向高级化演进。特别是近两年，居民消费结构再次升级，由吃、穿、用向住、行转变，从而使得房地产、汽车等产业成为新的高增长行业。由于房地产、汽车等行业产业链条长，对相关产业的带动作用很强，尤其是对钢铁、机械、化工等重化工业产生了较大需求，从而加速了中国重化工业的进程。

市场化改革、对外开放、结构调整、技术创新共同构成了中国工业化的推动力量。随着工业化进程的加快，中国制造业领域逐渐形成了独特的比较优势和竞争优势，这就是低成本的制造优势。国际产业发展的显著变化之一是产业分工方式的改变，即以跨国公司为主导的产业链纵向分工方式的形成和高度细分化，以及由此推动的新一轮产业的国家间转移。在新一轮国际分工的形成过程中，中国凭借着市场需求巨大、低成本生产要素（劳动力、土地、智力资源等）、相当实力的产业基础和生产能力等综合成本优势，获得了此轮产业转移的有利地位，已初步确立了在全球产业分工中的重要地位，即加工、组装环节的比较优势，这是中国工业化进程中出现的新情况和新趋势。

也应该看到在这个阶段，中国存在的问题和矛盾仍很突出，如供给结构不适应市场需求的变化，国内有效需求不足，技术创新能力薄弱，产品的附加价值低，工业化过程中资源消耗大、环境污染高，国有企业还存在许多尚未解决的突出问题等。所以，中国政府提出"以信息化带动工业化，以工业化促进信息化，走出一条科技含量高、经济效益好、资源消耗低、环境污染少、人力资源优势得到充分发挥的新型工业化道路"。这一方面给中国制造业发展带来了机遇，另一方面也提出了注重发展质量的更高要求。

二 产业结构面临升级压力

产业结构体现在 GDP 构成和从业人员的构成上。从从业人员看，1978 年以后中国从业人员在三大产业间结构变动的基本趋势为：第一产业就业比重逐渐降低，到 2007 年下降了 23.8 个百分点，第二、第三产业就业比重逐渐提高，分别上升了 6.6 个、19.2 个百分点。改革开放 30 多年间，中国从业人员总数的年均增长率为 2.45%，因而尽管第一产业从业人员比重是降低的，但从业总人数在 1993 年前一直是增加的，此后就保持在 365 万名从业人员水平上。从 1994 年开始，中国第三产业的从业人员总数首次超过了第二产业。从 GDP 的构成上看，2007 年，中国三次产业增加值的占比分别为 11.26%、48.6% 和 40.1%。显然，第三产业比重值与当今发达国家的 60%—80% 比重值相比确实过低。

自 20 世纪 90 年代以来，中国第一产业对经济增长的贡献率一直处于较低的水平，经济增长主要靠第二产业的带动。根据官方提供的统计数据计算：近 20 年来，中国第一产业的贡献率约为 8.4%，第二产业的贡献率约为 57.6%，其中工业的贡献率约为 52.7%，第三产业的贡献率约为 31.7%。随着产业结构的变化，第一产业的贡献率基本持平，略有下降；第二产业的贡献率保持在一个高水平下，升中略有下降；而第三产业的贡献率则是在平缓上升。数据显示，中国产业结构变动趋势是正确的，但目前的结构状态还不是合理的。

美国经济学家钱纳里曾利用基于一般均衡性质建立的结构变化模型描述了经济增长过程中产业部门之间的相互依存关系，揭示了产业结构变化在经济发展中的重要作用。他认为，对经济增长产生最直接、最重要影响的是产业结构的变化，产业结构变动的主要表现是三次产业结构的变动和三次产业的内部升级。产业结构转变的先决条件是社会需求结构和贸易结构的变动。故而，经济发展本身可被看作是经济结构持续的一系列互相关联的变化（H. 钱纳里，1991）。比照这一理论不难发现，中国产业结构的变动轨迹正如产业结构演变的一般定律所描述的，农业产值（总产值和增加值）比重在逐步下降，工业产值比重在逐步上升；中国的主导产业已由农业演变为工业，但第三产业始终未占主导地位；中国各产业产值的结构比重与从业人数结构比重没有出现同步的波率和波幅，全社会从业人员总量中，农业部门从业人员始终占有绝大比重，第三产业的从业人员一直没有明显的增长；与产值总量一直呈上升趋势不同，全社会从业人员总量曾出现过阶段性的下降。

现阶段，中国的第三产业比重偏低，第一产业比重偏大；在第二产业中，传统产业、高耗能产业比重偏大，耗能低、附加值高的高技术产业比重偏低。与发达国家相比，中国的传统服务业（传统的物流及餐饮旅馆业）比重较大，现代服务业（金融、保险、电信及商业服务）比重较小，服务业发展的空间非常广阔。因此，加速经济增长方式从以粗放型为主向集约型为主的转变，实现产业结构的升级，是目前中国经济发展面临的一项战略性任务。

三　经济发展方式面临转变

从 1953 年开始，中国在完成国民经济恢复期以后，开始了大规模的国民经济建设。1953—1957 年，中国实施第一个国民经济五年计划，明确的目标是进行大规模工业化，特别是重工业建设。这期间，全国基本建设投资，农业只占 7.1%，轻工业占 6.4%，而重工业则占到 36.2%；工农业总产值中，工业总产值的比重由 46.9% 提高到了 56.7%，煤炭、冶金、石油、有色金属、机械制造、矿山设备、汽车等一些重型工业部门相继建立起来。到 1958 年，中国又开始执行第二个五年计划，钢铁工业被放置到了头等重要的位置，中国工业特别是重工业进入了一个高速发展的巅峰时期。1957—1960 年，中国工业结构折线为波峰阶段，而农业折线则进入波谷阶段。但好景不长，由于过分强调工业的发展，加之自然灾害，中国农业大面积减产，国民经济结构出现了严重的比例失调。因此，从 1961 年开始，国家进行了产业结构的大规模调整。

进入 20 世纪 90 年代以后，国家的宏观调控和产业政策更显力度。1989 年 3 月，国务院颁布了中国第一部产业政策——《国务院关于当前产业政策要点决定》，该决定的基本指导思想是通过产业政策，加强宏观调控，逐步消除总需求与总供给的矛盾，消除消费结构与产业结构之间的矛盾，通过政策导向，引导发展农业、能源、交通、原材料等基础产业以及一些与人民生活息息相关的轻纺工业。到后期，国家开始重视企业的技术改造，以图通过新技术的发展来改造传统产业，实现产业结构的升级，促使经济向集约化方向发展。这一段时期，中国产业变得门类齐全，结构也变得复杂。

2002 年，国家再次出台了《国家产业技术政策》，其基本指导思想是：以结构优化和产业升级为目标，以体制和机制创新为保证，以企业为主体，以信息化带动工业化为主要途径，以提高技术创新能力为核心，以中国加入世贸组织为契机，政府引导与市场相结合……有选择地发展一批高新技术产业……加快利用高新技术改造传统产业的步伐，实现产业技术水平和创新能力的跨越式发展，为培育新经济增长点和产业结构优化升级提供技术保证。其战略目标是：优先发展具备比较优势和对传统产业改造关系密切的高新技术……基本淘汰高耗能、高污染、落后的生产工艺；大力推进以企业为主体的技术创新体系的建设，培育一批具有自主创新能力和国际竞争力的大型企业和企业集团，带动一大批中小型企业向专、精、特、新方向发展。2002 年国家产业技术政策把目标锁定在提升传统产业技术水平，用高新技术改造传统产业，实现产业结构的优化升级上，对中国产业结构的发展、演变产生了巨大影响。因此，在未来一定时期，中国必须适时制定合理的产业政策，加快经济发展方式的转变，实现三次产业协同带动经济发展。

党中央多次提出要转变经济发展方式。2010 年 3 月召开的"两会"，党和政府再一次强调要加快转变发展方式，认为转变经济发展方式，事关经济发展质量和效益，事关中国经济的国际竞争力和抵御风险能力，事关经济可持续发展和经济社会协调发展的战略问题。转变经济发展方式，要着眼于增强发展的均衡性、协调性、可持续性；要进一步夯实农业农村发展基础，提高农业综合生产能力，巩固农产品保障能力，增强农业可持续发展能力，提升农业国际竞争力；就是要推进自主创新，加快科技成果向现实生产力的转化，提高国民经济各产业的信息化水平；就是要三次产业协同带动经济发展，要加快发展现代服务业，改变过去主要由工业拉动经济发展的状况，保证经济发展过程中第一、第二、第三产业都有一种适度的发展速度，在不断优化结构的过程中，三次产业一齐发力，共同拉动经济的发展。这也是未来一段时期，中国现代制造业发展的国内大背景。

第三节　国际国内培植新兴产业背景

伴随着经济全球化的推进，科学知识、信息技术的迅速传播对世界各国的产业结构、增长方式、国际竞争力发挥着越来越深刻的影响，一些新兴产业或战略性新兴产业应运而生，这构成中国现代制造业发展大环境的重要组成部分。

一　战略性新兴产业的提出与国际环境

当今，一方面科学技术全面渗透于传统产业的升级改造；另一方面以知识为基础的新兴产业不断兴起，引领世界经济发展的方向。近十余年，一些发达国家通过消费需求不断拉动经济的增长，而一些发展中国家和地区则通过工业制品的加工和出口带动本国的工业化进程和经济增长。特别是近年，国际上兴起了一股产业转移浪潮，一些著名跨国公司凭借外商直接投资（FDI）不断进行全球性生产布局，将劳动密集型产业、资本密集或技术密集型产业中的劳动密集型生产环节大量转移到发展中国家，并在移入国家或地区形成程度不同的产业集聚，使得全球产业链更细，增值环节更多，给移入国家的生产和经济发展带来巨大压力和挑战。

（一）中国战略性新兴产业的提出

世界经济的发展背景和中国经济发展现实，促使中国提出了加快经济发展方式转变，促进产业结构升级，缓解资源环境瓶颈制约，增强国际竞争优势的战略。为此，国家出台了一系列进行产业升级和结构调整的政策和技术法规。2010年10月，国务院又颁布了《国务院关于加快培育和发展战略性新兴产业的决定》（以下简称《决定》），提出要用20年左右的时间，重点发展节能环保、新一代信息技术、生物、高端装备制造、新能源、新材料以及新能源汽车产业；到 2015 年，中国战略性新兴产业形成健康发展、协调推进的基本格局，其增加值占国内生产总值的比重达到 8% 左右；到 2020 年，战略性新兴产业增加值占国内生产总值的比重达到 15% 左右，吸纳、带动就业能力显著提高；节能环保、新一代信息技术、生物、高端装备制造产业成为国民经济的支柱产业，新能源、新材料、新能源汽车产业成为国民经济的先导产业。同时，国家创新能力大幅提升，掌握一批关键核心技术，在局部领域达到世界领先水平；形成一批具有国际影响力的大企业和一批创新活力旺盛的中小企业；建成一批产业链完善、创新能力强、特色鲜明的战略性新兴产业集聚区。

此后，中央和地方政府相继制定了战略性新兴产业发展的实施方案，学术界也对战略性新兴产业的内涵、发展模式、政策框架等展开了研究。美国发展经济学家赫希曼（A. O. Hirschman）[1] 曾提出著名的"不平衡增长战略"，他认为，增长在国家或区域间的不平等是增长本身不可避免的伴生物和前提条件，核心区或增长点的增长动力主要来源于"核心"内所出现的集聚经济效益和"动态增长气氛"，在投入产出关系中关联最密切的经济体系是"战略部门"，这可以理解为战略产业。波特[2]则界定过新兴产业的概念，即为新建立的或重新塑形的产业，它是采用新兴技术进行生产、产品技术含量高的产业，其出现的前提是社会科技创新、产业本身相对成本降低。保罗·克鲁格曼（Paul Krugman）[3] 提出了识别战略性产业的两项标准，一是看该产业是否有大量的"租"存在，二是看该产业是否存在外部经济。他认为，战略性新兴产业应该具有较大的"租"[4]，其资本或劳动的回报率应特别高，且存在较广泛的外部经济；战略性新兴产业要真正掌握关键核心技术，否则就会受制于人，因而必须做好战略决策储备、科技创新储备、领军人才储备、产业化储备。

经济学、管理学大师们对战略性产业、新兴产业的论述只是一般理论意义上的阐述，有着其特定的经济社会发展背景。而中国政府提出的战略性新兴产业在内涵和外延上对已存的理论都有较大发展，其认识是：战略

---

① 艾伯特·赫希曼：《经济发展战略》，经济科学出版社 1991 年版。
② 迈克尔·波特：《国家竞争优势》，华夏出版社 2002 年版。
③ 保罗·克鲁格曼：《战略性贸易政策与新国际经济学》，中国人民大学出版社 2000 年版。
④ 在经济学中，"租"是指某种要素所得到的高于该要素用于其他用途时所获得的收益，它可以是某个产业所获得的高于其他部门相同熟练程度工人所能获得的工资。

性新兴产业是以重大技术突破和重大发展需求为基础，对经济社会全局和长远发展具有重大引领带动作用，知识技术密集、物质资源消耗少、成长潜力大、综合效益好的产业。万钢对此的理解是：战略性新兴产业在国民经济中具有战略地位，对国家安全产生重要影响，且有可能成为未来国家经济发展的支柱产业。肖兴志[1]等认为，战略性新兴产业是前沿性主导产业，不仅具有创新特征，而且能通过关联效应，将新技术扩散到整个产业系统，能引起整个产业技术基础的更新，并在此基础上建立起新的产业间技术经济联系，带动产业结构转换。宋河发[2]等认为，战略性新兴产业首先是新兴产业，是处在发展最初阶段的行业，是伴随着生物、信息、医疗、新能源、海洋和环保等新技术的发展而产生的一系列新兴产业部门，它能够振兴经济增长和就业，激励环境与先进技术开发。我们认为，战略性新兴产业既是战略性产业，又是新兴产业，一个产业之所以能被称为战略性新兴产业，首先应该是新兴产业，且同时具备战略性产业和新兴产业的共同特质。不同时代背景下，战略性产业和新兴产业的内涵是有区别和差异的，应结合战略性新兴产业的产生背景动态地理解战略性新兴产业的特征。在经济全球化、一体化，科学技术高度发达，产业结构不断革新、不断升级的大背景下，战略性新兴产业应该同时具备五个方面的特征。

第一，战略性、全局性。战略性新兴产业应该是对国民经济起着关键作用，关乎国计民生、国家经济安全或军事安全的产业，其主要产品应能体现国家综合实力，体现国际竞争实力和科学技术发展水平，未来有可能成为国民经济的支柱产业。

第二，新兴性、前瞻性。战略性新兴产业应该体现现代科技创新方向，体现世界产业发展趋势。其产品科技含量高、附加值多，市场需求大。在理论上，战略性新兴产业应该处于高新技术产业的顶端或前沿，知识密集、技术密集、资本密集，生产核心技术上有革命性的突破。

第三，具备很强的带动效应和渗透力。战略性新兴产业应该依托现代科学技术的重大突破，带有产业革命的性质，具备很强的拓展性、延伸性

---

　　① 肖兴志等：《发展战略、产业升级与战略性新兴产业选择》，《财经问题研究》2010年第8期。

　　② 宋河发、万劲波、任中保：《我国战略性新兴产业内涵特征、产业选择与发展政策研究》，《科技发展》2011年第1期。

和渗透力，对一国的传统产业具有较大的影响力和改造作用。延伸开来，战略性新兴产业要有较强的影响力和感应度，具备较长的产业链，产品的生产或技术开发能带动相关产业的发展，优化产业的结构，提升产业的水平，促进本部门或为其服务的相关产业部门的就业。

第四，增长潜力大，综合效益好。战略性新兴产业应有较好的发展潜质，代表消费的需求方向，有良好的国内国际市场前景，一段时期内有较大的增长潜力，且生产效率高，经济效益好、社会效益佳。

第五，符合现代生产标准，增长速度较快，且具有一定的可持续性。现代战略性新兴产业应该符合绿色生产的标准，生产过程能合理消耗原材料和燃料，有效利用和开发二次资源，资源消耗少，污染物排放少，资源利用效率高；起步快，增长快。

战略性新兴产业的提出源于全球经济发展的现实和背景，此处所归纳的五个特征，正是基于对世界经济发展背景、产业经济发展态势和科技技术的革命性作用的认识。我们认为，一个产业能被认定为战略性新兴产业，应同时具备这五个方面的特征。

前文对战略性新兴产业特征的分析虽是一种理论上的阐释，但有着重要的实践意义。因为，对战略性新兴产业的理解和认识不同，则对战略性新兴产业发展模式、路径和政策支撑体系的选择就会不同。应该注意的是，战略性新兴产业是一个动态概念，需要发展地理解其内涵和特征。一个行业，一段时期是战略性新兴产业，而另一段时间不一定是战略性新兴产业；对于特定地区，某个行业是战略性新兴产业，而在其他地域则不一定是战略性新兴产业。经济的发展水平、发展环境变了，战略性新兴产业可能随之发生相应的变化。

（二）战略性新兴产业的国际环境

与中国国内一样，国际上对战略性新兴产业的内涵、特征的认识也存在一定差异。部分国家特别是发达国家为应对产业革命浪潮和现代科学技术的飞速发展，不约而同地推出了战略性产业或新兴产业的发展规划。由于各国的经济发展水平不同，所处发展阶段各异，所以对战略性新兴产业的理解、发展策略也不尽相同，有必要进行比较分析，我们将美国、日本、英国和韩国四个国家的战略性新兴产业发展规划及相关核心内容列于表2-1。

表 2 – 1　　　　　　　　　　　战略性新兴产业国际对比

		名称或核心内容
美国	出台方案	2009 年 12 月，《重整美国制造业政策框架》；2010 年 3 月，《连接美国：国家宽带计划》；2008 年 10 月，《美国：国家生物燃料行动计划》
	选择产业	高科技清洁能源行业；电动汽车；生物工程；航空业；纳米技术等
	主要措施	关键科研机构增加开发预算；研究及实验性税收抵免；以技术创新项目刺激制造业创新；发动清洁能源革命；支持先进的汽车技术等
	战略目标	确保未来发展更稳固、更广泛、更有力；创造高质量就业；共同繁荣
英国	出台方案	2009 年 7 月，《英国低碳转型计划：国家气候与能源战略》；2009 年 4 月，《建设英国未来》
	选择产业	新能源；信息通信技术；生物；先进制造等
	主要措施	设立战略性投资基金；支持低碳技术；提高能源和资源效率；改善公共设施；加强基础设施建设等
	战略目标	建设更干净、更绿色、更繁荣的英国
日本	出台方案	2009 年 4 月，《未来开拓战略》；2010 年 4 月，《下一代汽车战略》
	选择产业	环境与能源；医疗与护理；新能源汽车；信息技术
	主要措施	实现太阳能发电、节能；普及环保汽车；实现交通城市的低碳；发挥 IT 潜力；促进电池的第二次利用；构筑资源循环利用系统等
	战略目标	实现低碳革命；使日本走入经济发展轨道；使日本成为全球下一代汽车研发和生产的中心
韩国	出台方案	2009 年 1 月，《新增长动力规划及发展战略》；2009 年 7 月，《绿色增长的国家战略》
	选择产业	新再生能源；高质量水处理；传播信息整合产业；IT 融合系统；纳米新材料；生物制药与医疗设备
	主要措施	加强相关产业和产品核心技术的开发；对新的、初期市场提供财政支持；建立国际标准化和早期认证体系等
	战略目标	建设绿色强国；未来实现外向型制造业和内需型服务业共同发展，创造就业的同时达到优质经济增长

资料来源：根据中国创新网（http：//www. chinahightech. com）等相关网站和文献整理。

与发达国家相似，中国政府分别于 2009 年和 2010 年陆续出台了《十大产业振兴规划》和《国务院关于加快培育和发展战略性新兴产业的决定》。选择的战略性新兴产业是节能环保产业、新一代信息技术、生物、高端装备制造、新能源、新材料和新能源汽车七大产业；主要措施是：加强产业关键核心技术和前沿技术研究，落实人才强国战略和知识产权战略，实施重大产业创新发展工程，实施重大应用示范工程，创新市场拓展和商业模式；战略目标为：协调推进战略性新兴产业健康发展，实现经济社会可持续发展。

近30年中国经济一直处于高速增长状态，工业化城镇化加速发展，经济社会发展进入战略转型期。相伴而生的是人口、资源、环境面临巨大压力，发展方式、产业结构与资源环境的矛盾越来越突出。据统计，2009年我国一次能源消耗为31亿吨标准煤，是世界能源消费总量的17.5%，而同期我国的GDP只有约4.7万亿美元，占世界GDP的比重仅为8.7%；我国二氧化硫排放量、二氧化碳排放量均居世界前列，大气污染、工业点源污染、农业面源污染问题仍很严重，七大水系劣五类水质比例仍达18.4%；我国人均耕地面积仅为1.38亩，约为世界平均水平的40%；人均水资源占有量约2100立方米，仅为世界平均水平的28%；农业科技进步贡献率为48%，约为发达国家的20%。环境、资源以及经济结构已严重制约我国经济的发展。由此可见，转变经济发展方式，发展环保、新能源新材料等战略性新兴产业有着深刻的现实背景。

中国与几个国家新近实施的产业发展战略相比，不难发现：第一，中国战略性新兴产业的发展并不领先于世界发达国家。从几个国家各类经济发展计划、行动方案看，中国战略性新兴产业发展规划的推出在时间上并不领先，可以这样认为，发达国家的经济发展战略的陆续出台，引起了中国政府的高度重视和密切关注，作为应对策略，中国政府也开始了战略性新兴产业发展的实施计划。第二，中国战略性新兴产业的选择与发达国家的选择基本一致。中国与其他几个发达国家相比，所选战略性新兴产业主要都集中在高端制造、信息技术、生物制造、新能源新材料等，这表明这些行业将是中国和世界发达国家展开竞争和角逐的焦点领域。而这些行业的选择都是基于各国对全球经济未来发展走势的研判，中国并没有独辟蹊径发展发达国家没有关注的领域和行业。这是否潜伏着一种隐忧：未来全球经济和行业发展方向真如人们所分析的一样，将向这些领域或行业发展？在这些领域或行业，中国目前的技术水平是否有优势？未来的竞争，中国是否能取得优势？这些问题值得深思。第三，行业优势的竞争，本质上是技术的竞争，谁拥有了行业关键产品的关键技术，谁就拥有了这个行业的定价权和话语权，而技术的竞争归根结底体现在人才的竞争上，谁拥有一流的人才，谁就会拥有一流的技术。中国要与发达国家竞争战略性新兴产业，必须把培育创新型人才和研发核心技术作为第一目标。

二　战略性新兴产业的带动效应

中国所以要确定节能环保产业、新一代信息技术等七个行业为战略性新兴产业，重要原因是基于对这些产业带动效应的期望和认识。

节能环保产业，是国民经济活动中，以防治环境污染、改善生态环境、保护自然资源为目的而进行的技术产品开发、资源利用、信息服务、工程承包等活动的总称。狭义上理解，它是产品生产活动的终端控制，即在环境污染控制与减排、污染清理以及废物处理等方面提供的产品和服务；广义上理解，则包括生产中的清洁技术、节能技术以及产品的回收、安全处置与再利用等，是对产品从生产到消费的整个过程的完整保护。显然，环保产业是一个跨行业、跨领域、跨地区与其他行业相互交叉、相互渗透的综合性产业。美国称其为"环境产业"，日本称其为"生态产业"。有专家称其为继"知识产业"之后的"第五产业"。资料表明[1]，全球环保产业的市场规模，1992年约为2500亿美元，2010年则增至6000亿美元，年均增长率8%，远远超过全球经济增长率，各国均视其为"朝阳产业"。作为中国战略性新兴产业的节能环保产业，主要指新型高效节能、先进环保、资源循环利用技术和装备、节能环保服务业和再制造产业等。[2]

新一代信息技术产业表现为"融合"和"快速"，即计算体系结构发生深刻变革，宽带、无线、智能、超高速、超大容量形成网络技术主体，软件技术网络化、体系化、服务化、高可信化，技术二次开发和深度应用，电信网、互联网、广电网三网融合。通过网络技术的融合，网络从各自独立的专业网络向综合性网络转变，网络性能得以大幅度提升。新一代信息技术是产业结构优化升级的最核心技术之一，其向纵深的发展将深刻改变人类的生产和生活方式。作为战略性新兴产业，中国新一代信息技术产业的发展方向是建设宽带、信息网络基础设施，"三网"融合，物联网、云计算的研发和示范应用，开展集成电路、新型显示、高端软件的研究，加速网络增值服务等。

---

① 中国制造业网（http：//www.zgzzy.cc）。
② 本节内容的叙述参考了网上资料（http：//baike.baidu.com）。

　　高端装备制造业是装备制造业的前沿部分或顶端部分，具备技术密集、资本密集，产品附加值高，成长空间大、带动作用强，大幅提高相关产业生产效率等突出特点，对于加快中国工业现代化建设、实现制造强国战略目标具有重要意义。中国的高端装备制造主要集中在先进航空装备、高速铁路、先进运输装备、海洋工程装备、高端智能装备、精密数控机床、大型农业机械以及以服务国家发展为目标的空间基础设施等领域。

　　新能源产业，狭义上是除常规性能源和大型水力发电之外的风能、太阳能、生物能、地热能、海洋能、小水电和核能等能源的总称；广义上泛指能够实现温室气体减排目标的可利用能源、高效利用能源、可再生能源、代替能源、核能以及能源综合利用等。现阶段对风能、海洋能、小水电、核能的利用主要集中在电能的转换上。新能源行业覆盖面广、技术关联度相对较低；但其资金和技术密集度高，对技术要求严，投资额度大，研发难度也大。目前，该行业总体上处于成长期，各子行业发展成熟度也参差不齐。作为战略性新兴产业的新能源产业，中国的目标是发展新一代核能、太阳能热利用技术、多元化的太阳能光伏光热发电、风电技术装备以及生物质能等。

　　新材料，包括新型材料及其相关产品和技术装备，指传统材料的革新和新型材料的推出，主要包括信息材料、生物材料、汽车材料、超导材料、纳米材料、稀土材料、新型钢铁材料、新型建筑材料、新型化工材料、军工新材料等。随着高新技术的发展，新材料与传统材料产业结合日益紧密，产业结构呈现出横向扩散的特点，这些产业涵盖新材料本身形成的产业，新材料技术及其装备制造业，传统材料技术提升的产业等。与传统材料相比，新材料产业具有技术高度密集、研究开发投入高、产品附加值高、生产与市场国际性强，以及应用范围广、发展前景好等特点，其研发水平及产业化规模已成为衡量一个国家经济社会发展、科技进步和国防实力的重要标志，世界各国特别是发达国家都十分重视新材料产业的发展。新材料产业是国民经济各行业特别是战略性新兴产业发展的重要基础，也是长期以来制约我国制造业发展和节能减排目标实现的瓶颈。在这个领域，中国的发展方向是以纳米、超导、稀土等材料科学技术研究方面的优势为基础，以满足国家重大工程建设和产业结构升级为目标，重点发展新材料制造技术和装备，推进新型材料产业化，推进大宗高端材料规模化的生产应用。

生物产业，影响 21 世纪人类发展的重要领域，生命科学和生物技术的应用将从根本上改变消耗自然资源的传统发展模式，促进人类健康产生革命性影响。中国在生命科学和生物技术领域的发展目标是巩固基础研究，开发重大疾病防治新药，生产新型生物医学工程产品，生产绿色农用生物产品、海洋生物技术产品，推进生物制造技术和产品对传统生产工艺的技术替代和对化石资源的原料替代。

新能源汽车，全球汽车行业升级转型的方向，中国新能源汽车的发展方向是：新能源汽车的研发和产业化，动力电池、驱动电机和电子控制领域的核心技术，插电式混合动力汽车、纯电动汽车的生产和应用。

几年实践表明，战略性新兴产业的培育已产生了一定的带动效应，可以作定量测度。

测度带动效应的经典方法是利用投入产出表，计算影响力系数、直接消耗系数、完全消耗系数等测度指标。然而，对中国七个战略性新兴产业的具体诠释发现，如果比照中国国家统计局制定的《国民经济行业分类》（2002），七个行业都无法精准划归于某一特定行业，如节能环保产业涉及高效节能装备的生产、先进环保装备的制造、环保材料与环保药剂的生产、大宗工业固体废物综合利用、再生资源回收利用等，这些行业都分属制造业大类的诸多中类、小类；而新材料产业则涉及非金属矿物制品、橡胶制品、石油加工及炼焦、化学原料及化学制品、化学纤维、塑料制品、黑色金属冶炼及压延加工、有色金属冶炼及压延加工、金属制品、医用材料及医疗制品、电工器材及电子元器件制造等。可见，战略性新兴产业散见于国民经济某些部门，分属于其中的某一小类。我们称这些包含战略性新兴产业的部门为战略性新兴产业的依托部门，官方发布的投入产业表提供了这些依托部门的影响力体系数、消耗系数等指标，借此可从一个侧面分析中国战略性新兴产业的带动效应。

国家统计局最新编制的《中国投入产出表（2007）》包括 135 个部门的投入产出表（产品部门×产品部门），并计算了这些部门的影响力系数、感应度系数以及中间使用率，可利用这些指标进行带动效应分析。

影响力系数是最能反映产业带动能力的统计指标，它是反映国民经济某一部门增加一个单位最终使用时，对国民经济各部门所产生的生产需求波及程度，其计算公式为：

$$\partial_j = \frac{\sum_{i=1}^{n} \bar{b}_{ij}}{\frac{1}{n}\sum_{i=1}^{n}\sum_{j=1}^{n} \bar{b}_{ij}} \quad (j = 1, 2, \cdots, n)$$

式中，$\bar{b}_{ij}$（i, j = 1, 2, $\cdots$, n）是列昂惕夫逆矩阵$(I - A)^{-1} =$

$\begin{pmatrix} \bar{b}_{11} & \bar{b}_{12} & \cdots & \bar{b}_{1n} \\ \bar{b}_{21} & \bar{b}_{22} & \cdots & \bar{b}_{2n} \\ \vdots & \vdots & \cdots & \vdots \\ \bar{b}_{n1} & \bar{b}_{n2} & \cdots & \bar{b}_{nn} \end{pmatrix}$ 的各个对应元素，称为列昂惕夫逆系数，它表明第j

部门增加一个单位最终使用时，对第i产品部门的完全需要量；列昂惕夫逆矩阵中每一列的合计$\sum_{i=1}^{n} \bar{b}_{ij}$（$j$ = 1, 2, $\cdots$, n），是当j部门最终需求增加一个单位时，需要全社会增加生产的总量，也就是j部门最终产品的影响力。$\partial_j > 1$，表示j部门生产对其他部门所产生影响的波及影响程度超过各部门所产生波及影响的平均水平；反之，$\partial_j < 1$，表示j部门的生产对其他部门所产生的影响的波及影响程度小于各部门所产生波及影响的平均水平。可见，∂_j越大，表示该部门生产对其他部门生产的拉动作用越大（见表 2 - 2）。

表 2 - 2　　　　　战略性新兴产业依托产业部门完全消耗系数

行业	农业 (001)	电力热力生产和供应 (092)	燃气生产与供应 (093)	水生产和供应 (094)	建筑业 (095)	电信和其他信息传输 (105)	卫生 (127)
合成材料	0.015132	0.014928	0.012420	0.018575	0.048171	0.014643	0.030715
医药制造	0.002212	0.002843	0.003460	0.002176	0.003536	0.001657	0.429910
有色金属	0.008955	0.03790	0.023748	0.021517	0.059010	0.047013	0.021735
起重设备	0.000750	0.002341	0.003504	0.001433	0.006913	0.000671	0.001269
其他通用	0.014612	0.037254	0.036705	0.025613	0.054401	0.023355	0.031574
矿山冶金	0.003091	0.011288	0.017793	0.006214	0.022656	0.003310	0.004906
农林机械	0.009154	0.000168	0.000178	0.000163	0.00339	0.000118	0.000826
铁路设备	0.000771	0.001817	0.001876	0.001231	0.002501	0.000581	0.001127
汽车制造	0.012473	0.046540	0.028031	0.042087	0.037131	0.020050	0.022928
电线电缆	0.004752	0.029981	0.011182	0.011811	0.043596	0.074672	0.011857

续表

行业	农业 (001)	电力热力生 产和供应 (092)	燃气生产 与供应 (093)	水生产 和供应 (094)	建筑业 (095)	电信和其他 信息传输 (105)	卫生 (127)
通信设备	0.000711	0.001713	0.001599	0.001224	0.002211	0.046454	0.001744
电子计算机	0.002407	0.006146	0.004850	0.004924	0.006397	0.008666	0.009484
电子元器件	0.008922	0.042517	0.025365	0.022997	0.027932	0.054815	0.026737
废品废料	0.004637	0.013407	0.011653	0.009307	0.032426	0.012281	0.013363
环境管理	0.001012	0.001534	0.001183	0.001273	0.000954	0.000779	0.001142

说明：表中主词栏各行业的全称分别为合成材料制造（043）、医药制造（046）、有色金属冶炼及合金制造（061）、起重运输设备制造（066）、其他通用设备制造（068）、矿山冶金建筑专用设备制造（069）、农林牧渔专用机械制造（071）、铁路运输设备制造（073）、汽车制造（074）、电线电缆光缆及电工器材制造（079）、通信设备制造（082）、电子计算机制造（084）、电子元器件制造（085）、废品废料（091）、环境管理（122）。行业名称后的数字为行业代码。

资料来源：国家统计局：《中国投入产出表（2007）》，中国统计出版社 2009 年版。笔者整理。

根据研究需要，从整理的《中国投入产出表（2007）》（3 位码行业）中发现，在国民经济全行业部门影响力排序中，影响力较大的战略性新兴产业依托部门分别是：电子计算机制造业居第 1 位，影响力系数为 1.368；通信设备制造业居第 3 位，影响力系数为 1.338；雷达及广播设备制造业居第 4 位，影响力系数为 1.330；汽车制造业居第 6 位，影响力系数为 1.286；电子元器件制造业居第 9 位，影响力系数为 1.271；电线、电缆、光缆及电工器材制造业居第 10 位，影响力系数为 1.265；电机制造业居第 12 位，影响力系数 1.241；其他电气机械及器材制造业居第 13 位，影响力系数为 1.240；其他交通运输设备制造业居第 14 位，影响力系数为 1.238；起重运输设备制造业居第 15 位，影响力系数为 1.238；铁路运输设备制造业居第 16 位，影响力系数为 1.220；专用化学产品制造业居第 17 位，影响力系数为 1.218；农林牧渔专用机械制造业居第 18 位，影响力系数为 1.211。

借助最新的《中国投入产出表（2007）》，还可以整理得出中国战略性新兴产业依托部门与关联产业的完全消耗系数表，如表 2-2 所示。

由战略性新兴产业依托部门影响力系数的排序和完全消耗系数表可知：

第一，中国七个战略性新兴产业依托部门都有较大的影响力，对与之关联的产业部门都有较强带动效应。这些部门，特别是电子计算机制造业、通信设备制造业、汽车制造业的影响力系数都大于1，表明这些行业的生产对其他部门生产的影响程度高于全行业生产部门的平均水平，具备作为战略性产业的潜质。另外，电子元器件制造业、汽车制造业、专用化学产品制造业，其感应度系数分别为 3.371、2.109、1.978，在全行业产业部门的感应度系数排序中分别列第 5 位、第 15 位和第 18 位。可见，当国民经济各部门均增加一个最终使用时，这些行业都受到较高的需求影响。

投入产出表的数据进一步显示，中国出口产品主要集中于电子计算机设备、电子产品、纺织服装、钢铁和金属制品等，其中电子计算机制造业出口率为 65.8%，居出口行业的第 2 位，通信设备制造业的出口率约为 59.0%，居第 3 位。同时，除废品废料业、合成材料制造业的中间使用率分别为 96.18% 和 96.05% 外，其他的依托行业的中间使用率均低于 90%，这表明其他行业对依托行业产出的依赖性。

第二，从整体上看，几个依托性行业产出对与公众生活密切相关行业的产品的消耗量都不太大。此处之所以选择农业、电力热力生产和供应业、燃气生产与供应业、水生产和供应业、建筑业、电信和其他信息传输业、卫生业，主要是因为这几个行业与老百姓的生活息息相关，可以考察战略性行业的发展对人民生活水平的影响。完全消耗系数显示，医药制造的产出用于卫生部门消耗的比重较大；合成材料、有色金属冶炼、通用设备制造、电线电缆制造的产出用于建筑业消耗的比重较大。此外，其他战略性新兴产业的依托部门的产出与所列的七个行业部门之间的完全消耗量系数均没有特别之处，说明这些行业与农业部门、电力、水、燃气生产部门的技术经济联系相对较弱，对居民生活生产影响不大。

需要说明的是，在现有国民经济行业分类情况下，我们选用的仅是战略性新兴产业的依托性产业（当然也只能是选择），并不是完全意义上的战略性新兴产业，故所有定量和定性分析只能建立在不完全、不精准的统计数据基础上，故而只能是一种粗线条的分析和判断，更进一步、更深刻的分析只能期待国家国民经济行业的修订和相应统计数据的调整及更新。

三　战略性新兴产业的空间布局

培育和发展战略性新兴产业，重要的目标之一是培育一批具有国际竞争力的企业，形成若干战略性新兴产业集聚区。按照前文的分析思路，我们仍然选择战略性新兴产业的依托行业来分析中国战略性新兴产业的集聚状况。根据可获取的数据，选取专用设备制造、通用设备制造、汽车制造、生物生化制品制造、通信设备制造、通信设备计算机及其他电子设备制造、医药制造、废弃资源和废旧材料加工七个行业，通过计算其行业集中度指数来观测产业依托行业的集聚情况。

行业集中度指数，是反映集聚状况的测度指标，指规模最大的几个企业或地区占整个市场或行业的份额，此处是占全国的份额。计算公式为：

$$CR_k = \frac{\sum_{i=1}^{k} x_i}{\sum_{i=1}^{n} x_i}$$

式中，CR_k 是行业集中度指数，值越大表明行业集中度越高；反之，行业集中度就低。$\sum_{i=1}^{k} x_i$ 是规模最大的 k 个省市某行业总产值（或从业人数、资产总额）之和，$\sum_{i=1}^{n} x_i$ 是全国同类某行业总产值（或从业人数、资产总额）的总和。

依上面的公式，我们选用 2009 年 7 个行业"工业生产总值"来计算其行业集中度指数，所得结果为：专用设备制造业的行业集中度指数为45.3%、通用设备制造为 56.04%、汽车制造为 40.11%、生物生化为50.42%、通信设备计算机为 75.85%、医药制造为 39.86%、废弃资源加工为 66.15%，其中，集中度较高的前 6 个省份的情况如表 2 - 3 所示。

表 2 - 3　　　　　战略性新兴产业依托行业集聚状态分析

行业	行业集中度指数（%）					
	第 1 位	第 2 位	第 3 位	第 4 位	第 5 位	第 6 位
专用设备	山东 15.25	江苏 14.41	河南 7.83	辽宁 7.81	广东 7.13	湖南 6.10
通用设备	山东 18.15	江苏 17.39	浙江 10.36	辽宁 10.14	上海 7.94	广东 5.69
汽车制造	广东 10.15	吉林 10.12	山东 9.92	上海 9.92	湖北 8.68	江苏 7.61
生物生化	山东 20.55	江苏 11.80	河南 10.60	广东 7.47	浙江 6.10	上海 5.85

续表

行业	行业集中度指数（%）					
	第 1 位	第 2 位	第 3 位	第 4 位	第 5 位	第 6 位
通信计算机	广东 35.28	江苏 23.47	上海 10.87	山东 6.23	北京 4.70	福建 3.84
医药制造	山东 14.55	江苏 11.72	浙江 7.05	广东 6.54	河南 6.08	四川 5.30
废弃资源	广东 31.18	浙江 15.00	江苏 10.24	天津 9.73	新疆 6.63	湖南 4.16

说明：表中主词栏行业全称分别为专用设备制造、通用设备制造、汽车制造、生物生化制品制造、通信设备计算机及其他电子设备制造、医药制造、废弃资源和废旧材料加工。

资料来源：根据"中国统计数据应用支持系统"（http：//gov. acmr. cn）计算整理。

更进一步，用聚类分析方法对这几个行业的从业人数进行聚类分析，以观测行业的空间分布状况。

聚类分析的基本思想是：设定各个体（省、市），让每一个体自成一类，n 个个体即成 n 类；再计算各类间的距离，将其中最近的两类进行合并，对于 p 个变量、n 个个体，以 d_{ij} 示第 i 个个体与第 j 个个体间的距离，则其计算公式为：

$$d_{ij} = \sum_{k=1}^{p} (x_{ki} - x_{kj})^2$$

其中，d_{ij} 满足如下条件：

$d_{ij} = 0$，当第 i 个个体与第 j 个个体相等时；$d_{ij} \geq 0$，对一切 i、j；

$d_{ij} = d_{ji}$ 对一切 i、j；$d_{ij} \leq d_{ik} + d_{kj}$ 对一切 i、j、k。

再次计算新类与其余各类的距离，将其中最近的两类进行合并；不断重复合并步骤，直到将所有个体归为一个大类为止。据此原理，计算出了 7 个行业 2009 年从业人数进行聚类分析结果（见图 2 - 1 和图 2 - 2）。

由图 2 - 1 和平共处图 2 - 2 可知，中国汽车制造的空间分布状况是：第一类：湖北、浙江、山东、江苏；第二类：吉林、上海、广东；第三类：黑龙江、宁夏、青海、新疆、甘肃、海南、内蒙古、贵州、云南、山西；第四类：重庆、安徽、湖南、江西、辽宁、四川、河北、河南、天津、陕西、广西、福建、北京。

限于篇幅，下文省去聚类分析图，直接给出另外五个依托行业的从业人数集聚情况，分述如下：

专用设备制造业空间分布是：第一类：黑龙江、江西、重庆、吉林、广西、内蒙古、湖北、安徽、福建、天津、陕西、北京；第二类：甘肃、云南、贵州、新疆、青海、宁夏、海南；第三类：四川、河北、山西、湖南；第四类：河南、浙江、上海、辽宁；第五类：广东、江苏、山东。

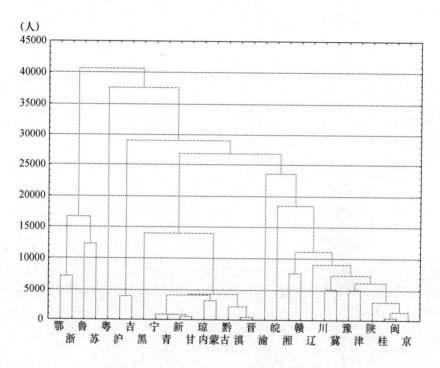

图 2 - 1　汽车制造业从业人数聚类（2009 年）

资料来源："中国统计数据应用支持系统"（http：//gov. acmr. cn）。

通用设备制造业空间分布是：第一类：黑龙江、陕西、山西、重庆、北京；第二类：江西、吉林、广西、云南、青海、宁夏、贵州、新疆、海南、内蒙古、甘肃；第三类：天津、福建、湖南、安徽、湖北、四川、河北、河南；第四类：广东、上海、辽宁；第五类：山东、浙江、江苏。

医药制造业的空间分布是：第一类：上海、福建、贵州、云南、内蒙古、山西、陕西、重庆、广西、湖南、天津、辽宁、安徽、黑龙江、北京；第二类：新疆、宁夏、西藏、甘肃、海南；第三类：河北、江西、吉林、四川；第四类：广东、浙江、河南；第五类：山东、江苏。

通信设备计算机及其他电子设备制造业空间分布是：第一类：广东、江苏；第二类：福建、浙江、山东、上海；第三类：北京、天津、辽宁、湖北；第四类：贵州、云南、内蒙古、山西、陕西、重庆、广西、湖南、安徽、黑龙江、新疆、宁夏、甘肃、海南、河北、江西、吉林、四川、河南。

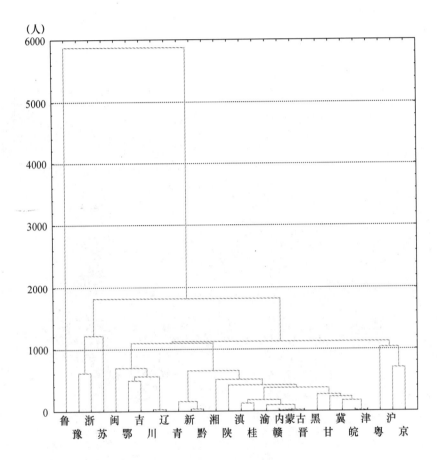

图2-2 生物制造业从业人数聚类（2009年）

资料来源："中国统计数据应用支持系统"（http://gov. acmr. cn）。

废弃资源和废旧材料加工业空间分布是：第一类：新疆、广东；第二类：浙江、江苏；山东、上海、河南、辽宁、安徽、湖南、湖北、天津、四川；第三类：江西、福建、重庆、河北、陕西、贵州、云南、甘肃、黑龙江、广西、内蒙古、吉林、北京。

由前文的产业集中度指数和从业人数聚类分析结果可以看出：中国战略性新兴产业的七个依托产业CR4均大于40%，按照美国经济学家贝恩（Joe S. Bain）的划定标准，这些行业属于高度集中的行业，易于形成战略性新兴产业集聚区。综合聚类分析的结果,我们认为,可以山东、江苏为依托建立高端装备制造业集聚区;以广东、吉林、山东、上海、湖北为作依托建立新能源汽车制造集聚区;以山东、江苏、河南、广东建立生物医药制造集聚区;以广东、江苏、北京、上海建立新一代计算机和通信技术制造集聚区;以广东、江苏、浙江、天津为依托建立节能环保产业集聚区。

战略性新兴产业的培育需要依靠企业、建立基地,而其发展关键在于技术和人才,没有核心技术和一流专业人才,在战略性新兴产业发展的国际竞争中,难以取得领先地位。而这一切的前提是要找准战略性新兴产业,甄别出具备培育战略性新兴产业的企业和地区。根据现阶段中国产业分布的格局,几个战略性新兴产业依托行业的集中的地区基本集聚了这些行业的资本、人才和技术,同时也汇集了若干有国际竞争力的龙头企业,有发展战略性新兴产业的基础或优势,这也是中国现代制造业体系发展的大环境要素。

第三章　现代制造业体系的现实基础

2010 年，中国国内生产总值总量超过日本，出口额排名全球第一，成为世界第二大经济体，也是世界第二大进口国。由于近 20 年中国劳动力成本较低、外来投资强劲，经济扩张迅猛，所以制造业发展迅速，对 GDP 增长发挥了重要影响。2010 年，中国制造业产出在全球制造业产出中占比达到 19.8%，高于美国的 19.4%，成为全球制造业产出最高的国家。作为国民经济支柱，中国制造业发展的成就是巨大的，影响是深远的，在某些方面也是领先世界水平的。中国制造业的总量规模、发展水平，构成了中国现代制造业发展的现实基础。

第一节　制造业发展轨迹

中国制造业的现今水平是 60 余年的奋斗结果。纵观其发展历程，有着明显的制度改革烙印，大致可分为 1949—1977 年、1978—1994 年和 1995 年至今三个阶段。

一　第一阶段：以重工业为主

第一阶段（1949—1977 年）是中国制造业发展不稳定且以重工业为主的时期。

新中国成立伊始至 1952 年，为中国经济的恢复时期。由于当时中国经济十分落后，因此中国政府始终以恢复和发展生产作为工作的指导方针，推行了一系列改革。在此期间，中国政府没收了官僚资本，并采取民主改革的方式将官僚资本的企业变为国有企业；为积极引导私营企业和个体企业恢复和发展生产，中国政府及时合理调整工商业，并采取委托加工订货、经销代销等方法解决私营工商业滞销和生产萎缩等问题；而且还开展了"三反五反"运动，从而为顺利实现国民经济的恢复提供了良好的政治环境，以上改革措施极大地激发了国有企业工人、私营企业主和手工业者的生产热情。到1952年，恢复国民经济发展的目标顺利完成，并且实现了历史发展的最高水平。1952年，实现工业总产值349亿元，比1949年增长149.29%，其中，轻工业增长118.45%，重工业增长235.14%；全国主要工业品的年产量是：布38.3亿米、机制纸及板纸37万吨、自行车8万辆、手表6.6万台、钢135万吨、成品钢材106万吨、水泥286万吨；全民所有制独立核算工业企业年全员劳动生产率4200元/人，进出口总额19.4亿美元。

新中国成立初期，中国经济结构畸形，是典型的农业大国，工业生产力水平十分低下。1952年，国内生产总值中第一产业占50.5%，工业仅占17.64%；而在工业总产值中，轻工业占64.47%，重工业占35.53%，而且工业门类极不齐全。同时，国家还面临着西方国家的"封锁"等政策的不利环境，因此，经济条件和环境决定了中国要实现工业化的奋斗目标。由于当时苏联的计划经济体制显示出无比的优越性，也适合当时的中国国情，因此，中国借鉴了苏联的经济发展战略，即"建立和优先发展重工业，用重工业生产的生产资料逐步装备农业、轻工业和其他产业部门，使这些部门逐步转移到机器大生产的轨道上来，逐步建立独立、完整的工业体系和国民经济体系"。在此思想指导下，"一五"计划时期，即1953—1957年，经济工作重点是发展重工业，具体内容是：为建立中国工业化的初步基础，集中力量建设由苏联帮助设计的156个重点工程项目，并在钢铁、飞机、汽车、煤炭等方面建立技术先进的大型企业。由苏联援建的156个项目中，工业投资总额就占了一半。苏联的经济和技术援助对中国工业化的建设产生了重要作用。

据此，"一五"期间，中国拥有了一批装备制造业，如发电设备制造业、飞机制造业、有色金属冶炼业以及汽车制造业等。不仅如此，在产权形式方面，通过公私合营等形式加强对资本主义工业的社会主义改造，到1957年，各经济类型工业总产值中国有控股占53.77%，集体经济占19.03%，城乡个体经济占0.83%，其他经济26.37%。在进行中国工业化建设的同时，结合实际情况，中国政府还顺利开展了技术革新运动，包括开展增产节约、劳动竞赛活动、学习国外先进技术和管理经验等内容，这在一定程度上有利于工业技术水平的提高。为培养大量技术人才，中国政府加大对高等院校建设的力量。1957年，全国高等学校毕业生人数为

5.62万人，比1952年增长75.08%，其中，工科毕业生人数为1.72万人，理科毕业生人数为0.35万人，分别比1952年增长68.63%、59.09%。通过"一五"计划一系列方针政策的实施，中国工业化建设取得了一定的成效。1953—1957年，国内生产总值中工业平均增长13.47%。1957年，全国工业企业单位数为16.95万个，第二产业从业人员数为2142万人，比1952年增长39.91%；工业国内生产总值占25.37%，工业总产值中轻工业占55%，重工业占45%，表明轻、重工业比例得到一定程度的调节；全国主要工业产品产量是：纱84.4万吨，布50.5亿米，机制纸及纸板91万吨，原煤1.31亿吨，原油146万吨，天然气0.7亿立方米，发电量193亿千瓦小时，钢535万吨，成品钢材415万吨，水泥686万吨，平板玻璃430万重量箱，金属切削机床2.8万台，汽车0.79万辆。

"一五"期间，高度集中的计划经济管理体制尽管有利于重点项目的建设，但也使得地方政府和企业逐步丧失自主权。以重工业发展为重点，发展方式为粗放型，成为产生急躁冒进政策的重要原因之一。1958年5月，党中央召开八届二次会议，会议通过了社会主义建设总路线：鼓足干劲，力争上游，多快好省地建设社会主义。与此同时，中国共产党又制定了急躁冒进政策与目标，开始发动"大跃进"运动。为争取提前超英赶美，提出1958年生产1070万吨钢的奋斗目标，要比1957年翻一番。而当时的能源供应等条件决定了这一目标实现的不可能性。但中央还是通过采取不断追加基建投资、大办土高炉、大搞群众运动等措施来力保钢铁生产，把"大跃进"运动推向了高潮；而且，"五风"开始盛行，即共产风、浮夸风、命令风、干部特殊风和对生产瞎指挥风，从而造成人、财、物的巨大浪费。实际上，1958年钢产800万吨，比1957年增长49.53%，未能实现翻一番的目标。而后是连续三年自然灾害和国民经济进行调整。1961年1月召开的八届九中全会确定了"调整、巩固、充实、提高"的八字方针；1962年1月召开的七千人大会和9月召开的八届十中全会，均指出继续切实做好调整国民经济的工作。

此次经济大衰退中与1960年相比，工业国内生产总值1961年实现362.1亿元，1962年实现325.4亿元，分别降低36.27%、42.73%；第二产业从业人员数1961年为2856万人，1962年为2059万人，分别减少30.54%、49.93%；工业企业单位数1961年减少3.69万个，1962年减少

5.66万个；工业总产值中轻工业1961年降低17.55%，1962年降低20.66%，重工业1961年和1962年分别降低43.94%和55.41%；布产量1961年和1962年分别降低42.94%和53.58%；生铁产量1961年和1962年分别降低52.84%和70.36%；钢产量1961年和1962年分别降低53.38%和64.26%；成品钢材产量1961年和1962年分别降低44.82%和59.05%。

随着对国民经济进行大规模调整，到1965年，全国工业发展水平基本恢复到以前的较高水平。1965年，工业国内生产总值基本上恢复到1960年的水平，达到546.5亿元；第二产业从业人员数为2408万人，相当于1956年从业人员数；工业总产值达到1402亿元，基本上恢复到1959年的水平，比最高的1960年低14.36%，其中，轻工业总产值为723亿元，达到历史最高水平，重工业总产值比最高的1960年低37.71%，比次高的1959年低21.68%；布产量基本上恢复到1958年的水平，比最高的1959年低17.04%；机制纸及纸板产量超过以前水平，达到173亿吨；原煤产量基本上相当于1958年的水平；钢与成品钢材产量分别达到1223万吨、881万吨，基本上相当于1959年的水平。

1966年，中央政治局扩大会议和八届十一中全会相继召开，"文化大革命"开始。会议相继通过了《中国共产党中央委员会通知》（简称《"五一六"通知》）和《关于无产阶级文化大革命的决议》。"文化大革命"期间，由于极"左"路线的干扰，中国工业发展受到很大冲击。工业国内生产总值1967年环比增长速度为-15.99%，1968年环比增长速度为-10.02%；轻工业总产值1967年环比增长速度为-7.91%，1968年环比增长速度为-5.87%；重工业总产值1967年环比增长速度为-21.62%，1968年环比增长速度为-8.32%；水泥产量1967年环比增长速度为-27.44%，1968年环比增长速度为-13.68%；钢产量1967年环比增长速度为-32.83%，1968年环比增长速度为-12.15%；成品钢材产量1967年环比增长速度为-30.63%，1968年环比增长速度为-7.24%。

"三五"时期（1966—1970年）和"四五"时期（1971—1975年），经济建设始终坚持优先发展重工业。在此期间，出于备战的需要，提出发展"三线"建设的政策，即国家投资近2000亿元进行项目建设，其中包括5个钢铁基地、12个煤矿矿区和一大批大型机械企业在内的大中型骨干企业近 2000 个。实际上，"三线"企业产量与设计能力相差甚远，且仅有 50% 的新建骨干企业基本实现了综合能力，但经济效益很差；1970年，提出发展"五小"工业的政策，即小钢铁、小机械、小化肥、小煤窑、小水泥，由于"五小"工业的发展既能满足当地农业和工业发展的需要，而且还能解决日益突出的劳动力就业问题，因此，地方政府逐年加大对"五小"工业的投入，从 1970 年的 100 万元增加到 1975 年的 2.79亿元。与 1970 年相比，1975 年全国实现工业国内生产总值 1244.9 亿元，增长 50.33%；原煤产量增长 36.16%，钢产量增长 34.35%，水泥产量增长 79.65%，化肥产量增长 115.48%。

1976 年 10 月粉碎"四人帮"，"文化大革命"结束。然而，受经济体制惯性效应的影响，1977 年中央制订的计划仍具有冒进性和不现实性。经济发展仍向重工业倾斜，因此，中国工业发展结构未能走向良性的发展路径。1971—1977 年，轻工业总值占 44% 左右，而重工业总产值一直在55% 以上；1972 年重工业总产值比重最高，达到 57.1%，而轻工业总产值仅占 42.9%。

总之，1978 年以前的中国制造业发展起伏不定，而且制造业发展结构很不合理，即：一是始终坚持重工业优先发展的经济发展战略，致使轻重发展比例失调；二是轻工业发展难以满足人民生活水平提高的要求；三是经济类型单一，1963—1977 年只有国有经济和集体经济两种经济类型，其中，国有经济工业总产值所占比例一直在 77% 以上，这种单一的经济类型结构一定程度上适应了新中国成立初期的中国国情，促进了中国工业的发展，但随着经济的进一步发展，工业企业效率低、资源利用率低、经济效益差等问题也越来越严重。

二 第二阶段：制造业体系逐步完备

第二阶段（1978—1994 年）是中国制造业逐步完备且快速发展的时期。

1978 年，党的十一届三中全会召开，会议决定将党的工作重点转移到经济建设上来。经济发展指导思想由以往以生产为导向开始向以居民消费需求为导向的转变。

1979 年 4 月，中央召开工作会议，正式提出了针对当时整个国民经济的"调整、改革、整顿、提高"的方针。从 1979 年开始，国家有计划地放慢了重工业的发展速度，采取了一系列积极发展轻工业的政策措施，其中，在投资分配上，提高对轻工业的投资比例，轻工业投资占工业总投资比例由 1978 年的 9.3% 上升到 1979 年的 10.8%，到 1980 年达到 14.9%；1980 年对轻纺工业实行"六个优先"的措施，具体包括：原材料、燃料、电力供应优先；挖潜、革新、改造措施优先；基本建设优先；银行贷款优先；外汇和引进技术优先；交通运输优先。并且，到 1980 年，轻重工业之间的比例也发生了变化。工业总产值中轻工业所占比重由 1978 年的 43.1% 上升到 1980 年的 47.2%；而重工业比重由 1978 年的 56.9% 下降到 1980 年的 52.8%。1982—1984 年，继续加强对轻工业的支持，轻工业持续发展。1982—1984 年，轻工业总产值环比增长分别为 5.8%、9.3%、16.1%。轻工业的迅速发展也带动了重工业市场的进一步扩大。1982—1984 年，重工业总产值环比增长分别为 9.9%、13.1%、16.5%。轻工业的迅速发展和重工业高速增长的综合作用结果是整个工业增长速度的逐年加快。1982—1984 年，工业总产值分别比上年增长 7.8%、11.2%、16.3%。

导致工业高速增长现象的主要原因是："传统的经济体制和发展战略的影响，以及体制和战略转轨时期各种特有矛盾的作用。"而这种高速增长带来的问题是：轻工业发展与农业、能源、原材料供应和交通运输承受力之间的严重背离。"1985—1988 年，轻工业年投资增长率继续保持在 26.9% 的高水平，而同期农业、能源和原材料产业的年投资增长率都较低于这个数字，轻工业的发展远远超过了农业、能源和原材料、交通运输所能承受的程度。"

面对以上局面，1988 年，党的十三届三中全会提出了治理整顿、深化改革的方针。1989 年 11 月，十三届五中全会作出了《关于进一步治理整顿和深化改革的决定》。1989 年，治理整顿工作初见成效，工业和整个产业结构有了一定程度的调整。1989 年，工业与农业总产值、能源总量、主要原材料、铁路货运量的增长速度的对比关系，分别由 1988 年 1：0.15 上升到 1：0.25、由 1：0.29 上升到 1：0.54、由 1：0.35 上升到 1：0.53、由 1：0.15 上升到 1：0.53。1990 年，轻工业部颁布实施《全国轻工业行业管理暂行规定》等有关法规，以便加强轻工业行业管理；1991 年，先后颁布实施《轻工业企业质量管理检查验收细则》、《轻工业产品质量认证暂行管理办法》等法规，一定程度上提高了轻工业产品的质量。截至 1991 年，治理整顿的任务才基本完成。

在经济体制改革方面，1982 年，党的十二大提出"计划经济为主，市场调节为辅"的原则。1984 年，党的十二届三中全会作出了《关于经济体制改革的决定》，提出必须自觉依据和运用价值规律，发展在公有制基础上的有计划的商品经济；同时指出，以城市为重点的整个经济体制改革的中心环节是增强企业的活力，特别是增强国有大中型企业的活力。1992 年 10 月，党的十四大提出了建立社会主义市场经济体制的改革目标。1993 年 11 月，党的十四届三中全会作出了《关于建立社会主义市场经济体制若干问题的决定》，明确提出进一步转换国有企业经营机制，建立适应市场经济要求的现代企业制度。并且在改革进程中，在坚持公有制占主导地位前提下，积极发展多种经济形式和经营方式，促进了非公有制工业的快速发展。1978 年，工业经济类型只有国有经济和集体经济两种经济类型，其中，工业总产值中国有经济占 77.63%，集体经济占22.37%。随着经济体制的进一步改革，个体工业和私营工业得到了快速发展。1994 年，工业总产值中，国有经济所占比例下降到 37.34%，集体经济占比上升到 37.72%，而城乡个体经济占比 10.09%，其他经济占比 14.85%。

以上一系列制度改革为中国制造业的快速发展提供了良好的制度环境。这一时期，中国制造业行业逐步齐全，制造水平得到一定程度的提升。1994 年，中国制造业实现总产值 44825.38 亿元，比 1985 年提高了 5倍；这一时期，石油加工及炼焦业、金属制品业、交通运输设备制造业、电子及通信设备制造业、电气机械及器材制造业、化学纤维制造业等行业增幅均超过制造业平均增幅。从制造业主要产品产量的国际比较来看，中国钢、水泥、化学、糖、电视产量 1978 年分别居世界第 5 位、第 4 位、第 7 位、第 8 位、第 8 位，到 1990 年，分别上升到第 4 位、第 1 位、第 2位、第 6 位、第 1 位；从制造业增加值的增长速度来看，1991—1994 年，中国各年制造业增加值的增长速度分别为 16.07%、24.56%、36.18%、35.03%，均高于同时期的美国、日本、英国。

三　第三阶段：制造业发展全面提升

第三阶段（1995 年至今）是中国制造业发展全面提升时期。

中国制造业发展全面提升主要指的是，根据国内外环境的发展形势，中国制造业逐步升级、调整与转型。20 世纪 90 年代中期后，中国制造业进入全面提升阶段，这同样离不开一系列制度创新的支持。

　　创新是制造业实现可持续发展的必要路径，自主创新能力是衡量制造业竞争力的重要因素；同时，资源环境约束压力逐步加大，而中国制造业主要是建立在高能耗、高污染、高投入、低效益的基础之上，产业竞争力弱，这种增长方式使得中国制造业发展面临诸多挑战。为对中国制造业发展提供良好的制度环境，同时根据国内外经济形势的发展变化，从制度层面国家提供了一系列保障。1995 年 5 月，党中央作出了《关于加强科学技术进步的决定》，明确提出了实施科教兴国的发展战略；1996 年 3 月，全国人大八届四次会议通过了《关于国民经济和社会发展"九五"计划和 2010 年远景目标的纲要及（纲要）报告的决议》，该决议指出，要认真贯彻中央提出的九条重要方针，其中包括：积极推进经济增长方式转变，把提高经济效益作为经济工作的中心；实施科教兴国战略，促进科技、教育与经济紧密结合；把国有企业改革作为经济体制改革的中心环节。

　　1997 年 9 月，党的十五大明确提出，继续调整和完善所有制结构，进一步解放和发展生产力是经济体制改革的重大任务；同时要求加快推进国有企业改革。2000 年年底，初步建立了社会主义市场经济体制；2002 年党的十六大提出了完善社会主义市场经济体制的目标，同时十六大报告中提出新型工业化之路，即"坚持以信息化带动工业化，以工业化促进信息化，走出一条科技含量高、经济效益好、资源消耗低、环境污染少、人力资源优势得到充分发挥的新型工业化路子"。2003 年 10 月，十六届三中全会通过了《中共中央关于完善社会主义市场经济体制若干问题的决定》，该决定提出"坚持社会主义市场经济的改革方向，注重制度建设和体制创新"、"坚持以人为本，树立全面、协调、可持续的发展观，促进经济社会和人的全面发展"，强调建立实现可持续发展的体制机制是完善社会主义市场经济体制的主要任务之一。

　　2007 年 10 月，党的十七大明确提出，要深入落实科学发展观，坚持全面协调可持续发展，实现速度和结构质量效益相统一、经济发展与人口资源环境相协调。2010 年 10 月，国务院出台《国务院关于加快培育和发展战略性新兴产业的决定》，该决定指出，"战略性新兴产业是以重大技术突破和重大发展需求为基础，对经济社会全局和长远发展具有重大引领带动作用，知识技术密集、物质资源消耗少、成长潜力大、综合效益好的产业"。该决定的颁布又为中国制造业的发展注入了新的"制度活力"。

从 1995 年起，中国制造业总量已超过英国，2002 年后则开始超过德国，2006 年超过日本，成为仅次于美国的全球第二制造大国。与此同时，在世界制造业平缓增长的情况下，中国制造业始终保持强劲增长势头。1999—2010 年，中国制造业企业数、从业人员数、总产值平均增长速度分别为 11.44%、6.58%、24.22%；1999—2009 年，中国制造业增加值平均增长速度为 19.98%。

在经济类型方面，中国制造业企业数中，1999 年国有企业、集体企业、股份合作企业、股份制企业、私营企业、外商和港澳台投资企业、其他企业分别占 30.14%、26.64%、6.77%、2.9%、9.75%、17.21%、6.6%，而 2010 年国有企业、集体企业、股份合作企业、股份制企业、私营企业、外商和港澳台投资企业、其他企业所占比重分别为 1.4%、1.74%、0.99%、2.03%、61.12%、17.24%、15.47%；中国制造业从业人员中，1999 年国有企业、集体企业、股份合作企业、股份制企业、私营企业、外商和港澳台投资企业、其他企业分别占 42.81%、18.79%、4.09%、6.59%、4.72%、15.83%、7.17%，而 2010 年国有企业、集体企业、股份合作企业、股份制企业、私营企业、外商和港澳台投资企业、其他企业所占比重分别为 5.55%、1.84%、0.65%、6.29%、37.1%、31.14%、17.43%；中国制造业总产值中，1999 年国有企业、集体企业、股份合作企业、股份制企业、私营企业、外商和港澳台投资企业、其他企业分别占 32.2%、17.79%、4.04%、7.12%、4.98%、27.63%、6.26%，而 2010 年国有企业、集体企业、股份合作企业、股份制企业、私营企业、外商和港澳台投资企业、其他企业所占比重分别为 7.12%、1.41%、0.53%、9.15%、32.93%、30.23%、18.63%。

从能源消费量来看，1999—2009 年，中国制造业单位产值能源消耗量一直呈下降趋势，1999 年单位产值能源消耗量为 1.26 万吨标准煤/亿元，2009 年下降到 0.38 万吨标准煤/亿元；而中国制造业单位增加值能源消耗量基本上也呈下降趋势，从 1999 年的 4.76 万吨标准煤/亿元下降到 2007 年的 1.66 万吨标准煤/亿元，2008 年虽略有上升，达到 1.68 万吨标准煤/亿元，但 2009 年则下降到 1.64 万吨标准煤/亿元。在制造业研发方面，与 1995 年相比，2006 年中国制造业企业 R&D 经费支出、新产品开发经费、拥有发明专利数分别为 1396.31 亿元、1606.61 亿元、25122 项，分别提高了 4.62 倍、5.21 倍、4.37 倍。

由上分析可以看出，这一阶段中国制造业逐步调整产业结构，更加考虑发展所带来的资源环境问题和更加注重自主创新能力的提升。因此，这一阶段是中国制造业逐步全面提升的时期。

第二节 制造业规模

经过60多年的发展，中国制造业在总量规模、发展水平等方面已今非昔比，成为世界制造大国。

一 企业与从业人员总量

中国制造业是国民经济的支柱产业，其增加值占GDP的33%，占工业增加值的80%。随着经济发展方式的转变、产业结构的调整，未来第三产业的比重会逐步提高，但制造业的产值、产量以及从业人数总量不会发生太大变化。2009年中国制造业发展规模的相关指标如表3-1所示。

表3-1 制造业基本情况

行业	企业数量（个）	工业总产值（亿元）	全部从业年均人数（万人）
农副食品加工业	24550	27961.03	337.66
食品制造业	8735	9219.24	162.70
饮料制造业	5904	7465.03	119.02
烟草制品业	158	4924.97	20.03
纺织业	32412	22971.38	617.04
纺织服装、鞋、帽制造业	18265	10444.80	449.31
皮革、毛皮、羽毛（绒）及制品	8520	6425.57	257.57
木材加工及木、竹、藤、棕、草制品业	10765	5759.60	130.67
家具制造业	5576	3431.12	98.56
造纸及纸制品业	9937	8264.36	152.64
印刷业和记录媒介的复制	6618	2972.90	82.13
文教体育用品制造业	4752	2630.16	122.36
石油加工、炼焦及核燃料加工	2337	21492.59	84.95
化学原料及化学制品制造业	28793	36908.63	440.49
医药制造业	6807	9443.30	160.48

行业	企业数量 （个）	工业总产值 （亿元）	全部从业年均 人数（万人）
化学纤维制造业	1944	3828.32	41.45
橡胶制品业	4720	4767.86	97.97
塑料制品业	19894	10969.42	259.81
非金属矿物制品业	32544	24843.90	508.91
黑色金属冶炼及压延加工业	7773	42636.15	323.02
有色金属冶炼及压延加工业	8041	20567.21	177.64
金属制品业	24771	16082.95	319.31
通用设备制造业	37374	27361.52	486.52
专用设备制造业	19147	16784.40	309.24
交通运输设备制造业	19441	41730.32	498.33
电气机械及器材制造业	26443	33757.99	535.00
通信设备、计算机及其他电子设备制造	14284	44562.63	663.64
仪器仪表及文化、办公用机械制造	5716	5083.31	112.61
工艺品及其他制造业	7797	4465.20	136.82
废弃资源和废旧材料回收加工	1165	1443.86	13.65
总计	405183	479199.72	7719.53

说明：表3-1中工业总产值以当年价计。

资料来源：根据中国统计数据应用支持系统（http：//gov.acmr.cn）计算整理。

表3-1显示，2009年，中国30个二位码制造行业共有企业40.52万家，工业总产值479199.72亿元，全部从业人数7719.53万人。相比2008年，企业数增加2.07%，工业总产值增长8.57%，全部从业人数下降了0.16%。

制造行业中企业数最多的前5个行业是：电气机械及器材制造业（26443家）、化学原料及化学制品制造业（28793家）、纺织业（32412家）、非金属矿物制品业（32544家）、通用设备制造业（37374家）；企业数最少的5个行业是：烟草制品业（158家）、废弃资源和废旧材料回收工业（1165家）、化学纤维制造业（1944家）、石油加工、炼焦及核燃料加工业（2337家）、橡胶制品业（4720家）。

工业总产值最多的前5个制造行业是：通信设备、计算机及其他电子设备制造（44562.63 亿元），黑色金属冶炼及压延加工业（42636.15 亿元），交通运输设备制造业（41730.32 亿元），化学原料及化学制品制造业（36908.63 亿元），电气机械及器材制造业（33757.99 亿元）；工业总产值最少的 5 个制造行业是：化学纤维制造业（3828.32 亿元）、家具制造业（3431.12 亿元）、印刷业和记录媒介的复制（2972.90 亿元）、文教体育用品制造业（2630.16 亿元）、废弃资源和废旧材料回收加工业（1443.86 亿元）。

制造业中从业人数最多的 5 个行业是：通信设备、计算机及其他电子设备制造（663.64 万人）、纺织业（617.04 万人）、电气机械及器材制造业（535 万人）、非金属矿物制品业（508.91 万人）、交通运输设备制造业（498.33 万人）；从业人数最少的 5 个行业是：石油加工、炼焦及核燃料加工业（84.95 万人），印刷业和记录媒介的复制业（82.13 万人），化学纤维制造业（41.45 万人），烟草制品业（20.03 万人），废弃资源和废旧材料回收加工业（13.65 万人）。

表 3-1 数据从总量上反映了中国制造业的发展规模，在企业数和从业人员方面，中国制造业在世界上均处于领先水平。

二　主要产品产量

中国纺织、服装、钢铁、电解铝、电器、水泥等行业产能和产量已居世界首位，汽车、造船、技术装备制造等方面也已接近世界首位，是公认的世界制造大国。主要产品产量的相关数据如 3-2 所示。

表 3-2　　　　　　　　　制造业主要产品产量

产品	单位	产　量					平均增长率（%）
		2010 年	2009 年	2008 年	2007 年	2006 年	
粗钢	万吨	62695.9	57218.23	50305.75	48928.8	41914.85	10.59
钢材	万吨	79775.5	69405.4	60460.29	56560.87	46893.36	14.21
大型型钢	万吨	946.6	947.1	962.45	1008.11	917.28	0.78
盘条（线材）	万吨	10552.8	9604.13	8053.55	7919.02	7207.40	10
厚钢板	万吨	2223.6	1876.72	2044.89	1803.31	1311.24	14.12
无缝钢管	万吨	2528.1	2192.88	2359.86	1881.54	1528.04	13.41
精炼铜（铜）	万吨	457.3	413.49	380.06	344.28	300.21	11.09
生铁	万吨	59021.8	55283.46	47824.42	47651.63	41245.19	9.37

续表

产品	单位	产 量					平均增长率(%)
		2010 年	2009 年	2008 年	2007 年	2006 年	
纱	万吨	2717	2393.46	2170.92	2068.17	1742.96	11.74
布	亿米	800	753.42	723.05	675.26	598.55	7.52
水泥	万吨	188000	164397.78	142355.73	136117.25	123676.48	11.04
平板玻璃	万重量箱	63026.1	58574.07	59890.39	53918.07	46574.7	7.85
日用陶瓷	亿件	271	204.66	156.65	140.16	120.19	22.54
程控交换机	万线	3133.3	4152.51	4583.95	5387.05	7404.63	-19.35
电话单机	万台	16621.6	14537.7	18244.72	16516.46	18647.83	-2.94
传真机	万台	176.9	683.51	749.4	888.53	1188.63	-37.11
手机	万台	99827.4	68193.4	55945.1	54857.86	48013.79	20.08
电子计算机	万台	25480.5	19407.39	8.2665	6.1235	6.0273	706.34
微型电子计算机	万台	24584.5	18215.07	15853.65	12073.38	9336.44	27.38
集成电路	百万块	65250	41440	43877	41162	33574.99	18.07
发电设备	万千瓦	12880.2	11729.25	13942.42	12990.98	11694.27	2.44
金属切削机床	万台	75.5	58.55	71.73	64.69	57.3	7.14
采矿设备	万吨	419.7	358.28	306.84	246.15	198.05	20.65
大中型拖拉机	台	383000	371300	284400	203100	199300	19.4
家用洗衣机	万台	6208	4973.63	4447	4005.1	3560.5	14.91
家用电冰箱	万台	7300.8	5930.45	4799.95	4397.13	3530.89	19.91
冷柜(冷冻箱、冷藏箱、展示柜)	万台	1709.9	1258.03	1177.56	1186.98	818.39	20.23
家用电风扇	万台	16134.6	15955.05	15866.85	15440.04	14465.85	2.77
房间空气调节器	万台	10899.6	8078.25	8147.37	8014.28	6849.42	12.32
彩色电视机	万台	11830	9898.79	9187.14	8478.01	8375.4	9.02
组合音响	万台	11193.6	9878.99	10749.67	5928.74	5537.84	19.24
照相机	万台	9327.7	8457.81	8193.03	8689.6	7958.16	4.05
硫酸（折100%）	万吨	7090.8	5960.91	5097.95	5412.56	5033.17	8.95
氢氧化钠（烧碱）（折100%）	万吨	2086.7	1832.37	1926.01	1759.29	1511.78	8.39
碳酸钠（纯碱）	万吨	2029.3	1944.77	1854.6	1765	1560.03	6.8
合成氨	万吨	4963.2	5136.35	4876.24	5171.05	4936.81	0.13

续表

产品	单位	产 量					平均增长率(%)
		2010 年	2009 年	2008 年	2007 年	2006 年	
农用氮、磷、钾化学肥料总计(折纯)	万吨	6740.6	6385.01	6028.05	5824.98	5345.05	5.97
化学农药原药(折有效成分100%)	万吨	234.2	226.22	209.99	176.48	138.46	14.04
乙烯	万吨	1418.9	1072.62	987.58	1027.8	940.51	10.83
塑料树脂及共聚物	万吨	4360.9	3629.97	3680.23	3184.54	2602.6	13.77
合成橡胶	万吨	310	274.91	296.03	228.92	199.81	11.61
橡胶轮胎外胎	万条	77634.4	65601.56	51956.94	55832.97	43547.08	15.55
铁路客车	辆	7450	7107	1835	2425	2143	36.55
铁路货车	辆	48136	42800	57400	42200	39300	5.2
汽车	万辆	1826.99	1379.53	930.59	888.89	727.89	25.87
载货汽车	万辆	401.5	308	202.7	218.31	179.76	22.25
公路客车	万辆	253.8	202.87	198.61	189.17	152.41	13.59
轿车	万辆	957.6	748.48	503.81	479.78	386.94	25.43

资料来源:根据中国统计数据应用支持系统(http://gov.acmr.cn)计算整理。

表 3-2 和相关统计资料显示,2010 年,中国制造业粗钢产量 6.27 亿吨,占世界总产量的 44.3%;同比增长 9.3%,5 年间平均增长率 10.59%;钢材产量 7.98 亿吨,同比增长 14.9%,5 年间平均增长 14.21%;水泥同比增长 15.53%,占世界总产量的 60%;精炼铜产量同比增长 10.6%,占世界总产量的 24%;化肥产量同比增长 5.6%,占世界总产量的 35%;塑料产量同比增长 20.9%,占世界总产量的 20%;化纤产量同比增长 12.44%,占世界总产量的 42.6%;玻璃产量同比增长 10.9%,超过世界总产量的 50%;汽车产量同比增长 32.44%,占世界总产量的 25%,销量 1806.19 万辆,同比增长 32.37%,超越美国创造的

新车销售 1750 万辆的历史最高水平。

　　同年，计算机产量 2.46 亿台，同比增长 35%，占世界总产量的 68%，份额比 2009 年提高 8 个百分点；彩电产量 1.18 亿台，同比增长 19.5%，占世界总产量的 50%，份额比 2009 年提高 2 个百分点；冰箱产量同比增长 23%，占世界总产量的 65%，份额比 2009 年提升 5 个百分点；空调产量 1.09 亿台，同比增长 35%，占世界总产量的 80%，份额比 2009 年提升 10 个百分点；手机产量同比增长 61%，超过世界总产量的 70%；份额比 2009 年猛增了 20 个百分点；洗衣机产量同比增长 21%，占世界总产量的 44%，份额比 2009 年提升了 4 个百分点；纱产量同比增长 17.5%，占世界份额的 46%；布产量同比增长 6.2%；工程机械产量（含挖掘机、装载机、推土机、起重机、混凝土泵、叉车、压路机等）590 亿美元，同比增长 20%，占世界总产量的 43%。此外，中国黄金产量 340.876 吨，同比增长 8.57%，居世界第一位。

　　三　制造业资产总值

　　在工业化进程中，生产要素由劳动密集型向资本密集型、资本技术密集型再向知识技术密集型产业转变；劳动对象由采掘业向原材料产业再向初加工产业，进而向深加工产业方向转变；而产业技术则由传统产业向新兴产业，再向新兴产业与传统产业相结合的方向发展；劳动产品的产出由低附加值向高附加值发展。制造业由于涉及面广，影响力大，其国民经济中的比重以及自身内部结构的变化一定程度上也反映了产业结构的变化。

　　中国制造业主要产品产量发生重大变化的同时，产值也发生了重要变化。现阶段中国制造业产值总量指标如表 3-3 所示。

表 3-3　　　　　　　　　　　制造业资产总值　　　　　　　　　　单位：亿元

行业	环渤海海地区	东北地区	东部沿海地区	长江中游地区	黄河中游地区	南部沿海地区	西南地区	西北地区
农副食品加工业	2861.52	1989.76	1487.77	1411.93	1383.12	1386.60	1623.33	446.76
食品制造业	1028.18	550.79	935.00	536.29	1020.95	880.96	375.62	240.05
饮料制造业	595.16	553.02	920.59	737.44	722.36	692.18	1556.53	232.86
烟草制品业	205.72	146.19	1237.03	850.73	339.20	442.16	1533.14	80.67
纺织业	2536.61	275.87	8248.48	1050.22	987.05	1979.56	421.38	268.93

续表

行业	环渤海海地区	东北地区	东部沿海地区	长江中游地区	黄河中游地区	南部沿海地区	西南地区	西北地区
纺织服装、鞋、帽制造业	568.63	227.56	2747.01	391.36	117.57	1542.36	65.76	10.63
皮革、毛皮、羽毛（绒）及其制品业	264.34	27.28	1088.27	134.98	139.08	1356.03	131.52	15.05
木材加工及木、竹、藤、棕、草制品业	383.41	451.23	712.91	344.29	235.02	497.27	241.78	12.61
家具制造业	221.18	168.83	704.61	83.12	47.06	610.95	99.37	24.43
造纸及纸制品业	1534.21	255.51	2279.48	743.58	476.18	1815.70	525.64	145.51
印刷业和记录媒介的复制	161.51	114.68	832.00	261.25	152.83	717.80	255.70	29.17
文教体育用品制造业	166.51	24.60	667.27	58.31	16.70	649.15	5.89	0.05
石油加工、炼焦及核燃料加工业	1534.74	1526.63	1355.95	525.54	3219.58	1599.59	532.98	1326.06
化学原料及化学制品制造业	4493.36	2346.37	9479.02	2707.55	2928.75	3081.27	3384.62	1385.10
医药制造业	1011.11	1060.51	2065.49	1005.07	822.08	829.53	1048.01	194.49
化学纤维制造业	131.16	184.86	2220.39	140.91	72.08	379.00	77.95	132.34
橡胶制品业	887.53	206.50	1070.47	210.22	180.08	505.58	177.73	22.56
塑料制品业	470.30	565.50	2714.62	520.15	288.02	2126.89	335.71	81.31
非金属矿物制品业	2410.13	1943.34	3941.28	2516.71	2562.74	2675.83	2280.77	716.83
黑色金属冶炼及压延加工业	2738.35	4994.84	7653.61	4777.58	4252.80	1606.68	2741.14	1280.18
有色金属冶炼及压延加工业	1721.74	833.60	2018.73	2408.44	3779.18	1259.26	2392.51	1590.15
金属制品业	867.87	720.31	4224.68	839.22	391.55	2126.16	516.82	138.92
通用设备制造业	2504.16	2791.13	9106.44	1641.43	1199.14	1430.60	1678.43	175.25
专用设备制造业	1400.64	1680.45	4160.27	1503.37	2032.50	1471.68	1315.33	131.41

行业	环渤海地区	东北地区	东部沿海地区	长江中游地区	黄河中游地区	南部沿海地区	西南地区	西北地区
交通运输设备制造业	3297.90	5550.22	11074.62	5620.15	2139.48	3674.98	3617.92	57.90
电气机械及器材制造业	1992.13	1277.21	9132.64	2227.78	1094.26	5147.68	1001.25	337.21
通信设备、计算机及其他电子设备制造	1261.33	628.39	10782.22	1467.04	634.54	10877.41	1226.59	68.25
仪器仪表及文化、办公用机械制造业	162.20	185.63	1747.99	342.47	277.64	1163.41	207.14	24.05
工艺品及其他制造业	302.23	86.66	883.99	153.21	158.34	828.20	113.03	72.14
废弃资源和废旧材料回收加工业	18.60	35.59	282.23	64.22	16.62	146.67	25.25	104.27
总计	37732.46	31403.06	105775.06	35274.56	31686.5	53501.14	29508.84	9345.14

说明：环渤海地区包括京、津、冀、鲁；东北地区包括辽、吉、黑；东部沿海地区包括沪、浙、苏；长江中游地区包括皖、赣、鄂、湘；黄河中游地区包括晋、蒙、陕、豫；南部沿海地区包括闽、粤、琼；西南地区包括桂、渝、川、黔、滇；西北地区包括藏、甘、疆、宁、青。

资料来源：根据中国统计数据应用支持系统（http://gov.acmr.cn）计算整理。资料所属时间：2009 年。

由表 3-3 计算结构相对数可知，从资产总值上，中国制造业结构是：通信设备、计算机及其他电子设备制造业 9.30%，黑色金属冶炼及压延加工业 8.90%，交通运输设备制造业 8.71%，化学原料及化学制品制造业 7.70%，电气机械及器材制造业 7.04%，农副食品加工业 5.83%，通用设备制造业 5.70%，非金属矿物制品业 5.18%，纺织业 4.79%，石油加工、炼焦及核燃料加工业 4.48%，有色金属冶炼及压延加工业 4.29%，专用设备制造业 3.50%，金属制品业 3.35%，塑料制品业 2.29%，纺织服装、鞋、帽制造业 2.18%，医药制造业 1.97%，食品制造业 1.924%，造纸及纸制品业 1.72%，饮料制造业 1.56%，皮革、毛皮、羽毛（绒）及其制品业

1.34%，木材加工及木、竹、藤、棕、草制品业 1.20%，仪器仪表及文化办公用机械制造业 1.06%，烟草制品业 1.03%，橡胶制品业 0.99%，工艺品及其他制造业 0.93%，化学纤维制造业 0.80%，家具制造业 0.72%，印刷业和记录媒介的复制 0.62%，文教体育用品制造业 0.55%，废弃资源和废旧材料回收加工业 0.30%。数据显示，中国通信设备计算机及其他电子设备制造、黑色金属冶炼及压延加工、交通运输设备制造等是主导行业，占有较大比重，而废弃资源和废旧材料回收加工、文教体育用品制造业以及印刷业和记录媒介的复制所占份额较小，属于弱势行业。

从区域结构上，八大经济区域中中国制造业资产主要集中在东部沿海地区，资产高达 105775.06 亿元，其次是南部沿海地区（资产 53501.14 亿元）和北京沿海地区（资产 37732.4 亿元）；资产最少的西北地区，仅 9345.14 亿元。

以行业资产论，北京沿海地区主要集中的制造行业是：通用设备制造业、纺织业、黑色金属冶炼及压延加工业、农副食品加工业、交通运输设备制造业、化学原料及化学制品制造业等；资产相对较少的行业是：废弃资源和废旧材料回收加工业、化学纤维制造业、印刷业和记录媒介的复制、仪器仪表及文化办公用机械制造业、文教体育用品制造业、烟草制品业等。

东北地区主要集中的制造行业是：非金属矿物制品业、农副食品加工业、化学原料及化学制品制造业、通用设备制造业、黑色金属冶炼及压延加工业、交通运输设备制造业；资产较少的行业是：文教体育用品制造业，皮革、毛皮、羽毛（绒）及其制品业、废弃资源和废旧材料回收加工业，工艺品及其他制造业，印刷业和记录媒介的复制业，烟草制品业等。

东部沿海地区主要集中的制造行业是：纺织业、通用设备制造业、电气机械及器材制造业、化学原料及化学制品制造业、通信设备、计算机及其他电子设备制造业、交通运输设备制造业；资产较少的行业是：废弃资源和废旧材料回收加工业，文教体育用品制造业，家具制造业，木材加工及木、竹、藤、棕、草制品业，印刷业和记录媒介的复制业，工艺品及其他制造业。

长江中游地区主要集中的制造行业是：电气机械及器材制造业，有色金属冶炼及压延加工业，非金属矿物制品业，化学原料及化学制品制造业、黑色金属冶炼及压延加工业、交通运输设备制造业；集中较少的行业是：文教体育用品制造业、废弃资源和废旧材料回收加工业、家具制造业、皮革、毛皮、羽毛（绒）及其制品业、化学纤维制造业等。

黄河中游地区主要集中的制造行业是：交通运输设备制造业、非金属矿物制品业、化学原料及化学制品制造业、石油加工炼焦及核燃料加工业、有色金属冶炼及压延加工业、黑色金属冶炼及压延加工业；资产较少的行业是：废弃资源和废旧材料回收加工业、文教体育用品制造业、家具制造业、化学纤维制造业、纺织服装鞋帽制造业等。

南部沿海地区主要集中的制造行业是：塑料制品业、非金属矿物制品业、化学原料及化学制品制造业、交通运输设备制造业、电气机械及器材制造业、通信设备计算机及其他电子设备制造；资产较少的行业是：废弃资源和废旧材料回收加工业、化学纤维制造业、烟草制品业、木材加工及木竹藤棕草制品业、橡胶制品业、家具制造业等。

西南地区主要集中的制造行业是：通用设备制造业、非金属矿物制品业、有色金属冶炼及压延加工业、黑色金属冶炼及压延加工业、化学原料及化学制品制造业、交通运输设备制造业；资产较少的行业是：文教体育用品制造业、废弃资源和废旧材料回收加工业、纺织服装鞋帽制造业、化学纤维制造业、家具制造业、工艺品及其他制造业等。

西北地区主要集中的行业是：非金属矿物制品业、黑色金属冶炼及压延加工业、石油加工炼焦及核燃料加工业、化学原料及化学制品制造业、有色金属冶炼及压延加工业；资产较少的行业是：文教体育用品制造业、纺织服装鞋帽制造业、木材加工及木竹藤棕草制品业、皮革毛皮羽毛（绒）及其制品业、橡胶制品业、仪器仪表及文化办公用机械制造业、家具制造业等。

四 制造业总产值

据国家统计局报告，在 22 个工业大类中，中国制造业占世界比重 7 个大类中名列第一，有 15 个大类名列前三；中国制造业出口产品总量中，高科技产品已超过 40% 。以工业总产值论，中国制造业总产值在全球也处于领先水平。2009 年，中国制造业各个二位码行业和各种经济类型的制造企业创造的工业总产值如表 3 - 4 所示。

由表 3 - 4 可知，2009 年，中国全部制造企业工业总产值 479199.72 亿元，其中，国有企业占 7.37% ，集体企业占 1.67% ，股份合作企业占 0.68% ，股份制企业占 9.22% ，私营企业占 32% ，外商和港澳台投资企业占 30.86% ，其他企业占 18.19% 。

表3-4　　　　　　　全国各种经济类型制造业总产值　　　　单位：亿元

行业	全部	国有企业	集体企业	股份合作企业	股份制企业	私营企业	外商和港澳台投资企业	其他
农副食品加工业	27961.03	518.25	492.37	243.26	1379.16	12558.30	6880.61	5889.08
食品制造业	9219.24	189.42	122.80	53.40	663.56	2971.59	3158.08	2060.38
饮料制造业	7465.03	659.91	55.13	44.70	793.47	2037.79	2515.07	1358.96
烟草制品业	4924.97	4392.65	12.69	1.16	51.37	4.07	3.47	459.55
纺织业	22971.38	267.23	294.57	130.02	910.26	12894.63	5014.53	3460.14
纺织服装、鞋、帽制造业	10444.80	104.73	125.89	57.08	365.29	4565.08	4158.60	1068.14
皮革、毛皮、羽毛（绒）及其制品业	6425.57	14.36	129.41	32.42	165.02	2516.02	2867.69	700.65
木材加工及木、竹、藤、棕、草制品业	5759.60	41.61	102.63	26.97	124.66	3879.83	728.62	855.27
家具制造业	3431.12	3.53	14.12	9.38	67.10	1734.12	1182.93	419.95
造纸及纸制品业	8264.36	280.04	261.64	68.07	510.64	3198.57	2544.95	1400.44
印刷业和记录媒介的复制	2972.90	241.50	67.91	32.36	105.50	1213.40	762.70	549.53
文教体育用品制造业	2630.16	7.72	63.75	5.73	62.48	901.96	1391.25	197.27
石油加工、炼焦及核燃料加工业	21492.59	3008.40	58.72	227.74	9812.52	2729.35	2874.00	2781.87
化学原料及化学制品制造业	36908.63	2737.78	570.24	292.51	4013.49	12016.53	9427.90	7850.18
医药制造业	9443.30	328.31	84.03	65.18	1569.77	2286.86	2638.35	2470.81
化学纤维制造业	3828.32	184.35	34.79	23.15	592.95	1458.83	1131.67	402.58
橡胶制品业	4767.86	155.34	110.79	45.74	464.59	1540.52	1738.21	712.67
塑料制品业	10969.42	78.03	154.25	99.56	338.14	5126.85	3601.00	1571.59
非金属矿物制品业	24843.90	674.90	689.05	263.19	1805.09	12323.99	3696.44	5391.23

行业	全部	国有企业	集体企业	股份合作企业	股份制企业	私营企业	外商和港澳台投资企业	其他
黑色金属冶炼及压延加工业	42636.15	8105.39	913.16	218.53	4298.60	10457.30	5896.92	12746.25
有色金属冶炼及压延加工业	20567.21	2170.91	756.60	210.47	2326.62	6641.51	3109.08	5352.02
金属制品业	16082.95	438.95	349.03	121.55	572.16	8009.44	4041.03	2550.78
通用设备制造业	27361.52	1687.73	601.02	241.52	1771.04	12031.95	6188.66	4839.61
专用设备制造业	16784.40	1874.35	233.71	118.30	1501.13	5439.33	4027.97	3589.62
交通运输设备制造业	41730.32	4782.49	304.58	174.71	3963.86	7669.03	18533.21	6302.45
电气机械及器材制造业	33757.99	1087.01	1121.22	340.24	3402.22	10329.93	10809.23	6668.15
通信设备、计算机及其他电子设备制造	44562.63	831.04	90.65	63.96	2002.26	2869.36	34713.22	3992.14
仪器仪表及文化、办公用机械制造业	5083.31	214.20	57.88	27.92	379.20	1334.07	2489.64	580.38
工艺品及其他制造业	4465.20	111.86	64.70	30.60	120.51	2038.36	1523.99	575.18
废弃资源和废旧材料回收加工业	1443.86	106.36	58.87	2.35	39.81	608.87	236.65	390.95
总　计	479199.72	35298.35	7996.2	3271.77	44172.47	153387.44	147885.7	87187.82

资料来源：根据中国统计数据应用支持系统（http：//gov. acmr. cn）计算整理。资料所发属时间：2009 年。

　　进一步分析，国有企业主要集中于黑色金属冶炼及压延加工业、交通运输设备制造业、烟草制品业、有色金属冶炼及压延加工业、化学原料及化学制品制造业、石油加工炼焦及核燃料加工业等；相对较少的行业是家具制造业、文教体育用品制造业、皮革毛皮羽毛（绒）及其制品业、木材加工及木竹藤棕草制品业、塑料制品业等。

集体企业主要集中于电气机械及器材制造业、黑色金属冶炼及压延加工业、有色金属冶炼及压延加工业、非金属矿物制品业、通用设备制造业；相对较小的行业是烟草制品业，家具制造业，化学纤维制造业，饮料制造业，仪器仪表及文化、办公用机械制造业等。

股份制合作企业主要集中于电气机械及器材制造业、化学原料及化学制品制造业、非金属矿物制品业、农副食品加工业、通用设备制造业、石油加工炼焦及核燃料加工业；相对较少的行业是烟草制品业、废弃资源和废旧材料回收加工业、文教体育用品制造业、家具制造业、化学纤维制造业等。

股份制企业主要集中于石油加工炼焦及核燃料加工业、黑色金属冶炼及压延加工业、交通运输设备制造业、电气机械及器材制造业、化学原料及化学制品制造业；相对较少的行业是废弃资源和废旧材料回收加工业、烟草制品业、文教体育用品制造业、家具制造业、印刷业和记录媒介的复制业。

私营企业主要集中于纺织业、农副食品加工业、非金属矿物制品业、通用设备制造业、化学原料及化学制品制造业、黑色金属冶炼及压延加工业、电气机械及器材制造业；较少的行业是烟草制品业，废弃资源和废旧材料回收加工业，文教体育用品制造业，印刷业和记录媒介的复制，仪器仪表及文化、办公用机械制造业等。

外商和港澳台投资企业主要集中于农副食品加工业、化学原料及化学制品制造业、电气机械及器材制造业、交通运输设备制造业、通信设备计算机及其他电子设备制造业；较少的行业是烟草制品业、废弃资源和废旧材料回收加工业、木材加工及木竹藤棕草制品业、印刷业和记录媒介的复制等。

其他企业主要集中于黑色金属冶炼及压延加工业、化学原料及化学制品制造业、电气机械及器材制造业、交通运输设备制造业、农副食品加工业；较少的行业是文教体育用品制造业、废弃资源和废旧材料回收加工业、化学纤维制造业、家具制造业、烟草制品业等。

第三节　制造企业与重要行业

一　制造企业

（一）基本情况

随着工业基础建设的加强，制造业生产能力不断扩张，中国制造企业也不断发展壮大。2010 年 9 月，中国企业联合会公布了 2010 中国制造企业 500 强分析报告，结果显示，在经历金融危机冲击之后，中国制造企业生产经营虽受到较大冲击，但抵御风险能力增强，生产和销售形势和经济效益可观。

中国工业经济研究院与世界企业竞争力实验室、世界制造商协会、全球制造评论中文版联合推出了 2010 年（第六届）"中国制造企业 500 强"暨（第二届）"中国装备制造企业 100 强"排行榜，以营业收入排序，处于前 10 位的企业是中国石油化工集团公司、东风汽车公司、上海汽车工业（集团）总公司、中国第一汽车集团公司、中国兵器装备集团公司、宝钢集团有限公司、河北钢铁集团有限公司、中国航空工业集团公司、中国五矿集团公司、中国兵器工业集团公司。这些企业是中国的强势和优秀制造企业。

同年公布的"2010 年中国制造企业 500 强"显示，2010 年，中国制造业企业 500 强总营业收入为人民币 132239.72 亿元，平均营业收入为 264.48 亿元；总资产 136831.93 亿元，平均资产为 273.66 亿元；500 强中实报的 498 家企业共实现利润 5244.53 亿元，所有者权益为 49261.67 亿元，平均所有者权益为 99.32 亿元；人均营业收入为 124 万元，人均利润为 5 万元，平均收入利润率为 3.97%，平均资产利润率为 3.84%。与 2009 年的制造业 500 强相比，2010 年制造业 500 强的总营业收入和平均营业收入增长了 2.23%，但增幅同比下降了 25.26%；总资产和平均资产增长了 16.91%，增幅同比下降了 14.3%；所有者权益和平均所有者权益增长了 13.24%，人均营业收入提高了 1%，人均实现利润同比增长 25%，收入利润率同比增长 0.75%，平均资产利润率同比增长 0.24%。

2011 年 7 月，《财富》① 发表了 2011 年世界 500 强名单，中国大陆有 61 家企业名列榜单，比上年增加 15 家，是中国上榜公司数量连续第 8 年上升，而在 2003 年，中国大陆只有 11 家公司上榜。美国的上榜企业仍然高居榜首，达到 133 家，日本紧随其后，为 68 家；如果计入中国台湾的上榜企业，中国的上榜公司数量将达到 69 家，可超过日本。中国 2010 年上榜的所有公司 2011 仍然全部登榜，而新上榜的 15 家公司中，多数为制

_____

① 参引自 http://finance.ifeng.com/news/corporate/20110707。

造企业，如联想集团（最新排名第 449 位）、首钢集团（第 325 位）、中国电子科技集团公司（第 407 位）、中国机械工业集团有限公司（第 434 位）、河南煤业化工集团有限责任公司（第 445 位）、中国船舶重工集团公司（第 462 位）、中国化工集团公司（第 474 位）、浙江物产集团（第 483 位）、中国建筑材料集团有限公司（第 484 位）。这些数据显示，近两年中国政府为抵御金融危机冲击，出台了一系列宏观调控措施，产生了积极影响。中国的制造企业，特别是大型制造企业的生产和经营受损不大，总体规模和平均规模并未缩小，经济效益表现良好，盈利水平也比预期要优。

（二）制造企业的特征

当前中国制造企业表现出三个方面的特征。

第一，部分优秀企业在技术创新、持续发展方面取得成就，但总体研发投入不足。近年来，中国部分优秀制造企业不断加大研发投入，革新技术，保证了企业的可持续发展。如中国五矿集团公司，在中国经济发展面临最为严重困难和全球金属矿产行业遭受巨大冲击时，积极进行金属、矿产品的勘探与开发及冶炼加工，采取一系列措施化解危机、科学决策、稳健经营，在综合制造行业的竞争实力大大增强，实现了战略转型的突破，形成了生产经营与资本运营的良性发展格局。2011 年 4 月 18 日，物流与采购联合会发布 2010 年度全国重点生产资料流通企业各项主要经营指标的排名结果，五矿集团公司以钢材销售量 2402 万吨的佳绩荣登榜首，在 2010 年中国企业 500 强评选中，该公司以 1704 亿元的营业收入列第 30 位，在综合制造分行业排名中位列第一，展示了在钢材制造流通行业中的实力。

能源和环保是全球普遍关注的问题，新能源的开发已受到世界各国前所未有的关注。在全球范围内，新能源汽车正处于产业化突破的重要时期，国际汽车巨头纷纷投入巨资加大研发力度，以抢占新一轮汽车产业发展技术的新机。上海汽车工业集团紧跟时代潮流，抢占新机，在新能源开发方面取得重大进展。该公司着力燃料电池开发，与同济大学合作研制的燃料电池汽车经过了"超越一号"、"超越二号"的两代发展，进入"超越三号"阶段，目前已有 10 辆燃料电池样车进入示范性运行。同时，在汽车动力替代燃料研制方面，二甲醚大客车也即将投入公交示范运行。

同时要看到，中国制造业质量与发达国家仍存在较大差距，核心问题就是劳动生产率及附加值偏低。据中国企业联合会专家分析①，中国制造业的技术创新能力还较弱，拥有自主知识产权的核心技术与专利较少。例如，作为信息产业领域的核心部件集成电路，中国企业申请的专利数仅占世界1.74%，而韩国企业则占13.9%，美国占15.8%，占比位居世界第一的日本企业则高达43.5%。创新能力弱，限制了制造业企业提升产品附加值的能力，削弱了产业竞争力，使得中国制造业在较长时期内一直处于国际产业链低端，究其根本原因，中国企业在研发投入上处于世界较低水平，与发达国家相比更是存在较大差距。国际上，知名企业的研发费用投入一般占销售收入的5%左右，有的则高达10%—15%，而中国企业中除了极小数民营企业外，绝大多数企业都不及5%。即使是制造业企业500强中，研发投入占营业收入超过10%的企业只有4家，5%—10%的企业有27家，比上年少8家，研发投入平均比重也只在2%左右，仍有近40%的企业研发投入占营业收入比重不足1%。研发经费投入的严重不足，大大降低了技术引进的成效，也使得中国企业进行大规模的高技术创新。

第二，分布不均衡，行业差别较大。2010年，中国制造业企业500强在地域分布上与以往相比变化不大，仍然以东部地区为主，其次是东北地区和中部地区企业，最后是西部地区，占比仅为6.4%。在所有制分布上，制造业企业500强中，国企与民企占比基本旗鼓相当。相关数据如表3-5和图3-1所示。

表3-5　　　　　　　　　2010年中国制造业500强分布

		企业数（家）	结构比（%）
地域分布	东部地区	345	69.0
	东北地区	57	11.4
	中部地区	66	13.2
	西部地区	32	6.4
所有制分布	国有企业	225	45
	民营企业	275	55

① 葛如江、杨玉华：《中国制造面临五大软肋》，http：//www.e23.cn，2010年10月12日。

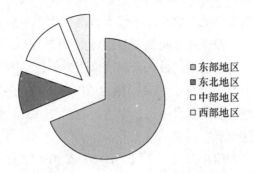

图 3 - 1　中国 500 强企业地域分布

表 3 - 5 显示了制造业 500 强企业的分布差异。值得注意的是，虽然国有企业占比略低于民营企业，但规模却远大于民营企业。如 225 家国有企业营业收入总额为 91580 亿元，而 275 家民营企业的营业收入总额仅为 40659 亿元；225 家国有企业的利润总额为 3175 亿元，而占多数的民营企业仅为 2069 亿元。

在行业分布上，入选企业数目分布比较分散，集中度越来越低，行业差距明显。500 强主要集中在 37 个制造行业中，最多的是黑色冶金及压延加工业，其次是电力、电气、输变电等制造业，以及机械、设备、器材、元器件和线缆制造业等。入选数较多的前 5 个行业的制造业企业共 207 家，占总数的 41% 以上；而入选企业最少的农林机械、设备及零配件制造业和电子办公设备及影像设备制造业分别只有 1 家，还有一些行业完全没有企业入选。

2010 年，中国制造企业 500 强的规模两极分化仍然很严重，分布仍同以往一样存在较大差异。从营业收入看，营业收入超过 1000 亿元的有 22 家企业，与 2009 年相同；营业收入在 500 亿—1000 亿元的企业有 34 家，比去年多 9 家；在 100 亿—500 亿元的企业有 251 家，比上年少 14 家；在 50 亿—100 亿元的企业有 145 家，比上年少 32 家；在 50 亿元以下的有 48 家，比去年多 37 家。

从资产规模看，2010 年中国制造企业 500 强中有 26 家企业资产达到 1000 亿元以上，其中，资产规模最大的是中国石油化工集团公司，资产为 12888 亿元。另外，宝钢集团有限公司等 8 家企业资产超过 2000 亿元，资产在 50 亿元以下的企业有 107 家，接近总数的 1/4。可见，2010 年中国制造企业 500 强资产规模的分布很不均衡。

第三，生产效率偏低，效益差距较大，高耗能项目反弹。[①] 中国企业尽管经济效益转好，但企业之间效益差距仍然悬殊。从中间投入贡献系数看，发达制造国家的单位中间投入新创造价值为 1，而中国仅为 0.56；中国制造业的增加值率仅 26%，而美国则为 49%，日本为 48%，德国则为 37%；与其他一些发展中国家相比，中国制造业的增加值水平也还低于拉丁美洲、西亚地区发展中国家。

从行业整体利润回报率看，美国、日本、德国的制造业都是利润率较高的行业。近几年尽管美国制造业比重有所降低，但美国制造业产值仍占国内生产总值的 16%，在美国对外出口的全部产品中，制造业产品占 72%。而相比之下，近年中国制造业行业利润率和资本回报率一直呈逐年降低趋势。2008 年 10 月以来国内制造业实现利润增幅同比出现负值。企业利润下滑表明企业盈利能力减弱，生产经营形势趋于严峻。2010 年中国制造业企业 500 强实现利润超过 10 亿元的企业有 123 家，比 2009 年多 16 家，其利润总额为 4072 亿元，占制造业 500 强利润总额的 77%，这个比例比上年提高了 2.64 个百分点。其中，2010 年中国制造业企业 500 强利润排在前 3 位的企业依次是中国石油化工集团公司、华为技术有限公司、中国第一汽车集团公司，3 家企业实现利润共计 734 亿元，占 500 强利润总额的 14%，比上年提高了 3.45 个百分点。这显示中国制造企业的利润仍然主要来自少数超大型企业，且制造业企业利润集中的趋势又有所回升，预计这种现象在短期内不会改变。

中国企业联合会的分析数据显示，2010 年中国制造业企业 500 强的行业差距拉大，成长性变大。500 强排名第一位的中国石油化工集团公司拥有资产总计达 12888 亿元，实现营业收入 13919 亿元，而排名第 500 位的山东金正大生态工程股份有限公司的资产和营业收入分别为 30 亿元、41 亿元，分别只占中石化的 0.26% 和 0.30%，这两个比例比上年的数值 0.78% 和 0.33% 有所降低，说明制造企业的规模差距仍然在扩大，两极分化的趋势没有根本性改变。

比较入选 2010 年中国制造企业 500 强前 10 名企业与后 10 名企业的情况发现，前 10 名企业营业收入总和为 31737 亿元，资产总额 33568 亿

[①] 葛如江、杨玉华：《中国制造面临五大软肋》，http：//www.e23.cn，2010 年 10 月 12 日。

元；后 10 名企业营业收入总和为 421 亿元，资产总额 239 亿元，后 10 名企业营业收入总和与资产总额仅为前 10 名企业数据的 1.33% 和 0.71%，而 2009 年这两个比值分别为 1.64% 与 2.24%。这再一次说明，2010 年中国制造业企业与 500 强在规模上的差距仍然很大，而且这种差距在逐年扩大。

许多专家认为，中国制造企业大多数"大而不强"，对能源的消耗浪费、超量污染排放已经达到十分严重的程度。中国企业联合会的分析指出，2008 年秋季以来，由于抗击国际金融危机、确保经济增长率的客观现实，各地高耗能项目又有所反弹。根据工信部提供的数字，2009 年以来，各地违规建设、盲目扩产加剧产能过剩矛盾。全国水泥投资同比增长 78% 以上，目前在建水泥生产线超过 200 条，新增产能超过 2 亿吨。中国造船工业能力过剩约 1600 万载重吨，约占总能力的 25%。2011 年 2 月，国务院发展研究中心与世界自然基金会联合发布了《中国经济刺激计划对气候和能源的影响》报告，首次详细地解释了中国政府为刺激经济增长投资 4 万亿元对中国经济以及近期和长期节能减排的影响。据统计，4 万亿元的投资去向是[①]：住房保障 0.4 万亿元，农村建设 0.37 万亿元，节能与碳减排 0.21 万亿元，基础设施建设 1.5 万亿元，社会事业 0.15 万亿元，产业结构调整 0.37 万亿元，汶川灾后重建 1 万亿元。数据显示，4 万亿元的 81% 都投向了新建住宅和基础建设设施，带动了大量的钢铁、有色金属和水泥等高耗能产业的增长。在基础设施投资中，6000 亿元的铁路投资带动了 2830 万吨的钢铁和 1.2 亿吨的水泥消费，折算成能耗量为 3060 万吨标煤；6000 亿元的公路投资带动了 1500 万吨钢铁、13350 万吨水泥和 2835 万吨沥青的消费，折算成标煤为 2925.7 万吨标煤；3000 亿元的地铁和机场投资带动了 555 万吨钢铁、1120 万吨水泥和 3220 万方混凝土的消费，折算成能耗量为 810 万吨标煤。这些投资造成了高耗能项目的反弹，这也使得 2009 年节能减排指标只完成 3.61%，未能达到 2007 年、2008 年 5% 的水平，甚至连五年的平均水平 4% 也没达到。更有甚者，2010 年第一季度，由于高耗能行业快速增长，一些落后产能死灰复燃，全国单位 GDP 能耗不但没有下降，反而有所上升，这给完成五年降

---

① 国务院发展研究中心、世界自然基金会：《中国经济刺激计划对气候和能源的影响》，2011 年 2 月。

耗目标增添了新的难度。

二 重要制造行业

2010 年 11 月,《中国海关》杂志发布了 2009—2010 年度《中国制造实力榜——行业国际竞争力指数》①报告。报告显示,2009 年中国的 45 个行业中,纺织服装、鞋、帽制造业,皮革、毛皮、羽毛(绒)及其制品业和纺织业的国际市场占有率均超过 30%,在国际市场上占据绝对优势;文教体育用品制造业、家具制造业和通信设备、计算机及其他电子设备制造业的国际市场占有率也超过 20%;制造业整体国际市场占有率为 12.42%,超过中国外贸进出口在全球的份额。然而,医药制造业,饮料制造业,石油、炼焦及核燃料加工业,烟草制品业,有色金属冶炼业及压延加工业和造纸及纸制品业的国际市场占有率均不足 4%,表明中国制造业仍具有一定的发展空间。以下对几个重要行业发展状况进行评述。

(一)黑色金属冶炼及压延加工业

黑色金属冶炼及压延加工业主要包括炼铁业、炼钢业、钢压延加工业和铁合金冶炼业等,即主体是钢铁行业。目前,中国著名的黑色金属冶炼及压延加工企业是宝山钢铁股份有限公司(上海浦东、国有)、江苏沙钢集团有限公司(江苏张家港、民营)、鞍山钢铁集团公司(辽宁鞍山铁西区、国有)、武汉钢铁集团公司(湖北武汉、国有)、太原钢铁(集团)有限公司(山西太原、国有)、莱芜钢铁集团有限公司(山东莱芜钢城区、国有)、马鞍山钢铁股份有限公司(安徽马鞍山、上市股份公司)、唐山钢铁股份有限公司(河北唐山路北区、国有)、邯郸钢铁集团有限责任公司(河北邯郸、国有)等。

黑色金属冶炼及压延加工业涉及面广、与其他各行业间的关联度高,是衡量一个国家综合国力强弱的重要指标之一。中国是世界黑色金属冶炼及压延加工业产品最大生产国和消费国,也是全球重要出口国之一。2008年,中国规模以上黑色金属冶炼及压延加工业工业总产值达到 44728 亿元,占同期中国规模以上企业工业总产值的 8.8%。同年,中国黑色金属冶炼及压延加工业产品出口 660.7 亿美元,占同期中国出口总额的 4.6%。由于国际金融危机,中国黑色金属冶炼及压延加工业受到重挫,

---

① 海关总署:《2009—2010 中国行业国际竞争力指数》,《中国海关》,http://wuxizazhi. cnki. net/,2010 年 11 月 23 日。

国际竞争力大幅下降，该行业成为中国在国际竞争中处于劣势的行业。
2008 年下半年以来，中国黑色金属冶炼及压延加工业出现产需陡势下滑、
价格急剧下跌、企业经营困难、全行业亏损的局面，行业稳定发展面临着
前所未有的挑战。2009 年，中国黑色金属冶炼及压延加工业固定资产投
资额仅为 3206 亿元，较上年下降 1.3%，行业的工业增加值仅增长
9.9%。该行业 2007—2010 年产量环比增长率折线图和 2006—2010 年的
产量折线图如图 3 - 2 和图 3 - 3 所示。

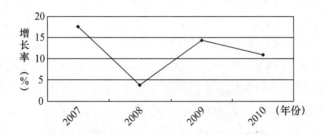

图 3 - 2　黑色金属冶炼及压延加工业产量增长率

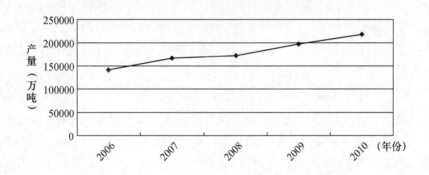

图 3 - 3　黑色金属冶炼及压延加工业产量变动

图 3 - 2 和图 3 - 3 显示，中国黑色金属冶炼及压延加工业 2007—2010
年的环比增长率依次为 17.54%、3.78%、14.25%、10.8%，平均增长
率为 11.59%。同期，GDP 增长率分别为 10.7%、11.4%、9.0%、
8.7%、10.3%；2006—2010 年 GDP 平均增长率为 10.02%。该行业平均
增长率高于同期间 GDP 平均增长率。据统计，2010 年 1—11 月，中国黑
色金属冶炼及压延加工企业单位数 7962 家，新产品产值 4258.82 亿元，
资产合计 46691.13 亿元，主营业务收入 49642.72 亿元，利润总额

1282.56 亿元。

相比该行业平均增长率，2008 年的增长率急剧回落为 3.78%。主要原因除了奥运限产，更重要的原因是需求不旺，受全球金融危机的影响，国外需求呈急剧缩减态势。2009 年增长率回升至 14.25%，是该行业延长产业链、增强上下游合作取得重要进展的一年，同时，增强境外资源的开发力度，走出去战略取得重要进展。2010 年，该行业增长率相比 2009 年有所回落，原因在于国家节能减排、淘汰落后产能政策的落实、推进，使得产量有望得到控制，同时，国内市场从国外经济危机的影响下得以逐步恢复，需求有所增加。

据《中国海关》杂志发布的 2009—2010 年度《中国制造实力榜——行业国际竞争力指数》显示，当前中国黑色金属冶炼及压延加工业国际竞争力大幅下降，成为中国在国际竞争中处于劣势的行业。该行业 2009 年五大分项指标的得分较 2007 年均出现不同程度的下滑。其中，出口增长率优势指数得分由 2007 年的 97.64% 大幅降至 64.5%，对中国黑色金属冶炼及压延加工业国际竞争力的下拉作用较为明显；同时，国际市场占有率、显示性指数、贸易竞争指数和出口比重指数等 4 项指标的得分也均低于 2007 年的水平。2009 年，中国该行业国际竞争力评价指数由 2007 年的 101.1 下降至 99.54，在全球排名第 20 位，成为全球该行业前十大出口地区中竞争力最弱的国家。

(二) 通信设备、计算机及其他电子设备制造业

通信设备、计算机及其他电子设备制造业主要包括程控交换机、电话单机、传真机、移动通信手持机、电子计算机、微型电子计算机、集成电路、彩色电视机和组合音响。该行业著名的企业有：中兴通讯股份有限公司 (广东深圳南山区、上市股份)、中国电子科技集团公司 (北京海淀、国有)，康佳集团股份有限公司 (广东深圳南山区、上市股份)、富士康 (昆山) 电脑接插件有限公司 (江苏苏州昆山市、独资)、中芯国际集成电路制造 (上海) 有限公司 (上海浦东新区、独资)、大唐移动通信设备有限公司 (北京海淀区、国有)、杭州华三通信技术有限公司 (浙江杭州)、海信集团有限公司 (山东青岛、股份制)、佛山市顺德区顺达电脑厂有限公司 (广东佛山顺德区、独资)、北京中星微电子有限公司 (北京海淀区、股份制) 等。

通信设备、计算机及其他电子设备制造业的主要产品是程控交换机、

移动手机、微型电子计算机和集成电路等。据统计，2007—2010 年程控交换机增长率和传真机增长率均呈现从上升到下降且波动较大的发展态势。程控交换机仅 2008 年为正增长，其他年份均为负增长，最大降幅为 2007 年的 -27.24%；传真机 2008 年和 2009 年为正增长，2007 年和 2010 年为负增长，最大降幅为 2010 年的 -74.12%。

移动手机的增长率最低点在 2008 年为 1.98%。微型电子计算机和集成电路的增长率最低点出现在 2009 年，分别为 14.9%、-5.55%。集成电路增长率在 2009 年出现了负增长。三项产品的最高增长率均出现在 2010 年，移动手机为 46.39%，微型电子计算机为 35%，集成电路为 57.46%。

组合音响和电话单机的产量增长率波动较大，最高点出现在 2008 年，分别是组合音响 81.31%、电话单机 10.46%；最低点出现在 2009 年，分别是组合音响 -8.10%、电话单机 -20.32%；最大增长率均出现在 2010 年，分别是组合音响 13.3%、电话单机 14.32%；彩色电视机的增长率呈上升趋势，且上升幅度较大，2007 年的环比增长率为 1.23%，2010 年则为 19.51%，达到最大值。

2009 年，中国电子及通信设备制造业国际竞争力评价指数为 102.43，比 2007 年的 102.31 略有上升，成为全球该行业最具国际竞争力的国家。中国台湾、东盟、韩国分列第 2—4 位。中国电子及通信设备制造业的取胜点主要在于国际市场占有率的提高。2009 年，电子及通信设备制造业的国际市场占有率达到 24.31%，比 2008 年和 2007 年分别上升 1.51 个和 2.84 个百分点，首次超过欧盟位居世界第一。目前，中国已成为电子及通讯设备制造业最大的净出口国。2009 年，全球贸易中的 1.7 亿台笔记本电脑中有 1.2 亿台来自中国，而全球贸易中 11.3 亿台手机中也有 5.8 亿台来自中国。

但是，在国际竞争优势增强的背后也有贸易条件恶化之忧，2009 年，中国电子及通信设备制造业出口贸易条件指数为 0.82，而 2008 年和 2007 年这一指数分别为 0.9 和 0.98，连续出现较大幅度的下降。

（三）电气机械及器材制造业

电气机械及器材制造行业中著名的企业有：西门子（中国）有限公司（北京朝阳区、独资）、索尼（中国）有限公司（北京朝阳区、独资）、海尔集团公司（山东青岛、集体）、美的集团（广东佛山顺德区、民营）、LG 电子（天津）、电器有限公司（天津北辰区、合资）、珠海格力电器股份有限公司、（广东珠海、上市股份公司）、广东美的电器股份有限公司（广东佛山顺德区、上市股份公司）、四川长虹电器股份有限公司（四川绵阳、上市股份公司）、哈尔滨电机厂有限责任公司（黑龙江哈尔滨香坊区、股份制）、青岛海信电器股份有限公司（山东青岛、上市股份公司）、海信科龙电器股份有限公司（广东佛山顺德区、上市股份公司）、青岛海尔股份有限公司（山东青岛、上市股份公司）等。

该行业的主要产品是家用洗衣机、家用冰箱、冷柜、家用电风扇、房间空气调节器等。2006—2010 年电气机械及器材制造业产量总体呈逐年增长态势。同比增长率在 2008 年和 2009 年放缓，并在 2008 年达到最低点 4.22% ，2010 年增速最快达到 16.74% 。

2009 年，中国电气机械及器材制造业市场占有率较金融危机前有明显提升，不仅国际竞争力评价指数列全球首位，五大分项竞争力指数在主要竞争对手中均排名前 3 位。表明相对于竞争对手，中国电气机械及器材制造业的竞争优势依然明显。

2009 年，中国电气机械及器材制造业国际竞争力评价指数为 102.07，比 2007 年的 102.12 稍有下降，其中贸易竞争指数与 2007 年持平，而显示性指数和出口比重指数略低于 2007 年的水平，市场占有率和出口增长率优势指数两项指标较 2007 年明显提升。在国民经济所有行业评价中，中国电气机械及器材制造业的国际竞争力评价指数名列第 7 位。

2009 年，中国电气机械及器材制造业出口的国际市场占有率为 18.49% ，连续三年稳居全球电气机械及器材制造业出口第 2 位。2009 年，中国电气机械及器材制造业贸易竞争指数为 0.39，在全球市场中居第 1 位。而同期，欧盟和日本的这一指标分别为 0.05 和 0.21，美国为电气机械及器材制造业的净进口国，这一指标为 - 0.26。2009 年，中国电气机械及器材制造业出口显示性指数为 1.71，排名全球第三位。

（四）交通运输设备制造业

交通运输设备制造业包括铁路客车、铁路货车、汽车、载货汽车、公路客车、轿车等。根据计量单位不同，产品可分为两组：铁路客车、铁路货车；汽车、载货汽车、公路客车、轿车等。这一行业里著名的企业有：中国船舶重工集团公司（北京海淀区、国有）、比亚迪股份有限公司（广东深圳、上市股份公司）、奇瑞汽车股份有限公司（安徽芜湖、股份制）、中国航天科技集团公司（北京海淀区、国有）、重庆长安汽车股份有限公司（重庆江北区、上市股份公司）、浙江吉利控股集团有限公司（浙江杭州滨江区、民营）、中国第一汽车集团公司（吉林长春、国有）、力帆实业（集团）股份有限公司（重庆沙坪坝区、上市股份公司）、深圳东风汽车有限公司（广东深圳、合资）、中国航天科工集团公司（北京海淀区、国有）、中国船舶工业集团公司（北京海淀区、国有）、中国重型汽车集团有限公司（山东济南、国有）、广州汽车集团股份有限公司（广东广州越秀区、上市股份公司）、南车株洲电力机车有限公司（湖南株洲、国有）、东风汽车有限公司（湖北武汉、合资）、北汽福田汽车股份有限公司（北京昌平区、上市股份公司）、上海大众汽车有限公司广州增城分公司（广东广州增城市、国有）等。

2007—2010 年，铁路客车、货车产量波动较大，并且两者的增长率变动方向相反。2007 年铁路客车、货车产量增长率分别为 7.68%、32.74%，2010 年产量的增长率分别为 -15.75%、11.38%，呈现上升—下降—上升的态势，其间，2008 年产值和增长率均达到最大值分别为59.235 辆和 32.74%。相比之下，客车、汽车、货车、轿车 2007—2010年的增长率分别为 22.75%、3.35%、43.75%、30.35%，呈现下降—上升—下降的态势，2010 年产量达到最大值 3439.89 万辆。

2009 年，中国交通运输设备制造业国际竞争力评价指数已由 2007 年的 100.06 提升至 100.29，成为中国具有一定国际竞争力的行业。其中，五大分项指标中有 4 项指标高于 2007 年的水平，出口增长率优势指数得分更是由 2007 年的 74.45 显著提升至 2009 年的 82.77，成为中国交通运输设备制造业出口竞争力提高的主要动因。同时，国际市场占有率、显示性指数和出口比重指数 3 项指标的得分也均好于 2007 年的水平，只有贸易竞争指数的得分与 2007 年基本持平。

值得注意的是，与拥有百年传统和国际品牌的部分发达国家相比，中国交通运输设备制造业仍然是一个"后起之秀"。在 5 项国际竞争力指标中，除了出口增长率优势指数在全球前十大出口地区中名列前茅，其他 4项指标均处于中下等水平。2009 年，中国交通运输设备制造业产品出口增速较全球该行业出口总体平均水平高出 17.91 个百分点，同时高于其他主要出口地区的出口增长率，成为推动中国交通运输设备制造业竞争力提升的重要力量。但中国交通运输设备制造业产品出口占我国出口总额的比重仅有 5.05%，虽有所提高，但仍远低于其他主要出口国家和地区。

第四章 现代制造业体系依托环境

　　一个国家经济发展的过程，不仅体现为总量的增长，而且体现为结构的变化。世界经济发展史表明，伴随经济的发展，产业结构必然发生程度不同的变化。现阶段，中国制造业的生产体系已基本完善，对外贸易规模不断扩大。在制造总量上已超过美国，居世界第一位，成为名副其实的世界制造业大国。在结构上，高新技术产业比重不断增加，产业集中度明显提高，区域性产业集聚已成趋势，行业结构也发生重大变化，这是构建中国现代制造业体系的依托环境。

第一节　产业集聚测度方法的设计

　　集聚是制造业发展到一定阶段的一种态势，也是形成现代制造业竞争优势的重要因素；结构表现为行业结构、经济类型结构、企业规模结构等。集聚状态、结构状态对中国现代制造业体系的构建有着直接影响。研究中国现代制造业体系的依托环境，主要是测度中国制造业的集聚状况和结构状况。

一　集聚测度方法的比选

　　集聚，是某种视角下产业在某方面的一种聚集行为。"某种视角"指的是产业集聚现象是从地理角度来解释，还是从行业角度来解释，或者从其他角度来解释等；"某方面"是指产业集聚无论从地理视角考察，还是从行业视角考察，或者从其他视角考察，其最终的落脚点是产业的空间分布、行业分布或其他方面的分布，研究的是产业发展的空间、行业或其他方面的不均衡程度。

　　制造业集聚，是指制造业发展到一定阶段而产生的空间、行业或其他方面的一种聚集行为。之所以会产生产业集聚现象，不同学者给予不同的解释。马歇尔（1890）[①] 从经济外部性角度对其进行了解释；Ohlin（1933）[②] 认为，资源禀赋差异是产生区域集聚的原因；克鲁格曼和维纳布尔斯（Krugman and Venables，1995）[③] 认为，厂商之所以出现地域集聚现象，主要原因是存在"后向关联"效应和"前向关联"效应。我们认为，概括起来，众多厂商能够聚集，主要是考虑两方面：一是能够提高潜在收益；二是能够降低成本。

在制造业集聚的测度方面，度量制造业集聚程度的方法较多，常用的测度方法有：行业集中度（CR_n）、区位基尼系数、EG 指数、绝对地理集中指数和相对地理集中指数、熵指数、标准差系数、聚类分析等，这些方法的基本原理如下：

（一）行业集中度

行业集中度又称行业集中率、行业集聚度指数，是从市场集中度延伸出来的一种计算行业集聚的方法。市场集中度，是指以企业的销售、资产或企业职工人数作为考察指标，计算处于规模最大的几个企业总量占整个市场的比重。其计算公式为：

$$CR_n = \frac{\sum_{i=1}^{n} X_i}{\sum_{i=1}^{N} X_i} \tag{4-1}$$

其中，CR_n 表示规模最大的 n 位企业的市场集中度，X_i 表示第 i 位企业的销售额、资产额或职工人数，N 表示企业总数。据此，可测度制造业的集聚程度。此时，CR_n 代表规模最大的前 n 个制造业行业的企业总数（或产值总量、增加值总量资产总量、从业总人数等）占整个制造业总量的比重，或者是规模最大的前 n 个地区制造业的上述指标总量分别占整个地区的比重。CR_n 越大，说明这一行业或地区的集聚程度越高。由于行业集中度计算过程简单，含义较明确，因此，行业集中度成为测度制造业集聚程度的常用方法。当然，行业集中度的大小受 n 取值的影响，n 越大，行业集中度也越大。但当 n 很大时，又不足以反映制造业的集聚程度，具

---

① 马歇尔:《经济学原理》，朱志泰译，商务印书馆 1997 年版。

② Ohlin, B. , *Interregional and Interregional Trade* [M] . Cambridge：Harvard University Press, 1933.

③ Krugman, P. and A. J. Venables, "Globalization and the Inequality of Nations" [J] . *Quarterly Journal of Economics*, Vol. 110, No. 4, 1995, pp. 857 – 880.

体取何值，没有一个统一的标准，通常情况下 n 取 1、3、4 或 8。

（二）区位基尼系数

洛伦兹曲线是揭示社会收入分配平均程度的曲线，而基尼系数是依据洛伦兹曲线度量社会收入不平等程度的统计方法。产业集聚是产业发展不均衡的表现，由此基尼系数就成为测算制造业发展不均衡程度的可选方法。依据洛伦兹曲线和基尼系数的基本原理，不少学者对产业集聚程度进行了实证研究。1991 年，克鲁格曼[①]利用此方法度量了美国三位数行业的"区位基尼系数"；Amiti（1998）[②]计算了欧盟国家三位数行业的空间基尼系数。

计算基尼系数的方法很多，常用的有几何算法、绝对离差算法、方差算法、矩阵算法等，数学上已证明，这几种算法具有等价性。在几何上，基尼系数为洛伦兹曲线与 45 度线之间面积的两倍。其在制造业集聚测度的含义为：若制造业某行业集聚程度越低，意味着该行业的空间分布与整个制造业的空间分布越吻合，则空间基尼系数越低；若制造业某行业集聚程度越高，意味着该行业集中在某个地区，而该地区总体制造业水平并非特别发达，则空间基尼系数越高。理论上，空间基尼系数的取值范围是 [0，1]。具体来说，设洛伦兹曲线之下的面积为 A，洛伦兹曲线与 45 度线之间的面积为 B，则 $A + B = \dfrac{1}{2}$，基尼系数为：

$$基尼系数 = \frac{B}{A+B} = 2B \qquad\qquad (4-2)$$

设：i（$i = 1$，2，…，n）表示地区 i；$H_i = \dfrac{m_i}{m}$ 表示各地区制造业中某一行业生产量与该行业全国总量之比；$P_i = \dfrac{M_i}{M}$ 表示各地区制造业总量与全国制造业总量之比。同时，按照某种准则对 H_i 和 P_i 进行升序排列，排列后的 H_i 假定为 $H_{(i)}$，其累计相加记为 $X_r = \sum\limits_{i=1}^{r} H_{(i)}$（$r = 1$，2，…，$n$）；排

① ［美］保罗·克鲁格曼：《地理和贸易》，张兆杰译，北京大学出版社、中国人民大学出版社 2000 年版，第 53—57 页。

② Amiti, M., "New Trade Theories and Industrial Location in the EU: A Survey of Evidence" [J]. *Oxford Review of Economic Policy*, Vol. 14, No. 2, 1998, pp. 45 – 53.

列后的 P_i 假定为 $P_{(i)}$，其累计相加记为 $Y_r = \sum_{i=1}^{r} P_{(i)}$ （$r = 1$，2，$\cdots$，n）。

因此，有：$A = \dfrac{1}{2} \sum_{r=0}^{n-1} (Y_{r+1} - Y_r)(X_{r+1} + X_r)$，

基尼系数 $= 2B = 1 - 2A = 1 - \sum_{r=0}^{n-1} (Y_{r+1} - Y_r)(X_{r+1} + X_r)$

经过化简，基尼系数的计算公式为：

$$G = - \sum_{r=1}^{n-1} (Y_{r+1}X_r - Y_rX_{r+1}) \tag{4-3}$$

（4-3）式为区位基尼系数的几何算法公式。区位基尼系数也是衡量制造业地理分布的常用指标，其数值越大，表明制造业地理分布越不均衡，意味着制造业集聚程度越高。

克鲁格曼于 1991 年提出的计算区位基尼系数的基本思路是：首先，计算指数 $\dfrac{H_i}{P_i}$，并对该指数进行升序排列；其次，按照此排序，分别计算出 H_i、P_i 的累计总和；最后，在横轴刻画 P_i 的累积分布，在纵轴刻画 H_i 的累积分布，再由（4-3）式可得到该行业区位基尼系数。

（三）EG 指数

EG 指数是 Ellision 和 Glaeser[①] 于 1997 年提出的一种新的集聚测度方法。假设某经济体中产业 i 有 N 个企业，且该经济体有 n 个地理区域，此 n 个地理区域包含产业 i 的 N 个企业，则该产业 i 的集聚度计算公式为：

$$EG_i = \frac{G_i - \left(1 - \sum_{m=1}^{n} y_m^2\right)H_i}{\left(1 - \sum_{m=1}^{n} y_m^2\right)(1 - H_i)} \tag{4-4}$$

其中，i、m 分别表示产业 i、地理区域 m，y_m 表示地理区域 m 所有行业总增加值（或总产值、总就业人数等）占该经济体产业 i 总增加值（或总产值、总就业人数等）的比重。

G_i 表示产业 i 的区位基尼系数，其计算公式为：

$$G_i = \sum_{m=1}^{n} (x_{im} - y_m)^2 \tag{4-5}$$

① Ellision, G., Glaeser, E. L., "Geographic Concentration in U. S. Manufacturing Industries: A Dartboard Approach" [J]. *Journal of Political Economy*, Vol. 105, No. 5, 1997, pp. 889 – 927.

其中，x_{im} 表示产业 i 在地理区域 m 的总增加值（或总产值、总就业人数等）占该经济体产业 i 总增加值（或总产值、总就业人数等）的比重。

H_i 表示产业 i 的赫芬达尔指数，反映该产业的企业规模分布，计算公式为：

$$H_i = \sum_{p=1}^{N} z_p^2 = \sum_{p=1}^{N} \left(\frac{y_{ip}}{y_i} \right)^2 \tag{4-6}$$

其中，p 表示企业 p，y_{ip} 表示产业 i 企业 p 的总增加值（或总产值、总就业人数等），y_i 表示产业 i 的总增加值（或总产值、总就业人数等）。

将（4-5）式和（4-6）式代入（4-4）式得：

$$
\begin{aligned}
EG_i &= \frac{G_i - \left(1 - \sum_{m=1}^{n} y_m^2\right) H_i}{\left(1 - \sum_{m=1}^{n} y_m^2\right)(1 - H_i)} \\
&= \frac{\sum_{m=1}^{n} (x_{im} - y_m)^2 - \left(1 - \sum_{m=1}^{n} y_m^2\right)\left[\sum_{p=1}^{N}\left(\frac{y_{ip}}{y_i}\right)^2\right]}{\left(1 - \sum_{m=1}^{n} y_m^2\right)\left[1 - \sum_{p=1}^{N}\left(\frac{y_{ip}}{y_i}\right)^2\right]}
\end{aligned}
\tag{4-7}
$$

从以上推导可知，EG 指数实际上是对区位基尼系数的改进，即弥补了区位基尼系数未考虑企业规模差异的缺陷。由于 EG 指数计算需要企业层面数据，这对企业层面数据不健全的国家来说，EG 指数应用受到了挑战。不过也有学者根据本国统计数据实际情况，对 EG 指数进行了相应调整，从而扩大了 EG 指数的应用范围。

（四）绝对地理集中指数和相对地理集中指数[①]

绝对地理集中指数与相对地理集中指数之间的区别主要是是否考虑了地区间规模的差异，前者是将地区规模大小视为等同，即未排除地区间规模差异的影响；而后者将地区间规模差异引入到计算公式中，相比之下，其更加符合实际。绝对地理集中指数的计算公式为：

---

① 王业强、魏后凯：《产业地理集中的时空特征分析——以中国 28 个两位数制造业为例》，《统计研究》2006 年第 6 期。

$$T_i^1 = \sqrt{\frac{\sum_{j=1}^{n} (x_{ij})^2}{n}} \qquad\qquad (4-8)$$

其中，T_i^1 表示产业 i 的绝对地理集中指数，x_{ij}（$j=1$，2，…，n）表示产业 i 在地区 j 的增加值（或产值、就业人数等）占产业 i 总增加值（或总产值、总就业人数等）的比重。当产业 i 平均分布在各个地区时，绝对地理集中指数为 $\frac{1}{n}$；当产业 i 完全集中在某一地区时，绝对地理集中指数为 $\sqrt{\frac{1}{n}}$。

相对地理集中指数的计算公式为：

$$T_i^2 = \sqrt{\frac{\sum_{j=1}^{n} (x_{ij} - x_j)^2}{n}} \qquad\qquad (4-9)$$

其中，T_i^2 表示产业 i 的相对地理集中指数，x_j 表示地区 j 制造业总增加值（或总产值、总就业人数等）占全国制造业的比重。因此，相对地理集中指数是相对于整体制造业地理分布，产业 i 的地理分布程度，当产业 i 地理分布与整个制造业地理分布一致时，其为 0。

（五）熵指数

熵指数不仅能够测度制造业集聚程度，还能够进行地区分解，以便考察地区内和地区间制造业的集聚程度，因此，熵指数也是测度集聚度的常用方法。假设某一经济体有 N 个省份，且该经济体划分为 M 个区域，区域 r（$r=1$，2，…，M）由 n_r 个省份构成，则 $\sum_{r=1}^{M} n_r = N$。该经济体行业 i 的熵指数计算公式为：

$$E_i = \sum_{j=1}^{N} \frac{X_{ij}}{X_i} \lg \frac{X_i}{X_{ij}} \qquad\qquad (4-10)$$

其中，j 表示省份 j，E_i 表示行业 i 的绝对地理集聚度，X_{ij} 表示行业 i 省份 j 的增加值（或产值、就业人数等），X_i 表示行业 i 的增加值（或产值、就业人数等），即 $X_i = \sum_{j=1}^{N} X_{ij}$。若制造业完全集聚在某一地区，则绝对地理集聚度 E_i 为 0；若制造业完全分散于各个地区，则绝对地理集聚度 E_i 为 $\lg N$，因此，理论上绝对地理集聚度 E_i 的取值范围是 $[0, \lg N]$，且制造业的集聚程度随着该指数的提高而降低。若使该指数的取值范围为 [0，1]，可将（4-10）式两边同除以 lgN，即：

$$F_i = \left(\sum_{j=1}^{N} \frac{X_{ij}}{X_i} \lg \frac{X_i}{X_{ij}} \right) / \lg N \qquad (4-11)$$

（4-11）式称为行业 i 的相对地理集聚度。

另外，可将（4-10）式进行地区分解，以便考察制造业集聚度在区域内与区域间的状况。具体地，有：

$$W_1 = \sum_{r=1}^{M} \frac{X_{ir}}{X_i} \lg \frac{X_i}{X_{ir}} \qquad (4-12)$$

其中，W_1 表示区域间的制造业集聚度，X_{ir} 表示区域 r 内行业 i 的总增加值（或总产值、总就业人数等），即 $X_{ir} = \sum_{p=1}^{n_r} X_{ip}$，$p$ 表示区域 r 中省份 p。而区域内的制造业集聚度计算公式为：

$$W_2 = \sum_{r=1}^{M} \frac{X_{ir}}{X_i} \left[\sum_{p=1}^{n_r} \frac{X_{ip}}{X_{ir}} \lg \frac{X_{ir}}{X_{ip}} \right] \qquad (4-13)$$

其中，W_2 表示区域内的制造业集聚度。

这样，由（4-12）式和（4-13）式可得行业 i 的绝对地理集聚度地区分解公式：

$$E_i = W_1 + W_2$$
$$= \sum_{r=1}^{M} \frac{X_{ir}}{X_i} \lg \frac{X_i}{X_{ir}} + \sum_{r=1}^{M} \frac{X_{ir}}{X_i} \left[\sum_{p=1}^{n_r} \frac{X_{ip}}{X_{ir}} \lg \frac{X_{ir}}{X_{ip}} \right] \qquad (4-14)$$

可见，对该经济体进行合理的区域划分，不仅可以考察区域间与区域内的制造业集聚度，还可以考察区域间与区域内制造业集聚度的变动状况。

（六）标准差系数

标准差系数即变异系数，其衡量的是单位平均数的变动程度。将其用于测度制造业集聚程度，基本思想是：集聚实质为一种不均衡分布，制造业偏差越大，意味着制造业分布越分散，从而表明制造业越集中于某一地区。因此，标准差系数可以用来度量制造业集聚程度变动趋势。具体来说，其计算公式为：

$$\eta_j = \sqrt{\frac{\sum_{i=1}^{N} (m_{ij} - \overline{m_j})^2}{N}} / \overline{m_j} \qquad (4-15)$$

其中，i 表示地区 i，j 表示行业 j，N 表示地区个数，η_j 是行业 j 的标准差系数，m_{ij} 表示地区 i 行业 j 的增加值（或产值、就业人数等）占行业 j 的份额，$\overline{m_j}$ 表示行业 j 的平均份额，即 $\overline{m_j} = \dfrac{1}{N}$。

标准差系数不仅考虑行业的偏差程度，还考虑了行业间平均数的差异，因此，其在行业间可以进行比较。

我们将如上 7 种方法的特性进行比较，可得表 4 - 1。

表 4 - 1　　　　7 种测度制造业行业集聚度方法特点的归纳比较

测度方法	是否考虑地域行业规模差异	行业间是否可比	使用指标个数	常用指标	是否能够计算出集聚度
行业集中度	否	否	1	增加值、产值、就业人数	是
区位基尼系数	是	是	1	增加值、产值、就业人数	是
EG 指数	是	是	1	增加值、产值、就业人数	是
绝对地理集中指数	否	否	1	增加值、产值、就业人数	是
相对地理集中指数	是	是	1	增加值、产值、就业人数	是
熵指数	否	否	1	增加值、产值、就业人数	是
标准差系数	否	是	1	增加值、产值、就业人数	是

由表 4 - 1 可知，从测度方法是否考虑地区差异角度来讲，7 种测度方法可分为两类：第一类包括区位基尼系数、EG 指数、相对地理集中指数，该类总的基本思想是测度某行业的地理分布与整个制造业的地理分布之间的偏离程度，因此，此类方法之间具有一定程度的可比性；第二类包括行业集中度、绝对地理集中指数、熵指数、标准差系数，这类方法的共同特点是测度过程中只考虑了某行业本身的基本情况，因此，测度结果中没有一个可供参考的对象。另外，行业集中度、绝对地理集中指数与熵指数三种方法计算过程主要是基于某行业中各地区所占的比重；标准差系数主要考虑的是某行业相对于平均分布的偏离程度，只是对制造业集聚程度趋势的一种反映。因此，综合上述分析，第二类方法中具有某种程度可比性的方法只有三种，即行业集中度、绝对地理集中指数和熵指数。

二　制造业集聚测度方法的设计

由前文分析可知，测度制造业集聚度的基本思想是：找出一个可供参照的对象，以此参照对象为基准，衡量制造业某行业与该参照对象之间的地理分布的偏离程度，若此偏离程度较大，表明该行业相比于整个制造业地理分布，其主要分布于某些地区，从而集聚程度较高；若此偏离程度较小，表明该行业并不具有地方性，而是成比例地与整个制造业均匀分散于各个地区，从而集聚程度较低。

（一）新测度方法的思想

制造业集聚度的测算主要是衡量某行业与此参照对象之间的地理分布的差异程度，而这从另一方面反映出制造业集聚度的测算实质也是在考察某行业与此参照对象之间地理分布的相关程度，其基本逻辑是：若某行业与此参照对象之间的地理分布的相关程度很高，表明该行业地理分布与整个制造业的地理分布一致程度很高，意味着该行业地理分布与整个制造业的地理分布之间的差异程度较小，从而该行业集聚程度较低；相反，若某行业与此参照对象之间的地理分布的相关程度很低，表明该行业地理分布与整个制造业的地理分布之间存在较大程度的不一致性，意味着该行业地理分布与整个制造业的地理分布之间的差异程度很高，从而该行业集聚程度较高。因此，在行业与参照对象之间地理分布的相关程度的相关关系方面，制造业行业集聚度与之存在反向相关关系。

由此基本思想出发，测算制造业行业集聚度也就意味着测度此相关程度，而如何测度此相关程度呢？由统计学基本理论可知，测度相关程度的方法主要是相关系数。又由于制造业行业集聚度与此相关程度存在反向关系，因此，再依据相关系数的构造原理，可构建一种可供选择的制造业行业集聚测度新方法，我们称之为集聚 R 系数法，即：

$$R_i = 1 - \left| \frac{\sum\limits_{j=1}^{n} (x_{ij} - \overline{x_i})(x_j - \overline{x})}{\sqrt{\sum\limits_{j=1}^{n} (x_{ij} - \overline{x_i})^2 \sum\limits_{j=1}^{n} (x_j - \overline{x})^2}} \right| \qquad (4-16)$$

其中，i 表示行业 i，j（$j=1, 2, \cdots, n$）表示地区 j，R_i 表示行业 i 的集聚度，x_{ij} 表示行业 i 在地区 j 的增加值（或产值、就业人数等）占行业 i 总增加值（或总产值、总就业人数等）的比重，$\overline{x_i}$ 表示行业 i 在 n 个地区上的平均份额，实际为 $\frac{1}{n}$，x_j 表示地区 j 制造业的增加值（或产值、就业人数等）占全国制造业总增加值（或总产值、总就业人数等）的比重，$\bar{x}$ 表示全国制造业在 n 个地区上的平均份额，实际也为 $\frac{1}{n}$。

由（4-16）式的统计内涵和经济内涵可知，当制造业行业 i 的地理分布与全国制造业地理分布完全一致时，该行业的集聚程度最低，即 R_i 为 0；相反，当制造业行业 i 地理分布与整个制造业的地理分布完全不是成比例地散布在各个地区时，该行业的集聚程度最高，此时 R_i 为 1，因此，集聚 R 系数的取值范围为 $[0, 1]$。

（4-16）式是制造业行业集聚程度的测度公式，而由表 4-1 可知，可从多种视角对制造业集聚程度进行考察。为此，各个地区的制造业集聚程度计算公式为：

$$R_j = 1 - \left| \frac{\sum_{i=1}^{p} (x_{ji} - \bar{x_j})(x_i - \bar{x})}{\sqrt{\sum_{i=1}^{p} (x_{ji} - \bar{x_j}) \sum_{i=1}^{p} (x_i - \bar{x})}} \right| \qquad (4-17)$$

其中，$i(i=1, 2, \cdots, p)$ 表示行业 i，R_j 表示 j 地区的制造业集聚度，考察的是 j 地区的制造业行业分布状况，x_{ji} 表示 j 地区行业 i 的增加值（或产值、就业人数等）占地区 j 制造业的总增加值（或总产值、总就业人数等）的比重，$\bar{x_j}$ 表示地区 j 制造业各个行业占该地区制造业的平均比重，实际为 $\frac{1}{p}$，x_i 表示行业 i 的增加值（或产值、就业人数等）占全国制造业的总增加值（或总产值、总就业人数等）的比重，$\bar{x}$ 表示全国制造业各个行业占全国制造业的平均比重，实际也为 $\frac{1}{p}$。

同理，还可以构造出测度制造业不同经济类型集聚程度的计算公式，或者考察不同经济类型行业分布与整个制造业行业分布的偏离程度，或者考察不同经济类型地理分布与整个制造业地理分布的偏离程度。

（二）新测度方法效果性检验

所谓新测度方法的效果性检验指的是与现有测度方法相比，新方法对制造业集聚程度进行测度的可靠性程度。由非参数统计的基本理论可知，检验此可靠程度的方法通常是相关系数检验法。而相关系数检验法一般又有 Pearson 相关系数检验法和斯皮尔曼（Spearman）秩相关系数检验法。前者属于参数统计的一种检验方法；后者属于非参数统计的一种检验方法。

1. Pearson 相关系数检验法。为检验集聚 R 系数法的可靠程度，需要其与现有测度方法进行比较。由现有测度方法的特点和集聚 R 系数法构造的基本原理可知，与集聚 R 系数法具有可比性的现有测度方法只有区位基尼系数、EG 指数、相对地理集中指数三种方法。为此，需要检验集聚 R 系数法与此三种方法的相关程度，若此相关性检验通过，表明集聚 R 系数法的可靠程度很高，即利用新方法对现代制造业集聚程度进行测度的效果很好；若此相关性检验未通过，表明集聚 R 系数法的可靠程度很低，即利用新方法对制造业集聚程度进行测度的效果很差。而在参数统计中，描述和度量两个变量之间关系的方法就是相关分析。相关分析所要回答的问题主要包括：此两变量之间是否具有关系？若有，是什么样的关系？此两变量之间的关系程度如何？通过样本来反映的此两变量之间的关系是否能够代表总体变量之间的关系？为回答以上问题，在进行相关分析时，需要对总体做如下假定：

此两变量之间关系是线性关系，且两变量均为随机变量。

基于以上问题和假定，同时设此两变量分别为 X、Y，则 Pearson 相关系数定义为：

$$r_p = \frac{\sum_{i=1}^{n} (X_i - \overline{X})(Y_i - \overline{Y})}{\sqrt{\sum_{i=1}^{n} (X_i - \overline{X})^2 \sum_{i=1}^{n} (Y_i - \overline{Y})^2}} \qquad (4-18)$$

其中，$\overline{X}$ 表示变量 X 的算术平均数，$\overline{Y}$ 表示变量 Y 的算术平均数。根据式（4-18）计算的相关系数也称为线性相关系数。

通常情况下，现实中往往利用样本相关系数 r_p 作为对总体相关系数 ρ 的估计。但由于抽取样本的不同，根据样本数据计算的样本相关系数 r_p 的值也就不同，因此，样本相关系数 r_p 是一个随机变量。而要具体回答上面第 3 个问题，即样本相关系数能否代表总体的相关程度，就需要对样本相关系数 r_p 进行显著性检验。

在参数统计中，要对样本相关系数 r_p 进行显著性检验，首先需要考察 r_p 的抽样分布。由数理统计理论可知，r_p 的抽样分布受总体相关系数 ρ 和样本容量 n 的影响，即：当总体相关系数 ρ 和样本容量 n 发生变化，r_p 的抽样分布也会随之发生变化。具体地，当总体分布为正态分布时，利用样本数据计算出的 r_p 的抽样分布随着样本容量 n 的增大将趋于正态分布，

特别是 ρ 很小时，这种趋势更明显。而当 ρ 很大、样本容量 n 不大时，r_p 的抽样分布呈现一定的偏态，正值 ρ 很大时，r_p 的抽样分布呈现左偏分布；负值 ρ 很大时，r_p 的抽样分布呈现右偏分布。

总之，只有当 ρ 很小、样本容量 n 很大时，r_p 的抽样分布才接近正态分布。这样，由于对 r_p 的正态性假设存在很大风险，因此，以下显著性检验方法往往具有很大的风险，即：假设 r_p 服从正态分布，然后利用 r_p 对 ρ 进行估计，并利用正态分布对此进行检验。为降低此风险，往往并不采用正态检验，而是利用费希尔提出的 t 分布检验，此检验方法无论样本容量大小，均适用。t 分布检验的具体步骤是：

第一，做出假设。原假设和备择假设的设定分别为：

H_0: $\rho = 0$

H_1: $\rho \neq 0$

第二，计算样本相关系数 r_p 的 t 统计量，即：

$$t = \frac{r\sqrt{n-2}}{\sqrt{1-r^2}} \sim t\ (n-2) \tag{4-19}$$

第三，做出判断。根据给定的显著性水平 α 和自由度 $(n-2)$，查找 t 分布表中相应的临界值 $t_{\alpha/2}$，若 $|t| > t_{\frac{\alpha}{2}}$，则拒绝原假设 H_0，即 r_p 在统计上是显著的，从而表明两变量之间存在显著的线性关系；若 $|t| \leq t_{\frac{\alpha}{2}}$，则不拒绝原假设 H_0，即 r_p 在统计上是不显著的。

2. 斯皮尔曼秩相关系数检验法。斯皮尔曼秩相关系数又称斯皮尔曼等级相关系数，是基于评秩的一种统计量，也就是说，它不是按观察值的实际数值进行计算，而是以观察值的秩次（即等级）作基础。因此，斯皮尔曼秩相关系数既可以利用区间尺度或比率尺度的数据资料，又可以利用次序尺度的数据资料，但在具体计算斯皮尔曼秩相关系数时，均需要先将所研究的对象或个体排成两个有序的系列。斯皮尔曼秩相关系数的基本原理如下：

假设将 n 个对象按两个变量评秩，并设这两个变量分别为 X、Y。在样本容量为 n 的样本中，对变量 (X, Y) 进行测度，则得到一个 n 对观察值 $(X_1, Y_1)(X_2, Y_2) \cdots (X_n, Y_n)$ 的随机样本。同时将观察值 X_1, X_2, $\cdots$, X_n 的评秩记为 x_1, x_2, $\cdots$, x_n，相应的，将观察值 Y_1, Y_2, $\cdots$, Y_n 的评秩记为 y_1, y_2, $\cdots$, y_n，依此就可以用秩相关度量来决定 X 和 Y 之间的相关性。

若 X 和 Y 之间具有完全相关性，则此时对于所有的 i（$i = 1$，2，…，n）来说，均有 $x_i = y_i$，即差值 $d_i = x_i - y_i = 0$。受此启发，于是用各个差值来表示两组评秩之间偏离程度具有逻辑上的合理性，即差值计算公式为：

$$d_i = x_i - y_i \qquad\qquad (4-20)$$

由（4-20）式出发，若秩次 x_i 为 11，对应的秩次 y_i 为 2，则差值 d_i 为 9，因此这一系列的 d_i 值具有测度 X 和 Y 之间偏离程度的合理性。d_i 值越大，表明两变量之间的相关程度就越低。

在具体计算斯皮尔曼秩相关系数时，为消除正值 d_i 和负值 d_i 相互抵消的影响，一般采取 d_i^2 的形式。显然，各个 d_i 值越大，$\sum\limits_{i=1}^{n} d_i^2$ 值也就越大。

为更进一步揭示斯皮尔曼秩相关系数本质，需对其计算公式进行推导。记 $h_i = x_i - \bar{x}$，$k_i = y_i - \bar{y}$，其中，$\bar{x}$ 表示秩次 x_1，x_2，…，x_n 的平均值，$\bar{y}$ 表示秩次 y_1，y_2，…，y_n 的平均值，则由一般相关系数的表达式可知，斯皮尔曼秩相关系数的计算公式为：

$$r_s = \frac{\sum\limits_{i=1}^{n} h_i k_i}{\sqrt{\sum\limits_{i=1}^{n} h_i^2 \sum\limits_{i=1}^{n} k_i^2}} \qquad\qquad (4-21)$$

（4-21）式中，r_s 表示斯皮尔曼秩相关系数。由于

$$\sum_{i=1}^{n} x_i = \frac{n(n+1)}{2}$$

$$\sum_{i=1}^{n} x_i^2 = \frac{n(n+1)(2n+1)}{6} \qquad\qquad (4-22)$$

因此：

$$\sum_{i=1}^{n} h_i^2 = \sum_{i=1}^{n} (x_i - \bar{x})^2$$

$$= \sum_{i=1}^{n} x_i^2 - \frac{\left(\sum\limits_{i=1}^{n} x_i\right)^2}{n} \qquad\qquad (4-23)$$

将（4-22）式代入（4-23）式，并化简得：

$$\sum_{i=1}^{n} h_i^2 = \frac{n^3 - n}{12} \qquad\qquad (4-24)$$

类似的有：

$$\sum_{i=1}^{n} k_i^2 = \frac{n^3 - n}{12} \qquad (4-25)$$

又由于 $\bar{x} = \bar{y}$，所以

$$d_i = x_i - y_i = (x_i - \bar{x}) - (y_i - \bar{y}) = h_i - k_i \qquad (4-26)$$

$$d_i^2 = h_i^2 + k_i^2 - 2h_i k_{ii} \qquad (4-27)$$

$$\sum_{i=1}^{n} d_i^2 = \sum_{i=1}^{n} h_i^2 + \sum_{i=1}^{n} k_i^2 - 2\sum_{i=1}^{n} h_i k_i \qquad (4-28)$$

由（4-21）式可得：

$$\sum_{i=1}^{n} d_i^2 = \sum_{i=1}^{n} h_i^2 + \sum_{i=1}^{n} k_i^2 - 2r_s \sqrt{\sum_{i=1}^{n} h_i^2 \sum_{i=1}^{n} k_i^2} \qquad (4-29)$$

将（4-29）式整理得：

$$r_s = \frac{\sum_{i=1}^{n} h_i^2 + \sum_{i=1}^{n} k_i^2 - \sum_{i=1}^{n} d_i^2}{2\sqrt{\sum_{i=1}^{n} h_i^2 \sum_{i=1}^{n} k_i^2}} \qquad (4-30)$$

将（4-24）式和（4-25）式代入（4-30）式，并化简得：

$$r_s = 1 - \frac{6\sum_{i=1}^{n} d_i^2}{n(n^2 - 1)} \qquad (4-31)$$

（4-31）式是计算斯皮尔曼秩相关系数 r_s 的最简洁和最方便的公式。因为只需求得变量 X 和 Y 对应秩的差值，然后对此差值进行平方，再对平方求和，最后将平方求和后的结果和样本容量代入（4-31）式，即可求得 r_s。

同样，利用斯皮尔曼秩相关系数计算公式而得到的集聚 R 系数法与现有测度方法之间测度结果的相关程度也需要显著性检验。其检验步骤为：

第一，设定原假设和备择假设，即：

H_0：X 与 Y 不相关。

H_1：X 与 Y 相关。

第二，根据样本，利用（4-31）式计算斯皮尔曼秩相关系数 r_s。

第三，进行判断。根据给定的显著性水平 α 和样本容量 n，查找斯皮尔曼秩相关系数检验临界值表中相应的临界值 $c_{\alpha(2)}$，若 $r_s > c_{\alpha(2)}$，则拒绝

原假设 H_0，即 r_s 在统计上是显著的，从而表明两变量之间存在显著的相关关系；若 $r_s \leqslant c_{\alpha(2)}$，则不拒绝原假设 H_0，即 r_s 在统计上是不显著的，从而表明两变量之间不存在相关关系。

综合以上分析，分别采用 Pearson 相关系数和斯皮尔曼秩相关系数两种方法来对集聚 R 系数法测度结果的效果性进行检验，可以起到相互校验的作用，从而使得集聚 R 系数法的设计更为合理。不仅如此，同时采用上述两种方法，也是基于以下方面的考虑：

Pearson 相关系数检验法作为参数统计的一种检验方法，所需要的数据类型为数值型的，而且在进行估计或推断过程时，需要对总体分布的具体形式做出假定，而现实中对总体分布的具体形式知之甚少；而非参数统计中的斯皮尔曼秩相关系数并不依赖于样本所属的总体的分布形式，且可以用区间尺度或比率尺度的资料，也可以用次序尺度的资料，尽管斯皮尔曼秩相关系数具有此方面的优势，但当将用区间尺度或比率尺度的资料转化为次序尺度表示的资料时，也会使得已搜集到的信息受到损失。因此，综合利用此两种方法会更具合理与可靠。

第二节　产业结构测度方法的设计

测度制造业结构最简单的方法是结构相对数，这种方法可以利用多个指标从不同方面来反映现代制造业不同结构类型状况。然而，由于结构相对数在度量对应结构方面表现出一定的缺陷，因此，为弥补其不足，需要选择适合度量制造业对应结构的方法，即列联表分析和对应分析方法。

一　列联表分析

列联表分析是研究经济问题时常用的一种统计方法，主要是通过描述属性变量的各种状态来研究事物不同特性之间的相互关系。列联表分析使用的基本工具是列联表，而列联表主要指的是根据研究的需要，由事物的两个或两个以上特性进行交叉分类的频数表。列联表一般形式如表 4-2 所示。

在表 4-2 中，根据特性 D，某事物分为 n 类，而根据特性 C，该事物分为 p 类，由此把相应的列联表称为 $n \times p$ 表。其中，n_{ij} 表示共同具有特征 D_i 和特征 C_j 的个体数目（$i=1, 2, \cdots, n; j=1, 2, \cdots, p$），一般为非负整数；$n_{i.} = n_{i1} + n_{i2} + \cdots + n_{ip}$，$n_{.j} = n_{1j} + n_{2j} + \cdots + n_{nj}$，$n$ 是所有频

数的和，有 $n = n_{.1} + n_{.2} + \cdots + n_{.p} = n_{1.} + n_{2.} + \cdots + n_{n.}$。

表 4 – 2　　　　　　　　　　　　　列联表基本形式

		特性 C				行合计 $n_{i.}$
		C_1	C_2	$\cdots$	C_p	
特性 D	D_1	n_{11}	n_{12}	$\cdots$	n_{1p}	$n_{1.}$
	D_2	n_{21}	n_{22}	$\cdots$	n_{2p}	$n_{2.}$
	$\vdots$	$\vdots$	$\vdots$	$\vdots$	$\vdots$	$\vdots$
	D_n	n_{n1}	n_{n2}	$\cdots$	n_{np}	$n_{n.}$
列合计 $n_{.j}$		$n_{.1}$	$n_{.2}$	$\cdots$	$n_{.p}$	n

列联表分析主要是依据频数分布表来判断特性 D 与特性 C 之间是否存在关联，如果不相互关联，就称特性 D 与特性 C 之间彼此独立。正因为此，对两组或多组资料是否存在关联的判断称为独立性检验。

由列联表分析的主要功能可知，对于现代制造业结构测算来说，列联表分析具有很强的适用性。比如，特性 D 是按照省份对现代制造业企业进行划分，而特性 C 则是按照不同所有制形式进行分类，或者特性 D 是按照行业对现代制造业企业进行划分，而特性 C 是依然按照不同所有制形式进行分类，通过这样的形式，可以研究不同省份与不同所有制形式之间、不同行业与不同所有制形式之间的关联性，在此情况下，列联表分析是一种非常有用的工具。

由前面分析可知，判断两个分类变量之间是否存在关联需要进行独立性检验，其蕴含的基本逻辑是：两个分类变量之间的关联程度在某种意义上意味着"不独立性"，这关联程度与独立的情形差距越大，就表明两个分类变量之间的关联程度就越高，但这种关系不一定是线性关系。这样，就将判断两个分类变量之间是否存在关联转化为判断两个分类变量之间是否独立，因为不独立就意味着是有关联的。

根据上面的分析逻辑，判断特性 D 与特性 C 之间是否存在关联就是检验特性 D 与特性 C 是否独立。再根据独立性概率乘法公式的意义，其实际上等价于检验：

$$H_0: p_{ij} = p_{i.} \times p_{.j} \tag{4-32}$$

其中，p_{ij} 表示特性 D 为 i、特性 C 为 j 的样品概率，$p_{i.}$ 和 $p_{.j}$ 是相应的

边缘概率。如果独立性成立，则：

理论频数为：$f_{ij} = np_{ij} = n \times p_{i.} \times p_{.j}$ (4 - 33)

实际频数为：n_{ij}

据此，由理论频数与实际频数差距来度量特性 D 与特性 C 之间的相关程度，其基本思想是：若理论频数与实际频数之间的差值过大，表明 H_0 为真的可能性越小，即特性 D 与特性 C 无关的可能性越小，从而意味着特性 D 与特性 C 之间相关的可能性越大；若理论频数与实际频数之间的差值过小，也就是说，理论频数与实际频数比较接近，表明 H_0 为真的可能性越大，意味着特性 D 与特性 C 之间相关的可能性越小。因此，以理论频数与实际频数之间差值为基础来构造相应的统计量符合判断的基本思维。实际计算过程中，需要知道相应的理论频数。此时，可以利用样本数据对其加以估计，即用估计量 $\hat{p}_{i.} = \dfrac{n_{i.}}{n}$、$\hat{p}_{.j} = \dfrac{n_{.j}}{n}$ 分别代替 $p_{i.}$ 和 $p_{.j}$。

据此，估计出相应的理论频数 $\hat{f}_{ij}$。另外，为避免理论频数与实际频数之间差值出现正负抵消的后果，可采用差值的加权平方和来检验，于是给出独立性检验中所构建的 χ^2 统计量：

$$\chi^2 = \sum_{i=1}^{n} \sum_{j=1}^{p} \frac{(n_{ij} - \hat{f}_{ij})^2}{\hat{f}_{ij}}$$ (4 - 34)

可以证明，当原假设 H_0 为真时，χ^2 统计量服从自由度为 $(n-1)(p-1)$ 的 χ^2 分布。根据给定的显著性水平 α，查 χ^2 分布表得到相应的临界值 η_α。若 $\chi^2 \geq \eta_\alpha$，拒绝原假设，表明特性 D 与特性 C 之间不独立，存在相关性；若 $\chi^2 < \eta_\alpha$，不能拒绝原假设，表明特性 D 与特性 C 之间独立，不存在相关性。

进一步地，当判断出特性 D 与特性 C 之间存在关联后，此时还需挖掘深层次信息，即需了解特性 D 各个状态之间、特性 C 各个状态之间以及特性 D 与特性 C 之间的具体关系，用对应分析方法可以解决这一问题。

二 对应分析

如前所述，当特性 D 与特性 C 的取值较少且各值之间差异很大时，通过列联表就可以很直观地对特性 D 与特性 C 之间以及它们的各种取值之间的相关性做出判断，比如，当 P 较大时，表明特征 D 的第 i 状态与特性 C 的第 j 状态之间存在较强的依赖关系。但是，当特性 D 与特性 C 取值较多且各值之间差异不大时，就很难对特性 D 与特性 C 之间以及它们的各种取值之间的相关性做出直观的判断，此时需要利用降维的思想以达到简化列联表结构的目的。

由多元统计基本理论可知，因子分析是一种能够达到降维目的的有效方法，它可以用较少的几个公共因子来提取原始变量的绝大部分信息，即可减少因子的数目同时又把握了研究对象之间的相互关系。但是，因子分析也有不足之处，主要表现在：因子分析根据研究对象的不同又分为 R 型因子分析和 Q 型因子分析，即对指标作因子分析和对样品作因子分析是分开进行的，如此会导致指标与样品之间信息的损失。也就是说，因子分析只考虑到特征 D 各个状态之间和特性 C 各个状态之间的相互关系，而未考虑特性 D 与特性 C 之间的关联性。另外，在处理实际问题过程中，通常 n 远远地大于 p，从而使得单独进行 Q 型因子分析时计算量加大。由于以上局限性，因子分析不符合现代制造业对应结构测算的基本要求，而对应分析可以弥补其不足，是测算现代制造业对应结构的理想方法。

对应分析是将 R 型因子分析与 Q 型因子分析综合起来进行分析的一种多元统计方法，它是在度量 R 型因子分析与 Q 型因子分析关系基础上，可以直接从 R 型因子分析获得 Q 型因子分析的结果，从而克服了由于样品容量大所带来的计算上的不便。此外，根据 R 型因子分析与 Q 型因子分析之间的内在联系，可以在一张二维图上同时表示出指标和样品，以便很直观地描述原始数据结构，主要表现在：相邻的一些样品说明它们关系密切，可以将其归为一类；同样，相邻的一些变量也表明它们关系密切，具有相似性，也可以归为一类；与此同时，属于同一类型的样品特征，也可以相邻的变量来表示。因此，对应分析可以提供以下三个方面的信息：样品之间的关系、指标之间的关系以及样品与指标之间的关系。基于以上优点，对应分析是测算制造业对应结构的理想工具。

在进行对应分析之前，由于受量纲与数量级的影响，需要先对原始数据进行标准化处理。如果只是对指标进行标准化处理，由于未考虑样品内的差异，因此，这种处理对指标和样品来说是非对等的。为使其具有对等性，以便建立 R 型因子分析与 Q 型因子分析之间的联系，对原始数据作如下处理：

依然采用表 4-2 的数据结构，这里，设有 n 个样品，每个样品有 p 项指标，原始资料阵为：

$$X = \begin{pmatrix} x_{11} & x_{12} & \cdots & x_{1p} \\ x_{21} & x_{22} & \cdots & x_{2p} \\ \vdots & \vdots & \vdots & \vdots \\ x_{n1} & x_{n2} & \cdots & x_{np} \end{pmatrix}$$

其中，$x_{ij} \geq 0$ 表示样品 i（$i = 1, 2, \cdots, n$）在 j（$j = 1, 2, \cdots, p$）指标上的观测值，$x_{i.} = \sum_{j=1}^{p} x_{ij}$，$x_{.j} = \sum_{j=1}^{n} x_{ij}$，$T = x_{..} = \sum_{i} \sum_{j} x_{ij}$。

令：$p_{ij} = \dfrac{x_{ij}}{T}$，从而得到一个新的矩阵 $P = (p_{ij})_{n \times p}$，其数据结构如表 4 - 3 所示。

表 4 - 3　　　　　　　　　原始数据转换后的数据结构

		指标				行合计 $p_{i.}$
		1	2	$\cdots$	p	
样品	1	p_{11}	p_{12}	$\cdots$	p_{1p}	$p_{1.}$
	2	p_{21}	p_{22}	$\cdots$	p_{2p}	$p_{2.}$
	$\vdots$	$\vdots$	$\vdots$	$\vdots$	$\vdots$	$\vdots$
	n	p_{n1}	p_{n2}	$\cdots$	p_{np}	$p_{p.}$
列合计 $p_{.j}$		$p_{.1}$	$p_{.2}$	$\cdots$	$p_{.p}$	1

其中，p_{ij} 表示样品 i 在指标 j 上出现的概率；$p_{i.} = \sum_{j=1}^{p} p_{ij}$，表示样品 i 的边缘概率；$p_{.j} = \sum_{j=1}^{n} p_{ij}$，表示指标 j 的边缘概率。

研究变量间的关系，即进行 R 型因子分析，实质是对研究 p 维空间中样品点关系的转换；而研究样品间的关系，即进行 Q 型因子分析，是对研究 n 维空间中变量点关系的转换。具体解释如下：

在进行 R 型因子分析过程中，将 n 个样品看成是 p 维空间上的点，则其 n 个点的坐标用 $\left(\dfrac{p_{i1}}{p_{i.}}, \dfrac{p_{i2}}{p_{i.}}, \cdots, \dfrac{p_{ip}}{p_{i.}} \right)$（$i = 1, 2, \cdots, n$）表示，称为 n 个样品点。若要对样品分类，可计算样品点间的距离，以样品点间距离的大小作为分类基础，若两样品间距离过大，说明此两样品归为一类的可能性越小；若两样品间距离过小，说明此两样品归为一类的可能性越大。这里，引入欧氏距离，则样品点 e 与样品点 f 之间的距离为：

$$D^2(e,f) = \sum_{j=1}^{p} \left(\frac{p_{ej}}{p_{e\cdot}} - \frac{p_{fj}}{p_{f\cdot}} \right)^2 \qquad (4-35)$$

（4-35）式容易受到各变量数量级差异的影响，如若第 j 个变量有较大的数量级，（4-35）式所定义的距离 $\left(\frac{p_{ej}}{p_{e\cdot}} - \frac{p_{fj}}{p_{f\cdot}} \right)^2$ 部分的作用就会被抬高。因此，用系数 $\frac{1}{p_{\cdot j}}$ 作为权重，得到一个加权的距离公式：

$$\begin{aligned} D^2(E,F) &= \sum_{j=1}^{p} \left(\frac{p_{ej}}{p_{e\cdot}} - \frac{p_{fj}}{p_{f\cdot}} \right)^2 / p_{\cdot j} \\ &= \sum_{j=1}^{p} \left(\frac{p_{ej}}{\sqrt{p_{\cdot j}} p_{e\cdot}} - \frac{p_{fj}}{\sqrt{p_{\cdot j}} p_{f\cdot}} \right)^2 \end{aligned} \qquad (4-36)$$

因此，（4-36）式定义的距离也可以看作坐标为：

$$\left(\frac{p_{i1}}{\sqrt{p_{\cdot 1}} p_{i\cdot}}, \frac{p_{i2}}{\sqrt{p_{\cdot 2}} p_{i\cdot}}, \cdots, \frac{p_{ip}}{\sqrt{p_{\cdot p}} p_{i\cdot}} \right), \ i=1, 2, \cdots, n \qquad (4-37)$$

的 n 个样品中任意两个样品之间的距离。

由（4-37）式可得概率加权后的样品点坐标矩阵：

$$\begin{bmatrix} \dfrac{p_{11}}{\sqrt{p_{\cdot 1}} p_{1\cdot}} & \cdots & \dfrac{p_{1p}}{\sqrt{p_{\cdot p}} p_{1\cdot}} \\ \vdots & \vdots & \vdots \\ \dfrac{p_{n1}}{\sqrt{p_{\cdot 1}} p_{n\cdot}} & \cdots & \dfrac{p_{np}}{\sqrt{p_{\cdot p}} p_{n\cdot}} \end{bmatrix} \qquad (4-38)$$

类似的，在进行 Q 型因子分析时，可将 p 个变量看作是 n 维空间的点，同时考虑由于数量级差异所带来的影响，于是得到变量 g 与变量 h 之间的加权距离公式：

$$D^2(g,h) = \sum_{i=1}^{n} \left(\frac{p_{ig}}{\sqrt{p_{i\cdot}} p_{\cdot g}} - \frac{p_{ih}}{\sqrt{p_{i\cdot}} p_{\cdot h}} \right)^2 \qquad (4-39)$$

根据（4-39）式可得概率加权后的变量点坐标矩阵：

$$\begin{bmatrix} \dfrac{p_{11}}{\sqrt{p_{1\cdot}} p_{\cdot 1}} & \cdots & \dfrac{p_{1p}}{\sqrt{p_{1\cdot}} p_{\cdot p}} \\ \vdots & \vdots & \vdots \\ \dfrac{p_{n1}}{\sqrt{p_{n\cdot}} p_{\cdot 1}} & \cdots & \dfrac{p_{np}}{\sqrt{p_{n\cdot}} p_{\cdot p}} \end{bmatrix} \qquad (4-40)$$

当然，可通过计算两两样品点或变量点间的距离，来对样品或变量进行分类，但这样做不能同时对两个属性变量进行分析，也不能用图形表示，因此，这不符合对应分析应用目的。实际是采取另一种研究思路，即不是计算距离，而是求协方差矩阵，进行因子分析，提取主因子，用主因子所定义的坐标轴作为参照系，对变量和样本同时进行分析，以达到同时考察变量点和样品点之间关系的目的。

而要求变量点协方差矩阵和样品点协方差矩阵，需先计算出各变量的均值和各样品的均值。为此，各变量的均值定义如下：

$$\sum_{i=1}^{n} \frac{p_{ij}}{\sqrt{p_{.j}p_{i.}}}p_{i.} = \sqrt{p_{.j}}(j = 1,2,\cdots,p) \qquad (4-41)$$

各样品的均值为：

$$\sum_{j=1}^{p} \frac{p_{ij}}{\sqrt{p_{i.}p_{.j}}}p_{.j} = \sum_{j=1}^{p} \frac{p_{ij}}{\sqrt{p_{i.}}} = \sqrt{p_{i.}}(i = 1,2,\cdots,n) \qquad (4-42)$$

根据（4-41）式和（4-42）式，可求得变量点的协方差矩阵。具体来说，变量 g 与变量 h 之间的协方差为：

$$
\begin{aligned}
r_{gh} &= \sum_{i=1}^{n} \left(\frac{p_{ig}}{\sqrt{p_{.g}p_{i.}}} - \sqrt{p_{.g}} \right) \left(\frac{p_{ih}}{\sqrt{p_{.h}p_{i.}}} - \sqrt{p_{.h}} \right) p_{i.} \\
&= \sum_{i=1}^{n} \left(\frac{p_{ig}}{\sqrt{p_{.g}p_{i.}}} - \sqrt{p_{.g}p_{i.}} \right) \left(\frac{p_{ih}}{\sqrt{p_{.h}p_{i.}}} - \sqrt{p_{.h}p_{i.}} \right) \\
&= \sum_{i=1}^{n} \left(\frac{p_{ig} - p_{.g}p_{i.}}{\sqrt{p_{.g}p_{i.}}} \right) \left(\frac{p_{ih} - p_{.h}p_{i.}}{\sqrt{p_{.h}p_{i.}}} \right) \\
&= \sum_{i=1}^{n} z_{ig}z_{ih} \qquad\qquad (4-43)
\end{aligned}
$$

其中，

$$z_{ig} = \frac{p_{ig} - p_{.g}p_{i.}}{\sqrt{p_{.g}p_{i.}}} = \frac{\dfrac{x_{ig}}{x_{..}} - \dfrac{x_{.g}x_{i.}}{x_{..}x_{..}}}{\sqrt{\dfrac{x_{.g}x_{i.}}{x_{..}x_{..}}}}$$

$$= \frac{x_{ig} - \dfrac{x_{.g}x_{i.}}{x_{..}}}{\sqrt{x_{.g}x_{i.}}} \quad (i = 1, 2, \cdots, n; g = 1, 2, \cdots, p) \qquad (4-44)$$

记 $Z = (z_{ig})_{n \times p}$，同时变量点的协方差矩阵记为：$A = (r_{gh})_{p \times p}$，则由（4-44）式可得：

$$A = Z'Z \qquad (4-45)$$

即变量点的协方差矩阵可以表示成 $Z'Z$ 的形式。

同理，样品点 e 与样品点 f 之间的协方差 b_{ef} 为：

$$
\begin{aligned}
b_{ef} &= \sum_{j=1}^{p} \left(\frac{p_{ej}}{\sqrt{p_{e.}P_{.j}}} - \sqrt{p_{e.}} \right) \left(\frac{p_{fj}}{\sqrt{p_{f.}P_{.j}}} - \sqrt{p_{f.}} \right) p_{.j} \\
&= \sum_{j=1}^{p} \left(\frac{p_{ej}}{\sqrt{p_{e.}P_{.j}}} - \sqrt{p_{e.}P_{.j}} \right) \left(\frac{p_{fj}}{\sqrt{p_{f.}P_{.j}}} - \sqrt{p_{f.}P_{.j}} \right) \\
&= \sum_{j=1}^{p} \left(\frac{p_{ej} - p_{e.}P_{.j}}{\sqrt{p_{e.}P_{.j}}} \right) \left(\frac{p_{fj} - p_{f.}P_{.j}}{\sqrt{p_{f.}P_{.j}}} \right) \\
&= \sum_{j=1}^{p} z_{ej} z_{fj} \qquad (4-46)
\end{aligned}
$$

其中，

$$
z_{ej} = \frac{p_{ej} - p_{e.}P_{.j}}{\sqrt{p_{e.}P_{.j}}} = \frac{\dfrac{x_{ej}}{x_{..}} - \dfrac{x_{.j} x_{e.}}{x_{..}\, x_{..}}}{\sqrt{\dfrac{x_{.j} x_{e.}}{x_{..}\, x_{..}}}}
$$

$$
= \frac{x_{ej} - \dfrac{x_{.j} x_{e.}}{x_{..}}}{\sqrt{x_{.j} x_{e.}}} \quad (e = 1,\ 2,\ \cdots,\ n;\ j = 1,\ 2,\ \cdots,\ p) \qquad (4-47)
$$

记样品点的协方差矩阵为：$B = (b_{ef})_{n \times n}$，则由（4-47）式可得：

$$B = ZZ' \qquad (4-48)$$

如上所述，将原始资料矩阵 X 转换成矩阵 Z 后，变量点协方差矩阵和样品点协方差矩阵分别为：$A = Z'Z$、$B = ZZ'$。

显然，矩阵 A 与矩阵 B 存在明显的对应关系，即 $A = B'$，而且变换后的矩阵 Z 对变量和样品均具有对等性。再由矩阵的基本理论可知，矩阵 A 与矩阵 B 具有相同的非零特征根，而且若 U 是矩阵 A 的特征向量，则 ZU 是矩阵 B 的特征向量，由此建立了对应分析中 R 型因子分析与 Q 型因子分析的关系。因此，可以从 R 型因子分析的结果很方便地得到 Q 型因子分析的结果，从而克服了由于计算量太大所带来的困难。

进一步，由于变量点协方差矩阵和样品点协方差矩阵具有相同的非零特征根，而这些特征根又表示各个公共因子所解释的方差，因此变量空间中所提取的第一主因子、第二主因子……直到第 m 主因子与样品空间中所提取的相应的各主因子在总方差中所占的百分比完全相同。这样就可以用同一因子轴表示变量点和样品点，把变量点和样品点同时反映在具有相同坐标轴的平面上，以便很直观地反映变量之间、样品之间以及变量与样品之间的相互关系，即根据接近程度，可对变量和样品同时进行分类。

由对应分析基本原理可知，对应分析的基本思想是：实际上以过渡矩阵 Z 作为桥梁，建立了 R 型因子分析中协方差矩阵与 Q 型因子分析中协方差矩阵的对应关系，从而将原本分开进行的 R 型因子分析与 Q 型因子分析有机地联系起来。从以上分析可知，对应分析的基本步骤如下：

第一，由原始资料矩阵 X 计算得到概率矩阵 P。

第二，由概率矩阵 P 计算得到过渡矩阵 Z。

第三，进行因子分析。

R 型因子分析：计算矩阵 $A = Z'Z$ 的特征根 $\lambda_1 \geqslant \lambda_2 \geqslant \cdots \geqslant \lambda_p$，按其累计百分比 $\sum_{\alpha=1}^{m} \lambda_\alpha / \sum_{\alpha=1}^{p} \lambda_\alpha \geqslant 80\%$，取前 m 个特征根 $\lambda_1, \cdots, \lambda_m$，并计算相应的单位特征向量记为 $u_1, \cdots, u_m$，从而得到因子载荷阵：

$$F = \begin{pmatrix} u_{11}\sqrt{\lambda_1} & u_{12}\sqrt{\lambda_2} & \cdots & u_{1m}\sqrt{\lambda_m} \\ u_{21}\sqrt{\lambda_1} & u_{22}\sqrt{\lambda_2} & \cdots & u_{2m}\sqrt{\lambda_m} \\ \vdots & \vdots & \vdots & \vdots \\ u_{p1}\sqrt{\lambda_1} & u_{p2}\sqrt{\lambda_2} & \cdots & u_{pm}\sqrt{\lambda_m} \end{pmatrix} \tag{4-49}$$

Q 型因子分析：由于矩阵 $B = ZZ'$ 与 $A = Z'Z$ 有相同的特征根，所以对上述所求的 m 个特征根 $\lambda_1, \cdots, \lambda_m$ 计算其对应于矩阵 $B = ZZ'$ 的单位特征向量 $Zu_1 \overset{\Delta}{=} V_1, Zu_2 \overset{\Delta}{=} V_2, \cdots, Zu_m \overset{\Delta}{=} V_m$，从而得到 Q 型因子载荷矩阵：

$$G = \begin{pmatrix} V_{11}\sqrt{\lambda_1} & V_{12}\sqrt{\lambda_2} & \cdots & V_{1m}\sqrt{\lambda_m} \\ V_{21}\sqrt{\lambda_1} & V_{22}\sqrt{\lambda_2} & \cdots & V_{2m}\sqrt{\lambda_m} \\ \vdots & \vdots & \vdots & \vdots \\ V_{p1}\sqrt{\lambda_1} & V_{p2}\sqrt{\lambda_2} & \cdots & V_{pm}\sqrt{\lambda_m} \end{pmatrix} \tag{4-50}$$

在同一因子平面内作变量点图和样品点图。通过把变量点和样品点绘制在同一平面内，可以直观地反映出变量与样品之间的关系。

由对列联表分析和对应分析基本原理阐释可知，列联表分析与对应分析之间具有两方面关系：一方面是列联表分析是对应分析的一个重要前提，即在进行对应分析之前，要考察变量与样品之间的关系，首先要判断变量与样品之间是否存在关系，若通过列联表分析表明两者之间存在关系，则可进一步利用对应分析对其具体关系进行考察；另一方面是如何使转换后的过渡矩阵 Z 对变量和样品均具有对等性，利用列联表分析进行独立性检验时所给出的 χ^2 统计量给予了这方面的启示。

第三节　制造业集聚状况

在从理论上对制造业集聚和结构测度方法进行探讨后，我们对中国制造的集聚和结构状况进行研究和分析。后文的计算和分析是按照国家统计局 2002 年颁布的国民经济行业分类体系，即《国民经济行业分类与代码（GB/T4754—2002）》中制造业 C 含 30 个大类而确定的，计算所用数据所属年份均为 2010 年，选取的指标均为工业总产值。[1]

一　行业集聚状况

中国制造业行业集聚程度的测算是按照省份[2]的空间分布进行的，所收集的数据是 2010 年中国制造业不同行业的省份数据。对此，分别选用集聚 R 系数法、相对地理集中指数和区位基尼系数三种方法对其进行度量，具体测度结果如表 4 - 4 所示。

表 4 -4　　　　　　　2010 年中国制造业行业集聚程度

行业	集聚 R 系数	相对地理集中指数 T^2	区位基尼系数 G
C13	0.3194	0.0311	0.3650
C14	0.2826	0.0272	0.3209
C15	0.3756	0.0304	0.3528
C16	0.6816	0.0432	0.5009
C17	0.1160	0.0310	0.3625
C18	0.0734	0.0243	0.3271
C19	0.3429	0.0419	0.4972
C20	0.1403	0.0204	0.3399

---

① 数据均来源于中国统计数据应用支持系统（http://gov.acmr.cn/），笔者计算整理。
② 省份包括中国 31 个省、直辖市、自治区。

行业	集聚 R 系数	相对地理集中指数 T^2	区位基尼系数 G
C21	0.1935	0.0308	0.3312
C22	0.0707	0.0173	0.2345
C23	0.1557	0.0242	0.2551
C24	0.1482	0.0437	0.4530
C25	0.2820	0.0265	0.3929
C26	0.0599	0.0156	0.1672
C27	0.1004	0.0164	0.2344
C28	0.3868	0.0702	0.6256
C29	0.1916	0.0346	0.3419
C30	0.1276	0.0254	0.2595
C31	0.1697	0.0213	0.2537
C32	0.3831	0.0330	0.3775
C33	0.2498	0.0250	0.3807
C34	0.0420	0.0168	0.2023
C35	0.1075	0.0210	0.2492
C36	0.0982	0.0169	0.2243
C37	0.1581	0.0202	0.2973
C39	0.0574	0.0216	0.2455
C40	0.2008	0.0491	0.4962
C41	0.1215	0.0330	0.3517
C42	0.1805	0.0333	0.3651
C43	0.3276	0.0529	0.5125
平均数	0.2048	0.0299	0.3439

表4-4中各代码所示的具体行业为：C13：农副食品加工业；C14：食品制造业；C15：饮料制造业；C16：烟草制品业；C17：纺织业；C18：纺织服装、鞋、帽制造业；C19：皮革、毛皮、羽毛（绒）及其制品业；C20：木材加工及木、竹、藤、棕、草制品业；C21：家具制造业；C22：造纸及纸制品业；C23：印刷业和记录媒介的复制；C24：文教体育用品制造业；C25：石油加工、炼焦及核燃料加工业；C26：化学原料及化学制品制造业；C27：医药制造业；C28：化学纤维制造业；C29：橡胶制品

业；C30：塑料制品业；C31：非金属矿物制品业；C32：黑色金属冶炼及压延加工业；C33：有色金属冶炼及压延加工业；C34：金属制品业；C35：通用设备制造业；C36：专用设备制造业；C37：交通运输设备制造业；C39：电气机械及器材制造业；C40：通信设备、计算机及其他电子设备制造；C41：仪器仪表及文化、办公用机械制造业；C42：工艺品及其他制造业；C43：废弃资源和废旧材料回收加工业。

由表4-4可知，利用集聚R系数法、相对地理集中指数和区位基尼系数所度量的2010年中国制造业行业平均集聚程度分别为0.2048、0.0299、0.3439。

由区位基尼系数计算的行业集聚度中，集聚程度最高的前3个行业分别是：化学纤维制造业、废弃资源和废旧材料回收加工业、烟草制品业，排名分别为第1名、第2名、第3名，此三个行业在采用集聚R系数法所测算的结果中排名分别是第2名、第6名、第1名，在采用相对地理集中指数测算的结果中排名分别是第1名、第2名、第5名；而集聚程度最低的两个行业分别是化学原料及化学制品制造业、金属制品业，排名分别为第30名、第29名，这两个行业在采用集聚R系数法测算的结果中排名分别是第28名、第30名，在采用相对地理集中指数测算的结果中排名分别是第30名、第28名。这一结果反映出利用三种方法所测算出的结果具有一定程度的相似性。

进一步对集聚R系数法进行Pearson相关系数检验和斯皮尔曼秩相关系数检验，得结果如表4-5所示。

表4-5　利用集聚R系数法测度制造业集聚程度效果检验结果

检验方法	r_{T2}	r_G	临界值		
			1%	5%	10%
Pearson相关系数	0.6077 *** (4.0487)	0.7047 *** (5.255)	2.467	2.048	1.701
斯皮尔曼秩相关系数	0.7273 ***	0.8047 ***	0.467	0.362	0.306

说明：r_{T2}表示集聚R系数法所测算结果与相对地理集中指数所测算结果之间的相关系数；r_G表示集聚R系数法所测算结果与区位基尼系数所测算结果之间的相关系数；括号内的数值是相应的t统计量值；***、**、*分别表示在显著性水平1%、5%、10%上显著。

表4-5显示，从Pearson相关系数检验结果来看，r_{T2}、r_G分别为

0.6077、0.7047，其 t 统计量值分别超过显著性水平 1% 的临界值，表明集聚 R 系数法所测算结果分别与相对地理集中指数和区位基尼系数所测算结果之间具有显著的高相关性，进一步说明集聚 R 系数法具有测度产业集聚的功能，且具有较高的可靠性。同样，从斯皮尔曼秩相关系数检验结果来看，r_{T^2}、r_G 分别为 0.7273、0.8047，分别超过显著性水平 1% 的临界值，再次表明利用集聚 R 系数法进行产业集聚测度能够取得较好效果，从而证明其可靠程度较高。

二　空间集聚状况

基于行业的中国地区制造业集聚程度测度所考察的是不同地区内部制造业各行业分布的不均衡程度，其选取的数据形式是中国 31 个省份的制造业各行业工业总产值，对其分别选用集聚 R 系数法、相对地理集中指数和区位基尼系数三种方法进行度量，具体结果见表 4 - 6。

表 4 - 6　　　　　2010 年中国各省份制造业集聚程度结果

地区	集聚 R 系数法	相对地理集中指数 T^2	区位基尼系数 G
北京	0.2627	0.0363	0.4138
天津	0.1660	0.0269	0.3219
河北	0.4479	0.0519	0.4175
山西	0.4816	0.0579	0.583
内蒙古	0.4379	0.0364	0.4727
辽宁	0.2084	0.0221	0.2949
吉林	0.4582	0.0576	0.5686
黑龙江	0.6090	0.0457	0.5491
上海	0.1976	0.0297	0.3378
江苏	0.1158	0.0174	0.2447
浙江	0.3327	0.0228	0.3199
安徽	0.1889	0.0193	0.2406
福建	0.3429	0.0219	0.3156
江西	0.4197	0.0331	0.346
山东	0.1790	0.0173	0.2269
河南	0.4183	0.0272	0.3413
湖北	0.1897	0.0252	0.2881
湖南	0.3302	0.0236	0.3221

续表

地区	集聚 R 系数法	相对地理集中指数 T^2	区位基尼系数 G
广东	0.3523	0.0342	0.3662
广西	0.2710	0.0283	0.3708
海南	0.7254	0.0706	0.6753
重庆	0.3896	0.0516	0.4167
四川	0.1969	0.0181	0.261
贵州	0.5006	0.0362	0.5295
云南	0.6911	0.0540	0.6322
西藏	0.9798	0.0859	0.871
陕西	0.3454	0.0322	0.3985
甘肃	0.5806	0.0554	0.6071
青海	0.6037	0.0681	0.6776
宁夏	0.5376	0.0420	0.5218
新疆	0.6160	0.0632	0.6175
平均数	0.4057	0.0391	0.4371

表 4－6 显示，利用集聚 R 系数法、相对地理集中指数和区位基尼系数三种方法所测算的中国地区制造业集聚程度分别为 0.4057、0.0391、0.4371。

在以集聚 R 系数法计算的中国各省份制造业集聚度中，集聚程度最高的前四个省份分别为西藏、海南、云南、新疆，分别排名第 1 名、第 2 名、第 3 名、第 4 名，此 4 个省份在利用相对地理集中指数所测算出的结果中排名分别是第 1 名、第 2 名、第 8 名、第 4 名，在利用区位基尼系数所测算出的结果中排名分别是第 1 名、第 3 名、第 4 名、第 5 名；而集聚程度最低的 3 个省份分别是山东省、天津市、江苏省，排名分别为第 29 名、第 30 名、第 31 名，这 3 个省份在利用相对地理集中指数所测算出的结果中排名分别是第 31 名、第 22 名、第 30 名，在利用区位基尼系数所测算出的结果中排名分别是第 31 名、第 23 名、第 29 名。

对集聚 R 系数法的显著性检验结果见表 4－7。

表 4－7 显示，r_{T^2}、r_G 的 Pearson 相关系数分别达到 88.91%、94.07%，均在显著性水平 1% 处显著；同时，r_{T^2}、r_G 的 Rearson 相关系数分别达到 88.31%、92.9%，且也均在显著性水平 1% 处显著，这更有力地证明了集聚 R 系数法具有较高的可靠性。

表4-7　利用集聚 R 系数法测度地区制造业集聚程度效果检验结果

检验方法	r_{T2}	r_G	临界值		
			1%	5%	10%
Pearson 相关系数	0.8891 *** (10.4628)	0.9407 *** (14.9371)	2.462	2.045	1.699
斯皮尔曼秩相关系数	0.8831 ***	0.929 ***	0.459	0.356	0.301

需要指出的是，中国各省份制造业集聚程度的高低，只能表明各省份内部制造业行业分布的不均衡程度，并不能代表不同省份制造业发展水平。

三　经济类型集聚状况

对中国制造业不同经济类型集聚程度的测量，从不同角度出发，会得出不同的结果。这里主要是从制造业行业分布的角度考虑，对于某经济类型制造业，若其行业分布与整个制造业行业分布比较相一致，则该经济类型制造业集聚程度较低；若其行业分布与整个制造业行业分布相差较大，则该经济类型制造业集聚程度较高。由此，这里所选取的数据资料形式是2010 年中国制造业不同经济类型的行业数据。此外，按经济类型划分，制造业可分为国有企业、集体企业、股份合作企业、股份制企业、私营企业、外商和港澳台投资企业和其他。具体来说，利用前述三种方法所计算出的中国制造业不同经济类型集聚程度结果见表4-8。

表4-8　　　　2010 年中国制造业不同经济类型集聚度测量结果

经济类型	集聚 R 系数法	相对地理集中指数 T^2	区位基尼系数 G
国有企业	0.4008	0.0414	0.527
集体企业	0.3143	0.0265	0.3354
股份合作企业	0.2725	0.0218	0.2823
股份制企业	0.3917	0.0368	0.3738
私营企业	0.2464	0.0192	0.2479
外商和港澳台投资企业	0.2406	0.0300	0.2994
其他	0.1100	0.0148	0.1816
平均数	0.2823	0.0272	0.3211

由表 4 - 8 可知，分别利用集聚 R 系数法、相对地理集中指数和区位基尼系数度量出的中国不同经济类型的制造业平均集聚程度为 0.2823、0.0272、0.3211。集聚程度超过制造业平均集聚程度的经济类型依次为：国有企业（0.4008）、集体企业（0.3143）、股份制企业（0.3917）；国有企业（0.0414）、股份制企业（0.0368）、外商和港澳台投资企业（0.03）；国有企业（0.527）、集体企业（0.3354）、股份制企业（0.3738）。总体来看，利用集聚 R 系数法和区位基尼系数所测算出的结果相差不大。另外，在由三种方法计算出的结果中，不同经济类型的制造业集聚程度排名见表 4 - 9。

表 4 - 9　　　　　　　　不同经济类型制造业集聚程度排名

经济类型	集聚 R 系数法	相对地理集中指数 T^2	区位基尼系数 G
国有企业	1	1	1
股份制企业	2	2	2
集体企业	3	4	3
股份合作企业	4	5	5
私营企业	5	6	6
外商和港澳台投资企业	6	3	4
其他	7	7	7

表 4 - 9 显示，不同经济类型制造业集聚程度在三种结果中的排名具有较高的一致性，尤其是在集聚程度最高的前两位经济类型和集聚程度最低的经济类型方面，三种结果表现出完全的一致性。进一步地，对集聚 R 系数法的效果性检验结果见表 4 - 10。

表 4 - 10　　　利用集聚 R 系数法测度集聚程度效果性检验结果

检验方法	r_{T2}	r_G	临界值		
			1%	5%	10%
Pearson 相关系数	0.8837 *** (4.222)	0.8912 *** (4.3934)	4.032	2.571	2.015
斯皮尔曼秩相关系数	0.7857 *	0.8929 **	0.929	0.786	0.714

从表 4 - 10 来看，r_{T^2}、r_G 的 Pearson 相关系数分别高达 88.37%、89.12%，超过显著性水平 1% 的临界值；同时，r_{T^2}、r_G 的斯皮尔曼秩相关系数分别为 78.57%、89.29%，分别在显著性水平 10%、5% 处显著，因此，总体来看，所测结果具有较高可信度。

第四节 制造业结构状况

从静态角度讲，制造业结构类型包括行业结构、省域结构、区域结构、经济类型结构、企业规模结构、对应结构等，主要考察的时期是某一时期。从动态角度讲，主要包括上述类型的演变，考察的是不同时期现代制造业结构的动态比较。

一 经济类型结构

运用前文研究的方法，依据中国制造业 2010 年工业总产值数据进行测度，得到中国制造业经济类型结构指标，如表 4 - 11 和表 4 - 12 所示。

表 4 -11　　　　　　　　　　制造业各行业经济类型结构　　　　　　单位:%

行业	国有企业	集体企业	股份合作企业	股份制企业	私营企业	外商和港澳台投资企业	其他
C13	1.62	1.44	0.81	4.89	46.62	22.49	22.13
C14	1.96	1.23	0.41	7.38	35.86	31.84	21.30
C15	8.29	0.59	0.85	10.13	29.89	31.44	18.80
C16	89.16	0.26	0.03	0.48	0.08	0.07	9.92
C17	1.06	1.21	0.62	4.00	53.03	21.30	18.77
C18	0.95	1.05	0.60	3.66	45.33	37.52	10.89
C19	0.16	1.92	0.40	2.14	40.29	44.96	10.13
C20	0.76	0.85	0.21	2.26	68.48	11.80	15.65
C21	0.09	0.28	0.11	2.00	51.77	32.67	13.08
C22	3.41	2.78	0.58	6.60	39.92	30.49	16.22
C23	6.74	2.02	1.15	3.27	43.39	23.25	20.18
C24	0.26	2.33	0.21	2.46	36.63	52.26	5.84
C25	16.07	0.22	0.21	44.37	12.14	13.48	13.50

续表

行业	国有企业	集体企业	股份合作企业	股份制企业	私营企业	外商和港澳台投资企业	其他
C26	6.59	1.17	0.65	10.35	33.06	26.27	21.91
C27	3.17	1.00	0.51	16.44	25.94	27.01	25.93
C28	3.50	0.37	0.47	18.21	35.24	31.62	10.58
C29	3.13	2.08	0.87	11.73	34.91	32.33	14.95
C30	0.64	1.14	0.69	2.60	48.88	31.49	14.56
C31	2.82	2.15	0.92	6.73	50.34	14.25	22.78
C32	18.44	1.91	0.30	9.77	26.43	13.20	29.95
C33	11.89	2.89	1.01	10.11	32.39	14.43	27.28
C34	1.85	1.88	0.63	3.48	50.96	25.33	15.86
C35	5.99	1.80	0.74	4.84	45.82	22.71	18.10
C36	8.58	1.28	0.53	10.85	33.96	24.95	19.85
C37	11.21	0.60	0.34	9.00	19.20	44.38	15.28
C39	2.56	2.91	0.61	10.92	31.91	31.41	19.69
C40	1.76	0.23	0.10	4.22	7.50	77.38	8.80
C41	4.01	0.93	0.50	8.61	25.92	48.36	11.68
C42	3.28	1.46	0.61	2.39	44.71	34.11	13.44
C43	0.72	2.85	0.16	1.12	46.51	18.36	30.28

资料来源：根据《中国统计年鉴》（2011）计算整理。

表4-12　　　　　　　不同经济类型制造业行业结构　　　　　单位:%

行业	国有企业	集体企业	股份合作企业	股份制企业	私营企业	外商和港澳台投资企业	其他
C13	1.30	5.86	8.79	3.06	8.11	4.26	6.81
C14	0.51	1.62	1.44	1.50	2.03	1.96	2.13
C15	1.75	0.63	2.39	1.66	1.36	1.56	1.52
C16	12.00	0.17	0.06	0.05	0.00	0.00	0.51
C17	0.70	4.01	5.47	2.05	7.53	3.30	4.71
C18	0.27	1.51	2.30	0.81	2.78	2.51	1.18
C19	0.03	1.76	0.99	0.30	1.59	1.93	0.70
C20	0.13	0.73	0.47	0.30	2.52	0.47	1.02

续表

行业	国有企业	集体企业	股份合作企业	股份制企业	私营企业	外商和港澳台投资企业	其他
C21	0.01	0.14	0.15	0.16	1.14	0.78	0.51
C22	0.82	3.38	1.86	1.23	2.08	1.73	1.49
C23	0.55	0.84	1.27	0.21	0.77	0.45	0.63
C24	0.02	0.85	0.21	0.14	0.57	0.89	0.16
C25	10.82	0.76	1.90	23.26	1.77	2.14	3.48
C26	7.28	6.50	9.56	8.89	7.89	6.83	9.25
C27	0.86	1.37	1.84	3.46	1.52	1.72	2.68
C28	0.40	0.21	0.72	1.62	0.87	0.85	0.46
C29	0.43	1.43	1.59	1.24	1.03	1.04	0.78
C30	0.20	1.84	2.94	0.65	3.38	2.37	1.78
C31	2.08	8.02	9.15	3.87	8.04	2.48	6.43
C32	22.02	11.50	4.81	9.08	6.83	3.71	13.67
C33	7.70	9.45	8.77	5.10	4.54	2.20	6.75
C34	0.86	4.41	3.93	1.26	5.11	2.77	2.81
C35	4.85	7.35	8.04	3.05	8.02	4.33	5.60
C36	4.26	3.20	3.56	4.19	3.65	2.92	3.77
C37	14.32	3.88	5.74	8.95	5.30	13.36	7.46
C39	2.55	14.68	8.13	8.48	6.89	7.39	7.52
C40	2.23	1.47	1.77	4.16	2.05	23.09	4.26
C41	0.59	0.69	0.99	0.99	0.83	1.68	0.66
C42	0.43	0.96	1.07	0.24	1.26	1.05	0.67
C43	0.04	0.76	0.11	0.05	0.53	0.23	0.61

资料来源：根据《中国统计年鉴》（2011）计算整理。

　　从制造业各行业经济结构看，烟草制品业中，工业总产值所占比重最高的经济类型是国有企业（89.16%）；石油加工、炼焦及核燃料加工业中，工业总产值所占比重较高的前三位经济类型分别为：股份制企业（44.37%）、国有企业（16.07%）、其他（13.5%）；化学纤维制造业中：工业总产值所占比重较高的前三位经济类型分别为：私营企业（35.24%）、外商和港澳台投资企业（31.62%）、股份制企业（18.21%）；黑色金属冶炼及压延加工业中，工业总产值所占比重较高的前三位经济类型分别为：私营企业（26.43%）、其他（29.95%）、国有企业（18.44%）；通信设备、计算机及其他电子设备制造中，外商和港澳台投资企业工业总产值所占比重高达77.38%；其余制造业行业中，工业总产值所占比重较高的前三位经济类型均为：私营企业、外商和港澳台投资企业、其他。

从不同经济类型制造业行业结构来看，国有企业中，工业总产值所占比重较高的行业有：黑色金属冶炼及压延加工业（22.02%）、交通运输设备制造业（14.32%）、烟草制品业（12%）、石油加工、炼焦及核燃料加工业（10.82%）；私营企业中，工业总产值所占比重较高的行业有：电气机械及器材制造业（14.68%）、黑色金属冶炼及压延加工业（11.5%）、有色金属冶炼及压延加工业（9.45%）；股份合作企业中，工业总产值所占比重较高的行业有：化学原料及化学制品制造业（9.56%）、非金属矿物制品业（9.15%）、农副食品加工业（8.79%）；股份制企业中，工业总产值所占比重较高的行业有：石油加工、炼焦及核燃料加工业（23.26%）、黑色金属冶炼及压延加工业（9.08%）、交通运输设备制造业（8.95%）；私营企业中，工业总产值所占比重较高的行业有：农副食品加工业（8.11%）、非金属矿物制品业（8.04%）、通用设备制造业（8.02%）；外商和港澳台投资企业中，工业总产值所占比重较高的行业有：通信设备、计算机及其他电子设备制造（23.09%）、交通运输设备制造业（13.36%）、电气机械及器材制造业（7.39%）；其他企业中，工业总产值所占比重较高的行业有：黑色金属冶炼及压延加工业（13.67%）、化学原料及化学制品制造业（9.25%）、电气机械及器材制造业（7.52%）。

从上面分析可知，制造业各行业经济结构与不同经济类型制造业行业结构之间既有差异性，又有相似性，这从侧面反映出行业与经济类型之间存在一定程度的关联性。运用表4－11和表4－12的数据，利用SPSS16.0对其进行对应分析，得出计算结果如表4－13所示。

表4－13显示，前两个方差的累计贡献率已达到93.34%，表明数据矩阵中93.34%的信息能被前两个特征值来解释，因此可选取前两个特征值来进行分析。根据前两个特征值分别计算变量得分和样品得分，具体见表4－14和表4－15。

表 4 – 13　　　　　　　　　　　特征值及累计方差贡献率

特征值	方差贡献率（%）	累计方差贡献率（%）
0.6971	73.78	73.78
0.1849	19.56	93.34
0.0485	5.13	98.47
0.0140	1.48	99.95
0.0004	0.05	100
0.0000	0.00	100

表 4 – 14　　　　　　　　　　　R 型因子分析

经济类型	维度 1	维度 2
国有企业	0.1828	− 0.7581
集体企业	0.0567	0.0199
股份合作企业	0.0188	0.0171
股份制企业	0.1485	− 0.8198
私营企业	1.1525	1.2118
外商和港澳台投资企业	− 2.0528	0.5106
其他	0.4935	− 0.1816

表 4 – 15　　　　　　　　　　　Q 型因子分析

行业	维度 1	维度 2
C13	0.6538	0.7869
C14	0.0011	0.1203
C15	− 0.0302	− 0.0502
C16	0.1150	− 0.7272
C17	0.6667	0.9330
C18	− 0.0469	0.4140
C19	− 0.1315	0.2623
C20	0.3273	0.3780
C21	0.0300	0.1832
C22	0.0329	0.1671
C23	0.0551	0.0570

行业	维度 1	维度 2
C24	−0.0915	0.1032
C25	0.2530	−2.2926
C26	0.2818	−0.1666
C27	0.0172	−0.1939
C28	−0.0103	0.0016
C29	−0.0145	0.0343
C30	0.0949	0.4923
C31	1.0171	0.6407
C32	1.0766	−1.6434
C33	0.6161	−0.4716
C34	0.3285	0.6571
C35	0.6046	0.6549
C36	0.1671	−0.1026
C37	−1.4987	−0.7487
C39	−0.0910	0.0605
C40	−4.3014	0.1966
C41	−0.1863	0.0354
C42	0.0045	0.1663
C43	0.0591	0.0521

由对应结构图可知，制造业行业与经济类型之间呈现三种对应关系：

第一种：国有企业、股份制企业主要集中在烟草制品业、石油加工、炼焦及核燃料加工业、黑色金属冶炼及压延加工业。

第二种：外商和港澳台投资企业主要集中在通信设备、计算机及其他电子设备制造、交通运输设备制造业。

第三种：集体企业、股份合作企业、私营企业与其他企业主要集中在其余行业。

三种对应关系表明，制造业行业与经济类型之间存在明显的对应关系，且绝大多数行业主要集中在集体企业、股份合作企业、私营企业以及其他四种经济类型中。

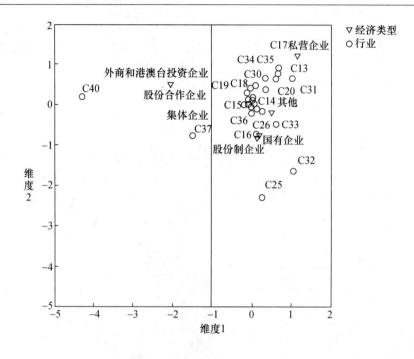

图 4 - 1　行业与经济类型之间对应结构

二　地域分布结构

前文研究的方法，给我们提供了进一步考察制造业行业与区域之间结构关系的便利。我们将区域划分为东部地区、中部地区和西部地区，其中，东部地区包括北京市、天津市、河北省、辽宁省、上海市、江苏省、浙江省、福建省、山东省、广东省、海南省；中部地区包括山西省、吉林省、黑龙江省、安徽省、江西省、河南省、湖北省、湖南省；西部地区包括内蒙古自治区、广西壮族自治区、重庆市、四川省、贵州省、云南省、西藏自治区、陕西省、甘肃省、青海省、宁夏回族自治区、新疆维吾尔自治区。制造业各行业区域结构与不同区域行业结构基本情况分别如表 4 - 16 所示和表 4 - 17 所示。

从制造业各行业区域结构看，饮料制造业中，东部、中部和西部三大地区工业总产值所占比重分别为 44.17%、27.9%、27.93%；烟草制品业中，东部、中部和西部三大地区工业总产值所占比重分别为 38.5%、28.76%、32.74%；而制造业其他行业中，东部地区工业总产值所占比重远远高于其他地区。

　　从不同区域制造业行业结构看，东部地区工业总产值所占比重较高的行业有：通信设备、计算机及其他电子设备制造（11.98%）、交通运输设备制造业（8.16%）、电气机械及器材制造业（8.14%）、黑色金属冶炼及压延加工业（7.96%）；中部地区工业总产值所占比重较高的行业有：交通运输设备制造业（11.48%）、农副食品加工业（9.09%）、黑色金属冶炼及压延加工业（9.08%）；西部地区工业总产值所占比重较高的行业有：黑色金属冶炼及压延加工业（10.88%）、交通运输设备制造业（10.76%）、有色金属冶炼及压延加工业（9.08%）、化学原料及化学制品制造业（8.17%）。

　　运用表4-14和表4-15的数据，可进一步进行对应分析，则可得结果如表4-16、表4-17和表4-18所示。

表4-16　　　　　　　　特征值及方差贡献率

特征值	方差贡献率（%）	累计方差贡献率（%）
0.1266	98.27	98.27
0.0022	1.73	100

表4-17　　　　　　　　R型因子分析

区域	维度1	维度2
东部	0.8345	0.0450
中部	-0.5243	0.2409
西部	-0.3102	-0.2859

表4-18　　　　　　　制造业各行业区域结构　　　　　　单位:%

行业	东部地区	中部地区	西部地区
C13	53.59	30.62	15.79
C14	55.32	28.21	16.47
C15	44.17	27.90	27.93
C16	38.50	28.76	32.74
C17	80.44	13.51	6.05
C18	85.48	12.32	2.21
C19	81.17	12.82	6.01

续表

行业	东部地区	中部地区	西部地区
C20	59.07	30.74	10.20
C21	77.24	14.70	8.06
C22	71.00	19.47	9.53
C23	70.34	18.27	11.38
C24	91.30	8.09	0.61
C25	63.56	19.22	17.22
C26	69.05	19.22	11.72
C27	57.54	27.07	15.38
C28	88.12	7.26	4.62
C29	79.83	14.07	6.10
C30	79.15	14.01	6.84
C31	56.23	29.08	14.69
C32	64.95	20.61	14.44
C33	44.80	32.97	22.22
C34	80.59	13.04	6.37
C35	76.49	15.31	8.21
C36	65.59	24.30	10.11
C37	62.29	24.36	13.35
C39	79.44	13.96	6.60
C40	92.19	3.98	3.83
C41	84.61	10.30	5.09
C42	81.93	12.80	5.28
C43	73.62	19.55	6.82

表 4-19　　　　　　　　不同区域制造业行业结构　　　　　　单位:%

行业	东部地区	中部地区	西部地区
C13	4.42	9.09	8.02
C14	1.48	2.72	2.72
C15	0.96	2.17	3.72
C16	0.53	1.43	2.78
C17	5.42	3.27	2.51

续表

行业	东部地区	中部地区	西部地区
C18	2.49	1.29	0.40
C19	1.51	0.86	0.69
C20	1.03	1.93	1.10
C21	0.81	0.55	0.52
C22	1.75	1.73	1.45
C23	0.59	0.55	0.59
C24	0.68	0.22	0.03
C25	4.39	4.78	7.32
C26	7.82	7.83	8.17
C27	1.60	2.70	2.63
C28	1.03	0.31	0.33
C29	1.11	0.71	0.52
C30	2.59	1.65	1.38
C31	4.26	7.93	6.84
C32	7.96	9.08	10.88
C33	2.98	7.88	9.08
C34	3.83	2.23	1.86
C35	6.35	4.57	4.19
C36	3.34	4.45	3.17
C37	8.16	11.48	10.76
C39	8.14	5.14	4.16
C40	11.98	1.86	3.06
C41	1.28	0.56	0.47
C42	1.10	0.62	0.43
C43	0.40	0.38	0.23

表 4 – 20　　　　　　　　　　Q 型因子分析

行业	维度 1	维度 2
C13	– 0.9926	0.2645
C14	– 0.2833	0.0035
C15	– 0.3893	– 0.3644

行业	维度 1	维度 2
C16	− 0.3024	− 0.3192
C17	0.5461	0.1776
C18	0.3389	0.2104
C19	0.1621	0.0392
C20	− 0.1462	0.2001
C21	0.0606	0.0077
C22	0.0255	0.0670
C23	0.0063	− 0.0086
C24	0.1190	0.0437
C25	− 0.2707	− 0.6018
C26	− 0.0268	− 0.0794
C27	− 0.2478	0.0204
C28	0.1644	− 0.0077
C29	0.1065	0.0426
C30	0.2354	0.0628
C31	− 0.7623	0.2642
C32	− 0.3867	− 0.4246
C33	− 1.2097	− 0.2759
C34	0.3934	0.0842
C35	0.4345	0.0867
C36	− 0.1626	0.3076
C37	− 0.7086	0.1773
C39	0.7562	0.2281
C40	2.2308	− 0.3043
C41	0.1710	0.0193
C42	0.1230	0.0423
C43	0.0152	0.0367

由表 4 – 16 可知，两个方差的累计贡献率已达到 100% ，因此可利用这两个特征值进行分析。根据表 4 – 19 和表 4 – 20 的变量得分和样品得分，构建的制造业行业与区域对应结构如图 4 – 2 所示。

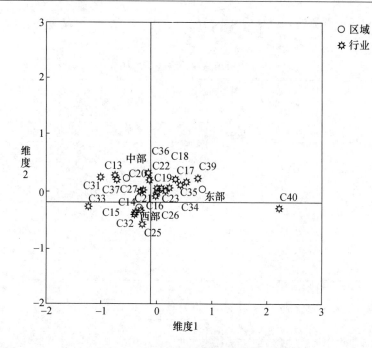

图 4 - 2　制造业行业与区域对应结构

根据图 4 - 2，制造业与区域之间呈现三种对应关系：

第一种：西部地区主要集中在饮料制造业，烟草制品业，黑色金属冶炼及压延加工业，有色金属冶炼及压延加工业，石油加工、炼焦及核燃料加工业。

第二种：中部地区主要集中在农副食品加工业，非金属矿物制品业，交通运输设备制造业，食品制造业，医药制造业，木材加工及木、竹、藤、棕、草制品业，专用设备制造业。

第三种：东部地区主要集中在其余行业。

对应结构分析表明，制造业行业之间带有明显的地域特色，而各区域之间行业分布具有明显的差异性。

三　省域与经济类型结构

在作了前文研究后，可进一步考察不同省份制造业与经济类型的结构。仍然用 2010 年制造业工业总产值数据，可计算得出各省份①制造业经济类

---

①　由于西藏制造业经济类型中没有股份合作企业，因此，为保持可比性，省份中未含西藏自治区。

型结构和各经济类型省域结构基本情况如表 4 - 21 和表 4 - 22 所示。

表 4 - 21 不同省份制造业经济类型结构 单位:%

省份	国有企业	集体企业	股份合作企业	股份制企业	私营企业	外商和港澳台投资企业	其他
北京	4.93	0.56	0.65	19.12	7.68	50.81	16.25
天津	17.25	0.89	0.65	4.41	17.51	46.32	12.98
河北	5.70	1.93	0.19	7.57	40.78	16.80	27.04
山西	21.14	1.00	0.46	9.45	24.16	7.24	36.55
内蒙古	5.68	0.88	0.34	14.72	30.46	12.23	35.68
辽宁	8.04	2.45	0.59	11.53	39.39	20.75	17.26
吉林	13.32	0.38	0.16	17.88	26.81	27.22	14.22
黑龙江	10.41	1.50	0.77	20.68	24.75	11.70	30.20
上海	5.64	0.83	0.39	9.63	12.23	64.41	6.86
江苏	3.66	1.42	0.49	4.65	36.86	40.88	12.04
浙江	1.78	0.17	0.50	8.17	47.50	27.20	14.68
安徽	6.88	0.88	0.37	16.30	36.27	15.22	24.08
福建	2.69	0.69	0.84	3.41	29.85	52.31	10.22
江西	9.35	0.66	1.01	7.81	39.92	18.07	23.17
山东	5.47	3.13	0.67	8.72	39.34	18.59	24.08
河南	5.92	2.88	1.00	9.28	45.61	7.54	27.77
湖北	20.41	0.73	0.54	9.95	28.43	22.01	17.92
湖南	14.29	1.45	0.94	11.97	43.68	7.63	20.04
广东	2.33	0.85	0.21	7.74	19.93	55.25	13.69
广西	13.35	1.31	1.25	7.73	33.01	22.67	20.68
海南	3.06	0.09	0.01	5.14	4.12	55.08	32.50
重庆	8.15	1.64	0.14	7.43	41.12	21.12	20.40
四川	10.62	0.60	0.75	8.52	40.62	9.50	29.39
贵州	18.81	0.71	0.30	12.00	17.80	5.90	44.48
云南	29.43	1.25	0.20	17.20	26.46	6.93	18.53
陕西	31.30	1.23	0.47	9.59	13.32	12.79	31.30
甘肃	35.02	2.71	0.51	29.62	9.24	1.87	21.02
青海	11.09	1.02	1.08	19.70	20.95	9.39	36.77
宁夏	3.11	0.04	0.80	22.29	38.77	6.72	28.28
新疆	6.08	0.57	0.18	42.19	19.79	3.00	28.19

资料来源:根据《中国统计年鉴》(2011)计算整理。

表4-22　　　　　　　　制造业各经济类型省域结构　　　单位:%

地区	国有企业	集体企业	股份合作企业	股份制企业	私营企业	外商和港澳台投资企业	其他
北京	1.19	0.68	2.10	3.59	0.40	2.88	1.50
天津	5.54	1.44	2.78	1.10	1.22	3.51	1.59
河北	3.39	5.79	1.51	3.51	5.25	2.36	6.15
山西	3.13	0.75	0.92	1.09	0.77	0.25	2.07
内蒙古	1.08	0.84	0.87	2.17	1.25	0.55	2.58
辽宁	5.99	9.21	5.89	6.69	6.35	3.64	4.92
吉林	3.54	0.51	0.59	3.70	1.54	1.71	1.45
黑龙江	1.50	1.09	1.49	2.32	0.77	0.40	1.67
上海	3.70	2.76	3.45	4.92	1.73	9.95	1.72
江苏	7.42	14.53	13.29	7.34	16.17	19.53	9.33
浙江	1.96	0.94	7.31	6.99	11.28	7.04	6.16
安徽	2.52	1.63	1.81	4.65	2.88	1.32	3.38
福建	1.24	1.60	5.19	1.22	2.98	5.68	1.80
江西	2.69	0.96	3.92	1.75	2.49	1.23	2.55
山东	9.53	27.51	15.59	11.83	14.83	7.63	16.04
河南	3.95	9.67	8.98	4.81	6.57	1.18	7.07
湖北	9.09	1.65	3.25	3.45	2.74	2.31	3.05
湖南	5.49	2.82	4.84	3.58	3.63	0.69	2.94
广东	4.27	7.87	5.08	11.04	7.90	23.84	9.58
广西	2.58	1.28	3.23	1.16	1.38	1.03	1.53
海南	0.08	0.01	0.01	0.11	0.02	0.36	0.34
重庆	1.52	1.55	0.36	1.08	1.66	0.93	1.46
四川	4.73	1.35	4.46	2.95	3.91	1.00	5.00
贵州	1.11	0.21	0.23	0.55	0.23	0.08	1.00
云南	3.43	0.73	0.32	1.56	0.67	0.19	0.82
陕西	5.44	1.08	1.09	1.30	0.50	0.52	2.08
甘肃	3.08	1.20	0.61	2.03	0.18	0.04	0.71
青海	0.22	0.10	0.28	0.30	0.09	0.04	0.28
宁夏	0.10	0.01	0.33	0.53	0.26	0.05	0.33
新疆	0.50	0.24	0.20	2.68	0.35	0.06	0.88

资料来源:根据《中国统计年鉴》(2011)计算整理。

表 4 - 21 显示，河北、辽宁、上海、江苏、浙江、安徽、福建、江西、山东、广东、广西、重庆 12 个省份一定程度具有相似的经济类型结构，工业总产值所占比重较高的前三位经济类型均为私营企业、外商和港澳台投资企业以及其他；内蒙古、黑龙江、河南、青海、宁夏、新疆 6 个省份一定程度上具有相似的经济类型结构，工业总产值所占比重较高的前三位经济类型均为股份制企业、私营企业以及其他；山西、湖南、四川、贵州、云南、陕西 6 个省份一定程度上具有相似的经济类型结构，工业总产值所占比重较高的前三位经济类型均为国有企业、私营企业以及其他。

从制造业各经济类型省域结构看，在各经济类型中，工业总产值所占比重较高的前四位省份均有山东和江苏。此外，股份制企业、私营企业、外商和港澳台投资企业以及其他四类经济类型中，工业总产值所占比重较高的还有广东；股份合作企业、股份制企业、私营企业等经济类型中，工业总产值所占比重较高的还有浙江。

以上分析表明，不同省份与经济类型之间具有一定程度的关联性，具体检验结果如表 4 - 23 所示。

表 4 - 23 省份与经济类型之间关联性检验结果

χ^2 值	自由度	临界值 χ^2_α		
		1%	5%	10%
22238746.66	174	220.3138	205.7786	198.2943

由表 4 - 23 可知，χ^2 值超过显著性水平 1% 的临界值，说明不同省份与制造业经济类型之间具有显著的关联性。进一步地，对其进行对应分析，计算结果分别见表 4 - 24、表 4 - 25 和表 4 - 26。

表 4 - 24 特征值及方差贡献率 单位：%

特征值	方差贡献率	累计方差贡献率
0.5981	83.68	83.68
0.0915	12.80	96.47
0.0173	2.43	98.90
0.0068	0.96	99.86

续表

特征值	方差贡献率	累计方差贡献率
0.0010	0.14	100
0.0000	0.00	100

表 4 – 25　　　　　　　　　　　　　R 型因子分析

经济类型	维度 1	维度 2
国有企业	0.2487	− 0.5277
集体企业	0.0632	− 0.0025
股份合作企业	0.0189	0.0025
股份制企业	0.1483	− 0.4132
私营企业	0.9304	1.1560
外商和港澳台投资企业	− 2.0213	0.2853
其他	0.6118	− 0.5004

表 4 – 26　　　　　　　　　　　　　Q 型因子分析

省份	维度 1	维度 2
北京	− 0.4371	− 0.4268
天津	− 0.4309	− 0.3128
河北	0.6420	0.1029
山西	0.2158	− 0.3469
内蒙古	0.2353	− 0.2415
辽宁	0.5144	0.2098
吉林	0.0033	− 0.2367
黑龙江	0.1573	− 0.2756
上海	− 1.7371	− 0.3568
江苏	− 1.3133	2.0871
浙江	0.4767	1.6433
安徽	0.3825	− 0.1548
福建	− 0.6956	0.3796
江西	0.2722	0.0351
山东	1.5632	0.2972

省份	维度 1	维度 2
河南	1.1608	0.1973
湖北	0.1892	− 0.4569
湖南	0.6236	0.0089
广东	− 3.3964	− 0.2974
广西	0.0959	− 0.0789
海南	− 0.0536	− 0.0573
重庆	0.1400	0.0814
四川	0.6936	− 0.1254
贵州	0.0881	− 0.1859
云南	0.1536	− 0.2400
陕西	0.1479	− 0.5755
甘肃	0.1137	− 0.3717
青海	0.0242	− 0.0489
宁夏	0.0507	− 0.0175
新疆	0.1199	− 0.2351

由表 4 – 21 可知，前两个方差的累计贡献率已达到 100% ，因此利用前两个特征值进行分析。根据表 4 – 22 和表 4 – 23 中的变量得分和样品得分，构建的省份与制造业经济类型对应结构如图 4 – 3 所示。

由图 4 – 3 可知，不同省份与制造业经济类型之间呈现四种对应关系：

第一种：外商和港澳台投资企业主要集中在广东、福建、上海。

第二种：私营企业主要集中在江苏、浙江、河南、山东。

第三种：国有企业、股份制企业、其他企业主要集中在北京、天津、新疆、吉林、云南、内蒙古、黑龙江、山西、甘肃、湖北、陕西。

第四种：股份合作企业、集体企业主要集中在其余省份。

以上对应分析表明，制造业经济类型分布具有明显的地域特征，而部分省份之间经济类型分布也具有一定程度的相似性。

前文的研究多角度揭示了现阶段中国制造业的集聚和结构状况，这种现状，是中国现代制造业体系构建的现实基础和重要依托环境。

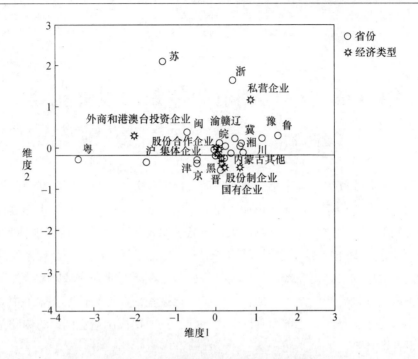

图 4-3 省份与制造业经济类型对应结构

第五章　现代制造业体系的设计构建

新中国成立以来，中国制造业发展取得了巨大成就，奠定了新中国经济的基础，为国家工业化和现代化建设作出了重大贡献。现在，中国制造业已经形成了门类齐全、具有较大生产规模和较高技术水平的产业体系。然而，进入 21 世纪后，世界经济格局发生重大变化，作为世界最大经济体之一的中国，如何在新形势、新挑战面前，在制造业现有基础和依托环境下有效地调整产业结构，加快新型工业化进程，在世界性产业竞争中立于不败之地，是政府当前面临的重大课题，其中现代制造业体系的构建是关键性的环节。

第一节　现代制造业体系的理论阐释

相关理论的支撑是一切现实问题研究的基础和前提，现代制造业行业体系的构建也不例外，产业升级理论是现代制造业行业体系构建的重要理论基础之一。

一　现代制造业体系内涵

制造业是工业的主体，是一国国民经济的依托，是一国经济发展的原动力。加工制造业以采掘业的劳动产品和农产品等原材料为劳动对象，为社会提供各种必需的生活用品，满足居民和政府部门物质生活消费。

装备制造业，为国民经济各部门生产活动提供技术装备，一般包括：通用设备制造业、专用设备制造业、航空航天器制造业、铁路运输设备制造业等。其特点是技术含量高，产业链长、产业关联度大、带动性强；同时，它技术密集，产品技术含量高、附加价值大、工作岗位多，就业容量大。装备制造业的产品决定了国民经济各部门生产设备的先进程度，决定着产业部门的劳动生产率，因而，它是基础性、战略性产业，是实现工业化的基础条件，是一国综合国力和技术水平的重要体现，也是国家安全的重要保障。

什么是现代制造业，学界对此论述尚少。王岳平（2004）①对现代制造业的特点与发展趋势进行了分析，认为现代制造业特征主要表现在四方面，具体包括先进制造技术、制造业与服务业互动发展、生产方式和企业组织形式、资源配置方式、分工协作模式等方面。严任远（2010）②从两方面对生产性服务业与现代制造业的互动机理进行了分析：一是服务外部化；二是价值链的分化与重组。

根据产业经济理论并综合学者们对现代制造业相关理论的研究成果，我们定义现代制造业为：采用高技术和先进科学技术对原材料进行加工和再加工，对国民经济各行业的生产设备及零部件进行生产、组装的行业总称，或者说是以现代科学技术武装起来的制造业。

现代制造业体系是由一系列现代制造行业所构成的有机整合体。与传统制造业相比，现代制造业体系应具备六大特征：一是生产技术先进，劳动生产率高；二是知识密集，产品附加值高，产业链长；三是行业结构优化，地域分布合理；四是掌握核心技术或关键技术，具有国际知名品牌，具有国际知名企业，具备较强的国际竞争力和比较优势，创新成果不断增加；五是污染小、能耗低，具有可持续发展潜力；六是管理运营模式科学高效，拥有高素质的产业工人、技术人员和管理人员，具备不断创新、不断发展的能力。现代制造业体系是国际经济发展大背景、大趋势下提出的新的产业概念，是现代科学技术与制造业相结合的产物，是世界各国抢占新机、引领世界经济发展的必然选择。

当今，现代制造业体系的空间分布特征主要表现为不同行业在不同地区的集聚，即现代制造业的产业集聚。产业集聚产生规模经济和范围经济，提升区域的竞争力，提高经济的增长速度。同时，现代制造业产业集聚度受不同因素影响，影响产业集聚度因素的影响程度在不同产业和不同地区之间存在差异，促使现代制造业的产业结构呈现出地域性。

现代制造业体系要有先进的生产率水平，要以原有的优势要素禀赋为

---

① 王岳平：《现代制造业发展的特点与趋势》，《宏观经济研究》2004年第12期。
② 严任远：《生产性服务业与现代制造业互动发展研究》，《华东经济管理》2010年第8期。

基础，提高行业的科技投入水平，使生产率水平的提高从依靠劳动和资本的投入增长转变到依靠科学技术投入增长的轨道上来。制造业的转型升级，面临资源环境的约束，现代制造业体系的发展应重视环境问题，坚持依靠科技"以少生多"的价值取向，在创造经济价值的同时也能维护生态环境的发展，实现现代制造业与生态环境的和谐发展，开拓现代制造业的可持续发展之路，增强现代制造业的国际竞争力。

前文分析表明，现代制造业是以当代先进的技术为先导、以科学知识为支撑的，它带动力大、影响力强，是一国经济发展的重要驱动力。在微观层面，一个企业可以是现代制造企业；在宏观层面，一个行业则可以是现代制造行业；在国家层面，则需要建立现代制造业体系。

二　现代制造业体系构建的理论基础

构建中国现代制造业体系的目的是带动制造业产业升级，而产业升级是发展战略的范畴。

产业升级发展战略的理论基础是经济发展战略研究中的平衡发展理论与非平衡发展理论。

平衡发展理论认为，由于各经济要素间的相互依赖性和互补性，一味地侧重某一个部门或地区的投资影响了相关部门和地区的发展，由于落后的部门和地区的阻碍作用，所有的部门和地区都不会得到发展。因此所有的经济部门和地区应该齐头并进，共同发展。

非平衡发展理论是在对平衡发展理论的批评中成长起来的，认为平衡发展理论忽视了发展中国家资源有限前提条件。非平衡发展理论根据地区和产业经济发展不平衡的实际情况，主张国家应将有限资源有选择地集中配置在某些产业部门和地区，首先使这些部门和地区得到发展，然后通过投资的诱导机制和产业间、地区间的联系效应与驱动效应，带动其他产业部门和地区的发展，从而实现整个经济的增长。[①]

中国制造业发展不均衡，东部、中部和西部地区制造业的发展体现了地区的经济特色和资源分布状况，经济发达的东部地区集中了大部分优势制造行业，而经济欠发达的中西部地区制造业发展则相对落后。中国制造业的生产结构仍然欠优，生产率水平偏低，优势行业欠缺，发展潜力不足，竞争力弱，且难以实现产业升级。中国制造业要想突破发展瓶颈，既

---

①　陈自芳：《区域经济学新论》，中国财政经济出版社 2011 年版。

需要根据地区和产业经济发展不平衡的实际状况，将资源有选择地集中配置在某些产业部门和地区，又要使先发展的产业和地区带动其他产业和地区，实现整个经济的增长。因此，中国制造业升级过程中应该把平衡发展和非平衡发展结合起来，以平衡发展为最终的目标，将非平衡增长作为实现这个最终目标的必要手段。

三　现代制造业体系构建的总体原则

中国制造业面临转型升级巨大压力的同时也面临着复杂的形势。虽然发达国家纷纷把发展高新技术产业作为振兴国内经济和把握世界经济发展机遇的重要手段，但是，应该认识到经济发展的固有进程是无法省略的，中国依然要坚定地完成工业化进程。要想在完成经济发展固有进程的同时把握世界经济的发展机遇、实现跨越式发展，就要明确中国经济发展依然处于初级阶段的事实，中国产业升级不能抛弃传统产业，盲目发展高新产业。因此，在构建现代制造业体系的过程中，应该把握如下总体原则：

（一）符合国家的产业大政方针

国家的产业政策体现了经济发展方向和变革方向，目前中国制造业迫切需要结构调整和增长方式转变，以提高经济发展的质量。因此，作为中国产业升级依托的现代制造业必须体现国家的产业政策方向。制造业行业中，化学原料及化学制品制造（C26）、医药制造业（C27）、化学纤维制造业（C28）、通用设备制造业（C35）、专用设备制造业（C36）、交通运输设备制造业（C37）、电气机械及器材制造业（C39）和通信设备、计算机及其他电子设备制造业（C40）8个行业属于技术密集型和资本密集型行业，是国民经济的支撑和带动行业。对照国家统计局公布的《战略性新兴行业分类目录》可知，战略性新兴行业中所包含的部分行业小类也集中于这8个行业中，如节能环保产业中的高效节能通用设备制造业、高效节能专用设备制造业、高效节能电气机械器材制造业，生物产业中的生物药品制造业等。若选择这些行业作为现代制造业，应符合经济发展方向和国家的产业政策方向。

（二）认清发展现状，坚持稳步发展

美国著名经济学家钱纳里①把工业化阶段划分为早期、中期和后期，

---

① H. 钱纳里等：《工业化和经济增长的比较研究》，上海人民出版社1995年版。

其划分标准主要是制造业增加值占 GDP 比重：人均 GDP 在 140—280 美元，制造业增加值占 GDP 的 15% 为农业国；在 280—560 美元，占 20% 为工业化早期；在 560—1120 美元，占 24% 为工业化中期；在 1120—2100 美元，占 30% 为工业化后期；在 2100 美元以上，占 36% 则为发达经济阶段。比照这一标准，中国仍然处于工业化中期阶段，即重化工业发展的阶段。经济发展规律告诉我们：工业化是经济发展的必然阶段，而重化工业（资源密集型产业）的较快发展又是工业化发展的必然阶段。只有遵循经济发展规律，完整地走过经济发展的不同阶段，经济才能健康发展。在制造业行业中，橡胶制品业（C29）、黑色金属冶炼及压延加工业（C32）和有色金属冶炼及压延加工业（C33）3 个行业属于资源密集型行业，若选择这些行业作为现代制造业，应符合经济发展的规律和中国的工业发展现状。在发展战略性新兴产业和高技术产业的今天，不能放弃资源密集型行业的发展。

（三）以现有竞争优势为起点，优化要素结构

农副食品加工业（C13）、纺织业（C17）、塑料制品业（C30）和非金属矿物制品业（C31）4 个行业属于劳动密集型产业，是中国的传统优势产业。改革开放以来，中国经济取得的辉煌成就离不开劳动密集型产业的快速发展，这得益于中国廉价的劳动力资源优势。虽然近年来中国劳动力素质不断提高，劳动力廉价优势似乎逐步被越南、老挝等周边国家所取代，甚至沿海地区还曾出现了用工荒的现象，但是，中国的劳动力素质和发达国家相比依然有很大差距，中低端劳动力依然占中国劳动力人口的大部分比重，所以中国在经济转型的过程中，不能盲目放弃劳动密集型产业。廉价劳动力仍然是中国制造业主要的竞争优势，也是中国优势要素禀赋之所在。现有要素禀赋结构是构建现代制造业体系实现产业升级的基础，实现产业升级的前提是实现要素禀赋结构的升级。鉴于此，我们仍然需要大力发展劳动密集型产业和资源密集型产业，随着科技的发展，大力推进传统劳动密集型产业向新型劳动密集型产业转移，以更高的工业技术水平改造资源密集型产业实现资源能源的节约和污染的降低；同时集中优势力量提高高新技术产业的研发能力和创新能力，提高经济效益，创造经济发展的新引擎。

第二节　现代制造业体系的设计

中国现代制造业体系的设计就是根据现代制造业的概念和特征，从全部制造行业中遴选出现代制造行业，构造现代制造业体系的基本框架。

一　遴选指标体系的设计

（一）理论依据

进行行业遴选，重要的理论依据是行业选择基准。国外学者的理论成果主要有比较优势基准、产业关联度基准、筱原两基准和钱纳里—鲁滨逊—塞尔奎因基准。

比较优势基准产生于比较优势理论，主张每个经济体都应该以要素密集度为基准来选择主导产业。比较优势基准解释了主导产业的优势在于较高的某项要素密集度；产业关联度基准是美国经济学家艾伯特·赫希曼于1958年提出的，认为产业关联度高的产业会通过对其他产业产生较强的前后向关联和旁侧关联带动其他产业的发展①。依据产业关联度基准，政府在选择主导产业时，应该选择产业关联度高并且在资源禀赋方面具有一定优势的产业作为主导产业，通过主导产业较强的关联作用带动其他产业发展，从而带动整个区域经济的发展。

1950年日本经济学家筱原三代平提出了主导产业选择的"需求收入弹性基准"和"生产率上升基准"，即著名的"筱原两基准"。"需求收入弹性基准"从需求的角度着眼，表明随着经济的增长和发展，商品社会需求的幅度增长。需求收入弹性高的产业，市场容量大，产业的发展潜力大，因此把这类产业作为主导产业，能够促进国民收入较快增长和经济的较快发展。"生产率上升基准"中的生产率是产出与全部投入要素之比，即综合生产率。综合生产率上升较快的产业技术进步也较快，把这类产业作为主导产业，能够促进经济的较快发展；1986年，H. 钱纳里、S. 鲁滨逊和 H. 塞尔奎因通过研究经济增长过程中产业部门之间的关系，发现了产业结构变化在经济发展中的作用，提出了基于经济发展的不同阶段来选择主导产业的基准，即钱纳里—鲁滨逊—塞尔奎因

---

① 艾伯特·赫希曼：《经济发展战略》，冯之浚译，经济科学出版社1991年版。

基准。

此外，国内学者在结合国情的基础上也对主导产业的选择做了大量研究。周叔莲（1990）[1] 提出了"瓶颈基准"、"平衡发展基准"、"协调基准"、"货币回笼基准"、"就业与节能基准"、"高附加值基准"、"技术进步基准"、"边际储蓄率基准" 等基准。周振华（1991）[2] 提出了三条基准：增长后劲基准、短缺替代弹性基准、瓶颈效应基准。关爱萍等（2002）[3] 提出的适用于区域主导产业选择的 6 项基准：持续发展基准、市场基准或需求基准、效率基准、技术进步基准、产业关联基准、竞争优势基准。肖志兴等（2010）[4] 提出了中国战略性新兴产业选择的几条原则，分别是：坚持技术前沿与适宜性的统一，市场容量，产业关联效果基准，产业集群。这都可为我们选择现代制造行业提供参考。

（二）遴选指标体系

依据产业选择基准，在充分考虑我们界定的现代制造业内涵和特征基础上，本着导向性原则、整体性原则、相对独立性原则、可操作性原则、可比性原则、综合指标优先原则等指标设计的一般性原则，可设计现代制造行业的遴选指标体系，如表 5 – 1 所示。

指标体系从产业贡献力、产业创新力、产业关联效应、产业增长潜力和产业可持续发展能力 5 个维度来遴选现代制造业。考虑指标的可操作性和数据的可获得性，采用 9 个指标来体现这 5 个维度，分别是成本费用利润率、产业就业比重、R&D 投入比重、影响力系数、感应度系数、需求收入弹性系数、总产值增长率、从业人员人均总产值和能耗单位。以下对各指标的计算方法、指标含义和指标性质做出解释。

成本费用利润率，是行业利润与行业销售额之比，该指标是正指标，指标值越大，表明行业的盈利能力越强，对经济发展的贡献力越大。

产业就业比重，是行业就业人数占全部劳动力人数的比重，该指标是正指标，指标值越大表明行业吸纳就业的能力就越强。

① 周叔莲：《中国产业政策研究》，经济管理出版社 1990 年版。
② 周振华：《产业政策的经济理论系统分析》，中国人民大学出版社 1991 年版。
③ 关爱萍：《区域主导产业的选择基准研究》，《统计研究》2002 年第 12 期。
④ 肖志兴：《发展战略、产业升级、与战略性新兴产业选择》，《财经问题研究》2010 年第 8 期。

表 5 - 1　　　　　　　　　　　现代制造行业遴选指标体系

		遴选指标
现代制造业产业选择评价	产业贡献力	成本费用利润率
		产业就业比重
	产业创新力	R&D 投入比重
	产业关联效应	影响力系数
		感应度系数
	产业增长潜力	需求收入弹性系数
		总产值增长率
	产业可持续发展能力	从业人员人均总产值
		单位产值能耗

R&D 投入比重，是行业研发投入与行业销售收入的比重，体现行业对研发投入的重视度，该指标是正指标，指标值越大表明行业的研发创新能力越强。

影响力系数，是行业列昂捷夫逆矩阵纵列系数之和与行业列昂捷夫逆矩阵纵列系数之和的均值之比，体现行业对其他行业的影响程度，该指标是正指标，指标值越大，对其他行业的拉动作用就越大。

感应度系数，是行业列昂捷夫逆矩阵横行系数之和与行业列昂捷夫逆矩阵横行系数之和的均值之比，体现行业受其他行业的影响程度，该指标是正指标，指标值越大表示行业的感应度系数越大，受其他行业的影响程度越大。

需求收入弹性系数，是产品需求变化率与国民收入变化率之比，体现收入变化对产品销量变化的影响程度，该指标是正指标，指标值越大表明行业产品的销量变化对国民收入变化越敏感，行业的增长潜力越大。

总产值增长率，是当期总产值增长额与上期总产值之比，体现总产值的变化程度，该指标是正指标，指标值越大，表明行业的增长速度越快，增长潜力越大。

从业人员人均总产值，是行业总产值与行业从业人员数之比，近似地体现行业的劳动生产率，该指标是正指标，指标值越大，说明行业的发展潜力越大。

单位产值能耗，是行业能源消耗量与行业总产值之比，体现行业单位增加值对能源的消耗，该指标是逆指标，指标值越低，表明行业的能源利用率越高，技术水平越高，越具有可持续发展的潜力。

二　现代制造业行业的遴选

构建现代制造业体系，前提就是要在制造业范围内判断哪些行业符合现代制造业的内涵和特征。

依据前文设计的遴选指标体系，我们进行现代制造业行业的遴选，基本步骤是：依指标体系收集数据，并对遴选指标的标准化和分值化处理；对遴选指标体系进行赋权；对赋权后的指标值的综合和排序，得出遴选结果。

（一）指标值的收集及处理

如前所述，此处以制造业所含行业为遴选范围，根据《国民经济行业分类代码（GB/T 4754—2002）》，制造业包含以下 30 个行业大类：农副产品加工业（C13），食品制造业（C14），饮料制造业（C15），烟草制品业（C16），纺织业（C17），纺织服装、鞋、帽制造业（C18），皮革、毛皮、羽毛（绒）及其制品业（C19），木材加工及木、竹、藤、棕、草制品业（C20），家具制造业（C21），造纸及纸制品业（C22），印刷业和记录媒介的复制（C23），文教体育用品制造业（C24），石油加工、炼焦及核燃料加工业（C25），化学原料及化学制品制造业（C26），医药制造业（C27），化学纤维制造业（C28），橡胶制品业（C29），塑料制品业（C30），非金属矿物制品业（C31），黑色金属冶炼及压延加工业（C32），有色金属冶炼及压延加工业（C33），金属制品业（C34），通用设备制造业（C35），专用设备制造业（C36），交通运输设备制造业（C37），电气机械及器材制造业（C39），通信设备、计算机及其他电子设备制造业（C40），仪器仪表及文化、办公用品机械制造业（C41），工艺品及其他制造业（C42），废弃资源和废旧材料回收加工业（C43）。

遴选指标是：成本费用利润率、行业就业人数、全部劳动力人数、上年主营业务收入、当年主营业务收入、上年国民收入、当年国民收入、上年总产值和当年总产值。这些指标的全部数据均来自 2011 年和 2012 年《中国统计年鉴》按行业分规模以上工业企业主要经济指标，其中，"上年"是指 2011 年，"当年"是指 2012 年，未说明是"上年"还是"当年"的都指当年，即 2012 年。

　　影响力系数和感应度系数计算所需数据来自《中国 2007 年投入产出表》，并假定制造业的影响力系数和感应度系数在一定时期内保持不变。

　　能源消耗量数据来自《中国能源统计年鉴》（2011）；R&D 投入数据来自《中国科技统计年鉴》（2011）。

　　依据现代制造业遴选指标体系计算的制造业各行业相关指标值如表 5－2 所示。

表 5－2　　　　　　　　　遴选指标值的原始数据

行业	成本费用利润率（%）	行业就业比重（%）	R&D 投入比重（%）	影响力系数	感应度系数	需求收入弹性系数	总产值增长率（%）	从业人员人均总产值	单位产值能耗
C13	6.81	3.93	0.12	0.988	1.367	1.55	26.33	12233	0.060
C14	9.75	1.93	0.29	0.988	1.367	1.44	23.75	7942	0.11
C15	12.77	1.49	0.41	0.988	1.367	1.67	29.31	8654	0.10
C16	26.79	0.22	0.27	0.988	1.367	1.08	16.49	34148	0.03
C17	6.41	6.42	0.27	1.325	1.217	0.87	14.54	5545	0.19
C18	7.81	4.17	0.13	1.326	0.452	0.60	9.79	3540	0.06
C19	8.92	2.83	0.13	1.326	0.452	0.76	13.04	3437	0.04
C20	7.97	1.40	0.07	1.217	0.586	1.34	21.76	6996	0.12
C21	7.44	1.16	0.08	1.217	0.586	0.87	15.29	4783	0.04
C22	6.78	1.60	0.32	1.234	1.184	0.92	15.77	8231	0.33
C23	10.11	0.77	0.28	1.234	1.184	0.53	8.37	5440	0.10
C24	5.94	1.20	0.24	1.234	1.184	0.14	2.45	2912	0.07
C25	1.22	1.05	0.13	1.063	1.949	1.59	26.17	38378	0.45
C26	7.92	4.95	0.43	1.340	4.953	1.56	26.93	13372	0.49
C27	12.19	1.94	0.97	1.340	4.953	1.57	27.26	8366	0.10
C28	5.69	0.50	0.63	1.340	4.953	1.90	34.71	14423	0.22
C29	6.33	1.02	0.75	1.340	4.953	1.46	24.11	7838	0.20
C30	6.98	2.77	0.27	1.340	4.953	0.74	12.31	6129	0.13
C31	10.05	5.63	0.21	1.152	0.787	1.50	25.34	7771	0.69
C32	3.39	3.70	0.63	1.316	3.961	1.23	23.60	18847	0.90

行业	成本费用利润率（%）	行业就业比重（%）	R&D投入比重（%）	影响力系数	感应度系数	需求收入弹性系数	总产值增长率（%）	从业人员人均总产值	单位产值能耗
C33	5.84	2.10	0.34	1.316	3.961	1.54	27.70	18641	0.36
C34	7.18	3.39	0.28	1.392	1.013	0.99	15.97	7496	0.16
C35	8.12	5.38	0.63	1.370	1.873	0.98	16.68	8289	0.08
C36	8.89	3.52	0.92	1.370	1.873	1.30	21.28	8085	0.07
C37	9.2	6.30	1.04	1.501	1.281	0.86	14.06	10915	0.06
C39	6.95	6.52	0.90	1.509	1.267	1.11	18.65	8577	0.04
C40	4.61	8.91	1.13	1.643	2.226	0.88	16.05	7785	0.04
C41	8.84	1.35	0.80	1.507	0.475	1.06	19.28	6131	0.05
C42	6.62	1.35	0.19	1.227	0.212	1.53	26.96	5784	0.21
C43	6.51	0.17	0	0.199	0.526	0.65	13.79	16790	0.03
均值	8.13	2.92	0.43	1	1	1.14	19.59	10583	0.18
标准差	4.22	2.24	0.33	0.344	1.074	0.41	7.24	8126	0.21

说明：从业人员人均总产值单位为"元"；单位产值能耗单位为"万吨标准煤/亿元"。

由表5-2可知，不同指标具有不同的量纲、数量级以及不同的性质，有的是正指标，有的是逆指标。为了使具有不同量纲、不同数量级、不同性质的遴选指标具有可公度性、一致性且符合人们的心理习惯，故需要对指标进行分值化处理，即计算当量准值。

（二）遴选指标的分值化处理

本书选用当量准值技术对遴选指标进行分值化处理，具体包括无量纲化处理、一致化处理和取值范围限定处理三个步骤。

首先，对指标进行无量纲化处理，消除指标量纲带来的不利影响。当量准值技术对指标进行的无量纲化处理就是对指标进行标准化处理，在此基础上对指标进行放大或缩小，最后进行平移，完成一致化处理。其一般形式为：

$$\frac{x_{ij} - \bar{x}_j}{\sigma_j} \times c + d$$

其中，x_{ij}（$i=1, 2, \cdots, 30; j=1, 2, \cdots, 9$）表示第 i 个行业第 j 个

指标的数值；$\bar{x}_j$ 表示第 j 个指标的均值；σ_j 表示第 j 个指标的标准差，其中 $Z_{ij}=(x_{ij}-\bar{x}_j)/\sigma_j$ 完成了对指标的标准化处理；c、d 为一致化处理所需的正常数，c 的作用是扩大或缩小，d 的作用是平移，经过对指标的放缩和平移，避免指标经过标准化处理为负的现象，更符合人们的心理习惯。

其次，进行取值范围限定处理。指标体系中有正指标也有逆指标，因此，在计算当量准值的时候，还要考虑指标的类型。本书采用中国社会科学院社会学研究所的学者提出的当量准值技术的计算方法，在计算指标当量准值的时候既考虑指标类型，又将最终分值限定在符合人们心理习惯的取值范围，具有较高的实用价值，现转录如下：

$$q_{ij}=50+10z_{ij}\quad（对于正指标）$$

$$q_{ij}=50-10z_{ij}\quad（对于逆指标）$$

经过以上变换，得到的计量分值不仅被限定在 0—100 这样一个符合人们心理习惯的取值范围，而且任意指标（正指标或逆指标）越高，说明指标所描述的属性越好；任意指标越低，说明指标所描述的属性越差。由各指标的性质可知，指标体系中除了单位产值能耗是逆指标，其余各项指标均为正指标，于是可依据其特性分别选择公式计算当量准值。

运用前述的公式，对指标进行无量纲化处理和一致化处理，各指标经过处理得到的当量准值如表 5-3 所示。

表5-3　　　　　　现代制造业遴选指标当量准值计算结果

行业	成本费用利润率（%）	行业就业比重（%）	R&D投入比重（%）	影响力系数	感应度系数	需求收入弹性系数	总产值增长率（%）	从业人员人均总产值	单位产值能耗
C13	46.86	54.51	40.46	49.65	53.42	59.95	59.32	52.03	55.94
C14	53.83	45.57	45.81	49.65	53.42	57.31	55.75	46.75	53.65
C15	60.98	43.62	49.54	49.65	53.42	62.77	63.43	47.63	54.22
C16	94.19	37.94	45.22	49.65	53.42	48.53	45.71	79.00	57.20
C17	45.92	65.58	45.12	59.45	52.02	43.42	43.02	43.80	49.67
C18	49.23	55.55	40.88	59.48	44.90	36.81	36.45	41.33	56.16
C19	51.86	49.59	40.58	59.48	44.90	40.81	40.95	41.21	56.71
C20	49.61	43.22	38.89	56.31	46.15	54.79	53.00	45.59	53.28
C21	48.36	42.14	39.40	56.31	46.15	43.49	44.05	42.86	56.84

行业	成本费用利润率（%）	行业就业比重（%）	R&D投入比重（%）	影响力系数	感应度系数	需求收入弹性系数	总产值增长率（%）	从业人员人均总产值	单位产值能耗
C22	46.79	44.10	46.69	56.80	51.71	44.65	44.72	47.11	43.02
C23	54.68	40.42	45.55	56.80	51.71	35.23	34.49	43.67	53.95
C24	44.80	42.33	44.28	56.80	51.71	25.65	26.31	40.56	55.66
C25	33.62	41.64	40.82	51.83	58.84	60.93	59.09	84.20	37.17
C26	49.49	59.05	50.10	59.88	86.81	60.19	60.14	53.43	35.31
C27	59.61	45.64	66.57	59.88	86.81	60.49	60.60	47.27	54.22
C28	44.21	39.22	56.09	59.88	86.81	68.37	70.90	54.73	48.42
C29	45.73	41.51	59.80	59.88	86.81	57.77	56.24	46.62	49.22
C30	47.27	49.31	45.19	59.88	86.81	40.20	39.93	44.52	52.34
C31	54.54	62.05	43.30	54.42	48.02	58.80	57.94	46.54	25.63
C32	38.76	53.46	56.17	59.19	77.57	52.08	55.54	60.17	15.56
C33	44.57	46.32	47.16	59.19	77.57	59.79	61.20	59.92	41.59
C34	47.74	52.08	45.41	61.40	50.12	46.24	45.00	46.20	51.34
C35	49.97	60.95	56.13	60.76	58.13	46.08	45.97	47.18	54.98
C36	51.79	52.65	65.08	60.76	58.13	53.96	52.33	46.93	55.41
C37	52.52	65.07	68.86	64.56	52.62	43.13	42.36	50.41	55.97
C39	47.19	66.04	64.31	64.80	52.49	49.26	48.69	47.53	56.84
C40	41.65	76.69	71.60	68.69	61.42	43.71	45.11	46.56	56.92
C41	51.67	43.01	61.35	64.74	45.11	48.06	49.57	44.52	56.64
C42	46.41	43.00	42.79	56.60	42.66	59.53	60.19	44.10	48.74
C43	46.15	37.73	36.84	26.72	45.59	38.01	41.99	57.64	57.40
均值	48.39	48.40	48.39	55.26	56.95	48.39	48.39	48.39	48.39
标准差	10.00	10.00	10.00	7.43	15.02	10.00	10.00	10.00	10.00

说明：从业人员人均总产值单位为"元"，单位产值能耗单位为"万吨标准煤/亿元。"

表5-3中各指标数值限定在0—100范围内，且均为正指标，符合人们判断的心理习惯，便于比较判断。

（三）遴选指标赋权方法选择

为保证指标赋权的客观性，选用模糊数学赋权法来确定遴选指标体系的权数。模糊数学赋权法确定指标体系权数分为四个步骤：第一，对指标体系的各子系统构造两两判断矩阵；第二，由判断矩阵计算比较元素的权数；第三，确定各子系统的权数；第四，计算各层元素的组合权数。

1. 相对重要性比例标度。模糊数学赋权法采用相对重要比例标度来测量两个元素的相对重要性，由此构造判断矩阵。相对重要比例标度用 $[1, 9]$ 闭区间中的自然数表示，各标度的具体含义如表 5-4 所示。

表 5-4　　　　　　　　　　　各标度的含义说明

标 度	含 义
1	表示两个因素相比具有同样的重要性
3	表示两个因素相比，一个因素比另一个因素稍微重要
5	表示两个因素相比，一个因素比另一个因素明显重要
7	表示两个因素相比，一个因素比另一个因素强烈重要
9	表示两个因素相比，一个因素比另一个因素极端重要
倒数	如果因素甲比乙的重要标度为 I，则乙比甲的重要标度为 1/I

说明：当两个因素相比，重要性介于两标度之间时，用 2、4、6、8 表示。

2. 判断矩阵。确定了相对重要比例标度，就可以对系统内元素进行两两比较。a_{ij}（$i=1, 2, \cdots, n; j=1, 2, \cdots, n$）表示元素 i 和元素 j 比较的相对重要度的数字，n 为系统内元素的个数。由此构成 n 阶判断矩阵：

$$A = \begin{bmatrix} a_{11} & \cdots & a_{1i} \\ \cdots & \cdots & \cdots \\ a_{n1} & \cdots & a_{nn} \end{bmatrix}$$

其中，$a_{ij} > 0$，$a_{ij} = 1/a_{ji}$，$a_{ii} = 1$。判断矩阵 A 为正互反矩阵，此矩阵是模糊数学赋权法的信息基础，由它求出的最大特征值 λ_{max} 所对应的特征向量记为 $W = (w_1, w_2, \cdots, w_n)$，将 W 经过归一化处理后的数值即为系统内各元素的权重，公式表示为：

$$AW = \lambda_{max} W$$

即：

$$AW = \begin{bmatrix} a_{11} & \cdots & a_{1n} \\ \cdots & \cdots & \cdots \\ a_{n1} & \cdots & a_{nn} \end{bmatrix} \begin{bmatrix} w_1 \\ \cdots \\ w_n \end{bmatrix} = \lambda_{max} \begin{bmatrix} w_1 \\ \cdots \\ w_n \end{bmatrix}$$

此处采用几何平均法对 W 进行归一化处理：先将矩阵 A 各行元素连乘并对结果开 n 次方求得分量 b_i，再将各分量 b_i 除以各分量之和，即求得系统内各元素的权重，公式表示为：

$$b_i = \sqrt[n]{\prod_{j=1}^{n} a_{ij}}$$

$$w_i = \frac{b_i}{\sum_{i=1}^{n} b_i}$$

将求出的权数向量代入 $AW = \lambda_{max} W$，展开后等式两边同除以 w_i 并对 i 相加即可求得最大特征值 λ_{max}，公式表示为：

$$\sum_{j=1}^{n} a_{ij} w_i = \lambda_{max} w_i$$

$$\lambda_{max} = \frac{1}{n} \sum_{i=1}^{n} \frac{\sum_{j=1}^{n} a_{ij} w_i}{w_i}$$

3. 一致性判断。由于现实事物的复杂性和人的认识多样性，在判断矩阵构造中没有要求它具有一致性。当矩阵中的判断出现甲比乙极端重要，乙比丙极端重要，丙比甲极端重要情况时是违反一致性的。为了保证权数的合理性和可靠性，在得到特征根后需要对判断矩阵进行一致性检验。在此需要用判断矩阵一致性程度的一致性指标 $C.I.$ 和平均随机一致性指标 $R.I.$，两个指标分别表示为：

$$C.I. = \frac{\lambda_{max} - n}{n - 1}$$

$$C.R. = \frac{C.I.}{R.I.}$$

$C.R.$ 称为一致性比例，是在考虑到矩阵阶数不同和满足一致性标准的难易程度不同的情况下用 $R.I.$ 对 $C.I.$ 做的修正，因此将 $C.R.$ 作为判断矩阵一致性的计算公式。$R.I.$ 可由 $R.I.$ 值表 5 - 5 获得。

表 5 - 5 $R.I.$ 值

阶数	1	2	3	4	5	6	7	8	9	10
$R.I.$	0.00	0.00	0.58	0.90	1.12	1.24	1.32	1.41	1.45	1.50

当 $C.R.=0$，即 $C.I.=0$ 时，判断矩阵具有完全的随机一致性。$C.R.$ 值越大说明判断矩阵的一致性差，当 $C.R.<0.10$ 时，判断矩阵具有可接受的一致性，其对应特征向量为各个指标权重；当 $C.R.>0.10$ 时，认为判断矩阵非一致，应对判断矩阵 A 进行调整，使其具有一致性。

采用模糊数学赋权法对指标系统赋权，是先对各子系统中的各元素赋权，再对各子系统赋权。确定各子系统权数的方法和计算子系统内各元素权数的方法相同。用子系统各元素的权数乘以所属子系统的权数就可以得到各元素相对于总目标层的权数，且所有元素权数相加等于1。

（四）遴选指标体系的赋权结果

现代制造业遴选指标体系包括5个子系统。对现代制造业遴选指标体系赋权，要先对5个子系统中的元素赋权，然后再对各个子系统赋权，最后计算出各指标元素的整体权重。

1. 对子系统内各指标赋权。现代制造业遴选指标体系的5个子系统分别是：产业贡献力中的成本费用利润率、产业就业比重；产业创新力中的 R&D 投入比重；产业关联效应中的影响力系数和感应度系数；产业增长潜力准则下的需求收入弹性系数和总产值增长率；产业可持续发展能力下的从业人员人均总产值和单位产值能耗。5个子系统的判断矩阵为：

$$\begin{bmatrix} 1 & \dfrac{1}{5} \\ 5 & 1 \end{bmatrix}, \ [1], \ \begin{bmatrix} 1 & 1 \\ 1 & 1 \end{bmatrix}, \ \begin{bmatrix} 1 & \dfrac{1}{3} \\ 3 & 1 \end{bmatrix}, \ \begin{bmatrix} 1 & 1 \\ 1 & 1 \end{bmatrix}$$

此处认定产业就业比重与成本费用利润率相比明显重要；总产值增长率与需求收入弹性系数相比稍微重要；感应度系数和影响力系数相比同等重要；从业人员人均总产值与单位产值能耗相比同等重要。

由前述的计算公式，可得5个子系统中各指标元素权数向量为：

（0.17，0.83）；（1）；（0.5，0.5）；（0.25，0.75）；（0.5，0.5）

计算各矩阵的最大特征值分别为：$\lambda_{max}=2$，$\lambda_{max}=1$，$\lambda_{max}=2$，$\lambda_{max}=2$，$\lambda_{max}=2$。

进一步计算得5个子系统的 $C.I.$ 均等于0，所以 $C.R.$ 也均为0。因此5个判断矩阵具有完全的随机一致性。

2. 对子系统赋权。现代制造业遴选指标体系中，可计算得5个子系统的判断矩阵为：

$$\begin{bmatrix} 1 & 4 & 2 & 6 & 3 \\ \dfrac{1}{4} & 1 & \dfrac{1}{3} & \dfrac{1}{3} & \dfrac{1}{2} \\ \dfrac{1}{2} & 2 & 1 & 4 & 2 \\ \dfrac{1}{6} & 3 & \dfrac{1}{4} & 1 & \dfrac{1}{4} \\ \dfrac{1}{3} & 2 & \dfrac{1}{2} & 4 & 1 \end{bmatrix}$$

此处认定产业贡献力最重要，其次是产业关联效应，产业可持续发展能力的重要程度位于中间位置，再次是产业创新力，最后是产业增长潜力。

依公式计算可得 5 个子系统的权数向量为：

(0.44, 0.07, 0.24, 0.08, 0.17)

矩阵的最大特征值：$\lambda_{max} = 5.32$

进一步计算得 $C. I. = 0.08$，查 $R. I.$ 值表得 $R. I. = 1.12$

$C. R. = 0.0714 < 0.1$，表明判断矩阵具有可以接受的一致性。特征向量即为各子系统的权重。

3. 指标体系赋权结果。经过前文计算，可得的现代制造业遴选指标的赋权结果如表 5 - 6 所示。

表 5 - 6　　　　　　　　　　　　遴选指标体系权重

	指标及赋权	指标及赋权
现代制造业产业选择评价	产业贡献力 (0.44)	成本费用利润率 (0.0748)
		产业就业比重 (0.3652)
	产业创新力 (0.07)	R&D 投入比重 (0.07)
	产业关联效应 (0.24)	影响力系数 (0.12)
		感应度系数 (0.12)
	产业增长潜力 (0.08)	需求收入弹性系数 (0.02)
		总产值增长率 (0.06)
	产业可持续发展能力 (0.17)	从业人员人均总产值 (0.085)
		单位产值能耗 (0.085)

运用表5-6的赋权结果，结合表5-3的数据，可进行现代制造业行业的遴选。

（五）现代制造行业遴选结果

在完成了遴选指标体系构建、指标体系赋权以及指标分值化处理后，需要对以上指标信息和权数信息进行综合，并以此作为制造业遴选的依据。适用于遴选指标综合的方法是线性综合法，其计算公式如下：

$$f_i = \sum_{j=1}^{9} w_j q_{ij}$$

其中，f_i为行业i指标信息的汇总值（$i=1，2，\cdots，30$），q_{ij}为行业i第j个指标的计量分值，w_j为第j个指标的整体权重。

于是可得制造业遴选指标综合后的结果，如表5-7所示。

表5-7　　　　　　　　制造业遴选指标综合结果及排序

行业	行业代码	得分	次序
通信设备、计算机及其他电子设备制造业	C40	64.12	1
交通运输设备制造业	C37	59.02	2
电气机械及器材制造业	C39	59.00	3
化学原料及化学制品制造业	C26	58.73	4
医药制造业	C27	56.86	5
通用设备制造业	C35	56.56	6
纺织业	C17	55.32	7
专用设备制造业	C36	54.84	8
塑料制品业	C30	53.74	9
黑色金属冶炼及压延加工业	C32	53.58	10
化学纤维制造业	C28	53.55	11
有色金属冶炼及压延加工业	C33	53.46	12
橡胶制品业	C29	53.05	13
非金属矿物制品业	C31	52.85	14
农副食品加工业	C13	52.55	15
烟草制品业	C16	51.73	16
金属制品业	C34	51.07	17
纺织服装、鞋、帽制造业	C18	50.57	18
饮料制造业	C15	50.05	19

续表

行业	行业代码	得分	次序
仪器仪表及文化、办公用	C41	49.58	20
食品制造业	C14	49.27	21
皮革、毛皮、羽毛（绒）及其制品业	C19	48.95	22
石油加工、炼焦及核燃料加工业	C25	48.94	23
木材加工及木、竹、藤、棕、草制品业	C20	47.19	24
造纸及纸制品业	C22	47.13	25
工艺品及其他制造业	C42	46.77	26
印刷业和记录媒介的复制	C23	46.13	27
家具制造业	C21	46.05	28
文教体育用品制造业	C24	45.20	29
废弃资源和废旧材料回收加工业	C43	41.54	30
均值	—	51.91	—
标准差	—	4.93	—

根据指标综合结果，选择得分在均值 51.91 分以上的排名前 15 位的行业为现代制造业。按照行业代码顺序，依次为：农副食品加工业（C13）、纺织业（C17）、化学原料及化学制品制造业（C26）、医药制造业（27）、化学纤维制造业（C28）、橡胶制品业（C29）、塑料制品业（C30）、非金属矿物制品业（C31）、黑色金属冶炼及压延加工业（C32）、有色金属冶炼及压延加工业（C33）、通用设备制造业（C35）、专用设备制造业（C36）、交通运输设备制造业（C37）、电气机械及器材制造业（C39）、通信设备、计算机及其他电子设备制造业（C40）。

如上 15 个行业构成了中国现代制造业体系的主体，后文的一切关于现代制造业的分析也都是建立在这 15 个行业基础之上。

第三节　现代制造业体系的构建

现代制造业体系的构建就是要优化制造业行业结构，提高制造业生产率和技术水平，提高制造产品附加值，提高制造业生态效益水平，增强制造产品在国际竞争中的地位。

一　目标和行动框架

英国德勤咨询公司和美国民间机构竞争力委员会发布的《2013年全球制造业竞争力报告》显示，在38个国家和地区评比中，中国内地以满分10分的成绩，荣获全球制造业第一的桂冠，把美国和德国甩在了身后。这已经是中国第二次在这份榜单上称雄，而且按照德勤的预测，未来五年，中国仍将是全球制造业第一大国。要想保住这个位置，仅靠"中国制造"是不够的。中国只是制造业大国，而非制造业强国，除非中国开始真正的创新，否则中国会作为世界各国的制造工厂而停滞不前。

"中国制造"迫切需要升级为"中国创造"，这是历史赋予中国的使命。

（一）构建的目标

现代制造业体系框架构建的目标是缔造世界制造业强国。世界制造强国的重要标志就是拥有很强的自主创新能力，整体制造处于国际先进水平，具备重大装备和成套设备的制造能力，高新技术产业的产值比重大幅度提高。归根结底，就是拥有一批国际顶级制造企业、一批国际知名的制造品牌，在世界制造领域掌握先进技术，引领国际制造的发展方向①。

根据前文研究，中国现代制造业体系由15个支撑行业构成，按照行业代码顺序，依次为：农副食品加工业（C13），纺织业（C17），化学原料及化学制品制造业（C26），医药制造业（27），化学纤维制造业（C28），橡胶制品业（C29），塑料制品业（C30），非金属矿物制品业（C31），黑色金属冶炼及压延加工业（C32），有色金属冶炼及压延加工业（C33），通用设备制造业（C35），专用设备制造业（C36），交通运输设备制造业（C37），电气机械及器材制造业（C39），通信设备、计算机及其他电子设备制造业（C40）。这里既有国家产业政策支持发展的高科技行业、装备制造业，又有资源密集型行业和传统优势行业。这15个行业构成现代制造业体系的主体。

（二）行动框架

2009年2月，国家出台了《十大产业振兴规划》，装备制造业名列其中，其振兴目标是：2015年前后，中国要成为世界装备制造业强国和大

---

① 李金华：《中国现代制造业体系的构建》，《财经问题研究》2010年第4期。

国，船舶、电力设备、轨道交通设备、大型工程机械等大型、成套产品产销量位列世界第一；形成若干家具有国际竞争力的大型企业集团、若干个国际知名品牌和若干个国际知名、各具特色的装备制造业基地；产业的研发能力、系统集成能力显著提高，绝大部分产品技术和关键零部件立足国内，关键技术装备的研制能力基本满足国内外需求；产业组织结构、企业体制和经营机制与国际全面接轨，管理水平和综合经济效益达到国外同行先进水平。装备制造业是一国竞争实力的重要体现，是劳动生产率提高的先决条件，构造中国现代制造体系，需要从装备制造业入手。因此，这一表述为中国现代制造业的构建提供了一个基本的行动框架。

依据现代制造业定义和特征，我们认为，中国现代制造业体系应有依托基础、支撑行业、发展动力和运行目标四个构成要素。依靠基础，应该是主体功能区和具有国际竞争力的大型企业；支撑行业是生产技术先进、生产效率高、带动力强、具有强劲发展势头和发展潜力的若干重要行业；发展动力是不断增加的研发投入，不断增强的技术创新队伍；运行目标是培养和造就一批国际顶尖级的制造企业，创造一批国际顶级制造品牌，占领国际制造业领域先机，引领国际制造业发展方向。据此，将中国现代制造业的构建行动框架设计如图 5-1 所示。

根据行动框架图，可以将现代制造业体系构建的行动路径阐释为：以世界制造技术先进水平为目标，以优势和前景产业为切入点，建设产业基地，通过关键领域的创新和重点工程建设，稳定优势行业，扶强弱势产业，重点突破、稳步前进、循序渐进，培育出世界著名企业和世界著名品牌，形成行业结构优化、价值链高端的现代制造业体系。

二　行动路径之一：建设主体功能区

主体功能区是由基于不同环境特色、不同资源禀赋和承载能力，按照现有经济发展状况和发展潜力所确定的具有特定发展方向的空间单元。党的十八大报告提出：优化国土空间开发格局。国土是生态文明建设的空间载体，必须珍惜每一寸国土。加快实施主体功能区战略，推动各地区严格按照主体功能定位发展，构建科学合理的城市化格局、农业发展格局、生态安全格局。

划分主体功能区主要应考虑自然生态状况、水土资源承载能力、区位特征、环境容量、现有开发密度、经济结构特征、人口集聚状况、参与国际分工的程度等多种因素。按照现阶段产业集聚规模，中国已形成了珠江

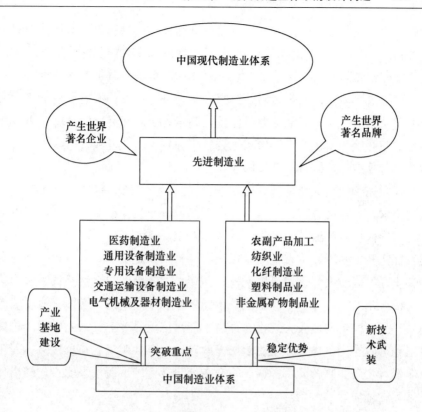

图 5-1　中国现代制造业体系行动框架

三角洲、长江三角洲和环渤海地区三大优化开发区域。此外，还有冀中南地区、太原城市群、呼包鄂榆地区、哈长地区、东陇海地区、江淮地区、海峡西岸经济区、中原经济区、长江中游地区、北部湾地区、成渝地区、黔中地区、滇中地区、藏中南地区、关中—天水地区、兰州—西宁地区、宁夏沿黄经济区和天山北坡地区等 18 个重点开发区域。这些主体功能区是孕育国际顶级制造企业的沃土，没有行业内的领军企业，就不可能有国际顶尖级的制造业品牌。建设现代制造业主体功能区需要在现代制造业现有集聚水平和特征的基础上进行。

调整产业布局。根据不同主体功能区的特色，提出不同的产业指导目录及措施，引导优化开发区域增强自主创新能力，提升产业结构层次和竞争力，引导重点开发区域加强产业配套能力建设，增强吸纳产业转移和自主创新能力，限制不符合主体功能定位的产业扩张。

建立完善的财政和投资政策。围绕推进基本公共服务均等化和主体功能区建设，完善公共财政体系。深化预算制度改革，强化预算管理，健全中央和地方财力与事权相匹配的体制，加快形成统一规范透明的财政转移支付制度，提高一般性转移支付规模和比例，加大公共服务领域投入；完善省以下财政体制，增强基层政府提供公共服务能力；实行有利于科学发展的财税制度，建立健全资源有偿使用制度和生态环境补偿机制，重点增加对限制开发和禁止开发区域用于公共服务和生态环境补偿的财政转移支付；支持重点开发区域基础设施建设。

建立完善的土地和人口管理政策。加强国土规划，按照形成主体功能区的要求，完善区域政策，调整经济布局。按照主体功能定位调控人口总量，引导人口有序流动，逐步形成人口与资金等生产要素同向流动机制。鼓励优化开发区域、重点开发区域吸纳外来人口定居落户；引导限制开发和禁止开发区域人口逐步自愿平稳有序转移，缓解人与自然关系紧张的状况。按照基本形成节约资源和保护生态环境的产业结构、增长方式、消费模式；循环经济形成较大规模，可再生能源比重显著上升；主要污染物排放得到有效控制，生态环境质量明显改善；生态文明观念在全社会牢固树立等建设生态文明的要求，根据不同主体功能区的环境承载能力，提出分类管理的环境保护政策。

建立绩效评价和政绩考核新机制。针对主体功能区不同定位，实行不同的绩效评价指标和政绩考核办法。优化开发区域要强化经济结构、资源消耗、自主创新等的评价，弱化经济增长的评价；重点开发区域要对经济增长、质量效益、工业化和城镇化水平以及相关领域的自主创新等实行综合评价；限制开发区域要突出生态建设和环境保护等的评价，弱化经济增长、工业化和城镇化水平的评价；禁止开发区域主要评价生态建设和环境保护。这样，从体制的层面上引导人们在发展道路、发展目标上进行新的调整。

三　行动路径之二：建设现代制造基地

加快构建中国现代制造业体系，在当前国际国内发展背景下，我们认为，以优势和前景产业为切入点，建设产业基地，培植"旗舰"企业，扶强弱势产业，重点突出，稳步推进，形成行业结构优化、价值链高端的制造业体系。按照这一思路，在近五年来，应集中精力选准一批有发展潜质的企业，重点培植，进而建成可以领军国内某一制造行业的生产基地。

一个行业的生产基地，应具备三个条件：一是生产规模大、产品总量多、市场占有率高，有较高的知名度；二是有较强的集聚和扩散能力，能纳吐一定数量的资本、劳动力等生产要素，特别是技术力量；三是有一定的空间范围，拥有核心企业和企业群，群内企业有较密切的联系。作为现代制造业的基地，则还要求技术创新能力强，专业化分工水平高，功能配备完善，国际化程度高，管理先进科学。要求建成一个基地，就需要选好有潜质的企业。根据产业经济理论，影响企业选址的因素有原料、动力（燃料或电力）、劳动力、市场、交通运输、土地、水源等。因此，构建一个产业基地，确定一个企业的选址，要综合考虑多方面的因素。根据前述的分析和中国现代制造业体系的框架，我们认为，中国在短期内可至少建立一批现代制造基地：现代计算机制造基地、大飞机制造基地、新型大马力农业机械制造基地、现代汽车制造基地、现代高速铁路机车制造基地、大型精密数控装备制造基地等。

（一）现代计算机制造基地

以深圳为中心建立珠江三角洲计算机制造基地，以天津为中心建立环渤海计算机基地。

资料显示，深圳市计算机行业已经具备相当规模，计算机及相关工业企业已有 1500 多家。其中，在海内外有一定影响力的企业近 30 家。深圳市计算机行业的主要产品为微机、板卡、硬盘、打印机、显示器以及各类计算机应用系统等。从生产规模、技术水平和发展速度等诸多方面衡量，深圳已成为中国大陆最有生机的计算机生产基地。近十五年来，计算机行业先后建立了一批规模大、实力强的大公司。长城、联想、中航、华源等，已发展为集团性大公司，对深圳市计算机行业的发展起到龙头作用。这些企业成为珠三角地区计算机生产基地的支撑。

环渤海地区是中国向市场经济推进的一个重要经济引擎，其经济腹地涵盖了华北、东北、西北、中原等地区；濒临日本、韩国，处于东北亚经济圈的中心地带，是中国参与东北亚区域合作的前沿。作为环渤海的中心城市——天津逐渐成为电子产业发展的焦点。在 9 个国家电子信息产业基地中，北京、天津和青岛占有三席，在国家级电子信息产业园区中，仅天津就占有 4 家。作为天津工业第一支柱产业——电子信息产业产值占全市工业的 23%，产值规模居中国第 5 位。2006—2010 年，天津电子信息产品制造业销售收入年均增长 14% 左右。

需要特别说明的是，改革开放以来，我国取得了 7 个标志性重大科技成就，其中之一就是我国自主研发的曙光高性能计算机。它代表中国计算机最高水平，为"两弹一星"、载人航天等标志性科技成就作出过重要贡献，充分体现出我国在高性能计算领域的科研实力和原创能力。而"曙光"就诞生在天津，这足以使天津有资本成为中国计算机制造基地之一。

（二）大飞机制造基地

中国要成为制造强国，在未来不太长的时期内建设大飞机制造基地势在必行。可以西安为轴心建立中国大飞机制造基地，培植西安飞机工业集团公司（西飞）为国内领军、国际著名飞机制造企业。

目前，中国在哈尔滨、沈阳、南昌、贵阳、成都设有飞机研发或制造基地。其中，沈（阳）飞、成（都）飞、上（海）飞属于中航一集团，哈（尔滨）飞、陕飞（陕西汉中）、南（昌）飞、贵（阳）飞属于中航二集团。2009 年 12 月，中国商飞公司总装制造基地在上海浦东开工建设，这是中国最大、最先进的承担大型客机和新支线飞机制造任务的民用飞机总装制造基地。随着基地开工建设，标志着中国大飞机项目的设计研发、总装制造、客户服务已全部启动。

上海已被国家列入第一个大飞机制造基地，未来 5 年应在西安建立我国第二个大飞机制造基地，因为从现有航空生产实力看，陕西是中国最雄厚的地区。陕西已有两家大型飞机制造企业西飞、陕飞，另有几个通用飞机制造企业也将落户西安航空产业基地，使得陕西成为中国飞机制造企业最多的省份；陕西航空产品产值、出口产值均占到全国的 1/3，有些甚至近一半，陕西已经形成了较为完整的航空工业产业链。

西飞集团是中国最重要的民用飞机生产基地，1958 年创建，1980 年率先走出国门，先后与美国、加拿大、意大利、法国、德国等世界著名航空公司进行航空产品合作生产。西飞有望成为大飞机制造基地的条件是：一是西飞所在的阎良是我国唯一的航空航天产业基地，并有批量小型飞机出口，突破了中国航空生产出口的零纪录；二是西飞已独立参与国际航空生产转包项目的竞标并中标，其对国际航空大型飞机的改装生产，标志着西飞集团的管理能力和制造能力已跻身于世界优秀航空制造企业的行列；三是西北工业大学是中国集"三航"（航空、航天、航海）于一身的重点高校，中国的飞机试飞院也正在西安，西飞所在的阎良，是我国唯一一个航天航空高技术开发区；四是西安交通发达，周边地区蕴藏较丰富的铝、铁等矿产资源，拥有为飞机制造提供原材料的企业。

（三）新型大马力农业机械制造基地

在洛阳、潍坊建立新型大马力农业机械制造基地，培植中国一拖集团、山东时风集团为国际著名大马力农业机械生产企业。

中国一拖集团始建于1954年，是以农业装备、工程机械、动力机械、汽车和零部件制造为主要业务的大型综合性装备生产企业集团。经过50年的建设，集团已开发出大轮拖拉机、压路机、汽车、挖掘机、收获机、柴油机、推土机等产品。企业在引进国外先进技术的基础上，研制开发了东方红系列履带拖拉机、东方红系列轮式拖拉机，其中大型轮式拖拉机、压路机和柴油机产品已成为企业拥有自主知识产权、在国内保持领先地位的民族品牌，也是中国最具竞争力的优秀品牌之一。产品不仅有效替代了进口，而且出口欧洲和南美几十个国家。现在，集团大功率轮式拖拉机、履带拖拉机、农村工程机械等产品的市场占有率位居国内第一，100、105系列柴油机在农业机械配套市场长期稳居行业首位。现有的生产能力和水平表明，中国一拖集团重点产品技术已基本接近或达到20世纪末世界先进水平，基本具备了竞争国际著名农业装备制造企业的实力。

山东时风集团是国家特大型企业，其主导产品为三轮汽车、低速载货车、轻卡汽车、拖拉机、发动机。集团的三轮汽车产销量已连续9年全国同行业第一，低速载货车产销量连续6年全国同行业第一，经济效益连续11年全国同行业第一。现在，时风集团已居世界机械企业500强第463位、中国企业500强第206位、全国大型工业企业第125位、中国机械100强第7位，连续5年居中国农机工业百强企业第1位。企业还拥有支撑企业可持续发展的专门研发机构时风研究院，这一个国家级企业技术中心，有12个研究所，2500余名专业技术人员，时风集团也具备成为国家先进农机设备生产基地的条件。

（四）现代汽车制造基地

以上海、长春、武汉为轴心建立中国汽车制造业基地，培植上海汽车工业集团总公司（上汽集团）、一汽集团和东风汽车集团为国际著名汽车制造企业。

上汽集团是中国三大汽车集团之一，主要从事乘用车、商用车和汽车零部件生产、销售、开发及相关的汽车服务贸易业务。2008年，上汽集团整车销售超过182.6万辆，其中乘用车销售111.8万辆，商用车销售70.8万辆，在国内汽车集团排名中继续保持第一位。上汽集团除在上海当地发展外，还在柳州、重庆、烟台、沈阳、青岛、仪征、南京、英国长桥等地建立了自己的生产基地；拥有韩国通用大宇 10% 的股份；在美国、欧洲、日本、韩国和中国香港特区设有海外公司。2006 年，上汽集团以143.65 亿美元的销售收入，进入《财富》杂志世界 500 强企业排名。2008 年，以 226 亿美元的合并销售收入，位列《财富》杂志世界 500 强企业第 373 名。2009 年，则以 248.8 亿美元的合并销售收入第 5 次入选《财富》杂志世界 500 强，排名第 359 位。

位于长春的中国第一汽车集团公司，1953 年奠基兴建，1956 年建成投产，曾制造出新中国第一辆解放牌卡车。1958 年制造出新中国第一辆东风牌小轿车和第一辆红旗牌高级轿车。一汽的建成，开创了中国汽车工业新的历史。经过五十多年发展，集团已拥有中国汽车行业规模最大、核心能力最强的集科学研究、产品开发、工艺材料开发于一身的技术中心，拥有中国最大的中重型卡车生产基地、6 万辆轻型车生产基地、3 万辆红旗轿车生产基地和中德合资的 15 万辆轿车生产基地，4 大基地构成了中国一汽生产力的核心。此外，一汽先后在亚洲、非洲、欧洲、美洲建立了5 大地区性公司，设立了 11 个分公司和办事机构，与 80 多个国家和地区的 1000 多家企业、贸易公司、分销商和代理商建立了业务关系；进出口总额从 3000 万美元起步已累计达到 41.1 亿美元，其中出口各种商用车、乘用车 4.3 万辆。可以说，一汽已建立了适应市场竞争需求的现代企业制度，形成了立足东北、辐射全国、面向海外的开放式发展格局，超级跨国大公司的雏形已经形成。2007 年，一汽列世界 500 强第 303 位，中国企业 500 强第 14 位，中国制造业企业 500 强第 2 位和 2007 年度中国"最具影响力企业"第 2 位。2009 年位于中国制造 500 强第 6 位。因此，一汽极有潜质成为国际知名汽车制造企业。

东风汽车公司始建于 1969 年，是中国汽车行业的骨干企业。经过三十多年建设，已陆续建成十堰、襄樊、武汉、广州 4 个生产基地，其中十堰主要生产中、重型商用车，零部件、汽车装备，襄樊主要生产轻型商用车、乘用车，武汉和广州则主要生产乘用车，2009 年，公司年产20 万辆，销售收入突破 160 亿元，位列中国制造业 500 强，是一个专业化、规模化、国际化的轻型商用车公司，同样有成为国际著名制造企业的潜质。

（五）大型精密数控装备制造基地

在沈阳建设大型精密数控装备制造基地，培植沈阳机床（集团）有限责任公司为国际著名的大型精密数控装备生产企业。

沈阳机床（集团）有限责任公司 于1995年由沈阳第一机床厂、中捷机床有限公司、中捷摇臂钻床厂、沈阳数控机床有限责任公司重组组建而成，生产基地主要分布在沈阳、昆明以及德国的阿瑟斯雷本，是目前我国规模最大的综合性车床制造厂和国家级数控机床开发制造企业。其主营产品金属切削机床包括两大类：一类是数控机床，另一类是普通机床。企业自行开发及采用德国、日本和意大利先进技术生产的各种型号卧式镗床、数控铣镗床、柔性制造单元及各种专用机床等产品已具备国内领先水平，共300多个品种、出口80多个国家和地区。企业具有国内一流的设计开发及生产制造能力，所辖的钻镗床研究所是目前我国规模最大的综合性机床研究机构，其为汽车、机车车辆、航空航天、国防工业及上海磁悬浮等重大工程项目提供了重要装备，研制的上海磁悬浮轨道梁加工生产线等数控机床产品已达到国际领先水平。因此，企业应该具备成为国际著名大型精密数控装备生产企业的条件。

（六）现代高速铁路机车制造基地

在唐山、株洲建设现代高速铁路机车制造基地，培植中国北方机车车辆工业集团公司、中国南方机车车辆工业集团公司为国际著名机车生产企业。

高铁技术经过20世纪60年代以来的发展，已经成为一种比较成熟的技术，不仅铁路，还包括工务工程、通信信号、牵引供电、客车制造等多方面技术。中国的高铁建设虽起步较晚，但发展很快，居世界领先水平。目前我国高速铁路运营里程居世界第一位，正在建设之中的高速铁路尚有1万多公里，国内已经拥有了世界上最快、系统最复杂的高速铁路体系。与国外相比，我国高铁用了几年的时间达到了其他国家几十年的发展程度，技术和规模均超过了对手。我国高速铁路的工程建造技术、高速列车技术、列车控制技术、客站建设技术、系统集成技术、运营维护技术不仅达到了世界先进水平，而且形成了具有自主知识产权的高速铁路成套技术体系。因此，在国家铁路网和城市轨道交通网巨大需求的背景下，发展我国轨道交通装备制造业，可以充分发挥我们在该领域的优势，能够促进和带动我国当前的制造业升级和产业结构调整。

中国北车集团是国家特大型铁道装备制造企业，含齐齐哈尔铁路车辆厂、哈尔滨车辆厂、牡丹江机车车辆厂、长春机车厂、长春机车车辆有限责任公司、长春客车厂、沈阳机车车辆厂、沈阳铁道制动机厂、大连机车车辆厂、唐山机车车辆厂等18家全资子公司，生产铁路机车车辆（含动车组）、城市轨道车辆、工程机械、机电设备、电子设备及相关部件等产品的研发、设计和制造。中国北车汇集了一大批机车车辆专业及其他学科技术人才，能生产国内领先的高速和谐2型动车、和谐3型动车，也能生产具有国际领先水平的和谐3型大功率交流传动内燃机车，担当了大秦、京沪、京广等重要线路的牵引任务。属下骨干企业唐山机车车辆厂始建于1880年，是我国第一家铁路工厂，我国第一台蒸汽机车的诞生地，技术力量雄厚，生产实力强，是国家先进机车生产基地建设的首选企业之一。

中国南车集团也是国家特大型铁道装备制造企业，含株洲电力机车厂、资阳内燃机车厂、四方机车车辆厂、株洲车辆厂、眉山车辆厂、武昌车辆厂、铜陵车辆厂、成都机车车辆厂、洛阳机车厂等19家全资企业。主打产品为铁路机车车辆、城市轨道交通车辆、各类机电设备及部件等。集团拥有铁路机车、客车、货车、地铁车辆及相关零部件自主开发、规模制造、规范服务的完整体系，拥有世界最大的电力机车制造、中国最先进的大功率内燃机车及柴油机的研制能力，产品已实现批量出口，年出口签约成交额超过2亿美元。2007年度中国企业500强排名中，南车集团名列第143位。2009年中国制造500强中，居第79位。现有技术水平和生产实力，使南车有望成为世界著名机车生产企业。

（七）现代钢铁制造基地

打造以东北老工业基地、京津唐经济圈、长三角、武汉传统重工业基地等为轴心的现代钢铁制造基地。

从钢铁产业发展现状看，我国是钢铁生产和消费大国，粗钢产量连续13年位居世界第一。但是，钢铁产业长期粗放发展积累的矛盾日益突出，主要表现在：一是盲目投资严重，产能总量过剩，截至2008年年底，我国粗钢产能达到6.6亿吨，超出实际需求约1亿吨；二是创新能力不强，先进生产技术、高端产品研发和应用主要依靠引进和模仿，一些高档关键品种钢材仍需大量进口，消费结构处于中低档水平；三是产业集中度低，粗钢生产企业平均规模不足100万吨，排名前5位的企业钢产量仅占全国总量的28.5%。

　　从区位优势看，我国钢铁制造业的重要原料铁矿石、煤炭资源主要分布在华北、东北等地区，这些地区具有较好的资源条件。同时，这些地区是我国交通网络发达的地区，大秦铁路、京哈铁路、京广、京沪铁路四通八达，海运、水运方便，有利于发挥物流优势。而且，上述区域具有良好的工业基础和较强的经济实力，能够为钢铁制造业升级提供必要的经济保障、科研能力、技术支持等配套体系。同时，从国家区域发展战略来讲，能够进一步促进这些重要经济区域的振兴及竞争力提升。

　　从市场结构与竞争格局看，我国钢铁37%左右的市场份额集中于长三角地区，30%集中于京津唐经济圈，14%集中于以武汉为核心的中南区域，10%集中于东北老工业基地。同时，我国钢铁市场初步形成以长三角的宝钢集团、京津塘区域的河北钢铁集团、武汉钢铁集团、东北鞍本钢铁集团等四大企业为核心的市场竞争格局，在钢铁市场上各具特色。

　　宝钢一直是中国最具竞争力的钢铁企业之一，自2003年起，已连续多年跻身世界500强。立足于生产高技术含量、高附加值钢铁精品。目前已形成普碳钢、不锈钢、特钢三大产品系列，广泛应用于汽车、家电、石油化工、机械制造、能源交通、建筑装潢、金属制品、航天航空、核电、电子仪表等行业。

　　武钢是新中国成立后兴建的第一个特大型钢铁联合企业，于1955年开始建设，1958年9月13日建成投产，是中央和国务院国资委直管的国有重要骨干企业。自1999年以来，先后对海钢、鄂城钢铁、柳钢、昆钢等进行了整合，已成为生产规模逾3000万吨的大型企业集团，居世界钢铁行业第7位，国内第3位。主要产品有热轧卷板、热轧型钢、热轧重轨、中厚板、冷轧卷板、镀锌板、镀锡板、冷轧取向和无取向硅钢片、彩涂钢板、高速线材等几百个品种。

　　根据振兴东北老工业基地发展战略，2005年由辽宁鞍山钢铁集团和本溪钢铁集团联合组建的鞍本集团，已成为生产规模逾3000万吨甚至5000万吨级的大型钢铁企业。其产品以汽车板、家电板、集装箱板、管线钢、冷轧硅钢等为主导产品，能够生产优质生铁、优质特钢、热轧薄板、冷轧薄板及镀锌板等产品，是我国重要的板材生产基地。

　　河北钢铁集团是由唐钢集团和邯钢集团于2008年联合组建而成的。该集团已初步形成精品板材、钒钛制品和优质建材三大系列产品结构。其中优势产品造船板、压力容器板、管线用板、高强结构板等在内的中厚板产能达 800 多万吨，集团下属的舞钢公司宽厚板有 200 多个品种替代进口或应用外国标准生产，旗下的承钢致力于打造全国乃至全世界最大的钒钛制品基地。

（八）现代船舶制造基地

以中国船舶工业集团公司、中国船舶重工集团公司为基础，打造现代船舶制造基地。

船舶工业是为航运业、海洋开发及国防建设提供技术装备的综合性产业，对钢铁、石化、轻工、纺织、装备制造、电子信息等重点产业发展和扩大出口具有较强的带动作用。从全球造船业重心转移趋势，国际市场的巨大需求，以及我国航运、海运蓬勃发展形势来看，致力于船舶制造业升级势在必行。综合我国工业基础、区域发展与国家战略等因素，我们提出打造以长江口、渤海湾、珠江口为轴心的具有国际领先水平的船舶制造基地。

以大连、青岛、上海、广州为核心的船舶制造工业历史悠久，具有良好的工业基础、技术实力和人力优势，形成了比较完备的制造业体系；这些区域高校、科研机构集中，研发能力较强，为建立我国现代船舶制造业体系奠定了良好的基础。

长三角、环渤海、珠三角等三大区域是我国最为发达的地区，经济实力雄厚，基础设施优良，产业集聚度高，是我国主要工业品制造基地，为打造现代化的船舶制造基地提供了良好的经济基础。三大区域分布了以中国船舶工业集团公司、中国船舶重工集团公司等代表的龙头企业，这些企业在历史发展过程中形成了各自的优势及业务特色。

中国船舶工业集团（简称中船集团，CSSC）组建于 1999 年，是中国船舶工业主要力量，旗下聚集了一批中国最具实力的骨干造修船企业、船舶研究设计院所、船舶配套企业及船舶外贸公司。产品种类丰富，从普通油船、散货船到具有当代国际水平的化学品船、客滚船、大型集装箱船、大型液化气船、大型自卸船、高速船、液化天然气船、超大型油船（VLCC）及海洋工程等各类民用船舶与设施，船舶产品已出口到 50 多个国家和地区。

中国船舶重工集团公司（简称中船重工，CSIC）成立于 1999 年，是中国最大的造修船集团之一，集中了我国舰船研究、设计的主要力量，有3 万多名科研设计人员，8 个国家级重点实验室，7 个国家级企业技术中心，150 多个大型实验室，具有较强的自主创新和产品开发能力，能够设计、建造和坞修各种油船、化学品船、散货船、集装箱船、滚装船、LPG 船、LNG 船及工程船舶等。该集团拥有国内最齐全的船舶配套能力，自主创新与引进技术相结合，形成了各种系列的舰船主机、辅机和仪表、武备等设备的综合配套能力。

（九）现代医药制造基地

在长三角、珠三角建立现代医药制造基地。

医药制造业是关系国计民生的战略性产业。随着人民物质生活水平的提高，人口老龄化进程的加快，全社会公共卫生体系建设，以及医疗体制改革的深化，医药制造业正迎来前所未有的发展机遇。我国医药制造业发展迅速，在整个制造业中的比重大幅度上升，地位逐步提高。但是，现阶段仍面临着行政性进入壁垒高、行业集中度低、创新能力不足等问题。因此，我国应通过重点打造以长三角、珠三角等为重心的现代医药制造基地，促进我国医药制造业的升级与健康发展。

1. 长三角医药制造基地。从地区分布上来看，我国的医药制造业主要集中在东部沿海地区。2009 年第一季度东部地区总产值达到 1169.09 亿元，同比增长 17.79%；占全国总产值的 60%。以上海、南京、江苏为轴心的医药制造业，形成了较为完整的产业链，专业化程度高，产业竞争力强，在全国占有举足轻重的地位。概括起来，该区域具有三大优势：一是医药制造业地区专业化分工明显，形成了相互依赖的上、中、下游制造链衔接体系；二是通过基地和园区建设使得产业集中度较高，具有明显的规模优势，基地和园区内较好的研产结合又提高了企业创新能力和产品竞争力；三是拥有一定数量的知名大企业和企业集团，在产业发展中起推动作用。该区域集聚了医药制造领域的龙头企业，如上海医药（2009 年中国企业 500 强的第 222 名）、南京医药（第 322 名）、扬子江药业（第 346 名）。

长三角各省市医药制造各有特色与优势。其中，浙江以化学药品原药制造为主，是全国化学原药生产大省，为长三角及全国化学药品制剂业提供原料基础。化学药品制剂制造主要集中于上海和江苏。上海中药饮片加工业规模最大。中成药制造在三地分布比较均衡。生物、生化制品制造分布于长三角几大核心城市，以上海实力最强，可重点支持长三角的医药制造业升级，打造长三角现代医药制造基地。

中医药（民族医药）是我国各族人民在几千年生产生活和与疾病做斗争的实践中逐步形成并不断丰富发展的医学科学，具有完全的知识产权，是我国少数具有国际比较优势的产业之一。大力发展中医药制造业是时代的需要，具有广阔的发展空间。首先，中医药制造业是传统产业和现代产业相结合的新兴产业，具有巨大的市场潜力；其次，中医药制造主要使用可再生的植物原料，是一种绿色环保产业，符合循环经济的发展要求；最后，中药具有治未病、系统治疗、副作用小的特点，符合"完善医疗卫生服务"，建立健全中医药"治未病"预防的目的。2009 年出台的《国务院关于扶持和促进中医药事业发展的若干意见》为中医药制造业带来了新的历史机遇。

2. 珠三角医药（中医药）制造基地。打造珠三角中医药（民族医药）制造基地，主要基于以下几个方面考虑：

第一，珠三角是我国最发达的经济区域之一，开放程度高，具有良好的经济基础和区位优势，具备推动该区域中医药制造企业做大做强的条件。同时，珠三角紧邻我国香港、中国—东盟自由贸易区，可以借助香港的世界窗口优势，以及东南亚大中华文化圈的传统文化优势，推动中医药制造业走向世界，开拓国际市场。需要强调的是，在粤港一体化的背景下，香港具有推动中医药走向世界的良好社会环境。例如，于 1999 年 7月获得立法会通过的《中医药条例》，确立了中医药在香港的法律地位，推动了香港的中医药在立法、管理、教育、科研及医疗等方面的长足发展。

第二，珠三角地区的中医药产业集中度高，上下游产业链较为完整，容易形成规模优势。目前，我国中药制造业的百年老店仅存 10 家左右，其中广东就占了 7 家。但是，珠三角中药企业仍然存在创新能力不足、整体竞争力不强等问题。因此，引导和支持创新要素向企业积聚，推动珠三角中药企业做大做强，是当务之急。

第三，珠三角具有获取中药原材料的地理优势。以广西、成都、昆明、贵阳为核心的大西南区域，是我国传统中药材生产基地，具有良好的地理与气候条件。大西南地区属于卡斯特地貌，境内沟壑纵横，形成了240—6000 米的垂直落差，区内小气候环境复杂多样，具有独特的生态环境优势，生物多样性复杂，物种资源丰富，具有丰富的名优、道地中药材品种资源，蕴藏量大。此外，珠三角还可以依托东盟自由贸易区的优势，便利获取东南亚丰富的药材资源。

（十）现代纺织服装制造基地

打造长三角现代纺织服装制造基地。

纺织服装制造业是我国国民经济中的传统产业和重要的民生产业。经过改革开放30多年的长足发展，我国已成为世界纺织服装制造大国。但是，总体而言，我国纺织服装制造业仍处于"微笑曲线"谷底，技术装备落后，研发设计能力薄弱，缺少具有自主知识产权的世界级品牌，居于全球产业价值链低端。因此，亟须结合全球产业价值链升级的机遇，充分发挥我国的劳动力成本优势，通过打造长三角先进纺织服装制造基地，实现产业升级，变"中国制造"为"中国创造"。

第一，长三角区域大型纺织服装企业集中，有利于发挥规模优势。据统计，我国著名的纺织服装制造企业主要集中在长三角地区，国内500强企业排名中，雅戈尔集团居第230名、上海纺织居第231名、江苏阳光集团居第242名、红豆集团居第269名，初步形成了规模优势。最近几年，在上海的长宁、杨浦、虹口、浦东等区域积聚了纺织控股、美特斯·邦威等知名企业。

第二，长三角区域已形成了从化纤原料到棉、毛纺织印染、针织，直至家纺、服装生产这样一个较完整的产业链，集聚度高，并且产业布局合理，各具特色。其中，江苏省吴江市盛泽镇是中国的丝绸名镇，浙江省海宁市马桥街道是中国的经编名镇，浙江省湖州市织里镇是中国的童装名镇和品牌羊绒服装名镇，浙江省嘉兴市秀洲区洪合镇是中国的毛衫名镇。尤其是，浙江省绍兴县是中国纺织产业基地县，纺织产业链条完整齐备，从化纤织造起步，至今已形成了上游的PTA、聚酯、化纤，中游的织造、染整，下游的服装、家纺组成的完整产业链。其中化纤原料、化纤面料的年产量和化纤面料的年出口额占到了全国的10%，印染年产量占到了全国的1/3，是名副其实的全国最大的纺织品生产基地。

第三，在结构调整与产业升级的进程中，长三角纺织服装制造业的产业升级步伐走在全国前面，在研发设计、品牌建设等产生高附加值的战略环节中做出了积极探索。以"杉杉"、"报喜鸟"、"森马"、"七匹狼"、"波司登"、"伟志"、"梦舒雅"等为代表的企业，纷纷把营销、研发、物流中心迁移到上海，积极尝试与东华大学、上海纺织科学研究院等专业院校和科研机构合作，提高研发设计能力。从波司登、红豆这些著名品牌的发展历程，我们看到了长三角区域纺织服装产业由"中国制造"向"中国创造"不断迈进的步伐。

（十一）现代食品加工制造基地

打造以山东、河南、河北为核心的农副食品加工基地；以内蒙古为核心的乳制品制造基地；以四川、贵州为核心的酒业制造基地；以长三角、珠三角为核心的食品制造基地；以甘肃、宁夏为核心的清真食品制造基地。

食品制造业是关系国计民生的生命工业，也是一个国家、一个民族经济发展水平和人民生活质量的重要标志。经过 30 多年的快速发展，我国已成为世界食品工业生产大国，生产门类齐全，产业链较为完整。但是，与世界先进国家相比，我国仍有较大差距，突出表现在国内食品制造企业规模小、竞争力不强，缺乏类似可口可乐、雀巢咖啡一类具有国际知名品牌的大型企业集团。因此，我国亟须通过科技创新和产品结构调整，加强政策引导扶持，打造以农副食品加工、食品制造、饮料制造为特色的食品加工制造基地，推动和促进我国制造业升级，培育具有国际知名名牌的大型企业集团。

综合原材料来源优势、食品工业基础、全国区域布局等因素，我们提出重点打造以山东、河南、河北为核心的农副食品加工基地，以内蒙古为核心的乳制品制造基地，以四川、贵州为核心的酒业制造基地，以长三角、珠三角为核心的食品制造基地，以甘肃、宁夏为核心的清真食品制造基地。

1. 农副食品加工基地。华北地区是我国传统的农副食品加工制造中心，具有良好的食品工业基础，工业体系完备，品种齐全。据统计，我国食品制造业累计实现产品销售收入处于前 5 名的省份一般都包含广东、山东、河南、河北等。

黄淮海地区的河北、山东和河南，是我国重要的粮食主产区，而且紧靠东北平原、江汉平原等粮食主产区，具有原材料来源优势。同时，该区域聚集了一批具有名品牌的龙头企业。例如，肉类加工企业河南双汇集团和山东新程金锣集团，糖类制造企业山东西王集团，粮油加工企业汇福粮油集团和鲁花集团。

2. 乳制品制造基地。奶业是关乎民族振兴和食物安全的战略性产业，具有营养、节粮、经济、高效的特点。内蒙古作为我国重要的乳制品加工基地和奶业优势产区，奶业在内蒙古既是传统产业，又是优势产业。此外，内蒙古具有无可比拟的资源要素优势，丰裕的土地、耕地、草牧场和适宜的自然气候条件，充足且成本低廉的劳动力、悠久的畜牧文化传统是内蒙古奶业成长的优势条件。同时，内蒙古的奶产量占全国27%之多，是我国第一奶业大区。此外，内蒙古紧邻新疆奶业产地，便利资源获取。

近年来，随着国家和自治区对奶业扶持政策力度的加大，内蒙古奶业在产业规模、产业竞争力等方面领先于其他地区。同时，国家高度重视内蒙古乳制品制造业的发展。《全国2008—2015年奶牛优势区域布局规划》中"东北内蒙古奶牛优势区"内蒙古有66个旗县区列入重点发展区域。另外，"内蒙古乳业信息平台开发"获得了国家"863"计划项目，并取得了巨大的技术成果，这对于促进内蒙古乳制品制造业技术改造与产业升级具有重要作用。

内蒙古已形成一批品牌竞争力较强的企业集团，具备了一定的产业规模。2009年，在中国企业500强排名中，蒙牛集团名列第241位，伊利集团名列第257位。截至目前，全区形成了以伊利和蒙牛两大国家重点企业为龙头，内蒙古乳泉、包头创伟、科尔沁乳业、云海秋林、北京洛娃、呼伦贝尔三元、内蒙古牛妈妈、内蒙古天辅乳业、内蒙古乌兰布和乳液等10家自治区重点企业为补充的乳制品产业化发展格局。

3. 以国酒茅台及五粮液为重点的品牌白酒制造基地。白酒文化是中华民族5000年文明进程中的一个不可或缺的文化符号，在世界具有一定的文化影响。国酒茅台集团和五粮液集团最能代表我国白酒文化的自主品牌企业集团，是促进国际文化交流、宣扬中华文明的重要载体。因此，打造以国酒茅台、五粮液为重点的品牌白酒制造基地具有重大的文化及历史价值。

中国茅台是在世界范围内享有盛誉的民族品牌。在英国《金融时报》发布的2008年全球上市公司500强企业排行榜中，贵州茅台榜上有名。茅台酒是与法国白兰地、英国威士忌齐名的世界名酒，在业界和消费者心中享有崇高地位和品牌忠诚度，而且在政治、历史、文化和促进各国友谊与世界和平中独树一帜，发挥了外交使者和历史见证的非凡作用，其文化价值和品牌价值巨大。

五粮液是在世界上具有浓厚中国传统文化特色的民族品牌，以其对中庸文化的传承闻名于世。在美国纽约市立大学发布的"2009年度中国最有价值品牌"排名榜中,五粮液以 472.06 亿元(人民币)连续 14 年蝉联中国白酒制造业首位。而且,随着 2008 年"五粮液酒传统酿造技艺"入选国家级非物质文化遗产名录,五粮液品牌更是蕴含着丰富的科学、历史、人文、经济价值,是一部生动的白酒酿造史和民族融合史。

4. 以泛珠三角为核心的绿色食品制造基地。绿色食品是一种无污染的安全优质、营养类食品。从食品工业发展趋势看,绿色食品将引领未来国际食品市场的潮流。我国绿色食品起步较晚,但发展较快,还有很大的潜力可挖,绿色食品发展前景广阔。因此,打造以泛珠三角为核心的绿色食品制造基地,对于促进我国食品工业结构调整与升级、开拓国际国内市场具有战略意义。

第一,泛珠三角区域横跨亚热带、南亚热带,尤其还拥有高山和高原气候,分布着各种各样农作物,并且可以根据季节性差异生产互补型的绿色食品。同时,该区域沿海地区和香港、澳门行政区拥有资金、加工技术、管理经验和市场,而其他区域拥有自然资源优势,可以充分利用这些优势建立绿色食品粗加工生产基地、深加工基地和市场销售中心的梯度加工网络。

第二,改革开放 30 多年来,广东食品行业通过充分利用区域和资源优势,以及借助外来资本和先进技术超常规发展,在全国率先提出和实施名牌发展战略,创造了闻名遐迩的"广东粮、珠江水",形成了行业门类齐全、名牌品种多、产品质量较高和经济效益较好的食品工业体系。该省成为全国食品工业的生产大省和出口大省。

第三,珠三角已初步形成绿色食品五大特色产业带。即:以广州、深圳为中心的绿色食品乳制品产业带;以化州、高州等市为中心的绿色龙眼、荔枝产业带;以台山、高明等地上万亩大米主产区为基地的大米产业带;以中山、珠海等地大规模的水产养殖加工基地为依托的水产品产业带;以郁南县城 6 万亩砂糖橘、7 万亩无核黄皮、德庆 5 万亩贡柑和新丰县城 20 万亩蔬菜为基地的大规模绿色水果、蔬菜主产区。这表明该区域绿色产业集聚度高,布局合理,易发挥规模效应。

第四,以广东为核心的泛珠三角区域聚集了一批具有较大规模和较强实力的绿色食品加工企业。据统计,在国家重点农业龙头企业排名中广东占 42 家,典型的如广州市江丰实业股份有限公司、深圳市光明集团有限公司、广东康辉集团有限公司等。

5. 以宁夏为核心的清真食品制造基地。

第一，甘肃、宁夏、新疆是我国穆斯林群众聚集区，并且具有开拓世界主要伊斯兰教国家市场的文化优势及地理优势。

第二，宁夏是中国最大的回族聚居区，拥有发展清真食品、穆斯林用品产业的独特优势，其"清真"品牌产品以及特色农产品具有广阔国际市场。目前，宁夏共有清真食品、穆斯林用品生产经营主体近万家，形成了300余件专利。清真牛羊肉远销马来西亚、阿联酋、科威特、埃及等国家和地区。此外，还形成了银川纳家户、吴忠涝河桥、西吉单家集等一批挺进国际市场的特色优势清真产业品牌。

第三，清真食品是回族、维吾尔族、哈萨克族等信仰伊斯兰教的穆斯林群众日常生活特需品，在生产、加工、储运、经营等方面具有鲜明特点和特殊要求，也是符合现代消费观念的"绿色食品"。近年来，随着清真食品业的不断发展，产业化日趋成型，"清真"已不仅仅是穆斯林群众日常生活的特需品，而且成了"安全、卫生、营养、保健"食品的代名词。

第四，近年来，宁夏政府把大力发展清真产业作为自治区经济发展的重要战略之一，全力支持其做大做强，为此专门出台了《宁夏回族自治区清真食品管理条例》，并批准设立了"银川德胜清真食品工业园"和"吴忠清真食品穆斯林用品工业园"。

因此，集中力量，发挥特色，建设品牌，打造宁夏清真食品制造基地对于我国食品工业的升级具有重要意义。

四　行动路径之三：实施品牌战略

构建现代制造业体系，必须抢占先机，掌握行业生产的核心技术，把控行业关键产品的定价权，保证行业在国际市场处于领先水平。而一个行业在国际市场上处于领军地位的重要标志就是拥有国际著名企业和国际著名品牌。

品牌是一个被消费者高度认可的产品代表符号，包括企业和产品的属性、价值、个性、利益、特质等，由品牌名称、品牌标志和商标构成，是生产者对消费者产品特征、质量、信誉等的保证和承诺。在高度发达的市场经济环境下，品牌已被赋予更丰富、更广泛的内涵，如思想情感、文化理念、道德诚信等。品牌的作用首先体现标识商品上，代表着产品质量和企业形象。著名品牌对消费者购买商品有着显著的导向作用，在这个层面上，品牌有利于产品参与市场竞争，提高其市场占有率。无论是国内市场还是国际市场，产品的竞争，也就是品牌的竞争。品牌的竞争，是一种全方位的竞争，包括了产品技术、服务、文化的竞争。因此，一个企业要在行业内产于不败之地，必须打造出行业内的顶级品牌。一个国家的行业要在国际市场独占鳌头，就必须打造出行业的国际顶级品牌。我国要重点发展现代制造业，就需要着眼于未来，实施品牌战略，培植新兴产业的国际顶级品牌。

品牌战略就是要刻意培植品牌诞生，用心维护品牌声誉，有效利用品牌价值。品牌战略是一个行动过程，是一种战略行为。在培育和发展现代制造业的未来 5—10 年中，建议实施如下三项措施：

（一）培植国际顶级品牌的依托企业

国家发改委和相关行业协会应在已确定的现代制造业中遴选具有国际竞争力潜质的企业，有针对性重点培植若干世界顶级品牌的依托企业。

顶级企业创造出顶级品牌，没有国际顶级的企业也就不可能有国际顶级的品牌。目前，中国还少有国际顶级企业。据 2010 年 7 月《财富》杂志发布的世界 500 强企业的最新排名，54 家中国企业榜上有名，但属于战略性新兴行业的企业却少之又少。此次上榜的企业中，中国石化、国家电网、中国石油 3 家央企进入前 10 名，三者分别列第 7 位、第 8 位和第 10 位；3 家汽车制造企业东风汽车公司、上海汽车集团、一汽集团进入前 300 名，分别列第 182 位、第 223 位和第 258 位；其他如新材料、新能源、生物制药以及通信技术等行业几乎均没有企业挤入世界 500 强。

现在，国际上属于战略性、前沿性行业的企业和品牌有：计算机行业的微软（美国）、IBM（美国）、INTEL（美国）、惠普（美国）；汽车行业的：通用电气（美国）、福特（美国）、奔驰（德国）、Tokyo（日本）；电信及电子行业的 Sony（日本）、AT&T（美国）、Nokia（芬兰）、Erission（瑞典）；生物制药的 Schreing（先灵，德国）、Sibiono（赛百诺，德国）、Allele（绿阳，美国）、Bayer（拜耳，德国）、P&G（宝洁，美国）、Wyeth（惠氏，美国）、Aetna（安泰，美国）、AstraZeneca（阿斯利康，英国）、Roche（罗氏，瑞士）、Novartis（诺华，瑞士）、Johnson（强生，美国）、Lilly（礼来，美国）等。显然，鲜见中国的企业和品牌。因此，在培育和发展战略性新兴行业过程中，最为关键的是遴选和培育实力雄厚、具有国际竞争力潜质的企业。

根据对国内现有企业实力的比对分析，我国现代制造业中具备国际竞争潜质的企业有：

新能源汽车：东风汽车集团、上海汽车集团、广州汽车集团、比亚迪汽车股份公司等。

先进计算机：联想集团、方正集团等。

生物制药：上海医药集团、中国医药集团、广州医药集团、哈药集团、南京医药、华北制药集团、江苏扬子江药业、太极集团等。

高端装备制造：中国一拖集团（洛阳，大马力农机）、时风集团（潍坊，大马力农机），西安飞机工业集团（航空）、上海飞机工业集团（航空），沈阳机床集团（精密数控机床）、大连机床集团（精密数控机床），沈阳机车车辆厂（高速铁路）、株洲电力机车厂（高速铁路）、唐山机车车辆厂（高速铁路）、武昌车辆厂等（高速铁路）。

新能源、新材料：无锡尚德电力控股公司（太阳能电池）、华锐风电科技集团（酒泉、风电整机）、新疆金风科技股份有限公司（风电整机）、英利绿色能源控股有限公司（保定、光伏）、江西赛维 LDK 太阳能高科技有限公司（新余、太阳能电池硅片）、保利协鑫能源公司（上海、多晶硅）、胜利动力机械集团有限公司（可再生能源燃气发电机组）、中通客车控股股份有限公司（山东聊城、新能源客车）、中国广东核电集团有限公司（风电、并网光伏电站）、新奥集团（生物质能、光伏）、江苏苏华达新材料有限公司（宿迁、浮法玻璃及在线镀膜玻璃）等。

以上可考虑作为国际顶级品牌备选依托企业。

（二）扶持依托企业掌握行业内核心技术

要扶持依托企业掌握行业核心技术，抢占行业内国际核心竞争力的优势。掌握了一个行业关键产品的核心技术，就意味着掌控了一个行业的发展先机、一个行业在国际市场的定价权。品牌的竞争，本质上是技术的竞争。政府可对现代制造业采取扩张性技术研发引进政策，促成依托企业迅速掌握行业内重要产品的核心技术或关键技术。

政府可设立"现代制造新兴行业核心技术研发专项基金"，对于需要急于攻克的关键技术，可成立专门的研发机构，汇集国际国内一流科研力量，进行技术攻关。要通过政策宽松、资金充裕、合作形式灵活的技术攻关政策，引进技术造诣高深，在某一专业或领域是开拓人、奠基人的国际著名科学家，或对某项技术发展有过重大贡献，在业内得到普遍认可，其成果处于本行业或本领域前沿的国际著名专家，或主持过国际大型制造科研或工程项目，拥有重大制造技术发明、专利等自主知识或专有技术的知名专家加盟战略性行业关键技术的研发。

要建设战略性新兴行业研发基地，引导依托企业自主开发或者联合开发或者与国外具有先进技术水平的企业合作开发行业内重要产品的最新技术，重点攻关重大技术装备和重要基础装备的尖端技术，在立足自主研发的基础上，实现再创新和自主创造，通过广泛开发、联合设计、联合制造，实现由"中国制造"到"中国创造"的转变；要通过技术研发基地的建设和培育，尽快形成战略性新兴行业研发机构群。

同时，要开展多种形式的专利技术贸易，如购买技术资料和图纸、购买专利技术使用权，有组织、有步骤地指导依托企业做好引进技术的准备工作，帮助企业充分利用现有制造技术基础条件，集中现有技术、资金、设施和力量，重点消化和研究引进的新技术，不断提高对引进技术的消化吸收能力，增强自身的创新能力。

（三）立体打造中国现代制造业的国际顶级品牌

要启动实施"国家现代制造业品牌战略工程"，立体打造中国现代制造业的国际顶级品牌。国家发改委、商务部、行业协会可联合启动实施"国家现代制造业品牌战略工程"，全面进行国际顶级品牌的设计、宣传和保护工作。

品牌战略就是选择、培育、宣传和保护某一品牌，使之逐步享有盛誉，并充分发挥品牌效应来促进品牌和企业本身发展壮大的过程。品牌战略是一个企业行为，但中国现代制造新兴行业的品牌战略要上升为一种由若干企业具体实施、政府宏观领导和把控的政府行为。

政府要依据现代制造业发展的需要，为依托企业建立国际人才交流平台，引进和培养国际市场营销人才，或引进在世界500强企业、国际著名跨国公司中担任营销策划或经营管理高层职务的人才，进行战略性新兴行业关键产品的品牌策划、品牌包装、品牌宣传和品牌保护。

对于已有较高知名度的品牌要立足扩大原有品牌的国际影响力，着力提高品牌在国际市场的占有份额，扩大品牌的经济效应，将其培养成行业内国际顶级品牌；对尚无国际影响的企业则要致力于新品牌的创立，通过关键技术的掌握、产品质量的保证、售后服务水平的提高以及营销网络的建设，逐步形成品牌在国际市场上极高的知名度、极高的信誉度、较大的市场份额和巨大的经济效益，进而成为行业内的国际顶级品牌。

　　无论是过去还是市场经济高度发达的今天，品牌都是一个被消费者高度认可的概念，也是市场经济优胜劣汰的结果。尽管在发掘、培育、开发上表现为企业行为，是企业发展战略的重要内容，但由于市场运行机制本身的不足和缺陷以及企业自身能力的局限，使得政府在品牌竞争中的作用和影响不可或缺，欧美发达国家的经验已充分证明了这一点。在构建现代制造业体系的背景下，监控和整合各类资源，推动实施"品牌战略"，应该成为政府的重要职能之一。

第六章 现代制造业体系的空间布局

产业的空间布局是产业集聚的表现形式之一，是不同产业在不同地区经济活动分布状况。一些产业集中分布在某些地区，形成产业集聚；而另外一些产业则均匀地分布在各个地区，不呈现产业集聚。产业的空间布局状况、空间集聚程度对产业的生产效率，资源的分配与利用都有着直接的影响，同时，对主体功能区建设、地区经济发展、区域经济协调共进都关系重大。发展现代制造业，构建现代制造业体系，必须高度重视现代制造业的空间布局。

第一节 空间布局的特征

产业的空间布局表现为产业集聚程度的一种，研究现代制造业体系的空间布局就是测度现代制造业的产业集聚程度。

一 空间布局总体状况

在前文分析现代制造业依托环境时，我们研究了行业集聚的测度方法，并运用相应方法进行了制造业集聚状况的测度。此处，我们拟用 EG 指数需要使用企业数据来计算赫芬达尔系数，但目前我们无法从国内公开的资料中得到长时期不同年份每个产业所包含的每个企业规模数据，也就无法直接计算 H_i。为此，我们做如下调整：

假设对于每个区域 j，产业 i 内的所有企业具有相同的规模，即工业总产值相等。则调整后的赫芬达尔系数的计算公式（修正的 EG 指数）为：

$$H_i = \sum_{j=1}^{\rho} v_{ij} \left[\frac{\frac{Output_{ij}}{n_{ij}}}{Output_i} \right]^2 = \sum_{j=1}^{\rho} \frac{1}{n_{ij}} \left[\frac{Output_{ij}}{Output_i} \right]^2 = \sum_{j=1}^{\rho} \frac{1}{n_{ij}} s_{ij}^2$$

其中，S_{ij} 为产业 i 在地区 j 的产值占该产业全国总产值的比例；H_i 是产业 i 的产业集聚度，H_i 越大（最大值为 1）产业 i 越集中；n_{ij} 为区域 j 拥有产业 i 的企业数量，$Output_{ij}$ 为产业 i 在区域 j 的总产值；$Output_i$ 为产业 i 的全国总产值，且根据 s_{ij} 的含义，$s_{ij} = Output_{ij}/Output_i$。

确定测度的时间年限定于 2003—2011 年，空间范围包含中国内地 31 个省、市和自治区，选取各行业的工业总产值来计算产业集聚度系数 r_i。此处搜集了 31 个省、市和自治区 15 个行业的 9 年间共 4185 组数据。根据修正的 EG 指数公式，计算出 2003—2011 年中国现代制造业各行业的集聚系数 r_i 以及 r_i 在各年的中位数、算术平均数、加权平均数、标准差系数和偏度等描述统计量，结果见表 6-1。

表 6-1　　　现代制造业空间布局集聚度 r_i 结果（2003—2011 年）　　　单位:%

行业	2003年	2004年	2005年	2006年	2007年	2008年	2009年	2010年	2011年	年均增长率
C13	0.034	0.037	0.044	0.043	0.042	0.035	0.034	0.028	0.025	5.330
C17	0.056	0.068	0.064	0.064	0.065	0.050	0.062	0.057	0.049	-0.611
C26	0.009	0.013	0.017	0.018	0.018	0.019	0.023	0.019	0.002	-0.617
C27	0.011	0.007	0.007	0.006	0.007	0.008	0.008	0.008	0.009	0.007
C28	0.118	0.146	0.159	0.176	0.168	0.184	0.185	0.186	0.197	6.923
C29	0.059	0.052	0.049	0.046	0.048	0.049	0.057	0.053	0.081	5.717
C30	0.041	0.040	0.038	0.036	0.036	0.032	0.029	0.029	0.022	-7.091
C31	0.007	0.008	0.013	0.013	0.015	0.013	0.014	0.012	0.013	10.081
C32	0.028	0.030	0.035	0.029	0.029	0.032	0.033	0.031	0.031	2.061
C33	0.011	0.013	0.012	0.014	0.015	0.016	0.014	0.015	0.019	6.901
C35	0.033	0.032	0.031	0.031	0.029	0.027	0.028	0.025	0.022	-4.812
C36	0.015	0.012	0.012	0.011	0.010	0.011	0.013	0.013	0.015	0.697
C37	0.038	0.025	0.016	0.016	0.015	0.013	0.012	0.013	0.014	-10.532
C39	0.053	0.044	0.040	0.038	0.037	0.034	0.029	0.030	0.033	-5.650
C40	0.104	0.111	0.102	0.096	0.090	0.099	0.100	0.099	0.093	-1.255
算术平均值	0.042	0.046	0.046	0.046	0.042	0.042	0.043	0.042	0.042	0.265
加权平均值	0.045	0.048	0.047	0.045	0.039	0.037	0.037	0.035	0.032	-3.795
中位数	0.038	0.032	0.035	0.031	0.029	0.032	0.029	0.029	0.022	-5.784

续表

行业	2003年	2004年	2005年	2006年	2007年	2008年	2009年	2010年	2011年	年均增长率
标准差	0.033	0.041	0.043	0.046	0.042	0.046	0.046	0.047	0.050	5.5846
偏度	0.024	0.031	0.032	0.033	0.028	0.029	0.031	0.031	0.034	4.767

资料来源：中国统计数据应用支持系统（http：//gov. acmr. cn/index. aspx），《中国统计年鉴》（2004—2012），r_i 系数的加权平均值由各行业产值占行业总产值的份额加权计算。

表 6 - 1 中，按地区分行业（除橡胶制品业和塑料制品业外）工业总产值、按地区分行业（除橡胶制品业和塑料制品业外）企业单位数、各行业（除橡胶制品业和塑料制品业外）企业全国总个数的数据来自《中国工业经济统计年鉴》（2004—2012）；橡胶制品业和塑料制品业的各地区工业总产值、各地区企业个数、企业总个数的数据来自中国统计数据应用支持系统（http：//gov. acmr. cn/index. aspx）；全国所有行业总产值和地区所有行业总产值用国内生产总值和地区生产总值数据代替，数据来自《中国统计年鉴》（2004—2012）。

表 6 - 1 基本反映了中国现代制造业体系空间分布的大致状况。在对现代制造业体系的空间分布进行总体测度的情况下，可进一步从集聚类别、时间维度和行政区划三个角度对其分布或集聚特征展开分析。

二 集聚类别特征

对中国现代制造业体系的集聚类别特征分析，可将现代制造业划分为高集聚度、中集聚度和低集聚度三类。比照 Ellison 和 Glaeser（1997）[①] 对产业集聚水平的划分标准，第一类是 $r_i \geq 0.005$ 的高度集聚产业；第二类是 $0.02 \leq r_i \leq 0.05$ 的中度集聚产业；第三类是 $r_i \leq 0.02$ 的低度集聚产业。以 r_i 为参考值，我们将现代制造业归为以上三类，结果如表 6 - 2 所示。

从表 6 - 1 和表 6 - 2 可以发现：2003—2011 年，15 个行业的 r_i 系数的算术平均数和加权平均数都在 0.03—0.05，表明现代制造业在总体上属于中度集聚的水平。此外，9 年间 r_i 系数的偏度均为正值，表明分部偏

---

① G. Ellison, E. Glaeser, "Geographic Concentration in U. S. Manufacturing Industries A Dartboard Approach". *Journal of Political Economy*, Vol. 19, No. 10, 1997, pp. 889 – 927.

左，大多数行业的 r_i 系数比平均值小，即大多数行业属于中度集聚和低度集聚。

表6－2 现代制造业集聚度系数 r_i 分类

年份	高度集聚行业	中度集聚行业	低度集聚行业
2003	C17、C28、C29、C39、C40	C13、C30、C32、C35、C37	C26、C27、C31、C33、C36
2004	C17、C28、C29、C40	C13、C30、C32、C35、C37、C39	C26、C27、C31、C33、C36
2005	C17、C28、C40	C13、C29、C30、C32、C35、C39	C26、C27、C31、C33、C36、C37
2006	C13、C17、C28、C40	C29、C30、C32、C35、C39	C26、C27、C31、C33、C36、C37
2007	C17、C28、C40	C13、C29、C30、C32、C35、C39	C26、C27、C31、C33、C36、C37
2008	C28、C40	C13、C17、C29、C30、C32、C35、C39	C26、C27、C31、C33、C36、C37
2009	C28、C40	C13、C17、C26、C29、C30、C32、C35、C39	C27、C31、C33、C36、C37
2010	C17、C28、C29、C40	C13、C30、C32、C35、C39	C26、C27、C31、C33、C36、C37
2011	C17、C28、C29、C40	C13、C30、C32、C35、C39	C26、C27、C31、C33、C36、C37

2003—2011年9年间，属于高度集聚的行业总共有31个，其中，2003年5个、2004年4个、2005年3个、2006年4个、2007年3个、2008年2个、2009年2个、2010年4个、2011年4个，约占9年间现代制造行业总数135（15×9）的22.96%。

属于中度集聚的行业总共有53个，其中2003年5个、2004年6个、2005年6个、2006年5个、2007年6个、2008年7个、2009年8个、2010年5个、2011年5个，约占9年间现代制造行业总数的39.26%。

属于低度集聚的行业有51个，其中，2003年5个、2004年5个、2005年6个、2006年6个、2007年6个、2008年6个、2009年5个、2010年6个、2011年6个，约占9年间现代制造行业总数的37.38%。

（一）高集聚度行业

现代制造业有农副产品加工业（C13），纺织业（C17），化学纤维制造业（C28），橡胶制品业（C29），电气机械及器材制造业（C39），通信设备、计算机及其他电子设备制造业（C40）。其中，化学纤维制造业（C28）和通信设备、计算机及其他电子设备制造业（C40）持续出现在2003—2011年的高集聚度行业之列，且这两个行业的集聚度系数显著高于其他行业，与其他行业拉开了距离。化学纤维制造业在9年间更是一直稳居榜首、持续增长且遥遥领先，在 2008—2011 年的集聚度指数近乎是第二名通信设备、计算机及其他电子设备制造业的 2 倍。

通信设备、计算机及其他电子设备制造业的集聚度呈下降趋势，9 年间的年均增长率为 –1.2545%，说明化学纤维制造业已是独树一帜，集聚程度异常突出。化学纤维制造业属于技术资本密集型行业，该行业即需要一定的研发强度，也需资本要素的支撑。

纺织业在 2003—2011 年 7 年间出现在了高集聚度行业中，且集聚度系数稳中有降，年均增长率为 –0.6107%。纺织业属于劳动密集型行业是中国的传统优势行业，受外资影响大且以出口为主，高度集中在东部沿海地区，然而纺织业在进入成熟期后的后续发展受到产业自身发展潜力的限制，因而该行业的集聚度系数变化不大。

橡胶制品业属于资源密集型行业，在 2003—2010 年和 2011 年 4 年间出现在了高集聚度行业中，且 2011 年的集聚度系数为 0.0814，远高于其他年份，这可能与 2011 年国家产业调整政策有关，2011 年橡胶制品业的调整主要集中在技术改造、节能减排，淘汰了高能耗、高污染的企业，扶优助强，促进橡胶制品业的大型化、集团化。

所计算数据反映的情况与我们在现实生活中对技术密集型行业和劳动密集型行业的认识和判断是基本一致的，也从经济意义上证实了我们计算的产业地理集中指数的准确性。由以上分析可知，高集聚度行业主要是技术密集型行业、资本密集型行业、劳动密集型行业。

（二）中集聚度行业

出现在中集聚度行业之列的现代制造业有农副产品加工业（C13）、纺织业（C17）、化学原料及化学制品制造业（C26）、橡胶制品业（C29）、塑料制品业（C30）、黑色金属冶炼及压延加工业（C32）、通用设备制造业（C35）、交通运输设备制造业（C37）和电气机械及器材制造业（C39）。其中塑料制品业（C30）、黑色金属冶炼及压延加工业（C32）和通用设备制造业（C35）3 个行业持续在 2003—2011 年出现在中集聚度行业之列，而且塑料制品业和通用设备制造业这两个行业的集聚度系数呈现持续下降态势，2003—2011 年，年均增长率分别为 –7.0914% 和 –4.8121%。

塑料制品业属于劳动密集型行业，行业准入门槛不高，集聚不明显，近年来伴随中国产业振兴规划的实施，以往在该行业相对薄弱的省份

（如湖南、山西、内蒙古等）2012年塑料制品产量都有50%以上的增长，这有助于减弱该行业在区域间的分布不平衡。

黑色金属冶炼及压延加工业集聚度系数呈现波动略升态势，2003—2011年年均增长率为2.0614%，该行业属于资源密集型行业，其发展受到资源禀赋的限制，在发展进入成熟期后，发展空间有限，因而该行业集聚度稳定。

农副产品加工业在2003—2006年和2007—2011年这8年间出现在了中度集聚行业之列（该行业在2006年属于高集聚度行业），集聚度系数呈现波动下降的态势，但是仍保持了5.3299%的年均增长率；电气机械及器材制造业在2004—2011年8年间出现在了中度集聚行业之列（该行业2003年属于高集聚度行业），集聚度系数呈现持续下降的态势，年均增长率为－5.6501%；橡胶制品业在2005—2009年这5年间出现在中度集聚行业之列；在中集聚度行业中，具有代表性的行业是农副产品加工业（C13）、塑料制品业（C30）、黑色金属冶炼及压延加工业（C32）、通用设备制造业（C35）、电气机械及器材制造业（C39），这些行业属于劳动密集型、资源密集型、技术密集型行业和资本密集型行业。

（三）低集聚度行业

出现在低集聚度行业之列的现代制造业有化学原料及化学制品制造业（C26）、医药制造业（C27）、非金属矿物制品业（C31）、有色金属冶炼及压延加工业（C33）、专用设备制造业（C36）和交通运输设备制造业（C37）。其中医药制造业、非金属矿物制品业、有色金属冶炼及压延加工业和专用设备制造业4个行业在2003—2011年间持续出现在低集聚度行业之列，且集聚度系数均呈现波动上升的趋势，9年间的平均增长率分别为0.0068%、10.0809%、6.9008%、0.6971%。

值得一提的是非金属矿物制品业的集聚度系数年均增长率最高，居15个行业之首；化学原料及化学制品制造业除了2009年之外的8个年度内都属于低集聚行业，在2009年该行业属于中度集聚行业，9年间的集聚度系数变化不大（－0.6107%）。交通运输设备制造业在2005—2011年的7年间属于低集聚行业，其他年份属于中集聚度行业，该行业的集聚度总体呈现显著的下降趋势，平均增长率为－10.5317%，是15个行业中集聚度变化水平下降最快的行业。低集聚度行业中具有代表性的行业是化学原料及化学制品制造业（C26）、医药制造业（C27）、非金属矿物制品业（C31）、有色金属冶炼及压延加工业（C33）、专用设备制造业（C36）和交通运输设备制造业（C37），这些行业属于技术密集型行业、劳动密集型行业、资源密集型行业和资本密集型行业。

由以上分析还可以看出，按集聚度类型归类后的现代制造业所属行业类型不具有明显的对应性，每个集聚类型都包含了几乎全部的行业类型（高集聚度行业中没有资源密集型行业）。

三　按时间维度分析

按时间维度分析，是在研究时限内现代制造业整体集聚度随时间变化的特征，可通过观察现代制造业集聚度系数算术平均值、加权平均值和中位数随时间变化情况做出判断。据此，可以揭示现代制造业在研究期限内集聚度系数随时间变化的特征。

续前文的分析，我们根据表 6-1 的数据可绘制图 6-1，图 6-1 展示了现代制造业集聚度系数的算术平均值、加权平均值和中位数在2003—2011 年度内随时间变化的情况。

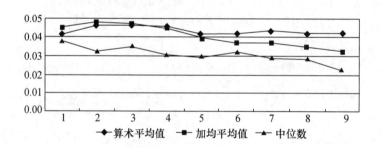

图 6-1　集聚度系数变动趋势（2003—2011 年）

由图 6-1 可以看出：

第一，现代制造业的集聚态势不明显。集聚度系数算术平均数在 0.4—0.5 之间波动，经历了由上升、下降、上升、下降、上升的变化过程，具体表现为：从 2003 年最低值（0.0416）上升到 2005 年最高值（0.0463），此后又下降到 2007 年的 0.0419，到 2009 年攀升到 0.0431，2010 年再次下降到 0.0415，到 2011 年小幅升至 0.0420，可以看出波动幅度在减小、波动周期在缩短的变化规律。集聚度系数的加权平均数在0.3—0.5 之间变化，呈现出波动中下降的变化过程，具体表现为：从2003 年的 0.0477 上升到 2004 年的最高值 0.0481，此后持续下降到 2011

年的最低值 0.0324。这说明现代制造业中产值比重大的行业在 2004—2011 年出现了扩散的现象。

第二，现代制造业呈现产业扩散的现象。r_i 的标准差系数和偏度均大于 0 并呈现出上升的变化过程，标准差系数由 2003 年的 0.0333 上升到 2011 年的 0.0500，偏度由 2003 年的 0.0244 上升到 2011 年的 0.0366，说明在研究期间集聚度系数 r_i 变化幅度较大，且越来越倾向于右偏，在这种情况下，中位数不易受样本极值的影响，r_i 的中位数水平的变化趋势更能反映现实。图 6-1 中 r_i 的中位数数值在 0.02—0.04 之间呈现出震荡下降的趋势，在个别年份（2005 年、2008 年、2010 年）有小幅度上升，中位数的最低点出现在 2011 年的 0.0224。中位数的变化过程更说明了现代制造业总体的集聚度在整个研究期间内是下降的，即呈现出产业扩散的现象。

综合以上分析可知，2003—2011 年，中国现代制造业的空间结构变动过程存在扩散的特征。

四　按行政区划分析

按行政区划分析，主要是分析现代制造业主要集中在哪些省份。为了能够更加清楚地认识现代制造业集聚地的空间布局情况及其变化，此处计算了 2005 年、2008 年和 2010 年 15 个现代制造行业规模排在前 5 位的地区分布情况，并统计了 2005 年、2008 年和 2010 年各省市 15 个现代制造行业的规模排名进入前 5 位地区的累计上榜次数（见表 6-3）。

表 6-3　　　　　　　　　现代制造业五省市集聚度　　　　　　　单位:%

行业	2005 年		2008 年		2011 年	
农副产品加工业（C13）	山东	27.97	山东	24.72	山东	19.18
	河南	8.41	河南	8.56	河南	8.43
	广东	7.00	辽宁	6.81	辽宁	7.81
	江苏	6.65	江苏	6.42	江苏	5.81
	辽宁	5.16	广东	6.25	湖北	5.34
纺织业（C17）	江苏	23.89	江苏	2.29	山东	20.73
	浙江	23.19	浙江	2.10	江苏	18.64
	山东	17.54	山东	2.07	浙江	17.7
	广东	8.77	广东	0.82	广东	8.51
	福建	3.74	重庆	0.47	重庆	8.51

续表

行业	2005 年		2008 年		2011 年	
化学原料及化学制品制造业（C26）	江苏	19.24	江苏	19.38	江苏	19.3
	山东	15.81	山东	17.16	福建	16.72
	广东	10.10	广东	9.19	广东	8.13
	浙江	7.59	浙江	7.79	浙江	7.48
	上海	6.40	上海	5.48	河南	4.17
医药制造业（C27）	山东	12.58	山东	14.22	山东	13.54
	江苏	10.94	江苏	11.08	江苏	12.11
	浙江	9.95	浙江	7.82	河南	7.01
	广东	6.75	广东	6.33	广东	6.16
	上海	5.11	河南	6.2	四川	6.03
化学纤维制造业（C28）	浙江	36.97	浙江	38.95	浙江	38.75
	江苏	30.17	江苏	31.67	江苏	33.99
	山东	5.64	福建	5.98	福建	7.17
	福建	5.03	广东	3.89	广东	2.93
	河南	3.24	山东	3.32	山东	2.91
橡胶制品业（C29）	山东	29.06	山东	28.62	山东	35.25
	江苏	11.76	江苏	13.59	江苏	9.73
	浙江	10.55	浙江	9.42	浙江	8.42
	广东	8.35	广东	7.65	河南	6.20
	上海	6.54	河南	6.22	广东	6.00
塑料制品业（C30）	广东	24.54	广东	24.48	广东	22.12
	浙江	18.03	浙江	15.14	浙江	12.52
	江苏	12.96	江苏	12.09	江苏	9.31
	山东	8.41	山东	9.41	山东	8.38
	上海	7.02	上海	5.52	福建	6.39
非金属矿物制品业（C31）	山东	19.00	山东	17.12	山东	13.66
	广东	11.46	河南	12.28	河南	12.65
	河南	9.42	广东	10.60	广东	7.98
	江苏	9.04	江苏	8.60	江苏	7.86
	浙江	6.90	辽宁	6.32	辽宁	6.79

续表

行业	2005 年		2008 年		2011 年	
黑色金属冶炼及压延加工业（C32）	江苏	18.33	河北	17.50	河北	17.89
	河北	16.01	江苏	14.35	江苏	13.04
	山东	9.02	山东	8.06	山东	7.61
	辽宁	7.99	辽宁	6.95	辽宁	7.06
	上海	6.24	天津	5.08	天津	5.48
有色金属冶炼及压延加工业（C33）	江苏	10.52	河南	11.09	山东	10.91
	浙江	9.46	江苏	10.46	河南	10.38
	河南	8.98	山东	9.61	江西	9.66
	山东	8.44	广东	8.67	江苏	8.32
	广东	8.32	江西	8.32	湖南	6.92
通用设备制造业（C35）	江苏	18.24	江苏	18.47	山东	17.02
	浙江	15.35	山东	16.20	江苏	15.84
	山东	14.99	浙江	12.05	辽宁	10.37
	上海	11.59	辽宁	8.99	浙江	9.56
	广东	6.20	上海	8.98	上海	6.34
专用设备制造业（C36）	山东	17.20	山东	15.46	江苏	15.03
	江苏	14.15	江苏	14.46	山东	14.04
	广东	8.85	广东	7.93	湖南	9.53
	浙江	8.29	河南	7.36	河南	8.15
	河南	7.34	辽宁	7.08	辽宁	6.82
交通运输设备制造业（C37）	广东	10.13	江苏	10.83	江苏	12.08
	江苏	8.94	广东	10.34	山东	9.14
	上海	8.86	山东	9.28	广东	8.69
	吉林	8.32	浙江	7.86	上海	7.94
	山东	8.24	上海	7.7	吉林	7.73
电气机械及器材制造业（C39）	广东	27.25	广东	23.48	江苏	22.66
	江苏	15.06	江苏	18.95	广东	19.49
	浙江	12.91	浙江	12.05	浙江	9.92
	山东	12.55	山东	10.50	山东	8.92
	上海	7.20	上海	5.72	安徽	6.02

续表

行业	2005 年		2008 年		2011 年	
通信设备、计算机及其他 电子设备制造业（C40）	广东	36.42	广东	35.02	广东	33.70
	江苏	19.56	江苏	22.61	江苏	23.30
	上海	12.72	上海	12.00	上海	9.54
	北京	6.58	山东	5.72	山东	5.66
	天津	5.99	北京	5.43	福建	4.21

资料来源：《中国统计年鉴》（2003—2012）。行业规模按照各地区该行业工业总产值占该行业全国工业总产值比重计算。

　　15 个现代制造行业按规模排名进入前 5 位的地区累计上榜次数如表 6 - 4 所示。

表 6 - 4　　排名前 5 位的地区上榜次数和上榜行业类别（按行业工业总值）

地区	上榜次数			集聚行业代码
	2005 年	2008 年	2011 年	
江苏	15	15	15	C13、C17、C26、C27、C28、C29、C30、C31、C32、C33、C35、C36、C37、C39、C40
山东	14	15	14	C13、C17、C26、C27、C28、C29、C30、C31、C32、C33、C35、C36、C37、C39、C40
广东	13	13	10	C13、C17、C26、C27、C29、C30、C31、C33、C35、C36、C37、C39、C40
浙江	11	9	7	C17、C26、C27、C28、C29、C30、C31、C33、C35、C36、C39
上海	9	6	3	C26、C27、C29、C30、C32、C35、C37、C39、C40
河南	5	6	7	C13、C26、C27、C28、C29、C31、C33、C36
辽宁	2	5	5	C13、C31、C32、C35、C36
福建	2	1	4	C26、C28、C30、C40
天津	1	1	1	C32、C40
河北	1	1	1	C32
北京	1	1	0	C40
江西	0	1	1	C33
吉林	1	0	1	C37

续表

地区	上榜次数			集聚行业代码
	2005 年	2008 年	2011 年	
湖南	0	0	2	C33、C36
安徽	0	0	1	C39
重庆	0	1	0	C17
湖北	0	0	1	C13
四川	0	0	1	C27

由表 6-3 和表 6-4 可知:

第一,空间集聚度可分为三个层次。中国现代制造业集聚行业上榜的省份有 18 个,即在 2005 年、2008 年和 2011 年按照工业总产值计算的现代制造业集聚度排名前 5 的省市出现了这 18 个省市。按照各省市上榜次数和出现的集聚行业数,现代制造业的集聚状况在地理空间上可以分为三个层次:

第一层次为江苏、山东、广东、浙江和上海。这 5 个东部沿海省市是集聚的,绝大多数现代制造业都集聚在这里,其中江苏省上榜次数和上榜行业最多,所有的现代制造业在江苏省都出现了集聚。

第二层次为河南、辽宁、福建、天津和河北。这 5 个省市是集聚的第二层次,在这一层次中,河南的上榜次数最多,有 8 个现代制造行业在这里出现了集聚,但与第一层次的江苏、山东和广东相比,仍有较大的差距。

第三层次为湖北、湖南、安徽等。这一层次的省市出现了一个或两个行业的集聚,且多为中西部地区省市。

第二,不同层次间的空间集聚度差异明显。比较各个层次省市上榜次数和上榜行业数可以发现:第一层次与其他层次之间的集聚水平有很大差距,且这种呈阶梯形的差距是和这些地区总体上的经济发展水平相一致的,第一层次省市是中国经济发达地区。由此可知,现代制造业的集聚程度与地区经济发展有很强的正相关性。

第三,空间集聚差异产生地区发展不均衡。需要注意的是,如果现代制造业聚集度的提高带来了聚集地区的经济发展,同时也加剧了这些地区和其他落后地区的两极分化,由此产生的区域经济发展的严重失衡将最终影响整体经济发展的效率。观察表 6 - 4 中 2010 年的上榜省市可以发现，当前中国经济发展的地区差距已经非常严重，15 个现代制造业几乎完全聚集在江苏、山东、广东、浙江和上海 5 省市，而中西部地区大部分榜上无名。

第四，不同地区的集聚度变化方向各异。从各年的上榜次数来看，不同省市的升降变化趋势不一致，其中江苏、山东的累计上榜次数几乎没有发生变化；河南、辽宁和福建的累计上榜次数呈上升趋势，分别从 2005 年的 5 次、2 次和 2 次上升到了 2011 年的 7 次、5 次和 4 次；广东、浙江和上海的累计上榜次数呈下降的趋势，分别从 2005 年的 13 次、11 次和 9 次下降到了 2011 年的 10 次、7 次和 3 次。

应注意河南、辽宁和福建属于集聚度的第二个层次，而广东、浙江和上海属于集聚度的第一个层次，这也从另一个角度验证了中国现代制造业的产业集聚在 2005—2011 年出现了扩散的现象，但是中国的现代制造业主要集中在东部沿海省市的格局并没有改变。由此可以认为：现代制造业的集聚度水平与地区经济发展水平密切相关。

此外，EG 指数和 5 省市集中度的变动方向具有较高的吻合度，5 省市集中度从另外一个角度验证了产业空间集聚指数的可靠性。

第二节　空间布局的影响因素

传统贸易理论认为自然资源、要素禀赋、技术差异等是解释产业集聚的因素；产业区位理论认为，运输和劳动力成本是促使企业集聚的直接动因；新产业区理论认为，外部规模经济、范围经济以及为学习和创新而组织的网络形式，弹性专精、创新环境与创新网络是产业区形成发展的机制；波特的竞争理论基于钻石模型认为，生产要素、需求条件、相关支持性产业、企业战略、机会和政府是产业集聚的影响因素；新经济地理理论认为，自然资源、要素禀赋等纯经济地理因素导致初始的产业集聚，并在较低交通成本和规模报酬递增的新经济地理因素影响下，进一步强化产业地理集聚。

传统贸易理论、产业区位理论、新产业区理论、波特的竞争理论、新经济地理学理论是研究中国现代制造业产业集聚影响因素的重要理论基础。

一　影响因素分析模型的建立

（一）影响因素的理论分析

研究中国现代制造业的产业集聚离不开经济转轨大背景。在经济转型过程中，市场机制条件不完善，产业的制度和政策是影响产业集聚的重要因素，这引致产业集聚和分散力量并存。

贺灿飞和谢秀珍（2006）[①]认为，促进产业集聚的力量包括不断完善的市场经济体制和对外开放的政策，前者使得市场机制逐渐成为资源分配的根本动力，比较优势和区位优势逐步引导产业区位集聚；后者使得国家在经济全球化背景下，参与国际分工，引进外商直接投资，提升了比较优势和竞争优势对产业区位的影响，促进"两头在外"的外向型产业向地理区位较好的沿海地区集中。Young（2000）[②]认为，促进产业分散的力量表现为经济权力下放，尤其是财政分权，极大地提升了地方政府的自主决策能力，导致激烈的区域竞争，地方政府具有强烈的地方保护主义倾向和产业发展战略的模仿行为，在一定程度上导致重复建设、产业结构趋同和产业分散布局。

可以看出，造成现代制造业产业集聚的影响因素很多，这些因素既来自各种经济理论主张的产业集聚影响因素，也来自中国特殊经济发展阶段造成的产业集聚的影响因素。归纳起来可包括四个方面：外向特征、产业特征、制度特征和地区特征。我们将从这四个方面来分析现代制造业集聚度的影响因素。

1. 外向特征。经济理论认为，外部市场的需求和供给不仅促使经济体以各自的比较优势参与国际分工，而且促使经济体内部企业扩大生产规模，实现规模经济，这些都可能加剧经济体内部的产业集聚。在经济全球化背景下，中国以自己的比较优势参与国际分工，嵌入全球产业链，成为世界工厂，并伴随经济结构调整和贸易自由化的加深，努力调整其在全球价值链中的地位。外商直接投资是现代制造业参与全球化的

---

① 贺灿飞、谢秀珍、潘峰华：《中国制造业省区分布及其影响因素》，《地理研究》2008 年第 3 期。

② Young, A., "The Razor's Edge: Distortions and Incremental Reform in the People's Republic of China"［J］. *The Quarterly Journal of Economics*, Vol. 115, No. 4, 2000, pp. 1091 – 1135.

重要表现。贺灿飞（2008）[①] 的研究证实外商直接投资极大地促进了中国制造业的产业集聚。由于无法从公开的统计年鉴获得各年各产业港澳台资本、外资资本和实收资本的数据，所以采用某行业港澳台投资和外商投资工业总产值占全部工业企业工业总产值的比重来表示的外资利用（Fdi）度来综合考察对外开放和经济全球化对中国现代制造业产业集聚的影响。

2. 产业特征。传统贸易理论认为，自然资源和要素禀赋是促使产业集聚的重要因素；新经济地理理论也认为，自然资源和要素禀赋等经济地理因素促使最初的产业集聚。我们采用资源依赖度（Agri & Min）来体现这一点，并采用行业能源消耗总量占主营业务成本的比重来体现行业的资源依赖度。在现代制造业体系中，橡胶制品业（C29）、黑色金属冶炼及压延加工业（C32）和有色金属冶炼及压延加工业（C33）这三个行业属于资源密集型行业。

产业区位理论认为，劳动力成本是产业集聚的直接因素，较低的劳动力成本一方面可以较低企业的生产成本，另一方面可以使企业容易找到足够的劳动力，从而吸引更多企业进入劳动力多的地区，故采用劳动密集度（Lab）来体现这一点。劳动密集度以行业全国范围的单位产出就业人数与全国范围内所有制造业单位产出就业人数偏差的绝对值来表示，其计算公式为：

$$Lab_k = \left| \frac{\sum\limits_{k=1}^{K} L_{k,i}}{\sum\limits_{k=1}^{K} VA_{k,i}} - \frac{\sum\limits_{k=1}^{K}\sum\limits_{i=1}^{I} L_{k,i}}{\sum\limits_{k=1}^{K}\sum\limits_{i=1}^{I} VA_{k,i}} \right| \qquad (6-1)$$

其中，$k = 1$，…，K 代表省区，$K = 31$，i，$=$，1，…，N 代表产业，$N = 15$，$L_{k,i}$ 表示 k 地区 i 产业的就业人数，$VA_{k,i}$ 表示 k 地区 i 产业的工业总产值。

传统贸易理论还认为，技术差异是解释产业集聚的重要因素。此外，新产业区理论也认为为学习和创新而组织的网络形式，创新环境与创新网络是产业区形成发展的机制，故采用技术密集度（Tech）来体现这一点。技术密集度（Tech）以某行业其全国范围的劳动生产率与全国范围内所

---

① 贺灿飞、谢秀珍、潘峰华：《中国制造业省区分布及其影响因素》，《地理研究》2008年第 3 期。

有制造业劳动生产率的标准差来表示，计算公式为：

$$Tech_k = \sqrt{\frac{1}{K}\sum_{k=1}^{K}\left[\frac{VA_{k,i}/L_{k,i}}{\left(\frac{1}{K}\right)\sum_{i=1}^{K}(VA_{k,i}/L_{k,i})} - \frac{\sum_{i=1}^{N}VA_{k,i}/L_{k,i}}{\left(\frac{1}{N}\right)\sum_{k=1}^{K}\sum_{i=1}^{N}(VA_{k,i}/L_{k,i})}\right]^2}$$

$$(6-2)$$

其中，k、i、$VA_{k,i}$、$L_{k,i}$ 等的含义同 Lab。

波特的竞争理论提出，相关的支持性产业是产业集聚的影响因素，故采用产业关联度（Link）来体现这一点。产业关联度通常采用影响力系数和感应度系数来表示，而《中国统计年鉴》中的投入产出表每五年公布一次，且计算的行业数量有限，因此本节借鉴王业强、魏后凯（2007）[1]的方法，用行业工业总产值在制造业工业总产值的比重来近似反映产业间的关联效应。

此外，新经济地理理论认为规模经济是产业集聚的重要因素，在规模报酬递增前提下，企业扩大生产规模会降低成本提高利润，提高竞争力，进而带来示范效应，促进了地区的产业集聚，故采用规模经济（Scale）指标来体现这一点，反映规模经济的具体指标是单位企业的工业总产值。

3. 制度特征。在中国转型经济中，产业的制度因素也是影响现代制造业产业集聚的因素。波特的竞争理论也认为政府是产业集聚的影响因素，其作用可能是促进产业集聚也可能是导致产业分散。中国的经济权利下放和 GDP 考核激励了地方政府对一些产业的保护倾向和产业发展战略的模仿，导致产业布局分散和产业结构趋同，那些国有资本主导和税率高的产业更容易受到地方政府的保护。此处，我们引入国有资本比重（State）和税收（Tax）来体现这一点。

由于无法从公开的统计年鉴获得各年各产业国有资本和实收资本的数据，所以采用某行业国有企业工业总产值占全部工业企业工业总产值的比重来表示国有资本比重（State）；税收（Tax）按照应交增加值税和应交所得税占主营业务收入的比重来计算，体现行业的纳税率。

4. 地区特征。在前文现代制造业集聚水平测度的结果中已经看到：

---

① 王业强、魏后凯：《产业特征、空间竞争与制造业的地理集中》，《管理世界》2007 年第 4 期。

经济发展水平较高的地区其专业化分工也更为明显，市场化程度更高，产业更集聚。此外，以运输成本为代表的贸易成本的差异也可能导致地区产业集聚水平的差异。

新经济地理理论认为交通成本与产业集聚水平之间呈倒 U 形的关系，当运输成本的下降仍在倒 U 形曲线的左方时，运输成本的降低强化了中心—外围格局，产业集聚度呈现增加趋势，但是当交通便利度达到一定程度，即当运输成本非常低，以至于企业没有必要接近中间品市场和最终产品市场时，企业的分布开始具有随机性，产业也开始出现扩散趋势。[①] 因此，地方经济发展水平和地方交通运输条件也是影响现代制造业产业集聚的重要因素。

由于以全国统计数据计算的现代制造业各行业集聚度系数无法与反映省级地区特征的地方经济发展水平和地方交通运输条件相兼容，因此将省级地区特征作为控制变量，以检验结果的稳健性。我们引入人均 GDP（Pgdp）和交通密集度（Ptran）来分别体现地方经济发展水平和地方交通运输条件，人均 GDP（Pgdp）就是人均国民生产总值，交通密集度（Ptran）以铁路长度和公路长度之和除以面积来计算。

表 6-5 列出了现代制造业空间分布影响因素指标含义及计算方法。

表 6-5　　　　　　　　现代制造业空间分布影响因素汇总

影响因素	指标名称	含义和计算方法
外向特征	外资利用度（Fdi）	行业外商投资和港澳台投资企业工业总产值占全部制造业工业总产值的比重
产业特征	资源依赖度（Agri & Min）	行业能源消耗总量占主营业务成本的比重
	劳动密集度（Lab）	行业全国范围的单位产出就业人数与全国范围内所有现代制造业单位产出就业人数偏差的绝对值
	技术密集度（Tech）	行业全国范围的劳动生产率与全国范围内所有制造业劳动生产率的标准差
	产业关联度（Link）	行业工业总产值占制造业工业总产值的比重
	规模经济（Scale）	单位企业的工业总产值

---

① 席艳玲、吉生保：《中国高技术产业集聚程度变动及影响因素——基于新经济地理学的视角》，《中国科技论坛》2012 年第 10 期。

影响因素	指标名称	含义和计算方法
制度特征	国有资本比重（State）	行业国有企业工业总产值占全部制造业工业总产值的比重
	税收（Tax）	应交增值税和应交所得税之和占主营业务收入的比重
地区特征（控制变量）	人均 GDP（Pgdp）	人均国民生产总值
	交通密集度（Ptran）	铁路长度和公路长度之和除以面积

表 6 – 5 列出了分析现代制造业空间分布影响因素的指标，这是构建分析模型的基础。

（二）分析模型的设计

根据确定的集聚度影响因素，可构造如下生产函数来分析各种因素对现代制造业产业集聚的影响：

$$\ln R_{i,t} = \alpha_1 \ln Fdi_{i,t} + \beta_1 Agri \& Min_{i,t} + \beta_2 \ln Lab_{i,t} + \beta_3 \ln Tech_{i,t} +$$
$$\beta_4 \ln Link_{i,t} + \beta_5 \ln Scale_{i,t} + \gamma_1 \ln State_{i,t} + \gamma_2 \ln Tax_{i,t} +$$
$$\lambda_1 \ln Pgdp + \lambda_2 \ln Ptran + \varepsilon_{i,t}$$

其中，$R_{i,t}$ 为被解释变量，表示产业 i 在 t 年的集聚度系数；解释变量 Fdi 反映了外向特征，系数为 α；解释变量 Agri & Min、Lab、Tech、Link、Scale 反映了产业特征，系数为 β；解释变量 State、Tax 反映了制度特征，系数为 γ；Pgdp、Ptran 为控制变量用来检验模型的稳健性，系数为 λ。

（三）数据的采集与处理

模型包含 8 个解释变量和 2 个控制变量，表 6 – 6 分别阐述各变量所需数据的来源和变量计算结果，研究期限为 2003—2011 年。计算外资利用度（Fdi）用到的外商投资和港澳台投资工业总产值、全部制造业工业总产值数据来自于中国统计数据应用支持系统（http：//gov. acmr. cn/index. aspx）。

计算资源依赖度（Agri & Min）用的能源消耗总量和主营业务收入数据分别来自《中国能源统计年鉴》（2004—2011）、《国家统计局进度数据库》和《中国统计年鉴》（2004—2012）。此外，2011 年现代制造业各行业的能源消耗总量根据 2003—2010 年的能源消耗年均增长率计算得到，计算得到的 Agri & Min 见表 6 – 7。

表 6 - 6   现代制造业外资依赖度

行业	2003 年	2004 年	2005 年	2006 年	2007 年	2008 年	2009 年	2010 年	2011 年	均值	标准差
C13	0.27	0.30	0.29	0.28	0.28	0.27	0.25	0.22	0.20	0.26	0.03
C17	0.24	0.27	0.25	0.25	0.24	0.23	0.22	0.21	0.21	0.23	0.02
C26	0.24	0.26	0.26	0.27	0.28	0.27	0.26	0.26	0.26	0.26	0.01
C27	0.22	0.25	0.25	0.25	0.26	0.27	0.28	0.27	0.25	0.25	0.02
C28	0.20	0.29	0.28	0.29	0.30	0.31	0.30	0.32	0.29	0.29	0.03
C29	0.37	0.40	0.39	0.37	0.35	0.39	0.36	0.32	0.29	0.36	0.03
C30	0.43	0.45	0.43	0.41	0.39	0.37	0.33	0.31	0.28	0.38	0.06
C31	0.17	0.20	0.18	0.18	0.18	0.17	0.15	0.14	0.13	0.17	0.02
C32	0.09	0.13	0.13	0.14	0.14	0.14	0.14	0.13	0.13	0.13	0.02
C33	0.13	0.17	0.15	0.16	0.16	0.16	0.15	0.14	0.14	0.15	0.01
C35	0.25	0.29	0.27	0.27	0.28	0.26	0.23	0.23	0.22	0.25	0.02
C36	0.20	0.25	0.25	0.26	0.27	0.27	0.24	0.25	0.23	0.25	0.02
C37	0.40	0.43	0.43	0.46	0.46	0.45	0.44	0.44	0.44	0.44	0.02
C39	0.35	0.39	0.38	0.38	0.37	0.35	0.32	0.31	0.30	0.35	0.03
C40	0.77	0.83	0.84	0.82	0.84	0.81	0.78	0.77	0.76	0.80	0.03
均值	0.29	0.33	0.32	0.32	0.32	0.31	0.30	0.29	0.28	—	—
标准差	0.16	0.17	0.17	0.17	0.17	0.16	0.16	0.16	0.16	—	—

计算劳动密集度（Lab）需要用各地区现代制造业平均就业人数和各地区现代制造业工业增加值。《中国统计年鉴》没有提供 2008—2011 年的现代制造业分行业工业增加值，对这 4 年的工业增加值采用 2012 年的《国家统计局进度数据库》中的分行业工业增加值增长率逐年计算得出。计算得到的 Lab 见表 6 - 8。

计算技术密集度（Tech）所需数据和劳动密集度相同，计算结果见表 6 - 9。

计算产业关联度（Link）需要用现代制造业各行业工业总产值和制造业工业总产值，均来自《中国统计年鉴》（2004—2012），计算结果见表 6 - 10。

表6－7　　　　　　　　　　现代制造业资源依赖度

行业	2003 年	2004 年	2005 年	2006 年	2007 年	2008 年	2009 年	2010 年	2011 年	均值	标准差
C13	0.34	0.28	0.24	0.21	0.17	0.13	0.12	0.09	0.07	0.18	0.09
C17	0.58	0.54	0.48	0.46	0.41	0.35	0.31	0.25	0.23	0.40	0.12
C26	2.57	2.09	1.77	1.52	1.30	1.03	0.94	0.75	0.63	1.40	0.65
C27	0.67	0.58	0.45	0.39	0.31	0.27	0.22	0.18	0.14	0.36	0.18
C28	1.44	0.78	0.58	0.50	0.44	0.40	0.42	0.32	0.23	0.57	0.36
C29	0.83	0.64	0.62	0.54	0.45	0.37	0.35	0.29	0.26	0.48	0.19
C30	0.34	0.33	0.34	0.30	0.24	0.22	0.21	0.18	0.19	0.26	0.07
C31	3.58	3.47	2.85	2.37	1.87	1.51	1.34	1.07	0.94	2.11	1.01
C32	2.98	2.09	2.06	1.94	1.63	1.25	1.40	1.15	1.10	1.73	0.60
C33	1.90	1.26	1.07	0.79	0.69	0.61	0.60	0.49	0.45	0.87	0.47
C35	0.37	0.26	0.25	0.22	0.18	0.14	0.13	0.11	0.11	0.20	0.09
C36	0.34	0.30	0.27	0.22	0.19	0.14	0.12	0.11	0.10	0.20	0.09
C37	0.20	0.19	0.15	0.13	0.11	0.10	0.09	0.08	0.08	0.13	0.05
C39	0.15	0.13	0.11	0.09	0.08	0.07	0.07	0.06	0.06	0.09	0.03
C40	0.08	0.06	0.06	0.06	0.06	0.06	0.06	0.05	0.05	0.06	0.01
均值	1.09	0.87	0.75	0.65	0.54	0.44	0.43	0.35	0.31	—	—
标准差	1.14	0.97	0.83	0.71	0.58	0.46	0.45	0.36	0.33	—	—

资料来源：根据《中国能源统计年鉴》（2004—2011）、《国家统计局进度数据库》和《中国统计年鉴》（2004—2012）计算整理。

表6－8　　　　　　　　　　现代制造业劳动密集度

行业	2003 年	2004 年	2005 年	2006 年	2007 年	2008 年	2009 年	2010 年	2011 年	均值	中位数
C13	0.0003	0.0002	0.0036	0.0003	0.0011	0.0013	0.0017	0.0017	0.0015	0.0013	0.0011
C17	0.0007	0.0010	0.0011	0.0014	0.0059	0.0074	0.0085	0.0114	0.0123	0.0055	0.0046
C26	0.0004	0.0003	0.0004	0.0003	0.0016	0.0015	0.0020	0.0026	0.0013	0.0012	0.0009
C27	0.0001	0.0002	0.0001	0.0003	0.0008	0.0010	0.0017	0.0020	0.0026	0.0010	0.0009
C28	0.0004	0.0004	0.0005	0.0005	0.0012	0.0009	0.0009	0.0009	0.0024	0.0009	0.0006
C29	0.0002	0.0005	0.0005	0.0007	0.0023	0.0033	0.0036	0.0049	0.0029	0.0021	0.0017

续表

行业	2003年	2004年	2005年	2006年	2007年	2008年	2009年	2010年	2011年	均值	中位数
C30	0.0005	0.0008	0.0008	0.0010	0.0037	0.0039	0.0046	0.0056	0.0046	0.0028	0.0020
C31	0.0002	0.0004	0.0005	0.0008	0.0024	0.0035	0.0051	0.0064	0.0088	0.0031	0.0031
C32	0.0002	0.0006	0.0008	0.0009	0.0034	0.0039	0.0048	0.0058	0.0048	0.0028	0.0022
C33	0.0006	0.0006	0.0007	0.0007	0.0033	0.0039	0.0030	0.0027	0.0021	0.0019	0.0013
C35	0.0001	0.0003	0.0002	0.0004	0.0014	0.0018	0.0022	0.0031	0.0039	0.0015	0.0014
C36	0.0001	0.0003	0.0003	0.0005	0.0016	0.0021	0.0033	0.0041	0.0065	0.0021	0.0022
C37	0.0002	0.0002	0.0004	0.0002	0.0009	0.0006	0.0006	0.0018	0.0031	0.0009	0.0010
C39	0.0001	0.0001	0.0000	0.0001	0.0006	0.0006	0.0005	0.0007	0.0008	0.0004	0.0003
C40	0.0002	0.0001	0.0000	0.0001	0.0006	0.0010	0.0021	0.0033	0.0060	0.0015	0.0020
均值	0.0003	0.0004	0.0007	0.0005	0.0021	0.0024	0.0030	0.0038	0.0042	—	—
标准差	0.0002	0.0003	0.0009	0.0004	0.0015	0.0019	0.0021	0.0028	0.0031	—	—

资料来源：根据历年《中国统计年鉴》（2003—2012）、《国家统计局进度数据库》（2012）计算整理。

表6-9　　　　　　　　　　现代制造业技术密集度

行业	2003年	2004年	2005年	2006年	2007年	2008年	2009年	2010年	2011年	均值	标准差
C13	0.32	0.27	0.35	0.38	0.30	0.26	0.30	0.28	0.27	0.30	0.04
C17	0.77	0.64	0.72	0.70	0.62	0.56	0.58	0.49	0.42	0.61	0.11
C26	0.34	0.51	0.46	0.54	0.54	0.26	0.30	0.32	0.40	0.41	0.11
C27	0.38	0.43	0.37	0.35	0.35	0.28	0.25	0.22	0.20	0.31	0.08
C28	0.95	1.26	0.74	0.69	1.24	0.96	0.99	0.95	0.81	0.96	0.20
C29	0.57	0.54	0.53	0.50	0.59	0.45	0.44	0.41	0.41	0.49	0.07
C30	0.33	0.39	0.28	0.35	0.29	0.30	0.29	0.31	0.32	0.32	0.04
C31	0.33	0.28	0.27	0.27	0.22	0.22	0.22	0.23	0.20	0.25	0.04
C32	0.53	0.50	0.50	0.40	0.46	0.33	0.32	0.37	0.20	0.40	0.11
C33	0.33	0.36	0.41	0.40	0.38	0.35	0.38	0.38	0.37	0.37	0.02
C35	0.31	0.28	0.30	0.31	0.30	0.23	0.26	0.23	0.25	0.27	0.04

续表

行业	2003年	2004年	2005年	2006年	2007年	2008年	2009年	2010年	2011年	均值	标准差
C36	0.34	0.31	0.30	0.30	0.33	0.32	0.31	0.32	0.27	0.31	0.02
C37	0.50	0.48	0.41	0.33	0.33	0.30	0.38	0.35	0.35	0.38	0.07
C39	0.44	0.39	0.42	0.40	0.54	0.48	0.53	0.54	0.40	0.46	0.06
C40	0.61	0.63	0.50	0.52	0.58	0.70	0.53	0.66	0.41	0.57	0.09
均值	0.47	0.49	0.44	0.43	0.47	0.40	0.41	0.41	0.35	—	—
标准差	0.19	0.24	0.15	0.13	0.25	0.20	0.20	0.20	0.15	—	—

资料来源：根据历年《中国统计年鉴》（2003—2012）、《国家统计局进度数据库》（2012）计算整理。

表6-10　　　　　　　　　现代制造业产业关联度

行业	2003年	2004年	2005年	2006年	2007年	2008年	2009年	2010年	2011年	均值	标准差
C13	0.0432	0.0587	0.0746	0.0912	0.1230	0.1681	0.1965	0.2455	0.3102	0.1457	0.0913
C17	0.0543	0.0728	0.0891	0.1077	0.1317	0.1504	0.1615	0.2004	0.2295	0.1330	0.0585
C26	0.0650	0.0910	0.1150	0.1437	0.1884	0.2387	0.2594	0.3368	0.4275	0.2073	0.1202
C27	0.0203	0.0228	0.0299	0.0353	0.0447	0.0554	0.0664	0.0825	0.1050	0.0514	0.0288
C28	0.0102	0.0137	0.0183	0.0225	0.0290	0.0279	0.0269	0.0348	0.0469	0.0256	0.0112
C29	0.0092	0.0128	0.0154	0.0192	0.0243	0.0297	0.0335	0.0415	0.0515	0.0264	0.0140
C30	0.0215	0.0295	0.0356	0.0449	0.0571	0.0696	0.0771	0.0975	0.1095	0.0602	0.0306
C31	0.0397	0.0524	0.0646	0.0824	0.1094	0.1472	0.1746	0.2253	0.2824	0.1309	0.0835
C32	0.0703	0.1191	0.1509	0.1786	0.2369	0.3144	0.2997	0.3643	0.4503	0.2427	0.1244
C33	0.0251	0.0421	0.0558	0.0909	0.1267	0.1472	0.1446	0.1976	0.2524	0.1203	0.0750
C35	0.0401	0.0599	0.0746	0.0965	0.1294	0.1735	0.1923	0.2469	0.2881	0.1446	0.0864
C36	0.0269	0.0356	0.0428	0.0559	0.0744	0.1021	0.1180	0.1516	0.1838	0.0879	0.0548
C37	0.0788	0.0970	0.1105	0.1433	0.1908	0.2347	0.2933	0.3898	0.4446	0.2203	0.1317
C39	0.0556	0.0790	0.0977	0.1277	0.1688	0.2139	0.2373	0.3047	0.3615	0.1829	0.1050
C40	0.1113	0.1565	0.1897	0.2325	0.2757	0.3086	0.3132	0.3864	0.4484	0.2691	0.1088
均值	0.0448	0.0629	0.0776	0.0981	0.1274	0.1588	0.1730	0.2204	0.2661	—	—
标准差	0.0283	0.0407	0.0495	0.0600	0.0750	0.0919	0.0956	0.1211	0.1439	—	—

资料来源：根据《中国统计年鉴》（2004—2012）计算整理。

计算规模经济（Scale）需要用现代制造业各行业的企业单位数和工业总产值，数据来自《中国统计年鉴》（2004—2012），计算结果见表6-11。

表6-11　　　　　　　　　现代制造业规模经济指标　　　　　单位：万元

行业	2003年	2004年	2005年	2006年	2007年	2008年	2009年	2010年	2011年	均值	标准差
C13	5497	5920	7283	7932	9645	10490	11389	13637	21118	10324	48320
C17	5198	4281	5615	6043	6711	6457	7087	8539	14231	7129	2924
C26	6698	6905	8741	9871	11661	12031	12819	16242	26914	12431	6212
C27	71129	68831	85505	93497	11068	12071	13873	16680	25214	12311	5799
C28	15457	12714	19972	22864	26483	19567	19693	25549	38135	22270	7395
C29	6512	5739	7240	8147	9370	9095	10101	12163	22445	10090	5025
C30	3655	3415	4208	4725	5281	5079	5513	6595	11614	5565	2469
C31	3480	3737	4572	5343	6408	6861	7633	9213	15145	6932	3599
C32	24295	23734	32292	36296	47064	55826	54851	65770	95026	48350	22830
C33	10585	11295	15374	22064	26909	25547	25577	34291	53077	24969	13113
C35	4552	4144	5310	5996	6882	6687	7321	8849	15841	7287	3519
C36	5374	4637	5931	6847	7899	7771	8766	10734	18827	8532	4281
C37	13541	11667	13888	16194	19265	17755	21465	26765	42133	20297	9391
C39	7611	6957	9046	10745	12430	11827	12766	15740	25605	12525	5616
C40	27048	24299	30440	34069	34958	30600	31197	37047	56138	33977	9184
均值	97747	9088	11897	13766	16136	15844	16670	20521	32097	—	—
标准差	7325	6730	9041	10376	12380	13311	12920	15686	22219	—	—

资料来源：根据《中国统计年鉴》（2004—2012）计算整理。

计算国有资本比重（State）需要用现代制造业各行业国有企业工业总产值和全部制造业工业总产值，数据来自《中国统计年鉴》（2004—2012），计算结果见表6-12。

计算税收（Tax）用现代制造业各行业的应交增值税、应交所得税和主营业务收入，数据来自中国统计数据应用支持系（http：//gov. acmr. cn/index. aspx），计算结果见表6-13。

表6-12   现代制造业国有资本比重

行业	2003年	2004年	2005年	2006年	2007年	2008年	2009年	2010年	2011年	均值	标准差
C13	0.096	0.048	0.036	0.025	0.021	0.021	0.019	0.016	0.022	0.03	0.03
C17	0.078	0.041	0.033	0.023	0.020	0.016	0.012	0.011	0.011	0.03	0.02
C26	0.170	0.133	0.114	0.091	0.080	0.077	0.074	0.066	0.061	0.10	0.04
C27	0.170	0.089	0.080	0.067	0.066	0.041	0.035	0.032	0.027	0.07	0.04
C28	0.107	0.075	0.091	0.074	0.077	0.048	0.048	0.035	0.043	0.07	0.02
C29	0.135	0.061	0.076	0.071	0.080	0.036	0.033	0.031	0.024	0.06	0.04
C30	0.025	0.023	0.019	0.017	0.015	0.010	0.007	0.006	0.006	0.01	0.01
C31	0.097	0.060	0.047	0.036	0.030	0.030	0.027	0.028	0.032	0.04	0.02
C32	0.365	0.244	0.268	0.238	0.227	0.178	0.190	0.184	0.161	0.23	0.06
C33	0.214	0.144	0.158	0.155	0.153	0.119	0.106	0.119	0.094	0.14	0.04
C35	0.153	0.097	0.093	0.083	0.073	0.067	0.062	0.060	0.045	0.08	0.03
C36	0.212	0.145	0.160	0.141	0.125	0.118	0.112	0.086	0.076	0.13	0.04
C37	0.234	0.164	0.165	0.135	0.130	0.115	0.115	0.112	0.101	0.14	0.04
C39	0.059	0.033	0.036	0.033	0.032	0.028	0.032	0.026	0.022	0.03	0.01
C40	0.059	0.025	0.027	0.026	0.022	0.015	0.019	0.018	0.019	0.03	0.01
均值	0.145	0.092	0.094	0.081	0.077	0.061	0.059	0.055	0.050	—	—
标准差	0.087	0.063	0.069	0.063	0.060	0.050	0.051	0.050	0.042	—	—

资料来源：根据《中国统计年鉴》（2004—2012）计算整理。

表6-13   现代制造业税收

行业	2003年	2004年	2005年	2006年	2007年	2008年	2009年	2010年	2011年	均值	标准差
C13	0.020	0.017	0.021	2.875	0.023	0.026	0.023	0.026	0.025	0.339	0.951
C17	0.033	0.030	0.032	3.877	0.033	0.036	0.032	0.033	0.033	0.460	1.282
C26	0.047	0.047	0.044	3.119	0.043	0.043	0.038	0.038	0.038	0.384	1.026
C27	0.078	0.077	0.068	3.869	0.067	0.070	0.065	0.063	0.061	0.491	1.267
C28	0.038	0.028	0.022	4.686	0.026	0.024	0.023	0.029	0.028	0.545	1.553
C29	0.040	0.033	0.033	3.216	0.037	0.037	0.038	0.035	0.030	0.389	1.060
C30	0.034	0.029	0.030	3.233	0.031	0.034	0.032	0.032	0.032	0.388	1.067
C31	0.059	0.057	0.051	4.380	0.053	0.054	0.049	0.049	0.048	0.533	1.443

续表

行业	2003年	2004年	2005年	2006年	2007年	2008年	2009年	2010年	2011年	均值	标准差
C32	0.064	0.052	0.047	3.369	0.049	0.038	0.032	0.029	0.025	0.412	1.109
C33	0.041	0.042	0.043	2.525	0.042	0.036	0.029	0.029	0.029	0.313	0.830
C35	0.046	0.040	0.042	2.940	0.041	0.040	0.039	0.040	0.038	0.363	0.966
C36	0.040	0.039	0.038	2.859	0.039	0.038	0.039	0.040	0.039	0.352	0.940
C37	0.043	0.035	0.035	3.862	0.035	0.036	0.041	0.044	0.040	0.463	1.275
C39	0.037	0.031	0.031	3.064	0.032	0.037	0.036	0.036	0.033	0.371	1.010
C40	0.018	0.016	0.015	3.077	0.014	0.019	0.018	0.022	0.025	0.358	1.020
均值	0.043	0.038	0.037	3.397	0.038	0.036	0.036	0.036	0.035	—	—
标准差	0.015	0.016	0.013	0.608	0.013	0.012	0.011	0.010	0.010	—	—

资料来源：中国统计数据应用支持系（http：//gov. acmr. cn/index. aspx）。笔者计算整理。

控制变量人均 GDP（Pgdp）数据来源于《中国统计年鉴》（2004—2012），计算交通密集度（Trans）用公路里程和铁路里程，数据来源于《第三产业统计年鉴》（2004—2012），计算结果见表 6 - 14。

表 6 - 14 工具变量

变量	2003年	2004年	2005年	2006年	2007年	2008年	2009年	2010年	2011年	均值	标准差
Pgdp	10542	12336	14185	16500	20169	23708	25608	30015	35181	20916	8387
Trans	0.196	0.203	0.356	0.368	0.381	0.397	0.411	0.427	0.438	0.353	0.091

资料来源：《中国统计年鉴》（2004—2012）和《第三产业统计年鉴》（2004—2012）。人均GDP 单位为元，交通密集度单位为公里每平方米。笔者计算整理。

依据如上几个表的数据，即可构造现代制造业影响因素分析的模型。

二 模型的检验与分析

在进行回归分析之前，首先对变量做简要的统计描述。可计算 15 个行业 9 年 9 个变量的统计分析值，如表 6 - 15 所示。

从表 6 - 15 可以看出，有 4 个解释变量均值小于标准差，其中税收（Tax）的标准差是均值的两倍多，说明 15 个行业 9 年间的税收非常不均衡，该变量的最大值（4.686）和最小值（0.014）的巨大差距也说明了这一点。

表 6 – 15　　　　　　　　　　　变量统计特性

变量	均值	标准差	最小值	最大值	观测个数
r	0.0419	0.0420	0.0019	0.1973	135
Fdi	0.31	0.16	0.09	0.84	135
$Agri\&Min$	0.60	0.72	0.05	3.58	135
Lab	0.0019	0.0023	0.0000	0.0123	135
$Tech$	0.43	0.19	0.20	1.26	135
$Link$	0.1366	0.1095	0.0092	0.4503	135
$Scale$	16199	14241	3415	95026	135
$State$	0.079	0.065	0.006	0.365	135
Tax	0.411	1.078	0.014	4.686	135
$Pgdp$	20916	7936.505	10542	35181	135
$Ptran$	0.353	0.086	0.196	0.438	135

从数据的完整性来看，每个变量都包含 15 个行业 9 年的 135 个观测数，因为观测个数是完整的，不存在数据的缺失，数据集是平衡面板数据。

另外，为了避免解释变量间的多重共线性，在回归之前需要对解释变量进行多重共线性检验，表 6 – 16 列出了解释变量间的相关性矩阵。

表 6 – 16　　　　　　　　　　变量的相关性矩阵

	Fdi	A&M	Lab	Tech	Link	Scale	State	Tax	Pgdp	Ptran
Fdi	1									
$A\&M$	-0.454	1								
Lab	-0.201	-0.10	1							
$Tech$	0.237	-0.05	-0.17	1						
$Link$	0.392	-0.25	-0.02	-0.04	1					
$Scale$	0.116	0.024	0.195	0.101	0.229	1				
$State$	-0.359	0.450	-0.25	-0.04	0.029	0.272	1			
Tax	0.021	0.044	-0.21	0.011	-0.06	-0.06	0.003	1		
$Pgdp$	-0.065	-0.32	0.633	-0.18	0.088	0.431	-0.36	-0.19	1	
$Ptran$	-0.029	-0.32	0.511	-0.16	0.110	0.338	-0.36	0.060	0.833	1

从表 6 - 16 可以看出，各解释变量的相关性系数都在可以接受的范围之内，控制变量 Pgdp 和解释变量 Fdi、Lab 的相关系数较高，控制变量的加入将会对这两个解释变量的估计结果的显著性产生影响，但总体来讲不会对结果造成实质性影响。

这里采用迭代式广义最小二乘法（FGLS）对回归模型进行估计，因此有必要对面板数据进行组间异方差检验、组内自相关检验和组间截面相关检验。

组间异方差检验采用似然比（LR）检验，原假设是不同行业的扰动项方差均相等，即 H_0: $\sigma_i^2 = \sigma^2$，加上 $(n-1)$ 个同方差约束后会降低似然函数的最大值，降低得越多，越倾向于拒绝同方差的原假设。

使用 Stata12.0 软件对回归模型进行的似然比检验，结果是 LR chi2 (14) = 141.10，Prob > chi2 = 0.0000，因此强烈拒绝行业间同方差的原假设，即面板数据存在组间异方差。

参照 Wooldridge（2002）[1] 提供的对面板数据的组内自相关检验的方法，原假设是不存在行业内自相关，使用 Stata12.0 软件对回归模型进行组内自相关的 Wooldridge 检验，结果是 F (1, 14) = 15.579，Prob > F = 0.0015，因此强烈拒绝不存在一阶自相关的假设，即面板数据存在组内自相关。

面板数据进行截面相关检验原假设是不存在行业间截面相关，该检验将根据残差计算的个体扰动项之间相关系数排成一个矩阵，即残差相关系数矩阵，如果该矩阵主对角线元素接近于 0 则接受原假设。使用 Stata12.0 软件对回归模型进行截面相关检验，结果是：

Pesaran's test of cross sectional independence = -0.211，Pr = 0.8329，因此接受不存在行业间截面相关的原假设。

由以上检验可知，用于研究现代制造业集聚度影响因素的计量模型的面板数据存在组间异方差和组内自相关。因此，需要采用同时处理组间异方差和组内自相关的迭代的 FGLS 方法估计模型。使用 Stata12.0 软件对模型进行回归，整理后的全部回归结果如表 6 - 17 所示。

---

[1] Wooldridge, J., *Introductory Econometrics：A Modern Approach*, 2nd edition，影印本，清华大学出版社 2004 年版。

表6-17 样本数据的回归结果

	无控制变量	加入控制变量1	加入控制变量2	加入控制变量1和2
lnFdi	0. 8111 ***	0. 0779	0. 7993 ***	0. 0218
	(0. 0326)	(0. 1072)	(0. 0897)	(0. 1054)
lnAgri&Min	0. 4331 ***	− 0. 2170 ***	− 0. 0575	− 0. 2349 ***
	(0. 0348)	(0. 0471)	(0. 0587)	(0. 0460)
lnLab	0. 0187 ***	0. 0488 **	− 0. 0021	0. 0616 **
	(0. 0051)	(0. 0242)	(0. 0116)	(0. 0258)
lnTech	0. 4057 ***	0. 1830 ***	0. 2520 ***	0. 1788 **
	(0. 0367)	(0. 0824)	(0. 0702)	(0. 0804)
lnLink	− 0. 0225 ***	− 0. 0111	0. 0214	− 0. 0078
	(0. 0067)	(0. 0214)	(0. 0210)	(0. 0216)
lnScale	0. 2886 ***	0. 5345 ***	0. 1166 **	0. 5417 ***
	(0. 0313)	(0. 0619)	(0. 0503)	(0. 0624)
lnState	− 0. 1806 ***	− 0. 4491 ***	0. 0512	− 0. 4836 ***
	(0. 014)	(0. 0504)	(0. 0429)	(0. 0505)
lnTax	− 0. 0059 *	− 0. 0072	− 0. 0039	− 0. 0074
	(0. 0033)	(0. 0076)	(0. 0066)	(0. 0077)
lnPgdp		− 1. 3309 ***		− 1. 4833 ***
		(0. 1508)		(0. 1638)
lnPtran			− 0. 1169 *	0. 1215
			(0. 0651)	(0. 0856)
常数项	− 4. 9106 ***	2. 1771 *	− 3. 5760	3. 6123 **
	(0. 3393)	(1. 1736)	(0. 7178)	(1. 4681)
观测数	135	135	135	135
估计方法	FGLS	FGLS	FGLS	FGLS
LR χ^2 (14) =141. 10 Prob > chi2 = 0. 0000				
Wooldridge F (1, 14) =15. 579 Prob > F = 0. 0015				
Pesaran's test of cross sectional independence = − 0. 211 Pr = 0. 8329				

说明:*、**、***分别表示在10%、5%、1%的水平上显著,圆括号内为t值。

回归结果显示:

第一,外向特征方面。在不添加任何控制变量情况下,外资利用度(Fdi)显著促进了各行业的地理集中度。添加控制变量影响了回归结果,单独考虑经济发展水平（Pgdp）时外资利用度的影响变得不显著，单独考虑经济一体化（Ptran）进程时外资利用度的影响依然显著，同时考虑经济发展水平（Pgdp）和经济一体化（Ptran）时外资利用度的影响变得不显著。

在不考虑时间控制变量人均 GDP 情况下，行业的外资利用度越高，该行业的地理集中度越高。中国的改革开放使得外资流入，进出口贸易活跃，中国依据比较优势参与国际分工，国内中西部省份的廉价劳动力和外资在东部沿海地区融合产生了前所未有的生产能力，这种产出能力依赖出口贸易，于是中国的出口型产业就在东部沿海地区产生了集聚，这也在一定程度上验证了传统贸易理论。此外，外资利用度（Fdi）的回归系数明显地高于其他解释变量，对集聚度的影响程度最大，说明中国现代制造业的空间布局受外资利用度的影响最大。

第二，产业特征方面。产业的技术密集度（Tech）和产业平均规模（Scale）促进了产业的地理集中，且控制变量的加入与否对回归结果影响微弱。同时加入两个控制变量之后，Tech 对产业地理集中度影响的显著性水平由 1% 变化到 5%，且在不加控制变量时回归系数为 0.4057，只加入控制变量 Pgdp 时的回归系数为 0.1830，只加入控制变量 Ptran 时的回归系数为 0.2520，同时加入两个控制变量时的回归系数为 0.1288。

产业技术密集度的提高有助于产业集聚度的提高，这体现了产业竞争正在从物质资源的竞争转向科学技术的竞争，同时也验证了新产业区理论的正确性。产业平均规模显著地促进了现代制造业的地理集中，在只加入控制变量 Ptran 时，Scale 的显著性水平为 5%，其他情况为 1%，且控制变量 Pgdp 的加入提高了 Scale 的估计系数（不加入时为 0.2886 和 0.1166，加入时为 0.5345 和 0.5417），这说明在不考虑企业个数的情况下，产业平均规模越大，产业的集中度越高，验证了新经济地理学理论的正确。

资源依赖度（Agri & Min）对产业集聚度的影响是正向的但是不显著。在不加控制变量 Ptran 情况下回归系数都在 1% 水平上是显著的，加入控制变量 Ptran 后，回归系数变得不显著。虽然产业的能源消耗越大，就越倾向于集中的能源产地，但是交通密集度的提高会削弱产业选址时对能源地远近的考虑，发达的交通可以让产业布局更自由。劳动密集度（Lab）的提高促进了产业集聚度的提高，在不加任何控制变量的情况下回归系数的显著性水平为 1%，在只加入控制变量 Pgdp 时的回归系数的显著性水平为 5%，在只加入控制变量 Ptran 时的回归系数不显著，在同时加入两个控制变量时的显著性水平为 5%。某地区的劳动密集度越高，越会给企业带来劳动共享效应，越会吸引更多企业集聚到该地区。

此外，经济发展水平和交通密集度的提高也会强化劳动密集度对产业集聚度的影响（不加控制变量时回归系数为 0.0187，加入控制变量后的回归系数为 0.0616），表 6-16 中相关系数也说明了这一点：Pgdp、Ptran 和 Lab 之间有较强的正相关性，相关系数分别为 0.633 和 0.511。产业关联度（Link）越大，产业地理集中度就越小，但这仅在不考虑控制变量时成立。波特的竞争理论提出相关的支持性产业是产业集聚的影响因素这一点未得到证实。

第三，制度特征方面。国有资本比重（State）和税收（Tax）的回归系数均为负，但是加入控制变量后的效果不稳定。较高的国有资本比重会让产业分布更分散，加入时间控制变量人均 GDP 后更是如此。在不加任何控制变量的情况下，较高税收会让产业分布更分散。地方政府从地方利益出发，往往更倾向于保护高税收的产业，通过行政干预扭曲市场的配置作用。各地方竞相发展高税收产业的后果是这些产业的空间布局没有明显的集中，如医药制造业（C27）、塑料制品业（C30）、非金属矿物制品业（C31）等行业。

总体上看，2003—2011 年，在不加入控制变量人均 GDP 的情况下，以外资利用度（Fdi）体现的产业外向特征促进了现代制造业的产业集聚。产业特征方面，技术密集度（Tech）和规模效应（Scale）显著地促进了现代制造业的产业集聚，资源依赖度（Agri&Min）和劳动密集度（Lab）对产业集聚的促进作用不稳定，产业关联度（Link）会造成产业分散，但是效果同样不稳定。以国有资本比重（State）和税收（Tax）反映的产业制度特征促使了现代制造业的产业分散，且效果不稳定。

第三节　空间布局的政策思考

对中国现代制造业体系空间布局特征及影响因素的分析，给我们思考相应的政策提供了有益借鉴。

一　研究结论

利用 2003—2011 年 31 个省市 15 个行业的数据对中国现代制造业的

集聚度水平、集聚特征和集聚的影响因素，不难发现：

（一）制度特征阻碍了产业集聚

就整体而言，中国现代制造业的地理集中度指数在2003—2011年呈现出波动下降过程，现代制造业的地理空间布局是扩散的。集聚度水平地区分化明显，现代制造业呈现产业扩散，制度特征阻碍了产业集聚。

现代制造业的集聚度水平与地区的经济发展水平密切相关，地区分化明显。经济发达地区依靠最初的初始政策优势吸引了更多产业发展资源，这些地区对企业的选址更有吸引力，进而产生产业集聚。此外，现代制造业聚集度的提高一方面带来了聚集地区的经济发展，另一方面也加剧了这些地区和其他落后地区的两极分化，而由此产生的区域经济发展的严重失衡将最终影响整体经济发展的效率。

高税收行业和国有资本比重高的行业的更分散，是地方政府干预市场的结果。地方政府的政绩观使得各地纷纷出台政策保护纳税率高的行业，从而增加地方财政收入，同时也出台政策吸引高附加值、高固定资产投资行业到当地发展，拉动当地的GDP增长，这自然分散了这些行业的空间布局。

（二）技术密集型行业集中于发达地区

不同因素决定了不同行业的集聚度水平，技术密集型行业集中于发达地区。塑料制品业（C30）、通用设备制造业（C35）的集聚度出现了扩散现象，变化率分别为-7.0914%和-4.8121%，且主要分布在广东、江苏、浙江、山东、上海等经济发达的省市。

黑色金属冶炼及压延加工业（C32）的集聚度变化相对稳定（2.0614%），这说明资源密集型行业主要集中在原材料丰富的地区，该类型的企业选址受原材料产地的限制，地理集中度相对稳定，且主要分布于河北、江苏、山东、辽宁等黑色金属资源丰富的地区。

低集聚度行业的代表有医药制造业（C27）、非金属矿物制品业（C31）、有色金属冶炼及压延加工业（33）。其中医药制造业的集聚度变化稳定（0.0068%），且该行业纳税率较高（0.491）是各地区竞相保护和发展的行业，所以集聚度水平不高。有色金属冶炼及压延加工业（33）属于资源密集型行业，其发展受到原料产地的限制，所以集聚度不高。

就不同行业而言，化学纤维制造业（C28）和通信设备、计算机及电子信息设备制造业（C40）是高集聚度行业的代表，其中化学纤维制造业

的集聚度指数一直遥遥领先于其他行业，且有较快增长，平均增长率为
6.9225%，两个行业都属于技术资本密集型行业，且主要集中于江苏、浙
江、山东、广东、上海等东部省市。这说明技术密集型的现代制造业逐渐
向东部沿海的经济发达地区集中，退出了中西部经济发展落后的地区，该
类型的现代制造业地区分化明显。同样属于技术资本密集型行业的塑料制
品业（C30）、通用设备制造业（C35）和属于资源密集型行业的黑色金
属冶炼及压延加工业（C32）是中集聚度水平行业的代表。

（三）产业外向特征和资源依赖度影响作用在减弱

根据经济理论和中国特殊的转型经济，构建了包括产业的外向特征、
产业特征和制度特征的现代制造业集聚度因素分析模型。回归结果告诉我
们：对外开放是塑造现代制造业产业地理的重要力量，外资和国内廉价劳
动力在东部沿海地区结合，使产业在东部沿海地区集聚，带动了当地经济
高速发展的同时也使区域间的经济发展不平衡。近年来，随着国家区域发
展政策的实施和中国在世界产业价值链中分工的调整，劳动力不再一味地
向东部沿海地区集聚，东部地区的产业开始向中部和西部地区梯度转移，
这将有利于区域间经济的协调健康发展。可以预见，随着中西部地区的崛
起，产业的外向特征对现代制造业地理布局的影响将逐渐减弱。

市场力量的作用使得规模效益、劳动密集度的提高促进了现代制造业
的产业集聚，高劳动密集度产业多集中在广东、江苏、浙江等东部沿海地
区，这源于该地区地缘优势和成熟的市场环境，再通过累积的因果循环效
应，使区域内产生的外部性（规模经济、劳动力共享、基础设施共享）
又加剧了不同产业在该地区集聚的趋势，使该地区的经济实力遥遥领先于
其他地区。

产业竞争领域的转变和经济转型的要求，使得高技术密集度显著地促
进了现代制造业的产业集聚，产业的竞争已经由物资资源投入的竞争转向
科学技术投入的竞争。中国提出转变经济发展方式，大力发展技术密集的
战略性新兴产业，科技的竞争本质上是人才的竞争，沿海地区高速发展的
经济环境吸引了高素质人才的大量涌入，这些都为该地区产业的发展提供
了人才的支撑，从而促进了科技含量高的现代制造业在沿海地区的集聚。
而资源依赖度对现代制造业的产业布局的促进作用不是完全稳定，一方面
是由于资源依赖度只对资源密集型行业的空间布局有决定性的影响；另一
方面随着经济的发展和国内一体化进程的日渐完善，物资资源产地在企业

选址决策中的作用越来越小，尤其是便利的交通使得资源依赖度不高的行业的空间布局更自由。

二　政策思考

（一）实行由中央政府主导的现代制造业空间大布局

现代制造业体系不但要求制造业应具有较高的发展水平，同时要求产业内部具有最优的结构。因此，在全面提高制造业发展水平的同时，必须转变经济增长方式，加强产业空间布局，调整制造业内部各行业的结构比。行业的结构优化，也体现在产业的空间布局上。产业布局在静态上是产业各部门、各种生产要素在空间上的分布和地域上的组合；在动态上则是各种生产资源、各种生产要素为达到最佳区位优势在空间地域上的流动、转移和配置组合过程。要使现代产业新体系具有最优的配置效率，需要有最优的行业结构和最优的空间布局。

现代制造业，特别是新兴制造产业的发展蕴含着很强的社会性和先进的生产要素，市场也有很大的不确定性，其发展不能完全依赖于市场的自发行为，离不开政府的引导。特别是随着我国现代制造产业政策的规范，技术的进步，市场不断扩大，大型国有企业的技术优势、人才优势和资源优势将逐步显现。因此，要在中央政府主导下统筹现代制造业体系的空间布局。

现代制造业体系的空间布局是一个资源与产业逐步匹配、不断优化的过程。既要考虑对区域经济社会发展起到重要的支撑作用，也要兼顾国家民族的整体利益和长远利益，更要注重产业布局效率。既要综合考虑技术优势、资源优势，又要考虑人才优势和地域环境。中央政府要对关系现代制造业体系发展的其他关联产业进行辅助性投资，支持相关产业的前期发展，推动现代制造业体系的合理集聚。要在照顾地方发展需要的前提下，尊重市场选择，综合考量不同地域的客观实际，按照不同地域的长远功能定位，围绕各地的产业基础、要素聚集能力进行现代制造业体系的远景规划和宏观布局，形成重点突出、资源互补、优势明显、定位明确、错位发展的现代制造业体系大格局。

（二）积极引导产业转移，鼓励东部地区产业全面升级

采取积极有效措施，引导东部地区向中西部地区产业转移。目前，东部地区劳动密集型行业日益受到劳动力、土地、资源和环境的制约，而这些行业在中西部地区则有广阔发展空间。政府需要制定有效的政策，鼓励

并引导劳动密集型行业向中西部地区的产业转移。

东部地区依靠劳动密集型行业的发展取得了举世瞩目的经济发展成就，在劳动密集型行业向中西部地区转移的同时，东部地区需要努力调整产业结构，促进产业升级。产业升级的基础是要素禀赋的升级，而较高的科学技术水平和高素质的人才越来越成为产业升级的决定性要素。鉴于此，政府要制定促进东部地区要素禀赋升级的政策措施，鼓励企业的研发投入，完善知识产权保护政策，制定优秀人才引进政策，为产业要素禀赋升级创造良好的政策支持环境。

地域性的制度干扰了现代制造业集聚过程中跨区域、跨行业的要素流动。因而需要突破地方性的制度干扰，打破地方保护主义，构建基于经济区域一体化的产业链，实现合理分工，集约发展。

（三）加快基础设施建设，加速建设新的现代制造业带和特色工业化

城镇发达的交通运输条件可以使资源密集型行业的选址不再受原材料产地约束，可以更倾向于靠近高技术人才基地和产业科技园区，更利于先进技术和资源密集型行业结合，降低资源密集型行业的资源能耗，减少环境污染。同时便于资源密集型行业依靠先进的技术水平、高素质人才实现深加工，增加产品附加值，提升在国际分工中的地位。

目前，在中西部地区已经初步形成了几条较大的制造业带雏形，如长江中游地区、陇海沿线地区和成渝地区等，这些地区具有较好的环境承载力和发展潜力，产业发展势头良好。应该制定有效的政策措施，合理引导要素资源向这些地区集聚。此外，要积极建设特色工业化城镇，将城镇化建设和特色工业化建设相融合；依据地区工业基础和资源禀赋建设工业化园区，在工业化园区的基础上建设新城镇。

第七章 现代制造业体系的生产效率

党的十八大政治报告提出，要适应国内外经济形势新变化，加快形成新的经济发展方式，把推动发展的立足点转到提高质量和效益上来，着力增强创新驱动新动力。创新驱动是相对于要素驱动和投资驱动来讲的，从效率的角度看，生产要素的配置方式决定了经济增长是粗放型增长还是集约型增长，转变经济增长方式就是要从依靠投入增长推动的粗放型增长模式转变为依靠全要素生产率提高来推动的集约型增长模式。构建现代制造业体系，就需要提高现代制造业的生产水平，提高其生产效率。

第一节 生产效率的测度原理

生产效率体现为产出与投入的比值。现实生产过程中通常是多投入和多产出（或单产出）。在学术界，对于多投入、多产出（单产出），其生产效率的测度方法是计算和分解全要素生产率（Total Factor Productivity, TFP）。

全要素生产率的测算方法有参数方法和非参数方法两种，其中参数方法的代表是随机前沿分析（SFA），非参数方法的代表是数据包络分析（DEA）。测算和分析生产效率或者使用 DEA 方法，或者使用随机前沿方法，两种方法都可以测算技术进步（TC）、技术效率变化（TEC）、规模效率变化（SEC）和配置效率变化（AEC），二者的区别在于是否归结出噪声。

随机前沿方法相对于 DEA 方法的优点在于可以解释噪声，可以用来研究传统的假设检验，缺点是需要设定无效项的分布形式、设定生产函数的形式等。然而，面板数据的情况下使用随机前沿方法，可以放松对无效效应和噪声的强分布假设；通过设定无效项分布形式，可以捕捉技术效率随时间的变化；通过设定形式灵活的超越对数形式生产函数，回归结果可以显示出更多的产出关于投入要素的信息，如产出关于投入要素的弹性等。

一　数据包络分析原理

数据包络分析（Data Envelopment Analysis，DEA），是一种对多个同类多投入、多产出决策单元运用线性规划方法构建观测数据的非参数分段曲面（或前沿），然后相对于这个前沿面来计算效率的效率分析方法。由查尔斯、库伯和罗兹（Charnes，Cooper and Rhodes）于 1978 年首次提出之后才得到广泛的重视。

DEA 方法不需要设定具体的函数形式和误差分布形式，完全通过数据的驱动来测算距离函数。DEA 方法所构建的前沿面由决策单元中最有效的单元构成，其他决策单元的效率通过在前沿面的径向收缩程度来刻画。

采用 DEA 方法测算效率问题基于距离函数，距离函数有投入与产出导向问题之分，同样，测算生产效率的 DEA 模型也有投入与产出导向之分。投入导向 DEA 模型是在保持产出水平不变的情况下，通过按比例的减少投入量来测算技术无效性。产出导向的 DEA 模型则是在保持投入水平不变的情况下，通过按比例的减少产出量来测算技术无效性。在规模报酬不变（CRS）条件下，这两种方法所测算的数值是相等的，但是，在规模报酬可变（VRS）情况下，两种结果才不相等。

（一）CRS 模型①

假设有 I 个厂商，每个厂商都以最优规模运营，每个厂商都有 N 种投入与 M 种产出。第 i 个决策单元的投入与产出分别用向量 x_i 与 q_i 表示。$N \times I$ 投入矩阵 X 与 $M \times I$ 产出矩阵 Q 代表所有 I 个决策单元的数据。对于每一个决策单元，所有产出与所有投入的比率记为 $u'q_i/v'x_i$，其中 u 表示产出权数的 $M \times I$ 向量；v 表示投入权数的 $N \times I$ 向量。通过求下述解线性规划问题，可以得到最优权数：

$$\max_{uv} (u'q_i/v'x_i)$$
$$\text{s. t.} \quad u'q_i/v'x_i \leq 1, \quad i = 1, 2, \cdots, I \tag{7-1}$$

①　[美] 蒂莫西·J. 科埃利、D. S. 普拉萨德·拉奥、克里斯托弗·J. 奥唐奈、乔治·E. 巴蒂斯：《效率与生产率分析引论》第二版，王忠玉译，中国人民大学出版社 2008 年版。

$u,\ v \geqslant 0$

其含义是在所有效率值小于等于 1 的条件下，求解出 u 和 v 的值。由于这个线性规划存在无穷多个解，于是加入约束条件 $v'x_i = 1$：

$\max_{uv}\ (u'q_i)$

s. t. $\quad v'x_i = 1$

$u'q_i - v'x_i \leqslant 0, \quad i = 1,\ 2,\ \cdots,\ I$ $\qquad\qquad$ (7-2)

$u,\ v \geqslant 0$

模型（7-2）式是乘数形式的 DEA 模型，由于线性规划的对偶性，于是可以得到如下有少许一些约束的等价模型：

$\max_{\theta, \lambda}\ \theta$

s. t. $\quad -q_i + Q\lambda \geqslant 0$

$\lambda \geqslant 0$ $\qquad\qquad$ (7-3)

$\theta x_i - X\lambda \geqslant 0$

λ 表示一个 $I \times 1$ 常数向量，求解得到的 θ 值是第 i 个决策单元的效率值，$\theta \leqslant 1$，θ 值等于 1 表示决策单元是技术有效的，该决策单元位于前沿面上。对于 I 个决策单元需要求解 I 次线性规划，求得每个决策单元的效率值 θ。

（二）VRS 模型[1]

在不满足所有厂商都以最有规模运营的条件下，适用 CRS 设定会导致技术效率（Technical Efficiencies, TE）的测量结果与规模效率（Scale Dfficiencies, SE）混淆不清。规模效率可变（VRS）DEA 模型可以解决以上问题，把 SE 分离出来，针对 TE 进行计算。

在 CRS 模型中加入凸性约束条件 $I1'\lambda = 1$，即为 VRS 模型：

$\max_{\theta, \lambda}\ \theta$

s. t. $\quad -q_i + Q\lambda \geqslant 0$

$\theta x_i - X\lambda \geqslant 0$ $\qquad\qquad$ (7-4)

$I1'\lambda = 1$

$\lambda \geqslant 0$

其中，$I1$ 表示元素为 1 的 $I \times 1$ 向量，此方法构建的相交面组成的凸包比

---

① [美] 蒂莫西·J. 科埃利、D. S. 普拉萨德·拉奥、克里斯托弗·J. 奥唐奈、乔治·E. 巴蒂斯：《效率与生产率分析引论》第二版，王忠玉译，中国人民大学出版社 2008 年版。

CRS 模型的锥包更紧凑，因而得到的技术效率值大于或等于 CRS 模型所得到的结果。

通过同时计算每个决策单元的 CRS 模型和 VRS 模型，可以把 CRS 模型中获得的技术效率值分解为两部分：规模无效和纯技术无效，因而对同一个决策单元而言，如果 CRS 技术效率值与 VRS 技术效率值不同，说明该厂商是规模无效的，差别部分即为规模无效。

二　随机前沿分析原理

随机前沿生产函数设定如下：

$$Y_{it} = f(x_{it}, t; \beta) \exp(v_{it} - u_{it}) \tag{7-5}$$

（7-5）式是随机前沿生产函数模型的一般形式。

其中，$i = 1, 2, \cdots, 15$ 代表现代制造业的 15 个行业；$t = 1, 2, \cdots,$ 9 代表 2003—2011 年的时间跨度，Y_{it} 代表第 i 个行业第 t 年的产出；X_{it} 代表第 i 个行业第 t 年的要素投入；β 为待估参数向量。$f(x_{it}, t; \beta)$ 为随机前沿生产函数中确定性前沿产出部分；随机扰动项由两部分组成：v_{it} 是一般意义上的随机干扰项，假定服从白噪声的正态分布，u_{it} 是非负的技术无效率，假定服从非负截尾的正态分布 $iidN^+(\mu, \sigma^2)$。$\exp(-u_{it})$ 刻画了技术效率（TE），表示由生产无效率造成的实际产出与最大可能产出之间的距离。

进一步可对 TFP 增长率进行分解。在多要素投入单产出的条件下，按照 Kumbhakar（2000）[①] 的方法，可以将 TFP 的变化分解为四个部分：技术进步（TC）、技术效率变化（TEC）、规模效率改进（SEC）和配置效率改进（AEC）。具体做法如下：

首先对（7-5）式两边取对数，对时间 t 取一阶导数，两边同除以 Y，得到

$$\frac{\partial \ln Y_{it}}{\partial t} = \frac{\partial \ln f[X_{it}, t; \beta]}{\partial t} + \sum_{j=1}^{2} \frac{\partial \ln f[X_{it}, t; \beta]}{\partial \ln X_{itj}} \frac{\partial \ln X_{itj}}{\partial t} + \frac{\partial \ln e^{-u_{it}}}{\partial t} \tag{7-6}$$

其中，$j = 1, 2$ 对应资本与劳动，$\partial \ln f[X_{it}, t; \beta] / \partial \ln X_{itj}$ 为第 j 种要素的产出弹性 ε_{itj}，$\partial \ln Y_{it} / \partial t$ 为产出变化率 $\dot{Y}_{it}$，$\partial \ln x_{itj} / \partial t$ 为第 j 种要素的变化率

---

① Kumbhakar, S. C., "Estimation and Decomposition of Productivity Change when Production Is Not Efficient: A Panel Data Approach" [J] . *Econometric Reviews*, Vol. 19, No. 5, 2000, pp. 425 - 460.

$\dot{X}_{itj}$，定义技术改变为 $TC_{it} = \partial \ln f(x_{it}, t; \beta)/\partial t$，表示投入要素保持不变条件下产出随时间的变化率，技术效率变化为 $TEC_{it} = \partial \ln TE_{it}/\partial t = -\partial u_{it}/\partial t$，表示在特定技术和要素投入规模下，实产出与最大可能产出之间的距离变化，则（7-5）式改写成如下：

$$\dot{Y} = TC_{it} + \sum_{j=1}^{2} \varepsilon_{itj} \dot{X}_{itj} + TEC_{it} \qquad (7-7)$$

按照增长核算法，TFP 增长率被定义为：

$$\dot{TFP} = \dot{Y}_{it} - \sum_{j=1}^{2} s_{itj} \dot{X}_{itj} \qquad (7-8)$$

其中，$S_{itj} = w_{itj} x_{itj} / \sum_{j=1}^{2} w_{itj} x_{itj}$，$w_{itj}$ 表示 t 时刻 i 行业内要素 j 的价格，因此，s_{itj} 表示 t 时刻要素 j 的实际成本占 i 行业该要素总成本的份额，$\sum_{j=1}^{2} w_{itj} = 1$，

将（7-6）式代入（7-7）式后得到 TFP 增长率分解式：

$$\dot{TFP} = TC_{it} + TEC_{it} + (RTS_{it} - 1) \sum_{j=1}^{2} \lambda_{itj} \dot{X}_{itj} + \sum_{j=1}^{2} (\lambda_{itj} - s_{itj}) \dot{X}_{itj}$$

$$(7-9)$$

其中，$RTS_{it} = \sum_{j=1}^{2} \varepsilon_{itj}$ 为投入规模弹性，即所有要素产出弹性之和。$\lambda_{itj} = \varepsilon_{itj}/RTS_{it}$ 表示第 j 种要素在前沿生产函数中的相对产出弹性，在规模报酬不变的假定下，就等于产出弹性。

在规模报酬可变假定下，（7-8）式右边第 3 项能够捕捉由于行业规模经济导致的生产率改进，即规模效率变化（SEC）。（7-8）式右边的第 4 项刻画了要素投入结构变化所带来的生产率增长，即要素配置效率变化（AEC）。

于是，TFP 增长率最终被分解为以下 4 部分，即技术进步（TC）、技术效率变化（TEC）、规模效率变化（SEC）和要素配置效率变化（AEC）：

$$\dot{TFP} = TC_{it} + TEC_{it} + SEC_{it} + AEC_{it} \qquad (7-10)$$

数据包络分析和随机前沿分析是进行行业生产效率测度的重要方法，根据所掌握的数据和要求，可以选择使用。

第二节　生产效率的测度

一　测度模型的构建

从精确度和所掌握的数据出发，采用灵活的超越对数形式的随机前沿生产函数进行中国现代制造业生产效率的测度和分析。

对（7-5）式取对数后有如下形式：

$$\ln Y_{it} = \alpha_0 + \sum_{i=1}^{2} \alpha_i \ln x_{it} + \frac{1}{2} \sum_{j=1}^{2} \sum_{l=1}^{2} \alpha_{jl} \ln x_{itj} \ln x_{itl} +$$

$$\beta_1 t + \frac{1}{2}\beta_2 t^2 + \sum_{j=1}^{2} \rho_j t \ln x_{itj} - u_{it} + v_{it} \qquad (7-11)$$

其中，j、l 表示投入要素（j, $l=1$, 2），本书使用资本和劳动两种投入，X_{itj} 和 X_{itl} 分别表示 i 行业在第 t 年的第 j、l 种投入要素，t 为时间趋势变量，表示技术变化，时间趋势的平方项 t^2 表示技术进步随时间的变化趋势是非线性的。要素投入与时间趋势的交叉项 $t \ln x_{itj}$ 表示非中性的技术进步，即技术进步随时间变化的趋势是固定在投入要素上的。

按照 Battese 和 Coelli（1992）[①] 设定的时变无效性随机前沿模型，假定 u_{it} 服从：

$$u_{it} = u_i \eta_{it} = u_i \exp\left[-\eta(t-T)\right] \qquad (7-12)$$

η_{it} 是决定技术无效率随时间变化的函数，η 表示技术效率指数变化率，η 的符号决定技术效率相对于时间是非递减的还是非递增的，$\eta > 0$ 表示随着时间的推移，相对前沿的技术效率不断改善，$\eta < 0$ 表示技术效率不断恶化，$\eta = 0$ 则表示技术效率不随时间变化。

（7-10）式和（7-11）式确定了随机前沿模型，可以采用极大似然法（ML）估计其中的参数。[②] 似然函数按照 $\sigma^2 = \sigma_u^2 + \sigma_v^2$，$\gamma^2 = \sigma_u^2 / \sigma^2$ 进行参数化。如果 $\gamma = 0$，则不存在技术无效效应，并且所有相对于前沿的偏

---

① Battese, G. E., Coelli, T. J., "Frontier Production Function' Technical Efficiency and Panel Data: With Application to Paddy Farmers in India" ［J］. *Journal of Productivity Analysis*, Vol. 109, No. 3, 1992, pp. 153 - 169.

② 对数似然函数的最大化通常要求出未知参数的一阶导数，并设它们为 0，然而，对数似然函数的这些一次条件都是高度非线性的，而且不能从解析形式上解出待估计的参数。因而，必须通过迭代优化程序使得似然函数最大化。

离都是由噪声引起的。

进一步，按照 Jondrow（1982）[①] 等人的方法从混合误差 $e_{it} = v_{it} - u_{it}$ 中求出技术无效率项 u_i 的预测式：

$$\hat{u_{it}} = \left[\mu_i^* + \sigma_i^* \frac{\varphi(-\mu_i^*/\sigma_i^*)}{\varphi(\mu_i^*/\sigma_i^*)} \right] \exp(-\eta(t-T)) \qquad (7-13)$$

其中，μ_i^* 和 σ_i^* 分别表示为：

$$\mu_i^* = \frac{\mu\sigma_v^2 - \sigma_u^2 \sum_{t=1}^{9} \eta_{it} e_{it}}{\sigma_v^2 + \sigma_u^2 \sum_{t=1}^{9} \eta_{it}^2} = \frac{\mu(1-\gamma) - \gamma \sum_{t=1}^{9} \eta_{it} e_{it}}{(1-\gamma) + \gamma \sum_{t=1}^{9} \eta_{it}^2} \qquad (7-14)$$

$$\sigma_i^{*2} = \frac{\sigma_v^2 \sigma_u^2}{\sigma_v^2 + \sigma_u^2 \sum_{t=1}^{9} \eta_{it}^2} = \frac{(1-\gamma)\gamma\sigma^2}{(1-\gamma) + \gamma \sum_{t=1}^{9} \eta_{it}^2} \qquad (7-15)$$

Battese 和 Coelli（1988）[②] 利用概率密度函数得到在均方预测误差最小的意义下的技术效率的预测值：

$$TE_{it} = E[\exp(-u_{it})/e_{it}] = \frac{\varphi(\mu_i^*/\sigma_i^* - \eta_{it}\sigma_i^*)}{\varphi(\mu_i^*/\sigma_i^*)} \exp(-\eta_{it} u_i^* + \frac{1}{2}\eta_{it}^2 \sigma_i^{*2})$$

$$(7-16)$$

根据所得的参数估计量，技术进步（TC）、技术效率变化（TEC）、规模效率变化（SEC）和配置效率变化（AEC）的计算公式分别为：

$$TC_{it} = \partial \ln f(x_{it}, t; \beta)/\partial t = \beta_1 + \beta_2 t + \sum_{j=1}^{2} \rho_j \ln x_{itj} \qquad (7-17)$$

$$TEC_{it} = -du_{it}/dt = \eta \hat{u_{it}} \qquad (7-18)$$

$$SEC_{it} = (RTS_{it} - 1) \sum_{j=1}^{2} \lambda_{itj} \cdot \dot{x}_{itj} \qquad (7-19)$$

$$AEC_{it} = \left[\sum_{j=1}^{2} (\alpha_j + \sum_{l=1}^{2} \alpha_{jl} \ln x_{itj} + \rho_j t) - 1 \right] \sum_{j=1}^{2} \left[\frac{\alpha_j + \sum_{l=1}^{2} \alpha_{jl} \ln x_{itj} + \rho_j t}{\sum_{j=1}^{2} (\alpha_j + \sum_{l=1}^{2} \alpha_{jl} \ln x_{itl} + \rho_{jt})} \right.$$

① Jondrow, J., Lovell, C. A. K., Materov, I. S., Schmidt, P., "On Estimation of Technical Inefficiency in the Stochastic Frontier Production Function Model" [J]. *Journal of Econometrics*, Vol. 135, No. 19, 1982, pp. 233 – 238.

② Battese, G. E., Coelli, T. J., "Prediction of Firm – Level Technical Efficiencies with a Generalized Frontier Production Function and Panel Data" [J]. *Journal of Econometrics*, Vol. 98, No. 38, 1998, pp. 387 – 399.

$$\dot{X}_{itj}\,]\tag{7-20}$$

二　数据的采集与处理

我们以中国现代制造业 2003—2011 年投入产出面板数据为样本进行分析。由于数据限制，此处仅仅考虑资本（K）和劳动（L）两种典型的投入要素，所以工业分行业产出应该使用工业增加值（Y）指标。其中，资本存量（K）采用与张军等（2009）[①] 相同永续盘存法计算得到，劳动投入数据与陈诗一（2009）[②] 的基本相同，计算和调整方法简述如下：

（一）工业增加值 Y

《中国统计年鉴》中没有提供 2008—2011 年现代制造业分行业工业增加值，对这 4 年的工业增加值采用 2012 年的《国家统计局进度数据库》中分行业工业增加值增长率逐年计算得出。为了剔除通货膨胀因素，提高数据可比性，将现代制造业的分行业工业增加值采用历年《中国统计年鉴》提供的 2004—2011 年工业分行业工业品出厂价格指数进行平减，由此获得了以 2003 年为基年的 2003—2011 年的可比价分行业工业增加值，结果如表 7-1 所示。

表 7-1　　　　　现代制造业各行业工业增加值　　　　　单位：亿元

行业	2003 年	2004 年	2005 年	2006 年	2007 年	2008 年	2009 年	2010 年	2011 年
C13	1466	1724	2382	3026	4048	3570	4309	4696	4845
C17	1907	2527	3224	3908	4846	5206	5653	6206	6484
C26	2465	3251	3673	4497	6492	5828	7583	8110	8475
C27	1025	1199	1540	1845	2236	2580	2957	3300	3796
C28	295	335	429	527	740	703	857	834	826
C29	370	482	564	647	849	891	1000	1124	1140
C30	763	952	1132	1471	1966	2047	2392	2769	3019
C31	1749	2223	2702	3466	4688	4917	5646	6654	7364
C32	2824	3926	4641	5861	8305	6312	8266	8589	8580
C33	902	1187	1453	1966	2873	2803	3791	3660	3680

[①]　张军、陈诗一：《结构改革与中国工业增长》，《经济研究》2009 年第 7 期。

[②]　陈诗一：《能源消耗、二氧化碳排放与中国工业的可持续发展》，《经济研究》2009 年第 4 期。

行业	2003 年	2004 年	2005 年	2006 年	2007 年	2008 年	2009 年	2010 年	2011 年
C35	1590	2255	2827	3613	4943	5348	6017	7316	8366
C36	1008	1369	1623	2190	2933	3361	3796	4523	5339
C37	2897	3492	3944	5105	7080	8180	9696	11828	13201
C39	2023	2702	3340	4018	5267	5936	6995	8050	8936
C40	3483	4719	6314	8092	8829	10580	11639	13835	16318

资料来源：《中国统计年鉴》（2004—2012）和《国家统计局进度数据库》（2012）。

（二）资本存量 K

本节遵循永续盘存法估算资本存量。具体步骤如下：

1. 折旧率（δ_{it}）。折旧率 δ_{it} 由下式计算得出：

$$\delta_{it} = CD_{it}/ovfa_{i(t-1)} \qquad (7-21)$$

其中，δ_{it} 代表各行业每年现代制造业的资本折旧率，CD_{it} 代表各行业每年折旧额，$ovfa_{i(t-1)}$ 为各行业上一年的固定资产原价，即采用各行业 2003—2011 年的"本年折旧"数据除以上一年的"固定资产原价"后得到的 2003—2011 年各行业的资本折旧率。其中，2002—2011 年的"固定资产原价"、2003—2007 年的"本年折旧"和 2011 年的"本年折旧"均来自《中国统计年鉴》（2002—2011）；2008—2010 年的本年折旧无法从公开的统计数据中获得，于是利用 2008—2010 年《中国工业经济统计年鉴》中各行业国有及国有控股工业企业累计折旧、集体企业累计折旧、私营企业累计折旧、外商投资和港澳台商投资企业累计折旧加总求和得出的"累计折旧"逐年差分得出。各行业每年的资本折旧率如表 7-2 所示。

表 7-2　　　　　　　　　　现代制造业资本折旧率

行业	2003 年	2004 年	2005 年	2006 年	2007 年	2008 年	2009 年	2010 年	2011 年
C13	0.050	0.060	0.074	0.078	0.094	0.193	0.132	0.116	0.099
C17	0.068	0.067	0.077	0.077	0.080	0.160	0.028	0.042	0.083
C26	0.057	0.062	0.074	0.078	0.078	0.167	0.029	0.078	0.090
C27	0.079	0.066	0.081	0.075	0.076	0.122	0.029	0.070	0.084
C28	0.051	0.068	0.070	0.069	0.074	0.095	0.004	0.042	0.105

续表

行业	2003 年	2004 年	2005 年	2006 年	2007 年	2008 年	2009 年	2010 年	2011 年
C29	0.060	0.066	0.070	0.079	0.081	0.251	0.037	0.063	0.093
C30	0.072	0.085	0.080	0.087	0.091	0.303	0.043	0.070	0.087
C31	0.055	0.066	0.070	0.077	0.080	0.147	0.032	0.046	0.085
C32	0.065	0.082	0.091	0.091	0.093	0.094	0.061	0.088	0.093
C33	0.076	0.066	0.071	0.076	0.095	0.132	0.074	0.069	0.094
C35	0.057	0.069	0.077	0.086	0.086	0.242	0.037	0.086	0.084
C36	0.075	0.059	0.071	0.076	0.084	0.231	0.044	0.089	0.092
C37	0.079	0.070	0.079	0.085	0.091	0.261	0.065	0.124	0.090
C39	0.088	0.076	0.094	0.090	0.104	0.275	0.057	0.082	0.112
C40	0.161	0.111	0.111	0.111	0.117	0.428	0.057	0.098	0.092

资料来源：《中国统计年鉴》（2004—2012）和《中国工业经济统计年鉴》（2008—2010），中国统计出版社。

2. 新增投资（I_{it}）。新增投资 I_{it} 由以下公式计算得出：

$$inv_{it} = ovfa_{it} - ovfa_{i(t-1)} ; I_{it} = inv_{it}/P_t \qquad (7-22)$$

其中，inv_{it} 代表各行业当年价新增投资，$ovfa_{it}$ 为各行业当年固定资产原价，$ovfa_{i(t-1)}$ 为各行业上一年固定资产原价，I_{it} 代表各行业各年平减后的 2003 年价格水平的可比价新增投资，即对样本期间内各行业的"固定资产原价"进行差分后再采用投资价格指数平减，即可得到每年实际投资额。各年的固定资产原价和固定资产投资价格指数 P_t 由《中国统计年鉴》提供。各行业新增投资额见表 7-3。

3. 确定 2003 年初始资本存量（K_{i0}）。2003 年的初始资本存量由下式计算得出：

$$K_{i1} = I_{i1}(g_{iy} + \delta_i) \qquad (7-23)$$

其中，I_{i1} 为各行业基年实际投资额，g_{iy} 为各行业实际产出年均增长率，δ_i 为各行业基年资本折旧率。各行业基年实际投资额数据来自《中国统计年鉴》，各行业实际产出额数据来自《中国工业经济统计年鉴》和《工业企业科技活动统计年鉴》。

表 7－3　　　　　　　　现代制造业新增投资额　　　　　单位：亿元

行业	2003 年	2004 年	2005 年	2006 年	2007 年	2008 年	2009 年	2010 年	2011 年
C13	118.74	379.00	332.89	505.71	679.73	1323.2	1673.6	2079.0	2109.77
C17	551.06	650.66	490.30	705.48	767.98	1132.1	385.65	1256.2	927.37
C26	872.36	765.57	1255.8	1921.4	1564.3	2945.6	2683.8	4213.1	4112.52
C27	548.01	319.60	399.93	307.87	385.33	550.94	428.53	697.54	710.02
C28	-0.09	217.99	232.28	156.90	187.11	30.77	38.18	219.51	561.90
C29	118.97	172.25	102.89	160.08	300.04	289.68	234.33	306.22	543.78
C30	212.42	442.68	172.61	306.16	287.14	637.79	398.82	743.82	381.86
C31	448.61	891.38	625.33	865.78	1011.0	2099.7	1705.3	2712.6	2738.74
C32	965.32	1425.5	1787.7	2465.2	2495.0	3088.3	3609.0	4914.0	3356.07
C33	907.64	574.54	544.30	631.79	991.03	1620.6	1156.8	2035.3	1469.75
C35	271.79	523.01	432.77	606.98	845.01	2038.8	994.48	2581.4	1051.25
C36	776.70	200.75	220.92	424.44	515.22	1366.9	604.88	1344.3	1260.12
C37	1100.0	738.96	1012.2	1069.7	1555.6	2368.4	1822.7	3245.1	2874.21
C39	706.41	485.47	480.62	569.95	777.92	1753.5	1279.0	2016.2	3752.83
C40	2096.0	1380.1	1121.1	1233.5	1774.3	2072.5	1179.9	4154.1	544.40

资料来源：《中国统计年鉴》（2004—2012）。

4. 按照永续盘存法估算资本存量。永续盘存法计算公式为：

$$K_{it} = I_{it} + (1 - \delta_{it}) K_{i(t-1)} \qquad (7-24)$$

其中，K_{it}、I_{it}、δ_{it}、$K_{i(t-1)}$ 代表的含义如前文所述。所得数据如表 7－4 所示。

表 7－4　　　　　　　　现代制造业资本存量　　　　　单位：亿元

行业	2003 年	2004 年	2005 年	2006 年	2007 年	2008 年	2009 年	2010 年	2011 年
C13	754.98	1088.6	1341.0	1742.1	2258.0	3145.5	4403.9	5972.1	7490.6
C17	2005.2	2521.5	2817.7	3306.2	3809.6	4332.3	4596.6	5659.8	6117.4
C26	4897.6	5359.5	6218.8	7655.2	8622.4	10128.0	12518.0	15755.0	18449.0
C27	4543.4	4563.1	4593.4	4556.8	4595.8	4586.0	4881.6	5237.4	5507.5

续表

行业	2003 年	2004 年	2005 年	2006 年	2007 年	2008 年	2009 年	2010 年	2011 年
C28	144.69	217.64	434.69	561.59	707.14	670.73	629.86	822.92	1298.4
C29	562.75	697.86	751.89	852.58	1083.5	1101.2	1294.8	1519.4	1921.9
C30	947.25	1309.4	1377.2	1563.6	1708.4	1828.5	2148.7	2742.1	2885.4
C31	2633.4	3351.0	3741.7	4319.4	4984.9	6351.9	7854.0	10205.0	12076.0
C32	6021.0	6952.8	8107.8	9835.2	11415.0	13430.0	16220.0	19707.0	21230.0
C33	8284.5	8312.3	8266.4	8269.9	8475.3	8977.2	9469.8	10851.0	11301.0
C35	1620.6	2031.8	2308.1	2728.1	3338.5	4569.4	5394.8	7512.3	7932.5
C36	4697.6	4621.2	4514.0	4595.4	4724.6	5000.2	5385.0	6250.1	6935.2
C37	7892.3	8078.8	8452.8	8804.0	9558.5	9432.2	10641.0	12567.0	14310.0
C39	4355.2	4509.7	4566.4	4725.3	5011.8	5387.1	6359.0	7853.9	10727.0
C40	10686.0	10880.0	10794.0	10829.0	11336.0	8557.2	9249.4	12497.0	11891.0

资料来源:《中国统计年鉴》(2004—2012)。

（三）劳动投入 L

考虑统计集料的可获得性，本节同样选用"全部从业人员年平均人数"来衡量劳动投入。劳动投入数据见表 7 – 5。

表 7 – 5　　　　　　　现代制造业劳动力投入　　　　　单位：人

行业	2003 年	2004 年	2005 年	2006 年	2007 年	2008 年	2009 年	2010 年	2011 年
C13	1816642	1965097	2225526	2385999	2648047	3150700	3376556	3690131	3607116
C17	4991609	5879184	5909566	6154268	6262598	6520570	6170356	6473195	5888300
C26	3113320	3263454	3399934	3577750	3802758	4296354	4404893	4741433	4548561
C27	1153951	1143815	1234389	1302750	1373407	1507512	1604792	1731652	1786022
C28	342233	391942	426331	433954	452981	450647	414494	439322	462702
C29	622391	807838	796385	821374	875062	972851	979660	1029290	935277
C30	1409147	1751965	1832828	2014142	2240515	2554220	2598133	2833015	2541865
C31	3962242	4153157	4181766	4263852	4484140	4987251	5089084	5446130	5170264
C32	2559074	2772674	2874926	2961330	3044278	3135037	3230192	3456312	3399168
C33	1065987	1273275	1307410	1368156	1562715	1851804	1776395	1915920	1926179
C35	2834914	3437449	3551183	3787412	4207123	4932083	4865230	5393820	4945246

续表

行业	2003 年	2004 年	2005 年	2006 年	2007 年	2008 年	2009 年	2010 年	2011 年
C36	2053076	2199262	2198858	2346485	2565101	3084345	3092424	3342206	3234060
C37	3117724	3413057	3523985	3745818	4085927	4731389	4983296	5737163	5794841
C39	2651212	3486797	3672090	4039790	4491500	5277857	5350029	6043010	5996108
C40	2734603	3787947	4396363	5050705	5879179	6773126	6636403	7727481	8194785

资料来源:《中国统计年鉴》(2004—2012)。笔者计算整理。

采用增长核算法计算 TFP 时，需要有各个投入要素的价格来衡量各投入要素的成本份额。

参照张军等（2009）[①] 的作法，采用现代制造业各行业的固定资产折旧和利息支出作为资本投入成本，采用劳动报酬总额作为劳动投入成本。折旧数据的来源如前文所述，2008—2010 年的折旧数据利用 2007—2010 年的"累积折旧"差分得到。

各行业利息支出数据来自历年的《中国工业经济统计年鉴》。各行业劳动报酬数据来自历年的《中国劳动统计年鉴》。资本投入成本数据见表 7 - 6，劳动投入成本数据见表 7 - 7。

表 7 - 6　　　　　　　现代制造业资本投入成本　　　　单位：万元

行业	2003 年	2004 年	2005 年	2006 年	2007 年	2008 年	2009 年	2010 年	2011 年
C13	1524	1947	2664	3140	4471	6696	10066	14979	12577
C17	3618	4203	5384	6032	7226	8044	4229	9459	12040
C26	4936	5978	7654	9511	11651	17863	10387	22952	27304
C27	1361	1616	2243	2508	2892	3550	2272	4791	5436
C28	861	1073	1377	1622	2012	1003	420	2147	3344
C29	563	723	921	1147	1403	1992	1526	2104	2993
C30	1256	1712	2073	2467	2958	3827	2780	4662	5281
C31	3303	4262	5287	6459	7657	9669	6671	11976	17070

[①] 张军、陈诗一：《结构改革与中国工业增长》，《经济研究》2009 年第 7 期。

续表

行业	2003 年	2004 年	2005 年	2006 年	2007 年	2008 年	2009 年	2010 年	2011 年
C32	6033	8453	10965	13263	16977	18669	19230	33791	35604
C33	1717	2340	3036	3915	5563	7226	8448	10000	14040
C35	2065	2595	3326	3949	4952	9505	4966	12050	12502
C36	1458	1694	2095	2480	3212	6874	2699	7438	8588
C37	3691	4314	5492	6846	8464	10209	8667	20089	19775
C39	2422	2846	3981	4512	6094	10441	6565	10549	15999
C40	4320	5672	7529	8872	10988	13795	8916	16011	18763

资料来源：《中国工业经济统计年鉴》（2004—2012）。笔者计算整理。

表 7-7　　　　　现代制造业劳动投入成本　　　　单位：万元

行业	2003 年	2004 年	2005 年	2006 年	2007 年	2008 年	2009 年	2010 年	2011 年
C13	1485	1975	2657	3248	4541	6694	11795	13103	11480
C17	4365	5993	6953	8242	9987	13193	15718	19319	18863
C26	3905	4832	6279	7314	9376	12944	15654	18579	19708
C27	1673	1811	2164	2544	3154	4395	6241	7245	8042
C28	418	549	613	724	911	1107	1279	1534	1830
C29	661	982	1106	1305	1644	2256	2891	3529	3243
C30	1559	2222	2608	3284	4443	6170	7072	8766	8698
C31	3525	4521	5017	6008	7737	10964	13568	16669	17477
C32	4355	5648	6358	7623	9150	11533	16613	19284	18628
C33	1385	1939	2239	2867	4118	5500	7570	9152	8651
C35	3521	4948	5623	6964	9295	13190	16483	19978	20683
C36	2560	3296	3734	4678	6127	8812	11027	13429	14591
C37	4931	6043	6857	8505	11165	15211	22571	28118	29712
C39	3427	5094	5949	7768	10729	15086	17649	22716	24500
C40	5096	7344	9516	12789	17882	25463	28023	34535	37147

资料来源：《中国劳动统计年鉴》（2004—2012）。笔者计算整理。

根据表7-5至表7-8的数据，可以计算得出相应的统计分析特征值如表7-8所示。

表7-8   变量的统计特征

变量	均值	标准差	最小值	最大值	观测个数
增加值	4596.95	3278.29	295.25	13112.42	135
资本	5944.017	4303.465	-0.37	21230.55	135
劳动	3223289	1815530	342233	8194785	135
资本成本	32.23289	18.1553	3.42233	81.94785	135
劳动成本	879.8058	750.004	41.78129	3714.677	135

表7-8显示了测算现代制造业全要素生产率所需变量的统计特征。可以看出，该面板数据是平衡面板数据。标准差统计量显示增加值的变化较大，其他变量变化相对较小。

三　测算结果及分析

随机前沿生产函数（7-4）式的估计是利用前沿规划的极大似然法进行的，包括三个步骤：首先，进行普通最小二乘估计，得到一组无偏的产出弹性系数，但是截距是有偏的。其次，由于OLS得到的方差通常比 v 和 u 方差有所低估，所以，利用对 μ 和 δ 进行格点搜索，对截距和方差进行调整。最后，用格点搜索的估计作为进行最大似然估计近似迭代的起始值，利用"Frontier 4.1"软件对（7-10）式和（7-11）式的随机前沿模型进行估计，回归结果见表7-9。

表7-9   随机前沿超越对数极大似然估计结果

变量	系数	模型1	模型2
截距	α_0	-35.69 (0.966) ***	29.07 (8.74) ***
t	β_1	0.25 (0.0197) ***	0.24 (0.015) ***
t^2	$\frac{1}{2}\beta_2$	0.0016 (0.0114)	0
$\ln xi_{t1}$	α_1	-2.56 (0.69) ***	-1.72 (0.46) ***
$\ln xi_{t2}$	α_2	6.7 (1.37) ***	5.32 (1.27) ***
$(\ln xi_{t1})^2$	$\frac{1}{2}\alpha_{11}$	-0.047 (0.031)	0

续表

变量	系数	模型 1	模型 2
$(\ln x_{it2})^2$	$\frac{1}{2}\alpha_{22}$	-0.275 (0.055) ***	-0.197 (0.047) ***
$\ln x_{it1}\ln x_{it2}$	$\frac{1}{2}(\alpha_{12}+\alpha_{21})$	0.237 (0.0737) ***	0.128 (0.032) ***
$t\ln x_{it1}$	ρ_1	0.0021 (0.00087) **	0.0018 (0.0007) ***
$t\ln x_{it2}$	ρ_2	-0.0022(0.00086) **	0.0019 (0.0004) ***
$\sigma 2$		0.074 (0.051)	0.046 (0.016) ***
γ		0.917 (0.06) ***	0.86 (0.034) ***
μ		0.38 (0.13) ***	0.4 (0.11) ***
η		0.032 (0.0186) *	0.045 (0.016) ***
对数似然函数值		118.34	116.32
LR 值		162.73	173.92

说明：括号内为 t 统计量，*、**、*** 分别表示在 1%、5%、10% 的显著性水平。

表 7 - 9 给出了模型 1 和模型 2 的回归结果，其中模型 1 是包含了所有变量和参数的无约束模型，该模型的 t^2 项和 $(\ln x_{it1})^2$ 项的回归系数不显著；模型 2 为剔除了系数不显著项，设定约束 $\beta_2 = \alpha_{11} = 0$ 的受约束模型。

以上估计结果显示了如下信息：

第一，技术进步变化和产出变化是线性的。对于模型 2 的假定（H_0：$\beta_2 = \rho_2$），使用广义似然比（LR）统计量来进行检验：$LR = -2[L(H_0) - L(H_1)]$。其中，$L(H_0)$、$L(H_1)$ 分别为受约束模型和无约束模型的对数似然值。当原假设 H_0 成立时，LR 统计量服从混合 X^2 分布，自由度为受约束变量的数目。LR 的计算结果为 4.04，此时混合 X^2 分布的临界值为 4.61，所以，接受原假设，即剔除掉 t^2 项和 $(\ln x_{it1})^2$ 项的模型 2 是正确的。

由此可以看出现代制造业技术进步随时间变化的趋势是线性的，现代制造业产出随资本变化的趋势也是线性的。

第二，模型 2 是合适的估计结果。表 7 - 9 中模型 2 的所有估计系数都在 1% 水平上显著，表明模型回归的整体效果非常好，同时对数似然函数值以及 LR 检验结果也表明模型具有很强的解释力。因此本节选择模型

2 为随机前沿生产函数的最终估计结果。

衡量复合误差项的方差中技术无效率项的方差所占比重的 γ 值为 0.86，表明在控制了投入要素之后，技术无效率可以解释几乎所有的生产波动；时间趋势变量 t 系数为 0.24，交叉项 $t\ln x_{it1}$、$t\ln x_{it2}$ 的系数分别为 0.0018、0.0019，表明存在附着在资本投入和劳动投入当中的显著的非中性的技术进步。

技术效率的时变参数 η 系数显著为正，表明在样本期间内，现代制造业的技术效率在不断提高。

第三节 生产效率的分解分析

一 全要素生产率的计算

进一步，我们进行中国现代制造业生产效率的分解分析。根据前沿生产函数的估计结果，可以按照 （7-9） 式计算出 2003—2011 年现代制造业各行业的 TFP 增长率。

表 7-10　　　　　　　　　　现代制造业全要素生产率

行业	2003—2004 年	2004—2005 年	2005—2006 年	2006—2007 年	2007—2008 年	2008—2009 年	2009—2010 年	2010—2011 年	均值
C13	0.142	0.157	0.161	0.141	0.169	0.142	0.165	0.154	0.154
C17	0.064	0.067	0.070	0.059	0.077	0.061	0.076	0.069	0.068
C26	0.182	0.180	0.184	0.183	0.187	0.185	0.187	0.178	0.183
C27	0.028	0.039	0.041	0.029	0.045	0.031	0.043	0.039	0.037
C28	0.074	0.076	0.075	0.073	0.103	0.074	0.098	0.089	0.083
C29	0.210	0.269	0.257	0.221	0.263	0.224	0.242	0.235	0.240
C30	0.021	0.034	0.053	0.019	0.059	0.018	0.061	0.059	0.041
C31	0.087	0.089	0.091	0.067	0.113	0.063	0.116	0.112	0.092
C32	0.198	0.211	0.234	0.197	0.267	0.184	0.277	0.239	0.226
C33	0.265	0.289	0.301	0.257	0.259	0.243	0.261	0.247	0.265
C35	0.231	0.242	0.254	0.241	0.261	0.237	0.262	0.245	0.247
C36	0.084	0.094	0.096	0.085	0.091	0.085	0.081	0.078	0.087
C37	0.203	0.209	0.231	0.232	0.241	0.236	0.231	0.230	0.227

行业	2003—2004 年	2004—2005 年	2005—2006 年	2006—2007 年	2007—2008 年	2008—2009 年	2009—2010 年	2010—2011 年	均值
C39	0. 181	0. 193	0. 187	0. 191	0. 203	0. 184	0. 201	0. 196	0. 192
C40	0. 175	0. 194	0. 183	0. 184	0. 195	0. 183	0. 193	0. 176	0. 185
均值	0. 143	0. 156	0. 161	0. 145	0. 168	0. 143	0. 166	0. 156	0. 155

表 7 - 10 报告了 2003—2011 年中国现代制造业全要素生产率的测算结果。图 7 - 1 显示了现代制造业各行业 TFP 增长率均值情况。图 7 - 2 显示了现代制造业各行业 TFP 增长率的变动情况。

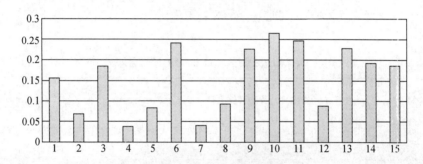

图 7 - 1　现代制造业各行业 TFP 增长率均值

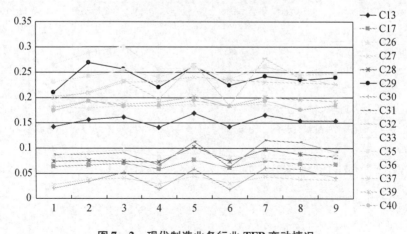

图 7 - 2　现代制造业各行业 TFP 变动情况

由全要素生产率计算结果可以看出，橡胶制品业（C29）、黑色金属冶炼及压延加工业（C32）、有色金属冶炼及压延加工业（C33）、通用设

备制造业（C35）以及交通运输设备制造业（C37）这 5 个行业的全要素
生产率的增长率较高，依次达到了 0.24、0.226、0.265、0.247、0.227。
全要素生产率增长率较低的 5 个行业为纺织业（C17）、医药制造业
（C27）、化学纤维制造业（C28）、塑料制品业（C30）以及专用设备制造
业（C36），其增长率依次为 0.068、0.037、0.083、0.041、0.087。总体
上来说，2003—2011 年高生产率行业组与低生产率行业组的生产率增长
差距较大，现代制造业的全要素生产率增长不平衡。

二　全要素生产率的分解

按照式（7-17）至式（7-20）将现代制造业的 TFP 增长率（TFPG）
分解为技术进步（TC）、技术效率变化（TEC）、规模效率变化（SEC）和
配置效率变化（AEC），可进一步测算各要素对现代制造业增长的贡献。

表 7-11　　　　　　　现代制造业增长核算和 TFP 增长分解

时间（年）	产出增长	资本增长	劳动增长	TFP 增长	TFP 增长分解			
					TC	TEC	SEC	AEC
2003—2004	0.3062	0.0741	0.1539	0.1432	0.0946	0.0321	-0.0029	0.0194
	100	24	50	47	66	22	-2	14
2004—2005	0.2309	0.0588	0.0454	0.1563	0.1109	0.0216	-0.0093	0.0331
	100	25	20	68	71	14	-6	21
2005—2006	0.2637	0.0887	0.0655	0.1612	0.1216	0.0347	-0.0252	0.0301
	100	34	25	61	75	22	-16	19
2006—2007	0.3168	0.098	0.0841	0.145	0.1242	0.0146	-0.0279	0.0341
	100	31	27	46	86	10	-19	24
2007—2008	0.3362	0.0719	0.1303	0.1681	0.1351	0.0236	-0.0345	0.0439
	100	21	39	50	80	14	-21	26
2008—2009	0.2673	0.0678	0.0064	0.14334	0.1486	0.0178	0.0549	-0.078
	100	25	2	54	104	12	38	-54
2009—2010	0.2564	0.0683	0.0701	0.16617	0.1432	0.0198	-0.0658	0.0689
	100	27	27	65	86	12	-40	41
2010—2011	0.2796	0.0976	0.0162	0.1567	0.1532	0.0176	-0.0679	0.0538
	100	35	6	56	98	11	-43	34
均值	0.2821	0.0782	0.0715	0.1550	0.1289	0.0227	-0.0223	0.0257
	100	28	25	55	83	15	-14	16

资料来源：《中国统计年鉴》（2004—2012），中国统计出版社。笔者计算整理。

需要说明的是，表7-11中，每个单元格内第一行是各自增长率，第二行是各自的贡献份额（单位:%）。其中，TFP 增长等于其余4个分解部分的数值加总，而资本、劳动和 TFP 增长的加总不等于产出增长，原因是这里的 TFP 增长由4个部分加总而得，而不是根据传统索洛余值计算得到的。

显然，表7-11提供了各年度增长核算基于所有现代制造业的平均结果，包括工业增加值、资本存量、劳动、TFP 及4个分解部分的增长率以及各自的贡献份额。图7-3显示了 TFP 增长及其分解部分的变化趋势。

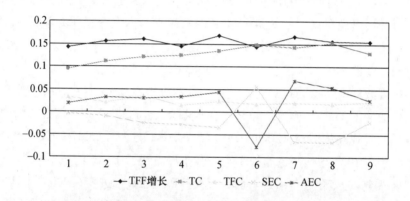

图7-3 现代制造业 TFP 增长及其分解部分变化趋势

由以上分解、核算结果可以发现：

第一，行业间的 TFP 变化大致相同，产出增长主要由 TFP 增长推动。图7-2提供了各年份现代制造业 TFP 增长率变动情况。通过该图除了可以看出现代制造业行业间的 TFP 增长率差距较大之外，还可以看出现代制造业各行业 TFP 变化趋势和方向大致相同这一事实。各行业生产率变动的方向和相应年份的宏观经济状况是一致的。

表7-9的增长核算和 TFP 分解结果，反映了现代制造业产出持续增长中全要素生产率的变化和贡献情况：在研究期限内现代制造业全行业的增加值和 TFP 年均增长率分别达到了28.21%、7.15%，TFP 对产出增长的贡献达到了55%。其余的45%是由要素投入贡献的，其中，资本和劳动各占28%、25%。生产率的增长超过了要素投入的增长，现代制造业产出增长主要是靠 TFP 的增长推动的。

更进一步，各年份要素投入和 TFP 增长对产出贡献的变化显示，资本增长对产出增长的贡献份额是相对稳定的，在 21%—35% 波动；劳动增长对产出增长的贡献份额变化较大，且总体上呈现下降的趋势，最大值为 2003—2004 年的 50%，最小值为 2008—2009 年的 2%，其余年份基本上在 20%—39% 变化。最小值的出现是由于受相应年份金融危机的冲击，中国沿海地区的某些行业甚至出现了"民工荒"，总体上的下降趋势一方面体现了中国不再过分依赖廉价劳动力优势参与国际分工，另一方面也显示出在逐步丧失廉价劳动力优势的前提下，转变经济增长方式的迫切。同时，TFP 增长对产出的增长贡献份额保持在 47%—68%，且最小值和最大值分别出现在 2003—2004 年和 2004—2005 年这两个相邻的年度内。

第二，TFP 增长呈现波动上升，技术进步稳中有升。图 7 - 3 提供了时间维度的 TFP 增长的变化趋势：2003—2011 年，现代制造业的 TFP 增长呈现波动中略有上升的变化过程，基本维持在 0.15 左右。由于受金融危机的冲击 TFP 在 2008—2009 年有所降低，经过 2009 年中国的调结构保增长的宏观经济措施，2009—2010 年又基本恢复到了 2007—2008 年的水平。到 2010 年现代制造业的 TFP 增长率提高到了 0.166 的水平。

从 TC 的变化趋势可以看出，现代制造业的技术进步在 2003—2011 年始终为正值，且变化过程呈现比较稳定的上升趋势，只在 2010—2011 年有所波动。近年来，国家高度重视技术创新和技术进步在促进经济增长中的重要作用，通过制定和实施国家中长期科技发展规划、创新型国家战略等措施，对制造业的科研活动给予大力支持。此外，伴随着中国市场化进程的不断推进，产权结构改革进一步深化，企业的创新主体地位得到进一步确立，同时由于市场竞争的加剧，激发了企业技术创新的内在动力，有效推动了现代制造业的技术进步。

第三，技术效率不高且略有下降，规模效率较差。从现代制造业的 TEC 变化趋势可以看出，现代制造业技术效率不高（始终为正值），波动变化不大，在研究期限内略微下降，但波动幅度逐年缩小，这也体现了实际生产点离生产前沿面的距离变化状况。研究期间内，现代制造业的技术效率变化均值为 0.0227。其中在 2005—2006 年达到了 0.0347 的最高点，对 TFP 的贡献为 22%，在 2006—2007 年达到了 0.0146 的最低点，对 TFP 的贡献为 10%。

从现代制造业规模效率（SEC）变化趋势可以看出，在研究期限内，现代制造业的规模效率较差，绝大部分年份为负值，并持续恶化。2008—2010 年出现了异常波动，2008—2009 年上升到 0.0549 的最高点后，随后回落到 2009—2010 年的 -0.0658，并在 2010—2011 年达到了 -0.0679 的最低点。2009—2010 年由于国家各种经济刺激政策的逐步显效，暂时遏制了规模效率的不断恶化，另外，2008—2009 年劳动力增长的突然大幅下降（对产出的贡献为 2%），使得规模报酬在之后两个年度内有所提高。张军等（2009）同样发现了规模效率递减的现象，并认为造成这一现象的原因是中国工业生产过程中要素自由配置受阻和无法达到最优投入组合。

第四，配置效率波动上升，TFP 增长趋势较稳定。从配置效率（AEC）的变化趋势发现，AEC 的动态演变趋势和 TFP 增长率的变动趋势在形状上非常相像，样本期间内配置效率呈现波动上升的变化过程。AEC 在研究期限的后 3 年的波动变化大，这一点和 SEC 相同，不同的是 AEC 和 SEC 的大幅波动过程是相反的。AEC 在经历了 2008—2009 年的最低点 -0.078 之后于 2009—2010 年达到了 0.0689 的最高点。配置效率是结构改革和要素重置所带来的结构红利，它的后期变化说明 2008 年起的经济危机损害了结构红利，但是由它带来的行业缩减生产规模也在客观上调整了现代制造业的配置效率。

TFP 增长的四个构成要素中，技术进步（TC）对 TFP 增长的贡献最大，其次是配置效率（AEC），再次是技术效率（TEC），规模效率（SEC）阻碍了 TFP 增长，其对 TFP 增长的贡献为负。此外，技术进步和技术效率的动态波动趋势相对稳定，而规模效率和配置效率的动态波动较大，但是波动的方向相反，起到了相互抵消的作用，因而，现代制造业TFP 增长趋势较稳定。

第四节　生产效率的影响因素分析

在测算、分解现代制造业全要素生产率并核算了其对产出的贡献之后，需要进一步揭示哪些因素影响现代制造业全要素生产率的变动，以及变动中各因素的影响程度如何。

一 分析模型的建立

在有关全要素生产率的影响因素研究中，丹尼森（Denison，1967）[1]认为，全要素生产率受资源配置、规模经济、知识发展和政策的影响。Fu（2005）[2]、李小平等（2008）[3] 认为，研发投入、出口贸易、盈利情况、行业规模影响了行业生产率水平。李春顶（2009）[4] 在研究中国制造业全要素生产率的影响因素时认为，外资具有技术溢出效应，影响了制造业的全要素生产率。结合中国的实际，行业的国有资本比重体现了行业受政府政策支持的程度，政府支持的行业可以获得更多的金融支持、技术支持，因此国有资本比重也是影响全要素生产率的因素。

借鉴学者们的研究视角，考虑影响因素的可测量性，本节从行业特征和资本结构两个方面来考察全要素生产率的影响因素，并且利用行业规模（scale）、研发投入（R&D）、市场结构（mark）来体现行业特征，利用国有资本比重（state）和外资比重（fdi）来体现行业的资本结构。其中，行业规模利用行业工业增加值来体现；行业研发投入利用各行业大中型企业的 R&D 投入来体现；市场结构采用现代制造业行业集聚度水平来体现；国有资本比重即行业国有企业工业总产值占全部制造业工业总产值的比重；外资比重即行业外商投资和港澳台投资企业工业总产值占全部现代制造业工业总产值的比重。

行业全要素生产率变化作为被解释变量，以上影响因素作为解释变量可得到如下计量分析模型：

$$TFPC_{it} = \alpha_0 + \alpha_1 \ln scale_{it} + \alpha_2 \ln R\&D_{it} + \alpha_3 \ln mark_{it} + \beta_1 \ln state_{it} + \beta \ln fdi_{it} + \varepsilon_{it}$$

$$(7-25)$$

其中，$TFPC_{it}$ 表示 i 行业 t 年的全要素生产率变化；α_0 为常数项，α_1、α_2、α_3 分别为行业特征变量的系数；β_1、β_2 分别表示行业资本结构特征

① Denison, E. F., "Why Growth Rate Differ", Washington D. C. : The Brookings Institution, 1967.

② Fu, X., "Exports, Technical Progress and Productivity Growth in A Transition Economy: A Non - Parametric Approach for China" [J]. *Applied Economics*, Vol. 37, No. 7, 2005, pp. 725 - 7391.

③ 李小平、卢现祥、朱钟棣：《国际贸易、技术进步和中国工业行业的生产率增长》，《经济学（季刊）》2008 年第 2 期。

④ 李春顶：《中国制造业行业生产率的变动及影响因素研究》，《数量经济技术经济研究》2009 年第 12 期。

变量的系数。

对照模型，各行业增加值数据是计算全要素生产率的增加值数据；各行业各年份的 R&D 投入经费来自历年的《中国科技统计年鉴》、《中国统计年鉴》，缺失年份的数据采用线性插值法计算得出，R&D 投入经费数据见表 7－12。

表 7－12 现代制造业 R&D 投入 单位：万元

行业	2003 年	2004 年	2005 年	2006 年	2007 年	2008 年	2009 年	2010 年	2011 年
C13	45541	63190	87679	134042	204907	277357	368044	478254	649169
C17	155470	214299	295388	342865	433510	533389	691790	846399	537358
C26	466728	628489	846315	978548	1411622	1766236	1972899	2475264	1521736
C27	276665	332461	399510	525856	658836	790879	996221	1226262	601271
C28	57872	83749	121196	196216	268027	304306	323849	409735	355885
C29	72799	93940	121221	209353	280685	320282	368097	523273	462567
C30	61030	77459	98311	142340	138757	251088	299203	409582	334170
C31	156269	185723	220728	256951	295624	456546	589794	813327	488538
C32	647622	906506	1268878	1621326	2198162	3013223	3054462	4021200	2992449
C33	135917	220574	357960	553921	668903	855305	973899	1188581	1315064
C35	428689	543145	688160	1034914	1375979	1755960	2099680	2373243	1537878
C36	317356	418363	551519	759041	1093874	1455731	1978241	2348941	2148139
C37	956528	1289033	1737121	2239728	3012684	3728515	4599870	5821997	4230590
C39	744867	937754	1180591	1669087	2138015	2751807	3296018	4250969	2858484
C40	1635397	2127132	2766722	3483945	4041328	4808652	5496059	6862561	3133510

资料来源：《中国统计年鉴》（2004—2012）和《中国科技统计年鉴》（2004—2012）。笔者计算整理。

各变量的统计性描述如表 7－13 所示。

表 7－13 变量的统计特征

变量	均值	标准差	最小值	最大值	观测个数
TFPC	0.155	0.079	0.018	0.301	120
scale	4409.884	3121.44	334.61	16318.90	120
R&D	1321883	1386483	63190	6862561	120

续表

变量	均值	标准差	最小值	最大值	观测个数
mark	0.0420	0.0431	0.0019	0.1973	120
state	0.071	0.057	0.006	0.268	120
fdi	0.276	0.159	0.130	0.840	120

6 个变量的统计特征显示只有 R&D 投入和市场结构（mark）的均值小于标准差，说明不同行业的 R&D 投入和市场结构（mark）差别较大。从数据的完整性来看，每个变量都包含 15 个行业 8 年间的 120 个观测数，故观测数是完整的，不存在数据的缺失，数据集是平衡面板数据。

二 影响因素分析

为了避免解释变量间的多重共线性，在回归之前需要对解释变量进行多重共线性检验，从表 7 - 14 可以看出，各解释变量的相关性系数都在可以接受的范围之内，故不存在解释变量间的多重共线性问题。

表 7 - 14　　　　　　　　　解释变量相关性矩阵

变量	scale	R&D	mark	state	fdi
scale	1				
R&D	0.0849	1			
mark	- 0.132	- 0.0213	1		
state	0.0109	0.0322	- 0.0571	1	
fdi	0.146	0.0737	0.1733	- 0.3462	1

利用 Stata12.0 软件，对面板数据进行迭代广义最小二乘法（FGLS）回归。在回归之前对面板数据进行组内异方差检验、组内自相关检验和截面自相关检验，检验结果显示所构造的现代制造业全要素生产率影响因素的面板数据不存在组内异方差和截面自相关，存在组内一阶自相关（检验结果见表 7 - 15），在此基础上采用解决面板数据的组内一阶自相关的 FGLS 命令对面板数据进行回归，检验结果和回归结果如表 7 - 15 所示。

表 7 – 15　　　　　　　　样本数据的检验及回归结果

解释变量	估计系数	标准差	T 统计量	P 值
常数项	0.0688 **	0.0314	2.19	0.029
lnscale	0.0007 ***	0.0014	3.57	0.000
lnR&D	0.0161 ***	0.0447	3.61	0.000
lnmark	− 0.2254 **	0.0999	− 2.26	0.024
lnstate	0.4881 ***	0.0961	5.08	0.000
lnfdi	0.0677 *	0.0483	1.4	0.067
调整后 R^2 = 0.9245				
Wald χ^2 (5) = 127.96　　P > χ^2 = 0				
LRχ^2 (14) = 137.68　　Prob > χ^2 = 0				
Wooldridge　　F (1, 14) = 0.987　　Prob > F = 0.3373				
Pesaran's test of cross sectional independence = 11.750　　Prob = 0				

说明：*、**、*** 分别表示在 1%、5%、10% 的显著性水平。

由回归结果得出如下结论：

行业规模（scale）显著影响了现代制造业的全要素生产率，且影响为正，说明在规模报酬递增的前提下，行业规模的扩大有利于生产率的提高。注意到 scale 的系数较小（0.0007），原因是用来衡量 scale 的工业增加值的数值较大。行业增加值每增加 1 个百分点，会引起全要素生产率增加 0.0007；行业的研发投入（R&D）显著地影响了现代制造业的全要素生产率，且方向为正，系数为 0.0161。说明研发投入能显著地提高生产率，研发投入每增加 1 个百分点，会引起全要素生产率增加 0.0161；市场结构（mark）在 5% 的显著性水平下影响了现代制造业的全要素生产率，且方向为负，系数为 − 0.2254。

行业集聚度代表行业的市场结构，事实上，行业的市场结构对全要素生产率影响不能一概而论。对于资本密集型行业而言，行业集聚度的提高可以减少导致规模报酬递减的要素自由流动限制，从而提高配置效率，提高全要素生产率。对于劳动密集型行业而言，行业集聚度的提高不能克服要素配置的局限，中小企业间的充分竞争才是保证要素有效配置的正确渠道①。但就本文的回归结果而言，现代制造业的行业集聚度提高 1 个百分

---

① 李小平、卢现祥、朱钟棣：《国际贸易、技术进步和中国工业行业的生产率增长》，《经济学季刊》2008 年第 2 期。

点会降低现代制造业全要素生产率的增长，影响幅度为 0.2254；国有资本比重（state）显著地影响了现代制造业全要素生产率，影响为正向，说明在现代制造业范围内，国有企业具有较高的生产率，对整个行业的生产率具有带动作用。

　　注意到 state 的回归系数最大（0.4881），原因是采用行业国有企业工业总产值占全部现代制造业工业总产值的比重来衡量国有资本比重，数值较小。国有资本比重每增加 1 个百分点，会引起全要素生产率增加 0.4881；外资比重（fdi）在 1% 的显著性水平下影响了现代制造业的全要素生产率，且影响方向为正，系数为 0.0677，远小于同样采用比重形式衡量的 state，这说明利用外资提高了现代制造业的生产率，存在技术溢出效应，但对生产率的影响程度远小于 state。现代制造业的外资比重每增加 1 个百分点，会提高全要素生产率 0.677。

第五节　提高生产效率的政策思考

　　采用超越对数生产函数的随机前沿模型，测算了现代制造业全要素生产率，分析了其变动情况；而后从技术进步、技术效率变化、规模效率变化和配置效率变化四个方面分解了现代制造业的全要素生产率增长，并在此基础上测算了现代制造业各投入要素对生产增长的贡献。由此，我们可以得出一些结论，并思考相应的政策建议。

一　研究发现

（一）行业间 TFP 增长变化趋同，现代制造业体系呈集约型增长

　　虽然现代制造业行业间的 TFP 增长差距较大，但是其变化趋势基本一致。医药制造业、化学纤维制造业和专用设备制造业这些技术密集型行业的 TFP 变化率低，并不如思维惯性所想象的具有较高的 TFP 变化率。因此，应该重视这些行业的技术革新和升级，加大技术创新的投入，拓展这些行业的生产率进步空间。现代制造业 TFP 增长变化趋势与宏观经济环境的状况一致，宏观经济状况稳定，则现代制造业的 TFP 增长就稳定，宏观经济状况的波动会导致现代制造业 TFP 增长的波动。因此，国家应该维护宏观经济的健康稳定运行，为经济的发展创造良好的环境。

　　现代制造业的增长主要是靠 TFP 增长推动的，且 TFP 增长主要是靠

技术进步推动的，技术效率和配置效率对 TFP 增长的贡献较低且稳定，而规模效率则呈持续恶化的趋势，主要由 TFP 推动生产增长的事实体现了现代制造业集约型的增长方式。在研究期限内，现代制造业的技术进步保持了最快的增长速度，成为推动 TFP 增长的决定力量，然而持续恶化的规模效率却阻碍了 TFP 的增长，主要原因是要素配置受阻，无法达到最优的投入组合。因而，政府要继续加大改革力度，完善市场机制。数量上要增加市场的要素数量，保障要素市场整体供给充足；结构上要调整提高要素配置效率，使得要素从低生产率行业流向高生产率行业，从而推动生产率水平的提高。

（二）影响因素对 TFP 增长均具有较强的解释力

现代制造业 TFP 增长的影响因素分为行业特征和资本结构特征两个方面，这两个方面的因素对 TFP 增长都具有较强的解释力。行业规模、研发投入、国有资本比重和外资比重对 TFP 增长是显著的正向影响，而市场结构则对 TFP 增长产生了显著的负向影响。因此在规模报酬递增的前提下，政府可以适当鼓励行业内企业并购，改善规模效率；政府和企业应该重视研发投入，鼓励技术创新，推动行业技术进步。在中国现行体制下，行业中的国有企业拥有更多的国家政策支持、更多的金融支持，因而也更能够吸引优秀的人才，因此其生产率要高于其他所有制性质的企业。另外，利用外资能够带来技术溢出效应，提高行业的生产率。所以，政府应该继续利用国外的有利资源，注意提高引进外资的质量，多引进处于全球价值链高端的技术密集型产业，调整中国现代制造业在国际分工中的地位。

二　政策思考

（一）构筑顶级技术合作联盟，大幅提高生产效率

技术是产业发展的灵魂，只有技术实现关键性突破，才能保证产业的领先发展。现代制造业的优势在于核心技术和关键技术的领先，而核心技术、关键技术往往是被少数垄断企业掌控。因此，要使现代制造在国际上占领先机，就需要建立起顶级制造企业间的技术合作联盟，增强其技术竞争实力。调查显示，较之美国的技术垄断合作，无论是在理念还是在行动上，我国现代制造企业的技术合作联盟明显落后，特别是顶级企业的技术合作十分欠缺。

因此，有必要从航空装备、卫星及应用、轨道交通装备、海洋工程装

备、智能装备制造几个行业入手引导顶级制造企业进行技术性垄断合作。可以促成中国航空工业集团与中国商用飞机有限责任公司在航空装备制造方面组成垄断性技术合作联盟，促成中国航天科技集团与航天科工集团在卫星及应用技术方面组成垄断性技术合作联盟，促成中国北车集团和中国南车集团在轨道交通装备方面组成垄断性技术合作联盟，促成中国船舶工业集团、中国船舶重工集团、中远船务集团及太平洋重工集团在海洋工程装备制造技术方面组成垄断性技术合作联盟。

智能制造装备是先进制造技术、信息技术和智能技术在装备产品上的集成和融合，体现了制造业的智能化、数字化和网络化的发展要求，主要产品是智能仪器仪表与控制系统、关键基础零部件及通用部件、高档数控机床与基础制造装备、智能专用装备等。政府部门或行业协会可依据产品性质从同类企业中遴选顶级企业促成其进行技术性研发合作，组成垄断性技术联盟，实行生产和技术优势的互补。

国家发改委和国务院国有资产监督管理委员会可统筹国家顶级现代制造企业的技术力量，集中进行行业共性技术攻关，突破技术瓶颈，在推进原始创新的同时，利用国内外已有的先进成果进行引进消化吸收再创新和集成创新。国家可考虑设立"国家现代制造技术奖励制度"，按行业组织实施"国家现代制造重点工程"，突出现代制造企业与研发机构的主体地位，支持现代制造行业领军企业参与国家装备制造科技计划和重点工程项目，引导顶级企业培育和创立具有国际影响力的自主品牌，帮助企业构建起支撑产品设计创新的研发平台。

（二）建立研发设计平台，构建国家现代制造服务体系

政府部门应支持多学科优化研究，引导制造业巨头与相关高校建立关键技术或核心技术的合作研发平台。可以促成中国航空工业集团、中国商用飞机有限责任公司与清华大学、北京航空航天大学、中国科学院建立航空装备制造研发合作；促成中国航天科技集团公司与航天科工集团公司与东北大学、哈尔滨工业大学、北京航空航天大学建立卫星及应用的研发合作；促成中国北车集团和中国南车集团与西南交通大学、同济大学、南京理工大学建立轨道交通研发合作；促成中国船舶工业集团、中国船舶重工集团与大连理工大学、上海交通大学、哈尔滨工程大学建立海洋工程装备制造研发合作；还可以促成华中数控、智云股份、天马股份、南通科技、华东数控与清华大学、中科院自动化研究所等科研机构进行智能制造的研

发合作。更进一步，可规划建设现代装备制造产业园区，启动现代装备重、特大项目建设，瞄准世界500强的生产技术，推动现代制造产业向纵深发展；要全力推进大型现代工程机械、高效农业机械、智能印刷机械、自动化纺织机械、环保机械、煤炭机械、冶金机械等各类专用现代装备的制造，实现各种制造过程自动化、智能化，带动整体智能装备水平的提升。

我国现阶段，现代制造的环境支撑服务、培训服务、推广服务、评价服务、公共服务等还很薄弱，特别是全国范围内的现代制造业服务体系尚未建立，且没有引起政府相关部门和企业的足够重视，这将成为严重影响现代制造发展的桎梏。要使现代制造业体系在国际上占领先机，有必要整合和发展专业化的制造技术支持服务机构，组建专门为现代制造服务的信息化工程服务机构和软件服务机构，建立起国家数字化现代制造服务体系。

现代制造业行业协会可利用网络、视频等先进信息技术，整合计算资源、软件资源和数据资源，依托现代制造巨头建立全国范围的面向复杂产品和尖端技术的"国家现代制造研发设计平台"；国内顶级现代制造集团企业要进行技术信息资源的整合，建立研发设计服务平台，为集团内部各下属企业提供技术能力、软件应用和数据开发服务。

可由政府投资，联合国内顶级科研机构和现代制造领军企业，建立"国家现代制造服务系统"，通过整合、联结制造企业和科研机构研发平台，建立区域性乃至全国性的研发、资源共享服务平台，实现政府、企业、科研机构的共同合作，达到"政企学"的联合攻关。同时，可以联合国内某一类高校建立现代制造协作网，如由清华大学、中国科学院大学、北京航空航天大学联合建立航空卫星协作联盟，由北京交通大学、西安交通大学、西南交通大学联合建立轨道制造协作联盟，共享与现代制造和相应创新项目有关的信息和试验数据，引导这些大学与企业、政府机构合作，编制关键技术联合攻关路线图，共同攻克开发新产品过程中的共性技术难关，实现对现代制造产品开发、生产、销售、使用等全生命周期的相关资源的整合，构筑起标准、规范、可共享的现代制造服务体系。

（三）加快建设现代制造标准化体系

实施知识产权保护，将高端装备自主制造提升至国家战略高度，加强现代制造行业的标准体系建设，确立和强化我国在国际装备制造标准领域的影响力和话语权。

目前，我国现代制造行业，特别是一些新兴高端制造缺乏统一规范的行业技术标准、市场准入标准和示范推广标准，一些重大技术试验数据缺乏标准处理范式，特别是新产品的研发过程涉及多个学科、多个单位或部门，数据如何进行交换，如何进行描述和表现，迫切需要进行标准化处理；有些大型的综合试验，设备来自不同的厂家，数据出自不同的研究机构，事涉多个系统，怎样把信息融合在一起，实现数据的集成和互相交流，完成跨单位的协同，达到数据在各系统间的交换，也对数据的标准化管理提出了要求。另外，由于不同的试验、不同的企业具有不同格式的数据，要保证试验数据的可持续性，保证试验数据的展示和分析，开发通用的分析软件和数据挖掘工具，也需要进行标准化管理。除此之外，现在国际制造行业发展了很多应用于试验的中间件，要使试验中间件成为通用件，以保证其适用于不同的系统、不同的企业和不同的环节，也需要标准和规范作为支撑。可见，标准化也是一个新技术应用和推广的具体需求。

综上所述，有必要把现代自主制造提升为国家战略，建立国家层面的"现代制造标准化数据库"，进行生产数据、试验数据的标准化管理，达到数据存取的标准化，数据交换格式的规范化，实现不同厂家的 TDM（试验数据管理）系统数据能相互调用，一个集团里不同研究单元的数据可以无障碍、无缝地便利提取。要从战略的高度，不断累积国家现代制造业生产和试验标准化数据，不断推进低层级 TDM 系统的建设，进而达到对国家层面 TDM 系统的丰富和完善。

要在国家战略层面建设国家现代制造标准化体系，统一和规范现代制造的生产和技术参数，扩大装备产品的应用性和适用性，推动制造企业全生命周期的信息集成服务。要通过标准化体系的建设，推动企业技术中心、国家级制造工业实验室、工程研究中心和工业园区的建设，推动现代制造模式向智能化、网络化、服务化方向发展，促使"云制造"概念的落地。

（四）缩小区域差异，提高规模效率

中国现代制造业要实现高效率发展，离不开地方政府的政策支持，地方政府要为现代制造业发展创造良好的外部环境，明确区域特色，制定针对各自区域特色的产业梯度转移政策，形成东部、中部、西部差异化发展、协调发展的产业格局。东部地区一方面要大力发展资本技术密集型行业，在现有基础上以产业基地和产业园区建设为依托，在资本技术密集的重大领域建设高水平的产品研发中心和制造基地，创建产需结合、优势互补的大型行业领军企业；另一方面要把劳动密集型产业逐步向中西部地区转移。政府要引导中部地区培育有效转移机制来承接东部地区的产业转移，引进东部地区的技术、人才、资金、管理等生产要素，使中部地区由低级的产业集群向组织化程度高、创新性强的产业集群过渡。西部地区要利用其资源相对优势、老工业基地的技术相对优势和产业相对优势，把劳动和资源优势凝聚到附加值高的产品中去。同时应当促成军工业带动民用工业的发展，使自身的国防军工和科研集中的优势得到有效的发挥。

要促进产业集聚效应的发挥，培育有特色的现代制造业基地，实施企业战略重组，优化组织结构，做大做强现代制造业企业；要利用产业集群优势，降低生产成本和交易成本，促进技术创新和组织创新，实现现代制造业产业规模的跨越式发展；要积极引导和扶持有条件企业组建大的企业集团，在产业价值链上以核心业务为中心向上下游业务延伸，使其成为现代制造业的领军企业。

第八章 现代制造业体系的生态效益

生产经营的可持续性是现代制造业的一个重要特征。因此，现代制造业的发展必须是可持续发展，这也是当今环境约束条件下对产业发展的必然要求。现代制造业必须兼顾经济与环境的和谐，在创造经济价值的同时也能节约资源，保护生态环境。因此，良好的生态效益是对现代制造业体系的基本要求，中国现代制造业体系的建设应把生态效益放在突出重要的位置。

第一节 生态效益的理论描述

一 生态效益的概念思考

现代制造业不应单纯追求经济效益，更应该通过生产活动对使用的环境生产要素进行补偿，这就是环境效益。经济效益与环境效益的有机结合可称为广义生态效益。

狭义生态效益，脱胎于环境绩效评价。1999 年国际标准化组织（ISO）正式提出了环境绩效的概念：一个组织管理其环境问题的结果，可依照组织的环境方针、目标和指标来进行测度。该组织公布了名为"环境绩效评价标准（ISO14031）"的指标库，以使其根据不同的目的和意义而应用于不同的领域。这一指标库包括了环境状态指标（Environmental Condition Indicators，ECIs）、管理绩效指标（Management Performance Indicators，MPIs）和操作绩效指标（Operational Performance Indicators，OPIs）

狭义生态效益的概念最先是由世界可持续发展委员会（WBCD）于2000 年正式提出的，其定义为通过提供竞争性定价的产品和服务，满足人类需求并提高生活质量，同时逐步将产品寿命周期中对生态的影响和对资源的利用减少到至少与地球的预计承载能力一致的水平。生态效益采用经济活动的产出与其对环境造成的破坏之比来体现，它是从产出角度评价环境效益，根据经济活动的期望产出和非期望产出来测度经济活动的生态效益，而不需要经济活动的各种投入数据。

广义生态效益和狭义生态效益的概念是进行中国现代制造业体系生态效益研究的重要理论基础。

二　生态效益的模型描述

研究现代制造业的生态效益离不开量化分析，可以从经济计量的角度探讨现代制造业广义生态效益的模型描述。由于现代制造业广义生态效益包括经济效益和环境效益，并且均是在一定制度下各种要素综合利用的产物，为此，可设：

$$F_1 = H_Z[L_1(t), K_1(t), I_1(t)]$$
$$F_2 = G_Z[L_2(t), K_2(t)]$$
$$F = F_1 + F_2$$

其中，F_1 表示现代制造业经济效益；F_2 表示现代制造业环境效益；F 表示现代制造业广义生态效益；L、K、I 分别表示劳动力、资本、环境要素；Z 表示制度；t 表示时间；下标 1、2 分别代表现代制造业经济效益状态、现代制造业环境效益状态。同时，这里假定现代制造业环境效益 F_2 中投入要素只有劳动力和资本。

这样，在一定制度下，现代制造业广义生态效益就具有倒 U 形的增长路径，如图 8－1 所示。

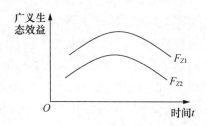

图 8－1　特定制度下现代制造业广义生态效益增长路径

图 8－1 表明，由于制度建立之初源于现代制造业发展的要求，因此，制度建立初期能够促进现代制造业的发展，并使现代制造业广义生态效益经过一段时期增长后达到最大。此后，制度可能越来越不适应现代制造业的发展要求，从而使得现代制造业广义生态效益呈下降之势。该图还表

明，不同制度的建立对现代制造业广义生态效益的影响也具有差异性，这主要取决于所确立的制度是否符合现代制造业的发展要求。

在图 8 - 1 中，由于 $Z1$ 制度代表了现代制造业的发展要求，而 $Z2$ 制度不符合现代制造业的发展要求，因此，与 $Z2$ 制度相比，$Z1$ 制度下现代制造业广义生态效益要大于 $Z2$ 制度下现代制造业广义生态效益，即 $F_{Z1} > F_{Z2}$。这样，现代制造业广义生态效益的增长路径如图 8 - 2 所示。

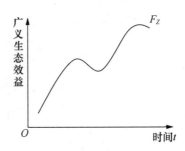

图 8 - 2　现代制造业广义生态效益增长路径

图 8 - 2 显示，随着现代制造业的发展，制度也应随之变迁，以便适应经济发展的内在要求，因此，后一种制度不断建立在前一种制度的基础之上，从而不断促进现代制造业的发展，使现代制造业广义生态效益增长呈现波浪式上升路径。

由于制度在一定时期具有稳定性，而且现代制造业广义生态效益增长计量模型在具体引入制度变量时只能采取离散的形式。因此，为便于处理问题，在具体构建现代制造业广义生态效益增长模型时可暂不考虑制度因素。此外，由于现代制造业广义生态效益实际是制造业部门与其他部门（包括自然环境部门）之间相互作用的结果，经济效益主要表现为制造业部门的实际利益，而环境效益主要体现为对自然环境部门索取后的一种补偿，这必然表现为两种效益间的非均衡增长，因此，要构建现代制造业广义生态效益增长模型，应采用非均衡数量经济模型。为此，根据 Feder（1986）①所构建的结构非均衡模型的基本思想，我们可构造出现代制造业广义生态

① Feder, G., Growth in Semi - Industrial Countries: A Statistical Analysis, Hollis, B. C., Sherman, R., Moises, S., World, B., *Industrialization and Growth: A Comparative Study*. Oxford University Press, 1986, pp. 263 - 282.

效益增长模型。依然设定:

现代制造业经济效益

$$F_1 = H[L_1(t), K_1(t), I_1(t)] \tag{8-1}$$

设现代制造业经济效益对劳动力、资本要素、环境要素的边际效益分别是 H_L、H_K、H_I,由 (8-1) 式,可将现代制造业经济效益的增长量公式写成:

$$\Delta F_1 = H_L \Delta L_1 + H_K \Delta K_1 + H_I \Delta I_1 \tag{8-2}$$

由于实际现代制造业环境效益受现代制造业经济效益外部效应影响,因此,考虑现代制造业经济效益外部效应,现代制造业环境效益生产函数设定为:

$$F_2 = G[L_2(t), K_2(t), F_1] = F_1^\alpha Q[L_2(t), K_2(t)] \tag{8-3}$$

由 (8-3) 式,现代制造业环境效益的增长量可分解为:

$$\Delta F_2 = G_L \Delta L_2 + G_K \Delta K_2 + G_1 \Delta F_1 \tag{8-4}$$

由于现代制造业广义生态效益是经济效益与环境效益之和,所以,现代制造业广义生态效益增长量为经济效益增长量与环境效益增长量之和,由 (8-2) 式和 (8-4) 式,有:

$$\Delta F = \sum_{i=1}^2 \Delta F_i = H_L \Delta L_1 + H_K \Delta K_1 + H_I \Delta I_1 + G_L \Delta L_2 + G_K \Delta K_2 + G_1 \Delta F_1 \tag{8-5}$$

假定现代制造业经济效益和环境效益中的劳动边际效益、资本边际效益存在固定的比例关系,即:

$$\frac{H_L}{G_L} = \beta \tag{8-6}$$

$$\frac{H_K}{G_K} = \mu \tag{8-7}$$

将 (8-6) 式和 (8-7) 式代入 (8-5) 式,可有:

$$\begin{aligned}
\Delta F &= \beta G_L \Delta L_1 + \mu G_K \Delta K_1 + H_I \Delta I_1 + G_L \Delta L_2 + G_K \Delta K_2 + G_1 \Delta F_1 \\
&= (\beta - 1) G_L \Delta L_1 + G_L (\Delta L_1 + \Delta L_2) + (\mu - 1) G_K \Delta K_1 \\
&\quad + G_K (\Delta K_1 + \Delta K_2) + H_I \Delta I_1 + G_1 \Delta F_1
\end{aligned} \tag{8-8}$$

由于现代制造业所使用的劳动力总量为:

$$L = L_1 + L_2$$

资本总量为:

$K = K_1 + K_2$

于是，

劳动力总增长量为：$\Delta L = \Delta L_1 + \Delta L_2$

资本总增长量为：$\Delta K = \Delta K_1 + \Delta K_2$

这样，可将现代制造业广义生态效益总增长量公式，即（8 – 8）式调整为：

$$\Delta F = G_L \Delta L + G_K \Delta K + (\beta - 1) G_L \Delta L_1 + (\mu - 1) G_K \Delta K_1 + H_I \Delta I_1 + G_1 \Delta F_1$$

$$(8-9)$$

利用（8 – 6）式和（8 – 7）式可将（8 – 9）式转化为：

$$\Delta F = G_L \Delta L + G_K \Delta K + \frac{\beta - 1}{\beta} H_L \Delta L_1 + \frac{\mu - 1}{\mu} H_K \Delta K_1 + H_I \Delta I_1 + G_1 \Delta F_1$$

$$= G_L \Delta L + G_K \Delta K + \frac{\mu - 1}{\mu} (H_L \Delta L_1 + H_K \Delta K_1 + H_I \Delta I_1)$$

$$+ \left(\frac{\beta - 1}{\beta} - \frac{\mu - 1}{\mu} \right) H_L \Delta L_1 + \left(1 - \frac{\mu - 1}{\mu} \right) H_I \Delta I_1 + G_1 \Delta F_1 \qquad (8-10)$$

有学者认为，不同部门劳动的边际产出与社会劳动平均产出之间存在线性比例关系（Bruno, 1968[①]；雷钦礼, 2007[②]），据此，笔者假定现代制造业经济效益与环境效益两者中的劳动边际效益分别与单位总劳动效益具有如下线性比例关系：

$$X_L = \gamma_i \frac{F}{L} \qquad (8-11)$$

其中，$X = H$、G，$i = 1$，2。

同时，由（8 – 3）式可知，G_1 为：

$$G_1 = \alpha \frac{F_2}{F_1} \qquad (8-12)$$

将（8 – 11）式和（8 – 12）式代入（8 – 10）式，并对两边同除以 F，则（8 – 10）式可变形为：

$$\frac{\Delta F}{F} = \gamma_2 \frac{\Delta L}{L} + G_K \frac{\Delta K}{F} + \frac{\mu - 1}{\mu} \frac{\Delta F_1}{F} + \left(\frac{1}{\mu} - \frac{1}{\beta} \right) \gamma_1 \frac{\Delta L_1}{L} + \frac{H_I}{\mu} \frac{\Delta I_1}{F} + \alpha \frac{F_2}{F} \frac{\Delta F_1}{F_1}$$

$$(8-13)$$

① Bruno, M., "Estimation of Factor Contribution to Growth under Structural Disequilibrium" [J]. *International Economic Review*, Vol. 9, No. 1, 1968, pp. 49 – 62.

② 雷钦礼：《中国经济结构的演化及其增长效益的测度分析》，《统计研究》2007 年第 11 期。

记 $W_Y = \Delta Y / Y$，表示变量 Y 的增长率，则（8-13）式可写为：

$$W_F = \gamma_2 W_L + G_K \left(W_K \frac{K}{F} \right) + \frac{\mu - 1}{\mu} \left(W_{F_1} \frac{F_1}{F} \right) + \left(\frac{1}{\mu} - \frac{1}{\beta} \right) \gamma_1 \left(W_{L_1} \frac{L_1}{L} \right)$$

$$+ \frac{H_I}{\mu} \left(W_{I_1} \frac{I_1}{F} \right) + \alpha \left(W_{F_1} \frac{F_2}{F} \right)$$

$$= \gamma_2 W_L + G_K \left(W_K \frac{K}{F} \right) + \left(\frac{\mu - 1}{\mu} - \alpha \right) \left(W_{F_1} \frac{F_1}{F} \right) + \left(\frac{1}{\mu} - \frac{1}{\beta} \right) \gamma_1 \left(W_{L_1} \frac{L_1}{L} \right)$$

$$+ \frac{H_I}{\mu} \left(W_{I_1} \frac{I_1}{F} \right) + \alpha W_{F_1} \qquad (8-14)$$

此时，（8-14）式称为现代制造业广义生态效益增长的基本理论模型。同时，由计量经济理论可知，实际估计（8-14）式时，由于模型受到测量误差等原因的影响，因此，需加上一个随机扰动项 ε，在考虑到常数项的情况下，（8-14）式可写成一个可计量的现代制造业广义生态效益增长核算模型，其形式为：

$$W_F = c_0 + c_1 W_L + c_2 \left(W_K \frac{K}{F} \right) + c_3 \left(W_{F_1} \frac{F_1}{F} \right) + c_4 \left(W_{L_1} \frac{L_1}{L} \right)$$

$$+ c_5 \left(W_{I_1} \frac{I_1}{F} \right) + c_6 W_{F_1} + \varepsilon \qquad (8-15)$$

其中，c_0 为常数项，ε 为随机误差项，且假定 $\varepsilon \sim N(0, \sigma^2)$。据此，利用计量经济学方法可估计出相应的回归系数，进而根据（8-14）式与（8-15）式系数间的关系，推算出（8-14）式中相应的系数值。

由前面对中国制造业发展历史轨迹分析可知，中国制造业发展分为三个阶段，分别与特定的制度环境相对应，因此，为反映制度变量对制造业发展的影响，采取离散形式将制度变量纳入模型中，于是所构造的含有制度变量的现代制造业广义生态效益增长核算模型就为：

$$W_F = c_0 + c_1 D_2 + c_2 D_3 + c_3 W_L + c_4 \left(W_K \frac{K}{F} \right) + c_5 \left(W_{F_1} \frac{F_1}{F} \right)$$

$$+ c_6 \left(W_{L_1} \frac{L_1}{L} \right) + c_7 \left(W_{I_1} \frac{I_1}{F} \right) + c_8 W_{F_1} + \varepsilon \qquad (8-16)$$

（8-16）式中，D_2、D_3 分别表示与制造业发展相对应的第二阶段、第三阶段制度虚拟变量，取 0 时表示样本属于第一段，取 1 时表示样本属于第二、第三阶段，以此来考虑制度变量。

三 生态效益模型的经济意义

现代制造业广义生态效益模型如（8-16）式所示，其中各系数的经济意义如下：

虚拟变量 D_2、D_3 的系数分别为 c_1、c_2，这两个系数是与第一阶段相比，第二阶段、第三阶段分别对现代制造业广义生态效益增长的效应，系数符号应该为正，即 $c_1 > 0$、$c_2 > 0$。

变量 W_L 的系数为 c_3，该系数为现代制造业环境效益生产函数中劳动边际效益与单位总劳动效益之间的对比关系，当 $c_3 > 1$ 时，表明现代制造业环境效益生产函数中劳动的边际效益高于单位总劳动效益；当 $c_3 < 1$ 时，表明现代制造业环境效益生产函数中劳动边际效益低于单位总劳动效益。

变量 $W_K \dfrac{K}{F}$ 的系数为 c_4，该系数是现代制造业资本的边际环境效益。

变量 $W_{F_1} \dfrac{F_1}{F}$ 的系数为 c_5，该值较小，表明 $\dfrac{\mu - 1}{\mu}$ 与 α 相差不大。而变量 W_{F_1} 的系数 c_8 恰为 α，据此估计出的 α 值推算出现代制造业经济效益和环境效益中的资本边际效益间的比例关系，即 μ。当 α 较大时，表明现代制造业环境效益增长受经济效益增长的外部性影响较大；而当 α 趋于 0 时，表明现代制造业环境效益增长受经济效益增长的外部性影响较小。

与此同时，变量 $W_{I_1} \dfrac{I_1}{F}$ 的系数 c_7 为 $\dfrac{H_I}{\mu}$，根据推算出的 μ 值，可估算出现代制造业所投入环境要素的边际经济效益，即 H_I。

变量 $W_{L_1} \dfrac{L_1}{L}$ 的系数为 c_6，该系数大于 0 时，表明现代制造业经济效益和环境效益中劳动边际效益间的比率大于资本边际效益间的比率；而系数小于 0 时，表明现代制造业经济效益和环境效益中劳动边际效益间的比率小于资本边际效益间的比率。

同时，利用相关统计理论，还可以计算各变量对现代制造业广义生态效益增长的贡献率。由平均增长速度计算公式可知，各变量的平均增长率计算公式为：

$$\text{平均增长率} = \sqrt[t-1]{\dfrac{X_t}{X_1}} - 1 \tag{8-17}$$

其中，X_1、X_t 分别表示各变量基期与报告期相应的变量值，$t-1$ 表示时间跨度。

根据（8-17）式计算出的各变量平均增长率，结合估计（8-16）式，各变量对现代制造业广义生态效益增长的贡献率分别为：

劳动对现代制造业广义生态效益增长的贡献率为：$\dfrac{c_3\overline{W_L}}{\overline{W_F}}$；

资本对现代制造业广义生态效益增长的贡献率为：$\dfrac{c_4\overline{W_K\dfrac{K}{F}}}{\overline{W_F}}$；

环境要素对现代制造业广义生态效益增长的贡献率为：$\dfrac{c_7\overline{W_{I_1}\dfrac{I_1}{F}}}{\overline{W_F}}$；

经济效益对现代制造业广义生态效益增长的贡献率为：$\dfrac{c_8\overline{W_{F_1}}}{\overline{W_F}}$；

劳动力结构对现代制造业广义生态效益增长的贡献率为：$\dfrac{c_6\overline{W_{L_1}\dfrac{L_1}{L}}}{\overline{W_F}}$；

广义生态效益结构对现代制造业广义生态效益增长的贡献率为：$\dfrac{c_5\overline{W_{F_1}\dfrac{F_1}{F}}}{\overline{W_F}}$。

由演化出的现代制造业广义生态效益增长模型可知，现代制造业广义生态效益增长除受制度因素影响之外，还受要素增长率、单位效益要素投入量、要素投入结构、经济效益增长率以及广义生态效益结构的影响。由此表明，现代制造业广义生态效益增长是数量与质量并重考虑的增长，在现代制造业发展过程中，既要注重投入要素的数量，又要优化投入要素间的比例关系；与此同时，在提高经济效益的同时，更应该考虑环境效益的增长，从而优化广义生态效益结构。

第二节　生态效益的测度原理

由于现代制造业广义生态效益增长核算模型所需的原始数据资料是以第二章对现代制造业生产要素消耗核算研究为基础的，属于经济核算的范畴，故我们重点研究狭义生态效益的测度。本章研究中国现代制造业狭义生态效益的测评。

一　生态效益测度源起

世界可持续发展企业委员会在提出生态效益概念的同时，也提出了全球第一套生态效益评估指标体系。然而，如何测度生态效益至今仍无定论，其中一个重要分歧是如何确定合理的权重来加总环境压力指标。从生态效益测度历史看，有三种确定指标权重的方法：一是对所有指标赋予相同的权重，用指标的简单加总来测度生态效益；二是在专家意见的基础上采用模糊数学赋权法来确定指标权重；三是用数据包络分析法（DEA）来内生地确定指标权重。显然，第一种方法无视了不同环境压力指标对环境的不同影响；第二种方法虽然考虑了不同环境压力指标对环境的不同影响，但是会因为专家意见的不同而产生不同的赋权结果，因而具有主观性；第三种方法通过最大化决策单元在所有分析对象中的相对生态效益，内生地产生环境压力指标的客观权重，不仅避免了专家意见的主观性，同时也考虑到了不同资源和污染物的可替代性。

Kortelainen（2008）[①] 首次尝试了 DEA 方法在生态效益评价中的应用，同时还结合 Malmquist 指数将生态效益从静态评价推广到了动态分析。他以 Malmquist 指数为基础，以欧盟地区 20 国在不同年份的生态效益之比测度了生态效益的动态演变，同时将环境绩效的变化分解成相对生态效益变化和环境技术变化两个组成部分，进而探讨动态环境绩效的决定因素。更进一步，为了解释经济中的环境技术变迁是否具有偏向性，他还将环境技术的变化分解成一个数量指标和一个偏向性指标，从而揭示了环境技术变化是否具有希克斯（Hicks）中性[②]特点。据文献查找，国内用 DEA 方法研究环境绩效的还有杨文举（2009，2011）[③][④]，他分别从地区和行业的维度测度了中国工业的动态环境绩效，认为环境技术无效普遍存在，希克斯中性的环境技术进步主导了多数地区航行业的环境绩效改善。

其他基于 DEA 的环境绩效研究则是撇开了环境绩效评价指标体系，

---

① Kortelainen, M., "Dynamic Environmental Performance Analysis: A Malmquist Index Approach" [J]. *Ecological Economics*, Vol. 64, No. 4, 2008, pp. 701 –7151.

② 希克斯中性技术进步，指不改变资本和劳动的边际产量之比率的技术进步，相应的生产函数为 $Y = A(t)F(L, K)$。

总量生产函数的希克斯中性，即技术变化项保持要素边际替代率不变，仅仅增加或减少由给定投入所获得的产出。

③ 杨文举：《中国地区工业的动态环境绩效：基于 DEA 的经验分析》，《数量经济技术经济研究》2009 年第 6 期。

④ 杨文举：《中国工业的动态环境绩效——基于细分行业的 DEA 分析》，《山西财经大学学报》2011 年第 6 期。

在对决策单元的全要素生产率进行分析的同时引入环境要素，如张炳等（2008）[1]、王兵等（2008）。[2]

可见，国内外关于生态效益测度方法的研究还比较有限，鉴于以上思路和方法的比较，本章在世界可持续发展企业委员会（WBCD）提出的生态效益评价指标思想的基础上采用数据包络分析（DEA）的指标赋权方法，测度中国现代制造业体系的生态效益。具体做法参照 Kortelainen（2008）将生态效益的测度从静态评价推广到动态分析。

二　静态测度原理

生态效益等于经济活动产出值与环境破坏值之比，其值越大生态效益越好。实际应用中通常用增加值来体现产出值，环境破坏值为各种环境压力指标的加总。基于 DEA 的生态效益测度，就是采用 DEA 方法来对各种环境压力指标赋权，合理的权重就能加总出合理的环境破坏值。

假定有 I 个决策单元，每个决策单元产生经济增加值 V 和 M 种环境压力指标 Z，各种环境压力指标的权重为 w，则相应的环境技术集 T 可以表示为 $T = \{ (V, Z) \mid$ 环境压力加总指标为 Z 时可生产的增加值 $V \}$。EE_i 表示第 i 个决策单元最大相对生态效益，其线性规划表达式为：

$$\frac{1}{EE_i} = \min_w \sum_{m=1}^M w_m \frac{Z_{im}}{V_i}$$

$$\text{s. t.} \sum_{m=1}^M w_m \frac{Z_{1m}}{V_1} \geq 1$$

$$\vdots$$

$$\sum_{m=1}^M w_m \frac{Z_{1m}}{V_I} \geq 1$$

$$\sum_{m=1}^M w_m = 1$$

$$w_m \geq 0, m = 1, \cdots, M \tag{8-18}$$

（8-18）式中，w 是通过计算各个决策单元在经济活动中可能达到的最大相对生态效益内生出的最优权重，该权重确保了每个决策单元获得

① 张炳、毕军、黄和平：《基于 DEA 的企业生态效益评价：以杭州湾精细化工园区企业为例》，《系统工程理论与实践》2008 年第 4 期。

② 王兵、吴延瑞、颜鹏飞：《环境管制与全要素生产率增长：APEC 的实证研究》，《经济研究》2008 年第 5 期。

最大的相对生态效益。

约束条件 $\sum_{m=1}^{M} w_m = 1$ 表明经济活动中环境技术利用具有规模报酬可变的特性，约束条件 $w_m \geqslant 0$ 使每个决策单元的生态效益介于 0—1 之间。EE_i 越大表明生态效益越好，如果 $EE_i = 1$ 表明该决策单元的生态效益位于最优环境技术前沿上。EE_i 测度的是经济活动在单个时期内的相对生态效益，据此能够比较分析不同决策单元在相同时期内的生态效益。

三　动态测度原理

为了能分析决策单元生态效益的动态演变，Kortelainen（2008）[1] 用相邻两个年份生态效益之比得到了一个测度环境绩效演变的动态指标，并称之为"环境绩效指标"（Environmental Performance Index，EPI）。此外，借鉴 Malmquist 生产率指数及其分解思路的基础上，将动态环境绩效指数分解成相对生态效益变化和环境技术变化两个组成部分，其中环境技术变化又可以分解成一个数量指标和一个偏向性指标。如此，该方法既能分析动态生态效益的变化，又能对观测到的生态效益变化的原因进行解释，还能捕捉环境技术变化是否是希克斯中性的，现将其测度思路转录如下：

假定 $EE_i(Z^s,\ V^s,\ t)$ 为第 i 个决策单元在 t 时期技术前沿下，以 s 时期的产出数据为基础的相对生态效益，其线性规划表达式为：

$$\frac{1}{EE_k(Z^s,V^s,t)} = \min_w \sum_{m=1}^{M} w_m \frac{Z_{im}^s}{V_{im}^s}$$

$$\text{s. t.} \sum_{m=1}^{M} w_m \frac{Z_{1m}^t}{V_1^t} \geqslant 1$$

$$\vdots$$

$$\sum_{m=1}^{M} w_i \frac{Z_{Ni}^t}{V_{Ni}^t} \geqslant 1$$

$$\sum_{m=1}^{M} w_m = 1$$

$$w_m \geqslant 0, m = 1, \cdots, M, t \geqslant 1 \qquad (8-19)$$

结合线性规划（8-19）式，第 i 个决策单元在 $t-1$ 期到 t 期的生态效益变化 $EPI_i\ (t-1,\ t)$ 可以表示为分别以 $t-1$ 期和 t 期为技术前沿的

① Kortelainen, M., "Dynamic Environmental Performance Analysis：A Malmquist Index Approach" [J]，*Ecological Economics*，Vol. 64，No. 4，2008，pp. 701-715.

生态效益的几何平均值：

$$EPI_i(t-1,t) = \left[\frac{EE_i(Z^t,V^t,t-1)}{EE_i(Z^{t-1},V^{t-1},t-1)} \times \frac{EE_i(Z^t,V^t,t)}{EE_i(Z^{t-1},V^{t-1},t)}\right]^{\frac{1}{2}} \quad (8-20)$$

在这里，如果 $EPI_i(t-1,t)$ 大于1，则决策单元 i 在时期 $t-1$ 和 t 之前经历了生态效益的改善，其值越大，生态效益改善的越大；其值越小，生态效益改善的越小。

为了能揭示生态效益变化的源泉，Kortelainen（2008）借鉴 Malmquist 全要素生产率指数分解思路将生态效益变化分解为相对生态效益变化和环境技术变化：

$$EPI_i(t-1,t) = \frac{EE_i(Z^t,V^t,t)}{EE_i(Z^{t-1},V^{t-1},t-1)} \times$$

$$\left[\frac{EE_i(Z^{t-1},V^{t-1},t-1)}{EE_i(Z^{t-1},V^{t-1},t)} \times \frac{EE_i(Z^t,V^t,t-1)}{EE_i(Z^t,V^t,t)}\right]^{\frac{1}{2}}$$

$$= REC_i(t-1,t) \times ETC_i(t-1,t) \quad (8-21)$$

$REC_i(t-1,t)$ 表示第 i 个决策单元在时期 $t-1$ 和 t 之间经历的相对生态效益变化，如果 $REC_i(t-1,t)$ 大于1，则表示决策单元 i 在时期 $t-1$ 和 t 之间更加有效地利用了既有环境技术，从而更加逼近环境技术前沿，反之则离环境技术前沿越远。

$ETC_i(t-1,t)$ 表示第 i 个决策单元在时期 $t-1$ 和 t 之间经历的环境技术变化，如果 $ETC_i(t-1,t)$ 大于1，则表示决策单元 i 在时期 $t-1$ 和 t 之间使用的环境技术进步了，环境技术前沿向外推移了，反之则没变或退步了。

（8-21）式揭示了生态效益变化的原因：决策单元的生态效益变化或来源于相对生态效益变化，或者来源于环境技术变化或两者的同时变化。

更进一步，Kortelainen（2008）为了揭示环境技术变化是否具有希克斯中性的特点，将环境技术变化分解成一个数量指标和一个偏向性指标：

$$ETC_i(t-1,t) = \frac{EE_i(Z^{t-1},V^{t-1},t-1)}{EE_i(Z^{t-1},V^{t-1},t)} \times$$

$$\left[\frac{EE_i(Z^t,V^t,t-1)}{EE_i(Z^t,V^t,t)} \Big/ \frac{EE_i(Z^{t-1},V^{t-1},t-1)}{EE_i(Z^{t-1},V^{t-1},t)}\right]^{\frac{1}{2}}$$

$$= MI_i(t-1,t) \times EBI_i(t-1,t) \quad (8-22)$$

$MI_i(t-1,t)$ 是测度环境技术变化的数量指标，$EBI_i(t-1,t)$ 是测度环境技术变化的偏向性指标，如果 $EBI_i(t-1, t)$ 大于 1，则环境技术变化是由不同环境压力指标同比的增大或缩小引起的，亦即经济中经历的是希克斯中性技术进步，如果 $EBI_i(t-1, t)$ 小于 1，则环境技术变化不是由不同环境压力指标同比的增大或缩小引起的，即经济中经历的是希克斯非中性技术进步。

第三节　生态效益的静态测度及分析

根据前文生态效益的测度原理和方法，可以收集数据进行中国现代制造业体系生态效益的静态测度分析和动态测度分析。

一　指标的选取和数据处理

根据狭义生态效益定义，测度生产活动的生态效益，需要能够度量生态活动增加值和环境压力指标的一组数据。衡量生产活动增加值最合适的指标自然是工业增加值，除此之外，需要选择一组合适的指标来体现经济活动对环境造成的压力。废气、废水、废渣即"三废"排放量是衡量环境污染的代表性指标，且有很好的统计基础。此外，在相关的研究中，学者们大都采用这三项指标来衡量经济活动对环境造成的压力，只有在研究具体行业时，所采用的指标会根据行业特征而有所偏重，比如彭昱 (2011)[1] 在研究火电行业生态效益时，选用了该行业污染贡献率最高的二氧化硫排放量、氮氧化物排放量和烟尘排放量来反映该行业生产活动对环境造成的压力。

综合现代制造业行业类型的多样性、指标的代表性和数据的可获得性，此处选取工业废水排放量、工业二氧化硫排放量和工业固体废物排放量这 3 个指标来衡量现代制造业的生产活动对环境造成的压力。

确定变量后，我们选用 2003—2011 年现代制造业分行业面板数据来研究现代制造业的生态效益。现代制造业各行业工业增加值数据的获得同前文；现代制造业分行业的工业废水排放量、工业二氧化硫排放量和工业固体废物排放量数据来自历年的《中国统计年鉴》，缺失年份的数据采用线性插值法计算得出，如表 8-1 至表 8-3 所示。

---

① 彭昱：《我国电力产业动态环境绩效评价》，《经济社会体制比较》2011 年第 5 期。

表 8 - 1 现代制造业各行业废水排放量 单位：万吨

行业	2003 年	2004 年	2005 年	2006 年	2007 年	2008 年	2009 年	2010 年	2011 年
C13	8538	7753	6272	14881	20438	11956	8310	6335	6101
C17	19999	19031	24319	13304	15461	29340	11788	11562	10865
C26	30606	28217	27130	27482	20044	17450	14924	12063	11019
C27	8439	2226	2087	2236	2494	2081	1715	1359	1196
C28	4178	3435	3058	2181	1353	1568	1997	2240	2092
C29	- 831	172	87	109	344	218	79	111	93
C30	248	193	80	352	912	610	382	219	215
C31	7066	3357	2704	3200	3560	2197	2343	1999	1794
C32	32195	7745	6006	4561	4257	6706	3942	1956	1694
C33	10961	6259	4574	3722	1932	1491	1333	1212	1058
C35	671	633	631	715	770	1178	499	417	394
C36	- 1444	595	409	412	365	539	259	274	227
C37	3364	1473	1463	914	996	982	949	872	780
C39	- 2411	471	381	346	555	600	322	668	546
C40	9383	10070	7103	4384	296	46	737	538	466

资料来源：《中国统计年鉴》（2004—2012），笔者整理。

表 8 - 1 提供了现代制造业各行业的废水排放量。

表 8 - 2 现代制造业各行业工业二氧化硫排放量 单位：万吨

行业	2003 年	2004 年	2005 年	2006 年	2007 年	2008 年	2009 年	2010 年	2011 年
C13	17	22	21	21	19	16	15	15	15
C17	9	9	9	11	11	10	9	10	10
C26	41	41	6	31	27	6	- 15	- 19	- 15
C27	4	5	4	5	5	5	2	4	4
C28	10	8	6	7	6	7	3	- 7	- 5
C29	2	1	2	1	1	1	0	0	0
C30	1	1	1	2	2	2	2	2	2

行业	2003 年	2004 年	2005 年	2006 年	2007 年	2008 年	2009 年	2010 年	2011 年
C31	123	136	129	139	139	132	119	128	129
C32	63	78	99	108	113	102	44	94	101
C33	-327	-348	-364	-491	-543	-627	-717	-632	-716
C35	5	5	4	1	3	4	3	3	3
C36	2	2	1	1	1	1	2	1	1
C37	5	4	3	2	3	2	2	2	2
C39	1	1	2	1	1	1	1	1	1
C40	1	1	1	1	1	1	0	0	0

资料来源:《中国统计年鉴》(2004—2012),笔者整理。

表8-2提供了现代制造业各行业的工业二氧化硫排放量。

表8-3　　　　　　现代制造业各行业工业固体废物排放量　　　单位：万吨

行业	2003 年	2004 年	2005 年	2006 年	2007 年	2008 年	2009 年	2010 年	2011 年
C13	29	830	638	637	623	743	687	707	3070
C17	1058	1191	1267	1419	1703	1973	2063	2085	2374
C26	7431	7431	7720	8397	9682	9500	10067	11572	12493
C27	277	233	232	245	297	325	319	374	392
C28	77	310	318	369	339	323	349	445	749
C29	32	82	92	95	110	113	135	137	202
C30	2389	43	39	45	71	79	61	70	60
C31	1406	3130	3165	4059	4022	3853	4243	4926	6687
C32	2390	17045	19814	22404	27148	27904	30541	34637	101400
C33	75	3150	3484	-1100	3033	3723	4124	5530	62985
C35	125	171	446	190	183	354	457	539	792
C36	321	114	147	123	112	112	164	194	183
C37	51	219	221	531	345	475	458	498	1120
C39	58	45	38	37	48	63	63	70	72
C40	72	77	88	89	91	121	133	124	136

资料来源:《中国统计年鉴》(2004—2012),笔者整理。

　　表8-3提供了现代制造业各行业的工业固体废弃物排放量。根据表8-1至表8-3的数据，经过统计运算，可得出中国现代制造业体系的生态效益特征指标值如表8-4所示。

表8-4　　　　　　　　　　生态效益计算指标的统计特征　　　　单位：亿元、万吨

	均值	标准差	最小值	最大值	观测个数
工业增加值	3779.86	2764.099	295.25	13835.1	135
废水排放量	72238.27	88916.12	2288	339052	135
二氧化硫排放量	38.486	56.045	0.652	186.7	135
固体废弃物排放量	362.1407	3746.582	0.02381	41060	135

　　表8-4提供了以上数据的统计特征，从中可以看出，"三废"排放量的标准差均大于均值，其中固体废弃物的标准差是其均值的10倍，相差最大。可见，合理选择不同环境压力指标的权重，以得到一个综合环境压力指标具有重要意义。

　　二　静态测度结果及分析

　　以2003—2010年现代制造业工业增加值、工业废水排放量和工业固体废弃物排放量为数据基础，利用DEAP2.1软件求解线性规划（8-18）式，得到现代制造业各年的静态生态效益，测度结果如表8-5所示。

表8-5　　　　　　　　　　现代制造业静态生态效益

行业	2003年	2004年	2005年	2006年	2007年	2008年	2009年	2010年	2011年	增长率	均值	标准差
C13	0.07	0.07	0.10	0.07	0.08	0.09	0.08	0.08	0.09	0.02	0.08	0.01
C17	0.07	0.05	0.07	0.12	0.09	0.05	0.09	0.05	0.06	-0.02	0.07	0.02
C26	0.03	0.06	0.04	0.04	0.04	0.03	0.04	0.05	0.05	0.05	0.04	0.01
C27	0.25	0.13	0.21	0.17	0.17	0.20	0.17	0.20	0.19	-0.03	0.19	0.03
C28	0.07	0.10	0.11	0.12	0.46	0.89	0.90	0.70	0.56	0.29	0.36	0.35
C29	0.36	0.47	0.37	0.57	0.90	0.75	0.65	0.73	0.71	0.15	0.60	0.19
C30	1.00	1.00	1.00	1.00	1.00	1.00	1.00	1.00	1.00	0.00	1.00	0.00
C31	0.13	0.14	0.13	0.17	0.20	0.24	0.24	0.31	0.31	0.20	0.19	0.06
C32	0.05	0.16	0.16	0.15	0.21	0.19	0.12	0.13	0.18	0.20	0.13	0.05
C33	0.17	0.10	0.09	0.13	0.17	0.19	0.20	0.19	0.19	0.02	0.16	0.04
C35	0.28	0.34	0.43	0.60	0.68	0.64	0.62	0.82	0.78	0.18	0.55	0.18
C36	0.35	0.40	0.44	0.58	0.71	0.81	0.54	0.74	0.69	0.16	0.57	0.17

续表

行业	2003 年	2004 年	2005 年	2006 年	2007 年	2008 年	2009 年	2010 年	2011 年	增长率	均值	标准差
C37	0.69	0.56	0.61	0.65	1.00	0.78	0.83	1.00	0.76	0.06	0.77	0.17
C39	1.00	1.00	1.00	1.00	1.00	1.00	1.00	1.00	1.00	0.00	1.00	0.00
C40	1.00	1.00	1.00	1.00	1.00	1.00	1.00	1.00	1.00	0.00	1.00	0.00
算术均值	0.37	0.37	0.38	0.42	0.52	0.52	0.50	0.50	0.51	—	—	—
标准差	0.37	0.36	0.36	0.37	0.39	0.39	0.38	0.40	0.39	—	—	—
加权均值	0.42	0.42	0.44	0.47	0.52	0.53	0.51	0.42	0.43	—	—	—

说明：加权均值由各行业增加值占全部现代制造业增加值的比重计算得出。

将表 8-5 的数据绘制成统计图，可得出图 8-3。

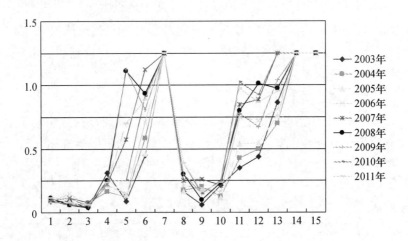

图 8-3　现代制造业静态生态效益

由表 8-5 和图 8-3 可以发现：

第一，现代制造业普遍存在环境技术无效率现象。现代制造业普遍存在环境技术无效率的现象，大部分行业改进环境绩效的潜力较大。15 个现代制造业在 2003—2011 年生态效益的均值依次为：0.08、0.07、0.04、0.19、0.36、0.6、1.00、0.19、0.13、0.16、0.55、0.57、0.77、1.00、1.00，且各个行业的标准差都远小于均值。

分行业看，塑料制品业（C30）、电气机械及器材制造业（C39）、通信设备、计算机及其他电子设备制造业（C40）这 4 个行业在 8 年间持续位于环境技术前沿上，约占现代制造业行业总数的27%。此外，交通运输设备制造业（C37）和橡胶制品业（C29）也具有较好的生态效益（均值分别为0.77和0.6）。其余的9个行业的生态效益均值都低于0.6，占现代制造业行业总数的60%，其中有7个行业的生态效益均值低于0.2。行业的生态效益越高，说明其生产活动越充分地使用了既有环境技术；行业的生态效益越低，说明其生产活动不够充分地使用了既有环境技术。生态效益等于1的行业位于环境技术前沿上。

现代制造业普遍存在着环境技术无效的事实，说明大多数行业在生产活动中没有使用与其经济能力相适宜的环境技术，而这些行业只要有效使用与其经济能力相适宜的环境技术，就能在不改变经济能力的前提下而减少"三废"的排放，对于生态效益均值低于0.2的各行业而言，其做出这种改进的空间更大。

第二，现代制造业的生态效益水平呈先上升后下降的趋势。总体而言，现代制造业的生态效益水平呈先上升后下降的趋势，2003—2011年间，15个现代制造业的生态效益的加权平均值依次为：0.42、0.42、0.44、0.47、0.52、0.53、0.51、0.42、0.43，2003—2008年间持续增长，2009—2011年连续两年下降。

分行业来看，化学纤维制造业（C28）、通用设备制造业（C35）、非金属矿物制品业（C31）的年均增长率最高，分别为29%、28%、20%。其余行业的生态效益年均增长率都小于20%，其中纺织业（C17）、医药制造业（C27）的年均增长率为负，与此同时，这两个行业的增加值的年均增长率均达到了32%，说明这两个行业所使用的环境技术与其经济能力的差距在扩大。

第三，现代制造业生态效益行业差距较大。如果把生态效益按照0—0.2、0.2—0.6、0.6—1分为低、中、高三个类别，从表8-5的生态效益分行业均值可以看出现代制造业的15个行业散布在这三类当中，其中农副产品加工业（C13）、纺织业（C17）、化学原料及化学制品制造业（C26）、医药制造业（C27）、非金属矿物制品业（C31）、黑色金属冶炼及压延加工业（C32）和有色金属冶炼及压延加工业（C33）这7个行业属于低生态效益类别，化学纤维制造业（C28）、通用设备制造业（C35）和专用设备制造业（C36）这3个行业属于中生态效益类别，橡胶制品业（C29）、塑料制品业（C30）、交通运输设备制造业（C37）、电气机械及器材制造业（C39）、通信设备计算机及其他电子设备制造业（C40）这5个行业属于高生态效益类别，分别占行业总数的47%、20%、33%，说明现代制造业的生态效益存在着较大的差距。这说明现代制造业行业间缺乏关于生态保护的合作交流，使得效率好的环境技术在行业间没有得到充分的推广。

第四，现代制造业生态效益的差距格局较为固化。研究期限内，生态效益变化较大的有5个行业，分别是：化学纤维制造业（C28）、橡胶制品业（C29）、非金属矿物制品业（C31）、通用设备制造业（C35）和专用设备制造业（C36）。

化学纤维制造业（C28）的生态效益从2003年的0.07上升到了2009年0.9，但是在2011年又突然下降到了0.2；橡胶制品业（C29）的生态效益从2003年的0.36上升到了2011年的0.73，年均增长率为15%，从中生态效益类别上升到了高生态效益类别；非金属矿物制品业（C31）的生态效益从2003年的0.13上升到了2011年的0.31，年均增长率为20%，从低生态效益类别上升到了中生态效益类别；通用设备制造业（C35）和专用设备制造业（C36）从2003年的0.28和0.35上升到了2011年的0.82和0.74，都从中生态效益类别上升到了高生态效益类别。

其余10个行业的生态效益在研究期间内的变化不大，其变化幅度没有改变行业所处的生态效益类别，大部分行业的生态效益水平比较固定。这表明，随着时间的推移，生态效益较低的行业并没有引进或充分利用最佳实践技术，其主要原因一方面在于行业的生态保护意识不强，不愿意提高成本去采用先进技术和充分利用已有技术以减少"三废"的排放；另一方面，行业经济活动的目标是经济效益最大化，对生态效益的追求没有内部动力。这要求政府部门要监督行业严格执行已有的"三废"排放行业标准，同时随着经济的发展，不断调整行业的生态效益考核标准，以提高行业的生态效益。

第五，现代制造业的生态效益与集聚度、全要素生产率没有明显相关性。现代制造业的生态效益水平与集聚度水平和全要素生产率水平没有明显的相关关系。在研究期限内，一直位于环境技术前沿面上的塑料制品业（C30）、电气机械及器材制造业（C39）和通信设备、计算机及其他电子设备制造业（C40）分别属于中集聚度行业、中集聚度行业和高集聚度行业，而它们的全要素生产率均值分别为0.041、0.192、0.185，特别是塑料制品业的全要素生产率远低于所有行业的均值（1.55）。生态效益最低的农副产品加工业（C13）和纺织业（C17）在研究期限内基本上属于中集聚度行业和高集聚度行业，而它们的全要素生产率为0.154和0.068。

之所以如此，一方面是由于行业污染物排放量和经济能力水平是由不同行业类型的特征决定的，比如技术密集型行业的污染物排放量和经济能力要高于资源密集型行业和劳动密集型行业，其生态效益自然要高于其他类型的行业。另一方面，静态生态效益测度的也是相对生态效益，也就是说，行业的生态效益高低取决于是否充分利用了既有环境技术，而不取决于它是否利用了先进的环境技术水平，这意味着生产率水平低的行业可以通过选择并充分利用适合自己的较低的环境技术而达到较高的生态效益水平。

第四节　生态效益的动态测度及分析

要测度现代制造业体系的动态生态效益，需要在不同时期环境技术前沿下对各行业的静态生态效益进行测度，并据此得到反映行业生态效益动态变化的"环境绩效指标"。同时，为了揭示引起生态效益变化的原因，可借鉴 Malmquist 生产率指数及其分解思路，将环境绩效指标分解成生态效益变化和环境技术变化两部分。最后，将环境技术变化分解成一个数量指标和一个偏向性指标，通过偏向性指标揭示环境技术变化是否为希克斯中性。

一　动态测度结果及分析

测度现代制造业的动态生态效益所需数据和静态生态效益测度所需数据相同。运用（8-18）式和（8-19）式对现代制造业15个行业在2003—2004年、2004—2005年、2005—2006年、2006—2007年、2007—2008年、2008—2009年、2009—2010年、2010—2011年的环境绩效指标进行测算，结果体现在表8-6和图8-4上。

表8-6　　　　　　　　现代制造业环境绩效指标

行业	2003—2004年	2004—2005年	2005—2006年	2006—2007年	2007—2008年	2008—2009年	2009—2010年	2010—2011年	均值	标准差
C13	1.14	1.41	1.54	1.07	1.05	1.26	1.06	1.07	1.22	0.19
C17	1.17	1.30	2.26	1.07	1.31	2.15	1.66	2.05	1.56	0.48
C26	1.33	1.06	1.24	1.50	0.96	1.32	1.03	1.23	1.21	0.19

行业	2003—2004年	2004—2005年	2005—2006年	2006—2007年	2007—2008年	2008—2009年	2009—2010年	2010—2011年	均值	标准差
C27	1.03	1.82	1.14	1.21	1.03	1.04	1.12	1.07	1.20	0.28
C28	1.16	1.40	0.85	3.21	5.17	1.20	0.49	3.49	1.92	1.67
C29	1.27	1.15	1.17	1.22	1.06	1.07	1.08	1.13	1.15	0.08
C30	1.11	1.22	1.11	0.81	1.27	1.29	1.02	1.01	1.12	0.17
C31	1.34	1.21	1.44	1.45	1.18	1.26	1.20	1.27	1.29	0.11
C32	1.48	1.30	1.37	1.42	0.83	1.50	1.12	1.11	1.29	0.24
C33	1.35	1.29	1.39	1.51	1.03	1.41	0.90	1.34	1.27	0.22
C35	1.50	1.56	1.55	1.41	0.92	1.20	1.25	1.27	1.34	0.23
C36	1.40	1.10	1.50	1.63	1.03	1.08	1.35	1.32	1.30	0.23
C37	1.47	1.63	1.27	1.62	0.89	1.26	1.28	1.17	1.35	0.26
C39	1.46	0.96	1.86	1.17	1.71	1.32	1.93	1.84	1.49	0.36
C40	1.47	0.62	1.33	1.51	1.57	1.22	1.66	1.34	1.34	0.35
均值	1.31	1.27	1.40	1.45	1.40	1.30	1.21	1.09	—	—
标准差	0.16	0.29	0.33	0.54	1.07	0.26	0.35	0.43	—	—

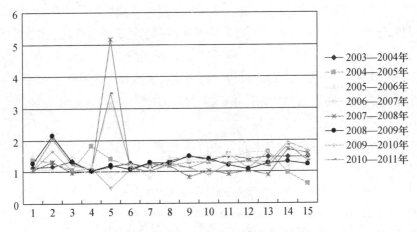

图8-4 现代制造业环境绩效指标变化

从现代制造业动态环境绩效指标计算结果可以看出：

第一，环境绩效经历了较大的改善。现代制造业的环境绩效在分析期间总体上经历了较大的改善。从全行业看，各年度的平均环境绩效指标均大于1，依次为1.31、1.27、1.40、1.45、1.40、1.30、1.21；分行业看，15个行业的环境绩效均值也都大于1，依次为1.22、1.56、1.21、1.20、1.92、1.25、1.12、1.29、1.29、1.27、1.34、1.30、1.35、

1.49、1.34，说明现代制造业经历了持续的环境绩效改善。

第二，个别年份个别行业的环境绩效出现恶化。个别年份个别行业的环境绩效出现的恶化（环境绩效指数小于1）不足以改变现代制造业全行业的环境绩效改善的总体趋势。以环境绩效改善最小的塑料制品业（C30）为例，该行业在2006—2007年出现了环境绩效恶化（0.81），但是这并没有改变该行业在研究期限内总体环境绩效改善的趋势（1.21）。

第三，部分行业环境绩效得到了明显改善。环境绩效改善位于前5位的行业依次为：化学纤维制造业（C28）、电气机械及器材制造业（C39）、交通运输设备制造业（C37）、通用设备制造业（C35）、通信设备计算机及其他电子设备制造业（C40），它们的环境绩效指数分别为：1.92、1.49、1.35、1.34、1.34，一般环境绩效提高了30%以上，有的甚至高达90%以上。注意到，化学纤维制造业（C28）的环境绩效改善最大（1.92），且遥遥领先，超出了位于第2位的电气机械及器材制造业（C39）环境绩效指数的30%，同时该行业也是环境绩效变化最大的行业，标准差为1.67，这一点在图8-1中也得到了体现。

二　动态测度的分解及分析

为了揭示生态效益变化原因，根据（8-22）式可将环境绩效指数分解为相对生态效益变化和环境技术变化。更进一步，为了揭示环境技术变化是否具有希克斯中性，根据（8-23）式将其分解为一个数量指标和一个偏向性指标，偏向性指标的大小捕捉是否存在希克斯中性。

表8-7报告了环境绩效指标分解为生态效益变化（REC）和环境技术变化（ETC）的结果。

表8-8报告了环境技术变化分解为数量指标和偏向性指标的结果，图8-3显示了各年度的偏向性指标。

表8-7　　　　环境绩效指标的分解（REC和ETC）

行业	2003—2004年		2004—2005年		2005—2006年		2006—2007年		2007—2008年		2008—2009年		2009—2010年		2010—2011年	
	REC	ETC	REC	ETC	REC	ETC	REC	ETC	REC	ETC	REC	ETC	REC	ETC	REC	ETC
C13	0.71	1.61	1.76	0.80	0.76	2.03	0.85	1.26	0.82	1.27	0.92	1.38	1.12	0.95	0.89	1.23
C17	0.75	1.57	1.45	0.90	1.41	1.60	0.76	1.42	0.58	2.26	1.62	1.32	0.59	2.80	1.01	1.60
C26	1.14	1.17	0.88	1.20	1.05	1.18	1.20	1.25	0.98	0.98	1.05	1.26	1.12	0.92	1.06	1.13
C27	0.66	1.55	1.95	0.93	0.55	2.07	0.97	1.25	1.05	0.98	0.83	1.26	1.21	0.92	1.02	1.18
C28	0.95	1.23	1.46	0.96	0.56	1.53	2.74	1.17	1.91	2.71	0.94	1.27	0.26	1.91	1.16	1.56

续表

行业	2003—2004年		2004—2005年		2005—2006年		2006—2007年		2007—2008年		2008—2009年		2009—2010年		2010—2011年	
	REC	ETC	REC	ETC	REC	ETC	REC	ETC	REC	ETC	REC	ETC	REC	ETC	REC	ETC
C29	1.14	1.11	0.79	1.46	1.19	0.99	0.98	1.25	1.07	1.00	0.85	1.26	1.18	0.92	1.01	1.12
C30	1.00	1.11	1.00	1.22	1.00	1.11	0.78	1.04	0.91	1.40	1.03	1.26	1.11	0.92	0.77	1.12
C31	1.21	1.11	0.83	1.46	1.46	0.99	1.16	1.25	1.20	0.98	1.00	1.26	1.30	0.92	1.12	1.13
C32	1.34	1.11	0.89	1.46	1.39	0.99	1.14	1.25	0.84	0.98	1.19	1.26	1.22	0.92	1.21	1.09
C33	1.21	1.11	0.89	1.46	1.41	0.99	1.21	1.25	1.05	0.98	1.12	1.26	0.98	0.92	1.09	1.08
C35	1.30	1.15	1.27	1.23	1.37	1.13	1.13	1.25	0.94	0.98	0.95	1.26	1.36	0.92	1.17	1.11
C36	1.20	1.17	0.99	1.11	1.02	1.47	1.31	1.25	1.05	0.98	0.86	1.26	1.47	0.92	1.14	1.18
C37	0.87	1.70	2.06	0.79	0.67	1.91	1.30	1.25	0.91	0.98	0.98	1.28	1.39	0.92	1.16	1.21
C39	1.00	1.46	1.00	0.96	1.00	1.86	1.00	1.17	1.00	1.71	1.00	1.32	1.00	1.93	1.00	1.37
C40	1.00	1.47	1.00	0.62	1.00	1.33	1.00	1.51	1.00	1.57	1.00	1.22	1.00	1.66	1.00	1.29
均值	1.03	1.31	1.21	1.10	1.06	1.41	1.17	1.25	1.02	1.32	1.02	1.27	1.09	1.23	1.09	1.33
标准差	0.22	0.22	0.42	0.28	0.32	0.40	0.47	0.11	0.28	0.54	0.19	0.04	0.31	0.58	0.34	0.57

表8-8　　　　　　　　　　现代制造业环境技术的分解

行业	2003—2004年		2004—2005年		2005—2006年		2006—2007年		2007—2008年		2008—2009年		2009—2010年		2010—2011年	
	MI	EBI	MI	EBI	MI	EBI	MI	EBI	MI	EBI	MI	EBI	MI	EBI	MI	EBI
C13	0.64	1.04	0.78	1.03	2.12	0.96	1.25	1.01	1.08	1.18	1.35	1.02	0.95	0.99	1.01	1.08
C17	1.63	0.96	0.83	1.09	1.84	0.87	1.39	1.02	1.88	1.21	1.34	0.98	1.94	1.44	1.02	1.88
C26	1.27	0.92	1.20	1.00	1.18	1.00	1.23	1.02	0.97	1.01	1.23	1.02	0.92	1.00	1.02	0.97
C27	1.98	0.78	0.88	1.05	2.04	1.02	1.24	1.01	0.99	0.99	1.25	1.00	0.93	0.99	1.01	0.99
C28	2.60	0.47	1.00	0.96	1.32	1.16	1.15	1.02	2.48	1.09	1.27	1.00	4.00	0.48	1.02	2.48
C29	1.95	0.57	1.46	1.00	0.98	1.00	1.25	1.00	0.98	1.02	1.26	1.00	0.92	1.00	1.00	0.98
C30	1.11	1.00	1.02	1.20	0.94	1.18	0.86	1.20	0.98	1.43	1.26	1.00	0.92	1.00	1.20	0.98
C31	1.24	0.90	1.46	1.00	0.98	1.00	1.25	1.00	0.98	1.00	1.25	1.00	0.92	1.00	1.00	0.98
C32	1.24	0.89	1.48	0.99	0.98	1.00	1.26	0.99	0.98	1.01	1.26	1.00	0.92	1.01	0.99	0.98
C33	2.30	0.48	1.46	1.00	0.99	1.00	1.24	1.00	0.99	1.00	1.25	1.00	0.92	1.00	1.00	0.99
C35	1.24	0.93	1.22	1.00	1.17	0.97	1.25	1.00	0.98	1.00	1.25	1.00	0.92	1.00	1.00	0.98
C36	1.23	0.94	1.12	0.99	1.30	1.13	1.25	1.00	0.98	1.00	1.26	1.00	0.92	1.00	1.00	0.98
C37	1.99	0.86	0.80	0.98	1.86	1.03	1.24	1.00	0.98	1.00	1.26	1.02	0.92	1.00	1.00	0.98
C39	1.24	1.18	0.76	1.26	1.18	1.58	1.09	1.07	0.98	1.75	1.25	1.05	0.92	2.09	1.07	0.98
C40	1.45	1.01	0.32	1.93	1.21	1.10	1.20	1.26	1.39	1.13	1.19	1.02	1.21	1.37	1.26	1.39
均值	1.54	0.86	1.05	1.10	1.34	1.07	1.21	1.04	1.17	1.12	1.26	1.01	1.22	1.09	1.04	1.17
标准差	0.52	0.20	0.33	0.24	0.41	0.16	0.12	0.08	0.44	0.21	0.04	0.02	0.82	0.35	0.08	0.44

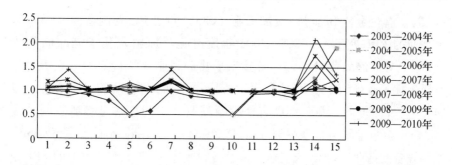

图 8 - 5　现代制造业环境技术变化偏向性指标

由表 8 - 7、表 8 - 8 及图 8 - 5 可以看出：

第一，环境绩效改善是由环境技术进步主导推动的。现代制造业的环境绩效改善是由环境技术进步主导推动的。从全行业看，在 7 个研究年度里，有 6 个研究年度的环境技术进步率大于生态效益进步率，其中，2005—2006 年度的环境技术进步率高出了生态效益进步率 35%，只有2004—2005 年度的环境技术进步率小于生态效益进步率，且相差不大（11%）；分行业看，在研究期限内有 12 个行业的环境绩效改善主要是由环境技术进步推动的，其中环境技术进步贡献最大的是纺织业（C17），该行业的环境技术进步率高出了生态效益进步率 68%，有 1 个行业（黑色金属冶炼及压延加工业）的环境技术进步率等于生态效益进步率，剩下两个行业（非金属矿物制品业和通用设备制造业）的环境绩效改善主要是由生态效益推动的，且这两个行业的生态效益进步率与环境技术进步率的差别很小，分别为 2% 和 6%。从时间维度和行业维度的分析说明了是现代制造业的环境技术进步主导推动了环境绩效的改善。

第二，现代制造业体系不具有普遍的希克斯中性技术进步。从图 8 -5 可以看出，在研究期限内大部分数据点都不在 1 上，现代制造业体系不具有普遍的希克斯中性技术进步，环境技术变化不是由不同环境压力指标同比的增大或缩小引起的。

第三，经历了希克斯中性技术进步的行业个数呈增加的趋势。在研究期限内，现代制造业中环境技术效率经历了希克斯中性技术进步行业个数呈增加的趋势。

分年度来看，2003—2004 年度塑料制品业（C30）的 EBI 等于 1；2004—2005 年度只有化学原料及化学制品制造业（C26）、橡胶制品业

（C29）、有色金属冶炼及压延加工业（C33）和通用设备制造业（C35）4个行业的 EBI 等于 1；2005—2006 年度有化学原料及化学制品制造业（C26）、橡胶制品业（C29）、非金属矿物制品业（C31）、黑色金属冶炼及压延加工业（C32）、有色金属冶炼及压延加工业（C33）5 个行业的EBI 等于 1；2006—2007 年度有橡胶制品业（C29）、非金属矿物制品业（C31）、有色金属冶炼及压延加工业（C33）、通用设备制造业（C35）、专用设备制造业（C36）、交通运输设备制造业（C37）6 个行业的 EBI 等于 1；2007—2008 年度有非金属矿物制品业（C31）、有色金属冶炼及压延加工业（C33）、通用设备制造业（C35）、专用设备制造业（C36）、交通运输设备制造业（C37）5 个行业的 EBI 等于 1；2008—2009 年度有医药制造业（C27）、化学纤维制造业（C28）、橡胶制品业（C29）、塑料制品业（C30）、非金属矿物制品业（C31）、黑色金属冶炼及压延加工业（C32）、有色金属冶炼及压延加工业（C33）、通用设备制造业（C35）、专用设备制造业（C36）9 个行业的 EBI 等于 1；2009—2011 年度有化学原料及化学制品制造业（C26）、橡胶制品业（C29）、塑料制品业（C30）、非金属矿物制品业（C31）、有色金属冶炼及压延加工业（C33）、通用设备制造业（C35）、专用设备制造业（C36）、交通运输设备制造业（C37）8 个行业的 EBI 等于 1。

可见，随着年份的推移，经历希克斯中性技术进步的行业个数呈现波动增加的变化态势。行业的偏向性指标（EBI）等于 1，表明环境技术变化是由不同环境压力指标同比的增大或缩小引起的。这种越来越多的行业的 EBI 等于 1 的现象一方面表明现代制造业的环境技术偏向性越来越弱地影响现代制造业的环境绩效变化，另一方面表明有越来越多的现代制造业的环境技术进步实现了同等程度地减少"三废"的排放量。

第五节　提高生态效益的政策思考

一　研究发现

（一）现代制造业行业间的生态效益差异大而固化

现阶段，中国现代制造业普遍存在环境技术无效的现象，这一事实说明大多数行业在经济活动中没有使用与其经济能力相适宜的环境技术，而这些行业只要有效使用与其经济能力相适宜的环境技术，就能在不改变经济能力的前提下而减少"三废"的排放，对于生态效益均值低于 0.2 的个行业而言，做出这种改进的空间更大。

现代制造业行业间的生态效益差异大，且这种差异在研究期限内比较固化。这表明，随着时间的推移，生态效益较低的行业并没有引进或充分利用最佳实践技术，其主要原因，一方面在于行业的生态保护意识不强，不愿意提高成本去采用先进技术和充分利用已有技术以减少"三废"的排放；另一方面，行业经济活动的目标是经济效益最大化，对生态效益的追求没有内部动力。这要求政府部门要监督行业严格执行已有的"三废"排放行业标准，并不断调整行业的生态效益考核准则，以提高行业的生态效益。

（二）技术进步推动了环境绩效的改善

中国现代制造业体系的生态效益水平与集聚度水平、全要素生产率水平没有明显的相关关系。一方面，是由于行业的污染物排放量和经济能力水平是由不同行业类型的特征决定的，比如技术密集型行业的污染物排放量和经济能力要高于资源密集型行业和劳动密集型行业，其生态效益自然要高于其他类型的行业。另一方面，静态生态效益测度的也是相对生态效益，也就是说，行业的生态效益高低取决于是否充分利用了既有环境技术，而不取决于它是否利用了先进的环境技术水平，这意味着生产率水平低的行业可以通过选择并充分利用适合自己的较低的环境技术而达到较高的生态效益水平。

现代制造业环境绩效在研究期限总体上得到了改善，且这种改善是由环境技术进步主导推动的。虽然现代制造业的环境技术不具有普遍的希克斯中性的技术进步特征，但是在现代制造业中环境技术效率经历了希克斯中性技术进步的行业个数呈增加的趋势。这种现象一方面表明现代制造业的环境技术偏向性越来越弱地影响现代制造业的环境绩效变化；另一方面表明有越来越多的现代制造业的环境技术进步实现了同等程度地减少"三废"的排放量。

二　政策思考

前文的研究结果给我们思考提高中国现代制造业体系的生态效益提供了有益的政策启示。

（一）制定现代制造行业标准，实行政府适度干预

对现代制造业体系实行"标杆管理"，以同类行业或企业中环境绩效

最好的实践者为依据，制定各行业污染物排放标准。同时将经济效益和环境绩效指数作为一个企业价值的重要指标纳入企业价值评估体系，为企业提高生态效益提供有效的内在激励。

由于市场难以解决具有普遍外部性和公共性的生态效益问题，所以，需要政府干预。政府可采取的措施包括出台环境保护的政策、法规，对区域内企业进行严格的污染管控，建立环境监测和预警机制，做好环境危机管理等。同时政府的干预是有成本的，需要权衡政府干预成本和企业承受能力，只有干预成本不至于损害企业的竞争力，干预措施才是切实可行的。

但是，生态效益的改善也不能完全依赖政府干预，要通过市场化改革，将能源的优化配置和节能减排引入到市场竞争领域。利用市场的自发调节机制，改善现代制造业的生态效益。要积极引进国外的先进技术、管理经验和环保理念，推进环保技术改造，进行绿色设计，实施绿色生产，铸造绿色品牌，实行绿色包装，实施符合国际标准的绿色认证制度。这样，既能满足全球消费者的绿色需求，又能有效应对国外的非关税壁垒，更好地发挥技术进步在推进生态效益提高方面的作用。

（二）推行绿色现代制造，有效应对绿色壁垒

根据世界产业发展大势，发展循环经济，大力推行绿色生产。还要根据当今国际绿色壁垒状况，政府要出台"国家应对绿色壁垒预案"，出台现代绿色制造的系列行规和市场准入政策，指导国内现代制造企业有效应对绿色壁垒。

在产品的设计、选材、生产、包装、销售以及回收处理过程中考虑环境和资源要素，保证制造产品从生产到使用的全过程消耗最小量的资源，对环境产生最小量的破坏，即绿色制造。绿色制造的目标是对环境产生的负面影响最小化，对资源利用效率最大化，并尽可能地使废弃物资源化和无害化，从而使制造及其延伸活动的经济效益和社会效益最大化。这是对现代制造业体系的要求，也是未来制造业发展的方向。

政府应根据国际贸易技术壁垒状况和形势，制定和启动实施"国家现代制造绿色壁垒应对方案"，其内容包括：组织现代制造各行业协会制定绿色制造实施细则，对绿色设计、绿色选材、绿色工艺、绿色包装以及绿色处理提出明确的操作规范，以供企业按章执行；建设"国际绿色壁垒资料和案例库"，收集、跟踪国外环境壁垒动态信息，了解主要贸易对

象国的环境法规、技术和标准，指导国内企业采取应对措施；参考国际规范出台我国相关产品标准和检验标准，并与国际先进标准逐步接轨，建立自己的环境壁垒体系，合理有效地保护国内现代制造业；完善国家检测的技术条件，使部分有条件的专业检验机构通过国际认证以获取直接颁发国际绿色通行证的授权，并力争成为相关国际组织的成员；建立"恶意绿色壁垒"的甄别机制，构建我国现代绿色贸易壁垒预警及快速反应机制，及时收集、反馈国外贸易壁垒的变化情况，研究绿色贸易壁垒对我国主要现代制造出口产品的影响，并提出相应的建议，指导出口企业的生产和经营。

（三）倡导现代清洁制造，推行循环经济模式

政府要完善和调整市场准入制度，倡导清洁制造或清洁生产，对于符合国家产业政策规定的鼓励类项目、企业自有资金和自筹资金进行建设改造的项目实行备案制；鼓励内资进入对外开放的各个现代制造领域；在竞争性领域加快形成企业自主决策、银行独立审贷，政府宏观调控的投融资体制；逐步完善各项环保法规，使之向绿色现代制造产业倾斜；建立一套绿色现代制造生产制度体系，抵制恶意绿色壁垒和发达国家过于苛刻的环境壁垒要求，保护我国现代制造业企业的合法权益，为我国现代制造企业创造良好的生产和发展环境。

根据可持续发展思想，现代制造业要实现发展模式的转变，即由传统的生产方式和消费模式向可持续发展模式转变，也就是由过去传统的高消耗、单目标、单方向生产模式向合理投入、适当消耗、深加工、多目标方向转变，以寻求在最佳生态效益下的发展；从注重外部条件、硬性支撑向注重内部协调、内部优化和柔性变换方向转变；从注重发展的数量和指标，向注重发展的质量和效益方向转变。归根结底，现代制造业要求，寻求最佳的物质、能源投入产出模式和资源利用模式，减少和防止对环境和生态的污染和破坏，而循环经济发展模式是实现这些转变、达到这些要求的必要途径。

发展循环经济是节约资源、促进资源永续利用，保障国家经济安全的重大战略举措。中国自然资源丰富，但人均占有量却不足，加之粗放性开采和利用，经济发展过程中面临着严重的能源和资源危机。发展循环经济，最大限度地节约资源，促进资源的永续利用是消除经济运行安全隐患、保证经济持续发展的重要手段。

中国是一个发展中国家，经济发展对资源的过分依赖和自然资源的日益短缺已成为中国经济、社会持续发展的重要制约因素，中国一些重要的自然资源在可持续利用方面正面临着严峻的挑战。所以，中国的经济发展必须由过去的粗放经营逐步转向集约经营，走资源节约型道路，走循环经济发展的路子。

循环经济的本质特征之一就是减少污物排放，实行清洁生产。中国加入世贸组织后，企业面临着更激烈的市场竞争，特别是绿色贸易壁垒和绿色技术壁垒，使中国的企业和产品在国际市场面临了更严峻的挑战。要想在激烈的市场竞争中立足，中国现代制造企业就必须降低成本，提高经济效益，采用符合国际贸易中资源和环境保护要求的技术法规和标准，研究建立中国现代制造产品进入国际市场的绿色通行证，如节能产品认证、能源效率标识、包装物强制利用等，这将大大增强中国现代制造企业的竞争力和发展的可持续性，提高现代制造业体系的生态效益。

第九章 现代制造业体系的竞争实力

2011 年 6 月，美国总统科技顾问委员会（PCAST）和美国总统创新与技术顾问委员会（PITAC）联合向总统奥巴马呈交了《确保美国在先进制造业的领先地位》的专题报告，提出了振兴美国高端制造业、确保其制造强国霸主地位的战略部署和政策建议。该报告建议实施"高端制造计划"（Advanced Manufacturing Initiative，AMI），以图通过新技术应用研究、普及新颖的制造业设计方法来支持美国高端制造业的创新。作为实现前述战略部署和落实 AMI 计划的配套措施，美国同时推出"高端制造合作伙伴"（Advanced Manufacturing Partnership，AMP）计划。AMI 和 AMP 实质上是官产学联合振兴高端制造业的计划，其目标指向是关乎国家安全的关键产业的国内制造能力和创新型节能制造工艺。美国高端装备制造行动给中国现代制造业的发展发出了警醒，提供了启示。

第一节 研究的理论基础

制造业竞争实力研究的重要理论基础是波特的国家竞争力说和经济增长理论。在研究国家竞争实力时，波特提出了"钻石模型"。按照"钻石模型"，一国特定产业是否具有竞争实力取决于六个因素："要素条件"、"需求条件"、"相关产业与辅助产业的状况"、"企业策略、结构与竞争对手"、"政府行为"和"机遇"。依据"钻石模型"建立的产业竞争实力评价指标体系包含的都是竞争实力的解释性因素。波特的国家竞争力理论本书有详细的解读，此处不作细述。我们将重点放在另一重要的理论基础上，即经济增长理论和制造作用理论。

一 经济增长理论述评

产业的竞争实力的一个重要体现是其对经济增长的贡献，这就涉及著名的经济增长理论。

较早且较系统的经济增长理论研究是从 20 世纪 30 年代末开始的，哈罗德和多马分别提出了建立在凯恩斯宏观经济理论基础之上的动态化的经济增长模型，即著名的哈罗德—多马模型。该模型假定企业生产使用的技术是固定的，同时假定企业生产过程中投入的要素只有资本和劳动力，且资本投入比例与劳动力投入比例均是固定的，即资本/产出比 $v = K(t)/Y(t)$、劳动/产出比 $u = L(t)/Y(t)$ 均是常数，表明投入要素之间的比例是不变的。进而假定储蓄是收入的一个固定比例 s，以及劳动力的增长率为 n，经过一系列推导，该模型认为，经济系统存在一条平衡发展路径，在此发展路径上，经济的实际增长率 $\frac{s}{v}$、有保证的增长率 $\frac{s}{v_r}$ 与自然增长率 n 三者必须相等。[①]

然而，由于储蓄率 s、企业家意愿的资本/产出比 v_r 和人口的增长率 n 都是彼此独立的，所以上述三种增长率相等的结论并不令人信服，并且经济系统一旦偏离平衡增长路径，不仅自身不能自行纠正这一偏离，而且会因累积效应，致使偏离程度越来越大，因此，哈罗德—多马经济增长模型的结论不符合经济发展的现实。[②]

为此，索洛和斯旺于 1956 年对哈罗德—多马经济增长模型进行了修正，认为，世界经济之所以持续增长，最重要的因素是技术进步。因此，必须将技术进步因素引入生产函数。

技术进步可以分为资本增进型、劳动增进型和中性技术进步三种类型，其中，若生产函数为 $Y = F(AK, L)$，则此技术进步为资本增进型；若生产函数为 $Y = F(K, AL)$，则此技术进步为劳动增进型；若生产函数为 $Y = AF(K, L)$，则此技术进步为中性技术进步。然而，纵观世界技术发展的历史，不难发现企业生产技术的变化总的来说是朝着节约劳动者时间和减少劳动强度方向发展的。技术进步节约了劳动时间和减少了劳动强度也就相当于增加了劳动的供给，因此适宜引入总量生产函数的技术进步

---

① 实际增长率中资本/产出比是实际已实现的资本/产出比；有保证的增长率中资本/产出比是企业家意愿的资本/产出比；自然增长率是企业产出的最大增长率，由外生的人口增长率决定。

② 雷钦礼：《制度变迁、技术创新与经济增长》，中国统计出版社 2003 年版，第 5 页。

应该是劳动增加型①的技术进步，即哈罗德中性技术进步。② 不仅如此，这也许多少带有主观色彩，即采取劳动增进型技术进步也是寻找稳态平衡增长路径的必要选择。索洛指出：劳动增进型技术进步是技术进步必须采取的特殊形式。③ 为此，索洛模型④中技术进步为劳动增进型的，即生产函数为：

$$Y(t) = F[K(t), A(t)L(t)]$$

其中，t 表示时间，$A(t)$ 表示技术进步程度，$A(t)L(t)$ 则被称为有效劳动。该模型认为产品是由资本、劳动和知识⑤的有效组合生产出来的。并且，该模型具有以下假定：

假定一，规模报酬不变，即 $F[\gamma K(t), \gamma A(t)L(t)] = \gamma F[K(t), A(t)L(t)]$，对于所有 $\gamma \geq 0$，意味着资本和有效劳动的成倍增加，产量则以相同倍数增加。因此，其密集形式可以写成：

$$F\left[\frac{K(t)}{A(t)L(t)}, 1\right] = \frac{1}{A(t)L(t)} F[K(t), A(t)L(t)]$$

令 $k = \dfrac{K(t)}{A(t)L(t)}, y = \dfrac{Y(t)}{A(t)L(t)}$，则：

$$y = f(k)$$

其中，k 是单位有效劳动的平均资本量，y 是单位有效劳动的平均产量。

假定二，该生产函数投入要素只有资本、技术进步和劳动，意味着除资本、技术进步和劳动之外的其他投入要素可以忽略，也就是说，环境等生产要素对经济增长的约束程度很小。

假定三，密集形式的生产函数一阶导数为正，二阶导数为负，即 $y' > 0, y'' < 0$，意味着产出随着资本投入的增加而增加，但资本的边际产出却随着资本的增加而递减。

假定四，满足稻田条件，即 $\lim\limits_{k \to 0} f'(k) = \infty, \lim\limits_{k \to \infty} f'(k) = 0$，这表明，当资本的投入水平很小时，资本的边际产出变得很大；而当资本投入水平很

---

① 这里"增加型"与"增进型"为同义。
② 雷钦礼：《制度变迁、技术创新与经济增长》，中国统计出版社 2003 年版，第 11 页。
③ ［美］罗伯特·M. 索洛：《经济增长理论：一种解说》，胡汝银译，上海三联书店 1989 年版，第 37 页。
④ 索洛模型又称为索洛—斯旺模型。
⑤ 技术进步体现为知识量的增加。

大时，其边际产出变得很小。

除此之外，假定劳动和技术进步的增长率分别为 n、g，即有①

$$\frac{\dot{L}(t)}{L(t)} = n$$

$$\frac{\dot{A}(t)}{A(t)} = g$$

同时，假定投资是产出的一个固定比例，即 $I(t) = sY(t)$，若资本存量的折旧率为 δ，则资本存量的净增长量为：

$$\dot{K}(t) = I(t) - \delta K(t) = sY(t) - \delta K(t)$$

由 $k = \dfrac{K(t)}{A(t)L(t)}$ 得：

$$\dot{k}(t) = \frac{\dot{K}(t)}{A(t)L(t)} - \frac{K(t)}{A(t)L(t)}\frac{\dot{L}(t)}{L(t)} - \frac{K(t)}{A(t)L(t)}\frac{\dot{A}(t)}{A(t)}$$

$$= \frac{sY(t) - \delta K(t)}{A(t)L(t)} - \frac{K(t)}{A(t)L(t)}\frac{\dot{L}(t)}{L(t)} - \frac{K(t)}{A(t)L(t)}\frac{\dot{A}(t)}{A(t)}$$

$$= sy(t) - (n + g + \delta)k(t)$$

该式为单位有效劳动平均资本存量的增长量方程，表明单位有效人均资本量的增加等于由投资引起的单位有效人均资本量的增加量与由有效劳动的增长和资本折旧引起的人均资本量的减少量之差。

该方程意味着，经济存在平衡增长路径，即经济必收敛于 $k(t) = 0$ 的稳定点上。在此平衡路径上，总资本量和总产量均以 $n + g$ 比例增长，而人均资本量和人均产量均以 g 比例增长，因此，在经济的平衡增长路径之上，技术进步率是经济增长的唯一决定因素。

然而，索洛模型中对 A 的具体解释并不充分，且将 A 行为假定是外生的，因此，可以说这是新古典经济增长理论的一大缺陷，但另一方面，这也催生了内生经济增长理论的产生。一般认为，内生经济增长理论开始于保罗·罗默（Paul M. Romer, 1986）和卢卡斯（Lucas, 1988）的研究。

罗默认为，知识资本作为一种独立生产要素，具有非竞争性，并且，

---

① $\dot{X}(t) = \dfrac{\mathrm{d}X(t)}{\mathrm{d}t}$。

知识的产生也需要一定的投入。这样，实际上是将技术进步内生化，且罗默给出了技术进步的生成机制，即 $\dot{A} = \eta L_A^{\alpha} A^{\beta}$，也就是说，知识产出的增加只需要投入人力资本和知识存量两种要素。这也包含了罗默对知识积累产生机制观念的转变，即知识积累是传统经济活动的副产品到是有意识的生产活动的思想的转变。罗默的内生经济增长模型推导结果表明，在平衡经济增长路径上，人均产出、人均物质资本和技术进步三者的增长率均相等，即 $\dfrac{\dot{y}}{y} = \dfrac{\dot{k}}{k} = \dfrac{\dot{A}}{A} = \dfrac{\alpha n}{1-\beta}$，其中，$n$ 是劳动力数量的增长率。

与罗默不同，卢卡斯则强调人力资本的重要性，并认为人力资本具有竞争性，因此，将人力资本引入生产函数。通过模型推导发现：物质资本和人力资本增长率的一致性是实现经济内生增长的前提条件。在卢卡斯看来，不同国家之所以经济增长具有差异性，其中一个重要原因就在于人力资本积累的差异性。

通过对经济增长理论研究的简单回顾，不难发现，无论是建立在凯恩斯宏观经济理论之上的哈罗德—多马经济增长理论，还是新古典经济增长理论，以及内生经济增长理论，它们都具有两个共同点：一是在均衡条件下，经济增长存在稳定状态，即处于平衡增长路径之上；二是投入要素中均忽视了环境生产要素的重要性，认为环境生产要素对生产的约束可以忽略不计。然而，现代经济发展实践使得这一认识明显不具有说服力。基于此，经济增长理论的研究对现代制造业竞争实力的启示有：

第一，由于现代制造业可持续效益增长是经济增长内容的一部分，或者说是经济增长内涵的有益补充；而且，现代制造业的竞争实力是与自然环境部门交互作用的结果。因此，现代制造业效益与实力的增长必然体现为不同部门之间的非均衡增长。

第二，现代经济发展是资源依赖型的，这是经济发展现阶段的典型特征。特别是现代制造业是现代经济发展的主体，对现代制造业可持续发展来说，资源要素更应该放在投入要素重要位置中加以考虑。因此，对现代制造业竞争实力的研究，应将环境生产要素考虑在内，这也是实现经济可持续发展的客观要求。

二　制度理论述评

现代制造业竞争实力的增强，一个重要的前提是是否拥有一个合理的制度。一个适合生产力发展要求的制造业制度，能够极大地促进制造业的可持续发展，从而带动整个经济的持续发展，提高现代制造业的竞争实力，而现代制造业的要求也是构建符合生产力发展要求的现代体系。

新制度经济学的代表人物之一诺思提出，"制度是一个社会的博弈规则，或者更规范地说，它们是一些人为设计的、规范人们互动关系的约束。从而，制度构造了人们在政治、社会或经济领域里交换的激励。制度变迁决定了人类历史中的社会演化方式，因而是理解历史变迁的关键"。"不同经济的长期绩效差异从根本上受制度演化方式的影响。"[①] "制度实际上是人和资本存量之间及资本存量、产品劳务的产量和收入分配之间的过滤器"。[②]

我们认为，从生产角度来讲，生产过程实际上是一定制度下各种生产要素有效组合的过程。因此，某种意义上，制度是生产过程中实现资源配置方式的规则，制度的有效性直接影响现代制造业各种生产要素使用的数量与质量，也影响着现代制造业各种生产要素得以产生的速度与投入的方向。

一国的人口政策与教育体制方面的实践影响着该国未来劳动力的数量与质量，一定意义上还影响着知识存量的增加和技术存量的扩大，从而对现代制造业的劳动力需求产生重要影响。舒尔茨认为，人的经济价值之所以不断提高，根本原因在于制度。人力资本是个人的私有财产，产权制度和企业组织制度的差异性直接影响着人力资本的激励程度，所以，制度的合理与否直接决定着人力资本发挥作用的程度。[③] 产权制度的差异一定程度上还会导致不同类型现代制造业企业对物质资本利用程度的不同，中国许多国有企业投资建设中存在浪费严重的现象，对建筑物的使用率和机器设备的利用率不高，这乃是产权制度变革的不彻底性表现。

同样，产权意味着排他性，即任何其他人不能拥有已有所属的某项产

---

① ［美］道格拉斯·C. 诺思：《制度、制度变迁与经济绩效》，杭行译，格致出版社、上海三联书店、上海人民出版社 2008 年版，第 3 页。

② ［美］道格拉斯·C. 诺思：《经济史上的结构和变革》，厉以平译，商务印书馆 2009 年版，第 227 页。

③ 舒尔茨：《人力资本投资》，商务印书馆 1984 年版。转引自张涛《经济可持续发展的要素分析——理论、模型与实践》，博士学位论文，中国社会科学院研究生院，2001 年，第 118 页。

权。只有这样，才能保护技术发明者的权利，并激励个人或组织进行技术创新。而产权制度需要由国家来提供，因此，一国的政治经济制度也是影响该国技术进步的重要因素，这必然对现代制造业的技术要素投入产生重要影响。在环境要素方面，国家制定的环境保护机制以及违反该机制而实施的惩罚机制，都将影响现代制造业对环境生产要素的利用效率、对环境的改善程度和制造业竞争实力的提高。

现代制造业竞争实力是经济效益与环境效益的有机结合，也是人与自然协调发展的结果，更是在一定制度下生产要素综合利用的成果。目前就中国制造业发展现实来看，中国制造业的有效发展路径就是构建现代制造业体系，这是现阶段中国制造业发展对制度层面的基本要求，因此，需要由政府对现代制造业体系建立进行合理、有效的制度层面设计，只有各种生产要素在现代制造业体系框架下高效运用，才能真正实现制造业与自然环境的可持续发展，全面提高现代制造业的竞争实力。

第二节　竞争实力测度原理

不断提升竞争实力，强化比较优势是现代制造业的终极追求。现代制造业的竞争实力决定一国在国际价值链分工中的地位，是一国综合实力的重要体现。因此，测度产业国际竞争实力一直在学术界广受重视。通常方法是：市场份额法、生产率法、利润法和综合指标体系法。

一　市场份额法原理[①]

市场份额法以完全竞争的市场条件为前提，此法认为那些能以较低价格和较高质量提供产品的厂商能产生更多的消费者剩余，拥有更多的市场份额，具备更强的市场竞争实力。常用的评价指标有显示性比较优势指数（Revealed Comparative Advantage，RCA）、贸易竞争实力指数（Trade Special Coefficient，TC）和显示性竞争优势指数（Competitive Advantage，CA）。

显示性比较优势指数（RCA）用某商品出口额在一国商品出口总额

① 陈立敏、谭力文：《评价中国制造业国际竞争实力的实证方法研究》，《中国工业经济》2004 年第 5 期。

中的比重除以该商品的世界出口额占世界商品出口总额中的比重来表示。计算公式为：

$$RCA = (E_j/E_t)/(W_j/W_t) \qquad (9-1)$$

其中，E_j 表示一国 j 商品的出口额；E_t 表示该国全部商品出口总额；W_j 表示世界 j 商品的出口总额；W_t 表示世界全部商品的出口总额。$RCA > 1$ 说明该国 j 商品具有竞争优势，反之则商品缺乏竞争优势。

贸易竞争实力指数（TC）采用某商品进出口差额和该商品进出口总额的比值表示。计算公式为：

$$TC = (E_j - I_j)/(E_j + I_j) \qquad (9-2)$$

其中，I_j 表示一国 j 商品进口额；TC 的取值在 -1 到 1 的闭区间，两个端点值分别表示只有进口或只有出口的极端情况。$TC > 0$ 表示产业处于优势，$TC < 0$ 表示产业处于劣势。

显示性竞争优势指数（CA）是在 RCA 基础上考虑了进口因素，更全面地反映一国某商品国际市场份额的指数，其计算公式为：

$$\begin{aligned} CA &= (E_j/E_t)/(W_{ej}/W_{et}) - (I_j/I_t)/(W_{ij}/W_{it}) \\ &= RCA - (I_j/I_t)/(W_{ij}/W_{it}) \end{aligned} \qquad (9-3)$$

其中，W_{ej} 表示世界 j 商品的出口总额；W_{et} 表示世界全部商品的出口总额；I_j 表示一国 j 商品的进口额；I_t 表示该国全部商品的进口总额；W_{ij} 表示世界 j 商品的进口总额；W_{it} 表示世界全部商品的进口总额。

陈佳贵、张金昌（2002）[1] 在对中美两国产业竞争实力的研究中证明了 CA 指数比 RCA 指数和 TC 指数更能够提高评价结果的准确性。

市场份额法存在一定的局限性。因为市场份额法以市场完全竞争为前提，当市场为不完全竞争时，市场份额与产业效率的联系就较弱。张其仔（2003）[2] 认为，仅用市场份额不能真实计量制造业的竞争实力，原因在于在不过多改变产品质量和价格的前提下，至少可以通过本国货币贬值、贸易保护措施和垄断力量操控市场这三项措施来扩大市场份额，但是这同时以降低人民的生活质量和社会的福利水平为代价。

二 生产率法原理

生产率法是运用生产率指标来评价产业竞争实力的方法。克鲁格曼

① 陈佳贵、张金昌：《实现利润优势——中美具有国际竞争实力产业的比较》，《国际贸易》2002 年第 5 期。

② 张其仔：《开放条件下我国制造业的国际竞争实力》，《管理世界》2003 年第 8 期。

然后，计算待比较地区从业人员占基准地区从业人员的比重 $PersonsEngaged_k$：

$$PersonsEngaged_k(\%) = \frac{Persons_k^x}{Persons_k^u}\% \qquad\qquad (9-15)$$

得出劳动生产率 $GV_{Aper,person}$：

$$GV_{Aper,person} = \frac{GVA_k}{PersonsEngaged_k} \qquad\qquad (9-16)$$

三　综合指标体系法

前述的几种竞争实力评价方法都是从产业的某个方面去构建竞争实力测评指标，这些指标均是反映竞争实力的重要因子。而综合指标体系法，则是将与竞争实力有关的各项指标进行有机融合形成的评价体系。

综合指标体系法经历了从解释性主观指标体系到显示性客观指标体系发展的过程。最初从产生竞争实力的原因出发构建的综合指标体系所包含的指标都是解释性的主观指标如技术、资源、要素价格和规模经济等，大多数指标都是几个因子综合运算的结果（Marion and Kim，1991）。[①] 虽然这类指标体系具有全面综合、反映的信息量大的特点，但是，指标设计的主观性使指标体系逐渐变得庞杂重复且不能将影响竞争实力的因素包含穷尽。此后从竞争实力的表现出发建立的指标体系则以显示性的客观指标为基础，虽然这类指标体系具有直观的特点，但是研究角度依然是产业某一方面的特征，如从市场份额法的角度应用各种进出口数据指标从静态和动态测度产业竞争实力（李刚等，2012）[②]。

有些学者还研究出了利润法。陈立敏（2004）[③] 认为，利润水平是产业竞争的目的，也是产业竞争的最终结果，利润法衡量的是产业竞争的最高层次，她分别从市场份额、生产率和利润率的角度测量了中国30个制造业大类的竞争实力水平，结果发现采用利润率指标和生产率指标来测量竞争实力的吻合度较高，利润率指标和生产率指标的测量结

---

① Marion, B., D. Kim, "Concentration Changes in Selected Food Manufacturing Industries: The Influence of Mergers and Acquisitions vs. Internal Growth" [J]. *Agribusiness: An International Journal*, Vol. 7, No. 5, 1991, pp. 416-431.

② 李刚、刘吉超：《入世十年中国产业国际竞争实力的实证分析》，《财贸经济》2012年第8期。

③ 陈立敏、谭立文：《评价中国制造业竞争实力的实证方法研究》，《中国工业经济》2004年第5期。

果与市场份额指标的测量结果差异性较大，这也证明了在不完全竞争的市场状态下，市场份额指标不能正确反映竞争实力。

利润法通常采用利润总额（张其仔，2003）[①]、产业利润率（蓝庆新等，2003）[②] 和总资产贡献率（陈立敏，2009）[③] 来体现产业的竞争实力。考虑到利润＝收入－成本，而利润率＝（收入－成本）/成本，我们认为表现行业利润率最合适的指标应该是成本费用利润率。

通过对竞争实力评价方法的比较研究可以发现：市场份额是竞争实力的表现，用市场份额法评价竞争实力受市场环境的影响较大，在不完全竞争市场中，市场份额不能够真实地反映产业的竞争实力水平；生产率是竞争实力的内在动力，但并不是生产率高的行业竞争实力就一定高，还要看产品价格和市场需求。如果生产率高但是价格也高，则产品在市场上就没有竞争实力，发达国家的劳动密集型行业在国际市场上的竞争实力不强就体现了这一点。此外，如果产品的生产率高，但不是市场所需要的，即适销不对路，依然没有竞争实力，因此生产率不是评价竞争实力的充分条件而是必要条件；利润水平是产业竞争实力的最终结果，但是也不能作为评价竞争实力的唯一标准，行业的利润水平受到行业特征的限制，不同行业类型的利润水平有着来自行业生产方式的固有差异。

综合指标体系法具有全面、灵活的特点，可以结合市场份额法、生产率法和利润法建立反映产业多方面特征的综合指标体系，笔者认为这样的指标体系具有科学、全面、准确的特点。因此，本章在综合指标体系法的基础上，结合市场份额法、生产率法和利润法来测度中国现代制造业的竞争实力。

第三节 竞争实力测度

测度中国现代制造业体系的国际竞争实力，重要的是测度指标体系的设

---

① 张其仔：《开放条件下我国制造业的国际竞争实力》，《管理世界》2003 年第 8 期。

② 蓝庆新、王述英：《论中国国际产业竞争实力的现状与提高对策》，《经济评论》2003 年第 1 期。

③ 陈立敏、王璇、饶思源：《中美制造业国际竞争实力的比较：基于产业竞争实力层次观点的实证分析》，《中国工业经济》2009 年第 6 期。

计，可依据本书评述的方法构造中国现代制造业国际竞争实力测度指标体系。

一　测度指标体系的构建

利用综合指标体系法测度现代制造业的竞争实力，关键是建立起科学全面的指标体系。如前文所述，市场份额是竞争实力的表现，生产率是竞争实力的实质，利润是竞争实力的结果。如果评价现代制造业竞争实力的综合指标体系包含这三个方面的指标是否就能全面反映现代制造业的竞争实力？我们认为，产业集聚度和产业生态效率也是评价产业竞争实力的必要条件，其中产业集聚度是竞争实力产生的动力，产业的生态效率是竞争实力的保障，以下分述理由：

关于产业集聚度和产业竞争实力的关系，在波特的"钻石模型"中已经有所体现。不难发现，当产业在特定区域集聚整合后，"钻石模型"提出的决定竞争实力的六个因素将更容易相互作用，从而使集聚的产业产生竞争优势。因此，产业集聚度是竞争实力产生的动力。学者们对产业集聚和产业竞争实力的关系也做了定量研究。陈莲芳、严良（2011）[1] 利用区位熵反映矿产资源产业的集聚度，利用产值利润率反映该产业的竞争实力，结果发现矿产资源产业的集聚度与产值利润率正相关。徐光瑞（2010）[2] 利用2000—2008年的数据验证了产业集聚度是影响中国高新技术产业竞争实力的重要因素。

正如生态文明建设是经济持续健康发展的保障，产业的生态效率是产业提升和维持竞争实力的必要条件。有关产业生态效率和竞争实力的关系，波特（1998）[3] 认为，产业生态思想通常会有助于企业优化其资源生产率努力，进而提升企业的竞争实力，并利用资源生产率指标证明了这一观点。于是，产业的生态效率可以看作是产业长期竞争实力的保障。

据此，我们从竞争实力的实质、动力、表现、结果和保障五个方面构建由全要素生产率（TFP）、地理集中度（EG）指数、显示性竞争优势（CA）、成本费用利润率和生态效率五个指标组成的现代制造业竞争实力综合指标评价体系，如表9-1所示。

---

[1]　陈莲芳、严良：《中国西部矿产资源产业集聚度与竞争实力研究》，《中国人口·资源与环境》2011年第5期。

[2]　徐光瑞：《中国高新技术产业集聚与产业竞争实力》，《中国科技论坛》2010年第8期。

[3]　Daniel C. Esty, Michael Porter, Industrial Ecology and Competitiveness: Strategic Implications for the Firm. *Journal of Industrial Eeology*, 1998: 2 (1): 35 - 44.

表 9 - 1 现代制造业竞争实力评价综合指标体系

			评价指标
现代制造业产业竞争实力		实质	全要素生产率（TFP）
		动力	地理集中度（EG）指数
		结果	成本费用利润率
		表现	显示性竞争优势（CA）
		保障	生态效率

表 9 - 1 中的指标体系，可用于中国现代制造业体系国际竞争实力的测度。首先，要对计算好的各项指标进行分值化处理，使指标之间具有可比性；其次，采用模糊数学赋权法确定各指标的权重，以体现指标间的相对重要程度；最后，计算现代制造业各行业的综合竞争实力指数。

二　测度指标的数据处理与计算

对现代制造业竞争实力的测度以 2011 年数据为基础。所需的 5 项指标中全要素生产率（TFP）来自第七章的计算结果，集聚度（EG）指数来自第六章的计算结果，生态效率指标来自第八章的计算结果，成本费用利润率来自历年的《中国统计年鉴》。

计算显示性竞争优势（CA）指标所需的行业出口数据来自《国家统计局进度数据库》和《中国高科技统计年鉴》；所需的行业进口数据根据 2012 年《商品名称及编码协调制度》将进口商品归类到 15 个现代制造业行业中，然后对商品的进口数据进行汇总计算得出；所需的本国进出口总额来自《中国统计年鉴》；所需的全世界的行业进出口额和全世界所有商品进出口总额来自中国统计数据应用支持系统（http：//gov. acmr. cn）。表 9 - 2 提供了各项评价指标的汇总计算结果。

评价指标的计算结果有不同的量纲、不同的数量级，为了使指标之间具有可比性，需要采用指标分值化处理技术对评价指标的计算结果进行分值化处理，该方法的原理在本书第三章已经介绍，在此不再赘述。表 9 - 3 报告了指标分值化处理结果，图 9 - 1 报告了现代制造业各行业 5 个指标的对比结果。

表 9 – 2 现代制造业竞争实力的评价指标计算结果

行业	成本费用利润率（％）	TFP	EG	CA	生态效率
C13	6.86	0.154	0.0253	1.36	0.09
C17	6.49	0.069	0.0488	0.46	0.06
C26	8.05	0.178	0.00189	1.43	0.05
C27	12.43	0.039	0.0092	3.62	0.19
C28	5.82	0.089	0.1973	0.82	0.56
C29	6.42	0.235	0.0814	2.76	0.71
C30	7.06	0.059	0.0224	1.54	1
C31	10.14	0.112	0.0131	0.18	0.31
C32	3.54	0.239	0.0311	0.26	0.13
C33	5.96	0.247	0.0187	0.26	0.19
C35	8.31	0.245	0.0222	0.48	0.78
C36	9.02	0.078	0.015	0.25	0.69
C37	9.5	0.23	0.0135	0.84	0.76
C39	7.08	0.196	0.0326	0.57	1
C40	4.66	0.176	0.093	1.15	1
均值	7.42	0.16	0.042	1.36	0.50
标准差	2.24	0.076	0.05	0.46	0.37

资料来源：《中国统计年鉴》（2012）、《国家统计局进度数据库》、《中国高科技统计年鉴》（2012）和中国统计数据应用支持系统（http：//gov. acmr. cn）。笔者计算整理。

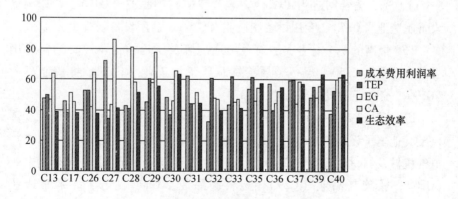

图 9 – 1 现代制造业竞争实力五大因素对比

表 9 - 3　　　　　　　　　　测评指标分值化处理结果

行业	成本费用利润率(%)		TFP		EG		CA		生态效率	
	得分	排序	得分	排序	得分	排序	得分	排序	得分	排序
C13	47.49	9	49.68	9	46.73	7	63.59	5	38.86	13
C17	45.84	10	38.47	13	51.42	4	45.44	15	38.05	14
C26	52.80	6	52.85	7	42.06	15	64.32	4	37.78	15
C27	72.34	1	34.51	14	43.52	14	86.15	1	41.57	10
C28	42.85	13	41.11	11	81.04	1	58.18	8	51.59	8
C29	45.53	11	60.37	4	57.92	3	77.64	2	55.65	6
C30	48.38	8	37.15	15	46.15	8	65.43	3	63.50	1
C31	62.12	2	44.14	10	44.29	13	51.79	12	44.82	9
C32	32.68	15	60.90	3	47.89	6	47.43	13	39.94	12
C33	43.48	12	61.95	1	45.41	10	47.42	14	41.57	10
C35	53.96	5	61.69	2	46.11	9	54.76	10	57.55	4
C36	57.13	4	39.66	12	44.67	11	52.48	11	55.11	7
C37	59.27	3	59.71	5	44.37	12	58.43	7	57.00	5
C39	48.47	7	55.22	6	48.18	5	55.66	9	63.50	1
C40	37.68	14	52.59	8	60.23	2	61.48	6	63.50	1

由表 9 - 3 和图 9 - 1 可知：

第一，各行业在 5 个指标下的排名差异较大。成本费用利润率最高的 5 个行业是：医药制造业（C26）、非金属矿物制品业（C31）、交通运输设备制造业（C37）、专用设备制造业（C36）、通用设备制造业（C37）。

TFP 最高的 5 个行业是：有色金属冶炼及压延加工业（C33）、通用设备制造业（C35）、黑色金属冶炼及压延加工业（C32）、橡胶制品业（C29）、交通运输设备制造业（C37）。

EG 指数最高的 5 个行业是：化学纤维制造业（C28）、通信设备计算机及其他电子设备制造业（C40）、橡胶制品业（C29）、纺织业（C17）、电气机械及器材制造业（C39）；CA 指数最高的 5 个行业是：医药制造业（C26）、橡胶制品业（C29）、塑料制品业（C30）、化学纤维制造业（C28）、农副产品加工业（C13）。

生态效率最高的 5 个行业是：非金属矿物制品业（C31）、电气机械及器材制造业（C39）、通信设备计算机及其他电子设备制造业（C40）、通用设备制造业（C35）、交通运输设备制造业（C37）。

竞争实力的 5 个因素的指标测量结果是不一致的，因此在对 5 个指标进行综合的时候需要赋予不同权重。

第二，不同行业 5 个指标的评价结果差异化程度不同。图 9 – 1 是对各行业 5 个竞争实力评价指标的对比，通过对比，可以看出哪些行业的指标评价结果比较相近，哪些行业的指标评价结果相差较大。

如果某一行业的指标评价结果比较一致，说明该行业的竞争实力主要是由这 5 个因素决定的，受其他因素的影响较小；如果某一行业的指标评价结果相差甚远，说明其他因素对产业的竞争实力影响较大。

在医药制造业（C27）5 个评价指标中市场份额指标和利润率指标明显高于其他指标，而该行业的生产率指标最低，说明该行业的市场方面的竞争实力和盈利能力都比较强，同时说明市场方面的竞争实力和盈利能力不是由生产率水平决定的，而是由行政干预和保护措施决定的。

化学纤维制造业（C28）的 EG 指数明显高于其他评价指标，说明较高的产业集聚度没能带来产业其他方面能力的提高，这可能是由行业间的固有差异决定的。除了医药制造业（C27）和化学纤维制造业（C28），其他 13 个行业的指标评价结果相差不大，说明所设计的指标体系总体上能否反映现代制造业的竞争实力情况，指标体系设计是合理的。

通过对分值化处理后的指标的分析可知，可通过对各项指标的赋权进行精确测度。此处采用模糊数学赋权法对各项评价指标赋权，测评指标的判断矩阵为：

$$
\begin{pmatrix}
1 & 4 & 5 & 3 & 7 \\
1/4 & 1 & 2 & 1/2 & 4 \\
1/5 & 1/2 & 1 & 1/2 & 3 \\
1/3 & 2 & 2 & 1 & 4 \\
1/7 & 1/4 & 1/3 & 1/4 & 1
\end{pmatrix}
$$

在这里，我们确定成本费用利润率对 TFP 的重要性介于稍微重要和明显重要之间，成本费用利润率相对于 EG 明显重要，成本费用利润率相对于 CA 稍微重要，成本费用利润率相对于生态效益强烈重要，TFP 比 EG 的重要性大但是小于稍微重要，TFP 相对于生态效益的重要性同成本费用利润率相对于 TFP 的重要性，EG 相对于 CA 的重要性同 TFP 相对于

EG 的重要性，EG 比生态效率稍微重要，CA 相对于生态效率的重要性同成本费用利润率相对于 TFP 的重要性。

计算得到判断矩阵的特征向量为：（0.5，0.15，0.1，0.21，0.04）

计算得到的最大特征根值为：$\lambda_{max} = 0.489$

进一步计算得到：$C.R. = -0.09 < 0$，因此认为判断矩阵具有完全的一致性。计算得到的特征向量即各指标的合理权重。表 9 - 4 报告了指标体系的赋权结果。

表 9 - 4　　　　　　　　　竞争实力测度指标体系赋权结果

		测评指标
现代制造业产业竞争实力	竞争实力的实质（0.5）	全要素生产率（TFP）（0.1）
	竞争实力的动力（0.15）	地理集中度（EG）指数（0.15）
	竞争实力的结果（0.1）	成本费用利润率（0.5）
	竞争实力的表现（0.21）	显示性竞争优势（CA）（0.21）
	竞争实力的保障（0.046）	生态效率（0.04）

根据处理过的数据和赋权结果，便可进行中国现代制造业体系竞争实力的测评。

三　竞争实力测度结果

根据赋权后测评指标的计算，可得中国现代制造业各行业竞争实力的指标（见表 9 - 5）。

表 9 - 5　　　　　　　　　现代制造业竞争实力综合测度结果

行业	综合得分	排序
C13	47.38	10
C17	45.32	13
C26	50.00	6
C27	65.45	1
C28	47.72	9
C29	49.79	8
C30	46.88	12
C31	53.86	3

续表

行业	综合得分	排序
C32	41.82	15
C33	47.19	11
C35	53.10	4
C36	51.14	5
C37	55.26	2
C39	49.84	7
C40	45.25	14

由表 9 - 5 可知：

（一）竞争实力水平类别

现代制造业中竞争实力水平最强的 5 个行业是：医药制造业（C27）、交通运输设备制造业（C37）、非金属矿物制品业（C31）、通用设备制造业（C35）和专用设备制造业（C36）。

竞争实力居中的行业是：农副产品加工业（C13）、化学原料及化学制品业（C26）、化学纤维制造业（C28）、橡胶制品业（C29）和电气机械及器材制造业（C39）中等竞争实力水平的行业。

竞争实力水平最低的 5 个行业是：有色金属冶炼及压延加工业（C33）、塑料制品业（C30）、纺织业（C17）、通信设备计算机及其他电子设备制造业（C40）和黑色金属冶炼及压延加工业（C32）。

在竞争实力最高的行业中绝大多数属于技术资本密集型行业（除了非金属矿物制品业），而劳动密集型和资源密集型行业则全部分布在中等竞争实力水平和低竞争实力水平的行业内。这说明了中国正在进行的产业结构的转型升级已经取得了较明显的成绩，中国的传统优势行业是劳动密集型行业，而这些行业的竞争实力已经不及技术密集型行业和资本密集型行业。交通运输设备制造业（C37）、通用设备制造业（C35）、专用设备制造业（C36）和电气机械及器材制造业（C39）这些作为国民经济发展的支撑和动力的装备制造业的竞争实力水平的凸显，表明了中国产业结构的优化和整体经济发展质量的提高。

（二）强竞争实力水平的行业

医药制造业（C26）的竞争实力排名第一，其利润率水平和市场份额水平排在第一位，而生产率水平和集聚度水平的排名均为倒数第二，生态效率的排名也比较靠后（第10位）。该行业利润率水平最高，一方面是由于中国普遍存在药价虚高的现象，虽然近年药价调控政策出现成效，但是没有从根本上扭转药价虚高的现象。另一方面，中国医药制造业的产品原创的较少，不少都是仿制品，因而基本上不存在药物研发成本，这样大大缩减了作为技术密集型行业的医药制造业的成本。

医药制造业行业最高的市场份额水平主要是由于世界人口基数的增大，国内外居民生活水平的提高，国内人口老龄化的加剧，城镇化建设的推进和医疗体制改革带来的巨大的国内外药品市场需求，如2011年国内医药制造业累积销售收入达14522亿元，对外贸易也实现较大幅度增长，其中进口额同比增长40.6%，出口额同比增长10.6%[①]；同时，由于人民币贬值、行业进口关税的存在和某些细分行业（中药饮片加工业和中成药生产业）的垄断经营，也使得医药制造业具有较高的市场份额。

此外，该行业的生产率水平相对较低，根据本书第七章的研究结果，影响现代制造业 TFP 的因素主要有行业规模、研发投入、集聚度、国有资本比重和外资比重。2011年，该行业的行业规模（单位企业工业总产值）为2.5亿元，小于现代制造业平均行业规模3.2亿元；该行业的研发投入（大中型企业的 R&D 投入）为122亿元，小于全行业平均投入132亿元；该行业的市场结构（集聚度）为0.0092，明显小于全行业均值0.042，在全行业中排名第14位；该行业的国有资本比重（行业国有及国有控股企业的工业总产值）为0.06，小于全行业均值0.07；该行业的外资比重（行业外资、港澳台投资企业的工业总产值占全部现代制造业企业工业总产值的比重）为0.25，小于全行业均值0.276。

可见，医药制造业在影响 TFP 的5个因素中都不具有优势的事实决定了该行业偏低的 TFP 水平。该行业的集聚度低，根据第六章的研究结果，外资利用度、技术密集度和产业规模显著正向地影响了现代制造业的集聚度。该行业的外资利用度为0.25，小于现代制造业全行业均值0.276；该行业的技术密集度（行业的劳动生产率与所有现代制造业行业劳动生产率的标准差）为0.20，小于全行业均值0.35，在全行业中排名

---

① 《2011—2012 年医药制造业分析报告》，国务院发展研究中心信息网（http：//www. drc-net. com. cn）。

第 12；该行业的产业规模为 2.5 亿元，小于全行业均值 3.2 亿元。医药制造业在影响集聚度的三个方面的因素上表现都不好（均小于全行业均值），这共同决定了医药制造业的集聚水平低，企业数量大、规模小的现实。

（三）中等竞争实力水平的行业

化学纤维制造业（C28）总体竞争实力水平排名第 9 位，属于中等竞争实力水平的行业。该行业具有排名第 1 位的集聚度水平，中等水平的市场份额（第 8 位）和生态效率（第 8 位），较差的利润率（第 13 位）和生产率（第 11 位）。由第六章的研究内容可知，2011 年该行业有 38.75% 集中在浙江省，有 33.99% 集中在江苏省，EG 指数为 0.1973 显著高于全行业中位数（0.0224）。显著的集聚度水平为行业展开有效竞争和实现规模经济提供了条件，该行业的行业规模（单位企业的工业总产值）为 3.8 亿元，高于全行业均值 3.2 亿元。

由本书第六章研究结果不难发现，行业集聚度显著负向影响了 TFP，可见对该行业而言，行业内有效的中小企业之间的竞争才有利于提高 TFP 水平。此外，在国际经济形势不景气的大环境下，该行业的出口贸易面临着日趋严格的环境技术壁垒，发达国家拥有制定环境技术标准的权利，他们以自己国家的环保技术为依据制定的严苛的国际贸易"绿色壁垒"，给中国化学纤维制造业的出口带来了日益严重的负面影响。该行业相对粗放的经营模式和较低的环境竞争实力决定了其市场份额水平。

（四）偏低竞争实力水平的行业

作为现代制造业中竞争实力水平最低的黑色金属冶炼及压延加工业（C32），其利润率水平也是最低的，同时市场份额水平排名第 13 位，生态效率水平排名第 12 位，相对较好的 TFP 水平（第 3 位）和 EG 指数（第 6 位）不能改变该行业总体竞争实力水平低的现状。2011 年在该行业的 6742 个企业中有 1131 个企业亏损，亏损面达到 17%，行业的成本费用利润率为 3.54%，不足全行业均值 7.42% 的 1/2。行业特征决定了该行业的价格水平主要是由成本推动的，而该行业的原材料（铁矿砂）对外依存度高，虽然中国是世界上最大的铁矿石买主，却不具有铁矿石的定价权，较高的原材料成本挤压了该行业的利润率水平。2010 年国际铁矿石供应商把铁矿石的"年度定价机制"改为"季度定价机制"，进一步推高了中国铁矿石的进口价格，给该行业较低的利润率水平雪上加霜。该行业较低的市场份额水平是由国内外两方面的因素决定的。

　　国外方面，金融危机的影响仍在持续，欧洲国家尚未走出债务危机的泥潭，使得该行业的主要产品——钢材的国际市场需求低迷，同时各国纷纷采取各种贸易保护主义措施来保护本国的钢铁行业，美国、欧盟等发达国家采取反补贴、反倾销的手段，越南、印度等发展中国家采取提高进口关税的手段，加大了中国钢材的出口难度。国内方面，中国钢材的国内价格高于国外价格，再加上周边国家的货币贬值，使得乌克兰、俄罗斯等周边国家的低价钢材流入中国，瓜分了该行业的国内市场份额，增加了行业进口额。以上两方面因素共同造成了该行业较低的 CA 指数。该行业的集聚度水平不高，位于全行业的第 6 位，根据前文的研究可知，该行业的外资利用度为 0.13，小于全行业均值 0.28；该行业的技术密集度为 0.2，小于全行业均值 0.35，两个因素决定了该行业的集聚度水平不高。该行业属于资源密集型行业，具有较低的生态效率水平，但是资源密集型行业并不意味着一定要走高污染的道路。

　　值得说明的是，由于我们确定作为竞争实力结果的利润率指标的重要性高于其他指标，所以赋权的结果中权重最高的指标是成本费用利润率（0.5 的权重），这使得竞争实力的综合测评排序结果和按照成本费用利润率的测评排序结果有很高的吻合性（排在前 5 位的行业是相同的）。这种赋权结果在体现了利润率指标作为竞争实力的结果的重要性的同时，也使得行业的政策因素对行业竞争实力评级结果的影响增加，使得高竞争实力的行业不具有高生产率水平和高市场份额，于是那些具有较高利润率水平的垄断行业的竞争实力水平被高估了。

第四节　增强竞争实力的政策思考

　　中国现代制造业的竞争实力决定了中国在国际价值链分工的地位，是中国综合实力的重要体现。通过本章研究发现：行业生产率、集聚度、生态效益、利润率和市场份额共同决定了中国现代制造业体系的竞争实力；行业类别与竞争实力水平类别有极高的吻合度；国际贸易中的"绿色壁垒"和关键产品的定价权是限制中国现代制造业市场份额的主要因素。这给我们思考提高中国现代制造业竞争实力对策给出了有益的启示。

一　加强对世界产业发展新趋势的跟踪，适时进行政策进入和退出

构建中国现代制造业体系是在世界新技术、新产业迅猛发展，全球孕育着新一轮产业革命的大背景下提出的。而此前，世界发达国家也提出过类似的产业发展计划，如美国的《美国国家生物燃料行动计划》（2008）、《一个重整美国制造业框架》（2009）、《连接美国：国家宽带计划》（2009）、《奥巴马—拜登新能源计划》（2009）；英国的《英国低碳转型计划：国家气候与能源战略》（2009）、《建设英国未来》（2009）；日本的《日本：未来开拓战略（J复兴计划）》（2009）、《日本：下一代汽车战略2010》（2010）；韩国的《韩国：新增长动力规划及发展战略》（2009）、《韩国：绿色增长的国家战略》（2009）；欧盟的《欧洲物联网行动计划》（2009）、《欧洲2020战略》（2010）等。以上国家的这些计划或战略类似于我国现代制造业发展规划，都是本国抢占世界经济科技竞争制高点、力图引领未来世界产业发展趋势的重要部署。

现代制造业的提出并非我国的首创，它是世界产业发展新趋势和各国进行产业实力角逐、国家竞争实力角逐的产物。但是，世界产业发展趋势是不确定的。新工业革命和技术革命的发生时间、发展进程也有诸多不确定因素，世界产业发展的大势不可能完全按照人们的主观意志去发展，也不可能完全符合人们的主观判断。可以肯定的是，无论是现代制造业，还是新兴产业都是动态的、变化着的。有些产业被认定为现代制造业，但事实上并非如此或者实践中根本发展不起来；一些产业一段时间可能是现代制造业，而另一时期则可能是夕阳产业。从目前各国产业发展的实践看，一些新兴产业、现代制造业的成熟度还不高，许多核心技术也不稳定；产品的市场不完备，产品认识度低，发展路径和生产经营模式也都在探索和起步阶段。所以，我们所预知的世界产业发展走势尚有许多风险和未知因素，必须在现代制造业的发展实践中高度关注世界产业发展走势的多变性和不确定性，注重选择和培育具备潜在增长优势的产业，不断调整比较优势产业和产品，谋求现代制造业比较优势的动态更迭和相对竞争实力的提高，建立起我国现代制造业和产品的"动态比较优势"体系。

建立现代制造业和产品的"动态比较优势"体系，就要求我们关注现代制造业长期比较优势变化的决定因素，关注其生产要素、技术进步和其他影响因素的动态变化；通过不断创新和降低成本，生产出可以替代日益短缺的初级生产要素的材料；不断打造知名品牌，提升品牌等无形资产

的价值，提高新兴产品的附加值和竞争实力；适时适度地走出传统的比较优势，造就和积累高级生产要素，提升和完善经济增长模式。

　　在转变经济发展方式、加快产业升级的现阶段，国家相关部门和地方政府出台了一系列扶持、激励现代制造业发展政策，形成了以核心技术、金融税收、人才引进、企业主体、创新工程等为主要内容的现代制造业政策支撑体系。这些政策已付诸实施，但政策实施效果却未受到应有的重视。

　　应该认识到，每一项政策都有一个目标指向。有些政策的目标指向是局部利益，有些政策的目标指向是整体利益；有些政策考虑的是企业利益，有些政策考虑的则是国家效益；有些考虑的是长远利益，有些考虑的则是短期利益。单个政策的目标指向是独立的，但一个政策系统中的多个目标指向则是相依的，这就可能产生冲突，如中央政策和地方政策，行业政策和企业政策。实践证明，多项政策在具体实施过程中，不可避免地会产生政策的"冲突效应"，甚至形成"政策悖论"和"博弈困境"。

　　政策体系的实施效果不是单一政策效果的简单总和，某些政策的良性效应可能会受到相关政策效应的冲抵。因此，有必要根据现代制造业发展实践进行相关政策的梳理，加强对政策效果的监测和评估，及时调整政策执行过程中的偏差，消除政策的负面影响，消除和减少政策的对冲力，适时进行政策的进入和退出，保证政策实施效果的最大化和最优化。

　　二　深化市场化改革，构筑现代制造新兴产品市场风险防御体系

　　深化市场化改革要求政府全面退出竞争性行业，取消地方保护政策，地方保护政策的存在使受保护的行业有较高的利润率水平，而其本身的竞争实力水平并不高。如果没有了地方保护政策，这些行业将失去优越性，而与其他行业在同一个平台上竞争，利润水平的高低由其经营能力决定，行业表现出来的竞争实力水平就更为真实。同时，深化市场化改革充分发挥市场在资源配置中的作用，有利于实现行业的合理集聚，有利于淘汰落后产能，提高行业生产率水平。此外，将竞争机制引入到企业的生态效益评价，有利于提高现代制造行业的生态效益水平。

　　深化市场化改革，政府推出竞争性行业，并不意味着政府对经济放任不管。政府要做好为经济发展保驾护航的工作，制定以增强竞争实力为核心的、因势利导的、市场化的产业政策。对于竞争实力较强的现代制造业行业，政府应放松管制，让其在更自由的空间里发展壮大；对于中等竞争实力水平的现代制造业行业，政府应从技术、人才、金融等各方面给予扶持，使其竞争实力水平不断提升；对于竞争实力水平较低的现代制造业政府，应具体分析各行业的竞争实力薄弱环节，针对薄弱环节，制定扶持政策，对于行业内的企业应淘汰落后产能，优化资源配置，重点培育有发展潜力的企业。因此，政府的产业政策应针对行业不同的竞争实力水平，相机决策。

要不断推进现代制造产业的升级。产业升级有两条路径：一是产业间的升级（Inter – industry Upgrading），即不同产业间的结构转换与升级，如由劳动密集型产业向资本技术密集型产业转换；二是产业内升级（Intra – industry Upgrading），即在同一个产业内部由低技术层次向高技术层次、由低加工度和低附加值层次向高加工度和高附加值层次发展。[①] 根据现代制造业的产业发展基础和发展状况，今后现代制造业应该努力实现产业内升级，利用先进技术对现有的生产工艺、管理模式和营销模式，不断提高产品的技术含量和附加值。目前，我国的自主创新能力还不足以满足产业升级的需要，因此我们在加大研发投入和培养高素质人才的同时，还要从国外引进先进技术，对于引进的技术要注重消化吸收，以增强自主创新的能力。为此，中国可以适当改变进口抑制的政策，适当扩大进口，充分发挥进口对现代制造产业技术进步和结构优化升级的作用。

现代制造业的升级关键在技术，但先导是市场。没有稳定、巨大的市场需求，产业终究难成气候、达到规模。在起步阶段，由于消费惯性、消费理念的影响，新产品的特质、优势常常不被用户认知和接受，如节能灯、节能冰箱、节能电器等，产品潜在需求难以扩大和激活，这可能导致新兴产业市场失灵，进而严重影响到现代制造业的发展。

现今，我国对现代制造业的技术、资金、人才培育及引进等问题关注较多，各种激励、配套政策也较全面，这些都体现为产业的生产环节，而有关现代制造产业产品市场的培育、挖掘、拓展则有所忽视。事实上，如果忽视产品市场的培育与开发，一旦现代制造产业进入发展快车道，就容易引发产业同质同构、重复建设、资金资源发散的问题。因此，有必要通过全国性的行业协会，加强对现代制造业产品市场的培育和监测，加强对新产品市场走向的预测。根据市场需求、市场走向和市场的变化来组织技

---

① 黄先海：《中国制造业贸易竞争实力的测度与分析》，《国际贸易问题》2006 年第 5 期。

术的引进、产品的生产。同时，要在技术改造和产品创新上增加投入，努力使新产品适应不同市场、不同层次的需要；要实施不同的营销策略，着眼于我国经济社会发展的重大需求，着眼于世界新产业新产品市场，深度开发市场，发展多元市场，构建起我国现代制造业的市场风险防御体系。

一般而言，新兴产业发展初期，产品的需求规模小，经营模式游离，加之基础设施不完善，产业链配套条件不成熟，所以市场成长慢，经济性能不佳。加强现代制造市场风险防御，就需要注重生产成本分析和生产效益分析，编制成本效益分析框架，对拟上项目一方面要进行科学论证和资源评估；另一方面还要对其财务和经济预期收益进行测度，考虑社会成本效益的平衡，降低项目的机会成本。同时，也要注意发展与市场开拓相结合，警惕地方保护主义对创新型企业和优势企业规模化发展的钳制。

三　构建现代生产经营模式，研判嵌入全球现代制造业"三链"的契合点

我国现代制造业培育实行的是整体推进、重点突破的方针。一些掌握核心关键技术、拥有自主品牌、具备开展高层次分工合作的国际化企业，作为行业发展的依托，得以在某些重点领域率先发展。如已经在国际上占有一席之地的华为、中兴、联想等企业，近年都是逆势增长，产值增长率达40%，甚至50%，成为带动地区增长的重要力量。随着其国际分工地位的强化，具有自主知识产权的技术、产品和服务的国际市场份额大幅提高，这些企业有望在部分领域成为全球重要的研发和制造基地，形成市场活力大、产业链完善、辐射带动强、具有国际竞争实力的现代制造业示范基地和现代制造业增长极。

随着重要企业和重要基地发展规模的不断扩大，需要从宏观上加强产业总体布局和相关领域发展的统筹规划和分类指导，适时进行生产经营计划和策略的动态调整，保证行业和行业间的可持续协调发展。忽视这些重点、重要基地生产经营状况的跟踪，一段时期后，极易形成战略雷同和战略跟风。一方面，可能造成产品积压，供过于求，价格下降，投资收益降低；另一方面，可能导致大量资源用于重复建设，造成资源浪费，产能过剩，最终使企业在经营中面临巨大风险，落入传统产业发展困境的老套路。

要在实践中探索和完善现代制造业生产经营模式，科学确定企业的价值定位和经营宗旨，据此设计好新兴企业的业务范围、交易方式、产业链中的位置、实现价值的手段，规划好企业的设计活动、营销活动、生产活动和其他辅助活动，注重在实践中不断发展、不断完善生产经营模式，促进企业全要素生产率的提高。

全球现代制造业的发展最终要形成现代制造业的价值链、技术链和上下游产业链。由于还处于起步阶段，全球现代制造业的价值链、技术链以及产业链还没有最终形成，只是正处于形成的过程中。这个过程是多变的、不确定的。因此，必须跟踪全球"三链"的形成过程，寻找我国现代制造业嵌入全球"三链"的契合点和突破口。

我国产业发展历史证明，知名企业角逐现代制造业的重要瓶颈通常是核心技术和高端领军技术人才的缺乏，这往往使企业对关键技术存在较大的外部依赖性，如目前新一代信息技术产业中的核心产品集成电路芯片。笔记本电脑操作系统、智能终端操作系统等，主要靠国外的技术主导，企业被迫锁定在价值链的低端，转型升级困难。因此，在全球现代制造业"三链"形成的过程中，我国行业协会和宏观管理部门要分析产业国际产业分工的特点和规律，加强对"三链"阶段、形态、结构等的跟踪监测，追寻其"节点"、"断点"和"拐点"，分析对比我国现代制造业的比较优势。唯有如此，才能及时指导我国具有自主知识产权和知名品牌的国际化企业组织跨国生产和跨国经营，提升其产品的国际化发展水平，抢占技术链竞争、价值链竞争的制高点，抢占先机，抢占"三链"的高端，避免被锁定在"三链"的低端。

四 降低现代制造生产成本，应对国际技术壁垒

根据国际背景下国际贸易技术壁垒状况，政府应出台"国家应对技术壁垒政策"，指导国内现代制造企业有效应对技术壁垒，规避风险，提高经济和生态效益。

"技术壁垒"或"技术性贸易壁垒"是经济全球化背景下出现的最为主要的非关税壁垒之一。目前，国际上较有影响的技术壁垒有：WTO 的 TBT 协定和 SPS 协定，欧盟的 REACH 法规、全球化学品 GHS，美国的 TSCA 法案等。此外，各个国家或地区根据本国的需要，以技术法规、协议、标准、认证体系、合格评定程序等形式设置了多种技术性壁垒，内容涉及技术、卫生、检疫、安全、环保、产品质量认证等诸多领域，名目繁多，运用灵活多变，且具有较强的隐蔽性。

《技术性贸易壁垒协定》（《TBT 协定》，Agreement on Technical Barriers to Trade）和《实施卫生与动植物卫生措施协定》（《SPS 协定》，A-greement on the Application of Sanitary and Phytosanitary Measures），于 1995 年 1 月 1 日 WTO 正式成立起开始执行。《TBT 协定》的基础是各成员国有权采纳技术法规、标准及一致性评估程序的权利，但不采纳非必要的贸易壁垒，基本原则是非歧视性、不设置非必要的贸易壁垒、协调一致、等同性、相互承认和透明度等。SPS 指在各成员国采用保护人类、动物和植物生命或健康所必需的卫生和植物卫生措施的权利，如保护人和动物生命免受来自食品、饮料中食品添加剂、污染物、有毒物质或致病性生物的危险，保护人类生命免受来自植物或动物携带的疾病或致病生物的危险，保护动物和植物生命免受来自害虫、疾病或致病生物的危险，保护国家免受来自害虫进入、存留或传播所造成的损害等；SPS 措施包括：最终产品的标准、检疫措施、加工要求、出证、监督检查、测试和健康有关的标识；同时，SPS 强调，各国有权限止贸易来保护健康，但所采取的措施必须是基于科学原则的、非歧视性和不对贸易产生隐藏的限制性。

欧盟 REACH（Registration, Evaluation, Authorization, Restriction of Chemicals）法规是化学品物质的注册、评估、授权和限制法规，2007 年 6 月 1 日生效，2008 年 6 月 1 日开始全面实施，其目标是协调世界各国对化学品统一分类及标示，保证对现有化学品物质进行管制和安全使用。美国《TSCA 法案》（Toxic Substances Control Act, TSCA），是有毒物质控制法案，1976 年开始实施，法案要对新化学物质实行事前制造告知制度，并要评估其对人体健康和环境的有害性和暴露的可能性，而已列入"现有化学物质名录"的化学物质则需要报告其制造或进口的数量。技术壁垒的形成，严格了出口产品的检疫标准和包装设计标准，促使各国不断提高本国产品的质量、卫生及安全性能，这对人类的性命安全和身体健康有着积极作用。然而，较之关税壁垒，其影响更为广泛和深远，有时可能直接导致限制甚至禁止进口。此外，技术壁垒具有明显的扩散效应和连锁反应，如由一个产品涉及相关的所有产品，从一国扩展到多国甚至全球。随着科学技术的进步、技术创新的深入，新的技术标准会不断涌现，并被采用于新的技术法规，这无疑对企业的生产、销售、检验等诸多环节产生重大冲击，这也是未来我国制造企业无法回避的问题。

据此，政府可设立"现代制造技术贸易壁垒应对基金"，组织现代制造行业协会开展应对国际技术壁垒措施的专项研究，针对技术壁垒规则形

式，制定系统全面的应对措施，包括技术壁垒体系中各类制造产品市场准
入机制、统一的技术性法规，重点领域的技术标准，制造标准基础研究
等。对重点现代制造行业，要建立专门的应对技术壁垒人才队伍，长久持
续地开展应对措施研究，及时指导战略性制造行业的技术研发和生产经营
活动。

在"现代制造技术贸易壁垒应对基金"支持下，设立"国家技术壁
垒信息库"，收集整理国际技术壁垒的各类信息案例，进行技术标准、技
术规则专门的短期人才培训和长期培养，鼓励现代制造行业协会和大型现
代制造骨干企业建立专门的技术壁垒应对机构，开展技术标准和技术规则
的国际交流，研究探求国际技术壁垒设置的技巧和方法，有针对性地研制
反壁垒方案，降低现代制造行业交易成本，提高现代制造业国际竞争力。

主要参考文献

杨洪焦等：《中国制造业的集聚态势及其演进分析》，《数量经济技术经济研究》2008 年第 5 期。

李丹、胡小娟等：《中国制造业企业相对效率与全要素生产率增长研究》，《数量经济技术经济研究》2008 年第 7 期。

胡晨光、程惠芳、陈春根：《产业集聚的集聚动力——一个文献综述》，《经济学家》2011 年第 6 期。

孔翔、罗伯特·E. 马克斯、万广华：《国有企业全要素生产率变化及其决定因素：1990—1994》，《经济研究》1999 年第 7 期。

徐宏毅、欧阳明德：《中国服务业生产率的实证研究》，《工业工程与管理》2004 年第 5 期。

严兵：《效率增进、技术进步与全要素生产率增长——制造业内外资企业生产率比较》，《数量经济技术经济研究》2008 年第 11 期。

涂正革、肖耿：《中国的工业生产力革命——用随机前沿生产模型对中国大中型工业企业全要素生产率增长的分解及分析》，《经济研究》2005 年第 3 期。

王争、郑京海、史晋川：《中国地区工业生产绩效：结构差异制度冲击及动态表现》，《经济研究》2009 年第 7 期。

张军、陈诗一：《结构改革与中国工业增长》，《经济研究》2009 年第 7 期。

牛泽东、张倩肖、王文：《中国装备制造业全要素生产率增长的分解：1998—2009》，《上海经济研究》2012 年第 3 期。

张海洋：《R&D 两面性外资活动与中国工业生产率增长》，《经济研究》2005 年第 5 期。

陈勇、唐朱昌：《中国工业的技术选择与技术进步：1985—2003》，《经济研究》2006 年第 9 期。

徐雷：《中国装备制造业全要素生产率动态实证分析》，《渤海大学学报》
　　2011 年第 1 期。

李丹、胡小娟：《中国制造业企业相对效率和全要素生产率增长研究——
　　基于 1998—2007 年行业数据的实证分析》，《数量经济与技术经济研
　　究》2008 年第 7 期。

李春顶：《中国制造业行业生产率的变动及影响因素——基于 DEA 技术的
　　1998—2007 年行业面板数据分析》，《数量经济与技术经济研究》
　　2009 年第 12 期。

王永保：《提高我国装备制造业全要素生产率的途径》，《煤炭经济研究》
　　2007 年第 9 期。

薛万东：《我国装备制造业全要素生产率测算及实证分析》，《产经评论》
　　2010 年第 5 期。

李星光、于成学：《基于 Malmquist 指数的我国装备制造业全要素生产率
　　测度分析》，《科技与管理》2009 年第 5 期。

王欣、庞玉兰：《装备制造业全要素生产率动态测度》，《安徽工业大学学
　　报》2011 年第 2 期。

蒋国瑞、高丽霞：《我国电子信息产业生态效益评价体系构建与应用》，
　　《中国管理信息化》2010 年第 3 期。

汤洁佘、孝云、林年丰：《吉林省大安市生态环境规划系统动力学仿真模
　　型》，《生态学报》2005 年第 25 期。

龚胜刚、孙智君：《企业生态机制及其实现机制探讨》，《经济管理》2007
　　年第 29 期。

陈静、林逢春、杨凯：《基于生态效益理念的企业环境绩效动态评估模
　　型》，《中国环境科学》2007 年第 27 期。

陈迪：《中国制造业生态效益评价区域差异比较分析》，《中国科技论坛》
　　2008 年第 1 期。

曾敏刚、田洪红：《电子产品逆向物流生态效益指标体系》，《工业工程》
　　2008 年第 11 期。

林逢春、陈静：《企业环境绩效评估指标体系及模糊综合指数评估模型》，
　　《华东师范大学学报》（自然科学版）2006 年第 6 期。

曹正：《资源约束下中国制造业的战略转型》，《中国经济问题》2008 年
　　第 5 期。

鲁成军、邵光黎:《中国制造业的能源替代研究——基于分行业的面板数据分析》,《开发研究》2008 年第 4 期。

金碚:《资源环境管制与工业竞争力关系的理论研究》,《中国工业经济》2009 年第 3 期。

常城、李慧、舒先林:《资源环境约束下我国石油化工企业竞争力研究》,《决策参考》2009 年第 9 期。

任若恩:《关于中国制造业国际竞争力的初步研究》,《中国软科学》1996 年第 6 期。

任若恩、柏满迎、黄勇峰、何耀光:《关于中国制造业国际竞争力的研究》,《政策与管理》2001 年第 11 期。

赵彦云:《中国制造业产业竞争力评价分析》,《经济理论与经济管理》2005 年第 5 期。

关爱萍:《区域主导产业的选择基准研究》,《统计研究》2002 年第 12 期。

肖志兴:《发展战略、产业升级、与战略性新兴产业选择》,《财经问题研究》2010 年第 8 期。

贺灿飞、谢秀珍和潘峰华:《中国制造业省区分布及其影响因素》,《地理研究》2008 年第 3 期。

席艳玲、吉生保:《中国高技术产业集聚程度变动及影响因素——基于新经济地理学的视角》,《中国科技论坛》2012 年第 10 期。

张军、陈诗一:《结构改革与中国工业增长》,《经济研究》2009 年第 7 期。

陈诗一:《能源消耗、二氧化碳排放与中国工业的可持续发展》,《经济研究》2009 年第 4 期。

李小平、卢现祥、朱钟棣:《国际贸易、技术进步和中国工业行业的生产率增长》,《经济学季刊》2008 年第 2 期。

李春顶:《中国制造业行业生产率的变动及影响因素研究》,《数量经济技术经济研究》2009 年第 12 期。

杨文举:《中国地区工业的动态环境绩效:基于 DEA 的经验分析》,《数量经济技术经济研究》2009 年第 6 期。

杨文举:《中国工业的动态环境绩效——基于细分行业的 DEA 分析》,《山西财经大学学报》2011 年第 6 期。

张炳、毕军、黄和平：《基于 DEA 的企业生态效率评价：以杭州湾精细化
　　工园区企业为例》，《系统工程理论与实践》2008 年第 4 期。

王 兵、吴延瑞、颜鹏飞：《环境管制与全要素生产率增长：APEC 的实证
　　研究》，《经济研究》2008 年第 5 期。

彭昱：《我国电力产业动态环境绩效评价》，《经济社会体制比较》2011
　　年第 5 期。

陈佳贵、张金昌：《实现利润优势——中美具有国际竞争力产业的比较》，
　　《国际贸易》2002 年第 5 期。

张其仔：《开放条件下我国制造业的国际竞争力》，《管理世界》2003 年
　　第 8 期。

陈立敏、谭立文：《评价中国制造业竞争力的实证方法研究》，《中国工业
　　经济》2004 年第 5 期。

蓝庆新、王述英：《论中国国际产业竞争力的现状与提高对策》，《经济评
　　论》2003 年第 1 期。

陈立敏、王璇、饶思源：《中美制造业国际竞争力的比较：基于产业竞争
　　力层次观点的实证分析》，《中国工业经济》2009 年第 6 期。

李刚、刘吉超：《入世十年中国产业国际竞争力的实证分析》，《财贸经
　　济》2012 年第 8 期。

陈莲芳、严良：《中国西部矿产资源产业集聚度与竞争力研究》，《中国人
　　口·资源与环境》2011 年第 5 期。

徐光瑞：《中国高新技术产业集聚与产业竞争力》，《中国科技论坛》2010
　　年第 8 期。

宋毅主编：《国家产业技术政策研究报告》，中国社会科学出版社 2003
　　年版。

张其仔：《比较优势的演化与中国产业升级路径的选择》，《中国工业经
　　济》2008 年第 9 期。

王岳平：《现代制造业发展的特点与趋势》，《宏观经济研究》2004 年第
　　12 期。

李金华：《我国制造业升级与现代制造业体系构建的行动策略》，《中国经
　　贸导刊》2010 年第 11 期。

陈自芳：《区域经济学新论》，中国财政经济出版社 2011 年版。

艾伯特·赫希曼：《经济发展战略》，冯之浚译，经济科学出版社 1991

年版。

周叔莲：《中国产业政策研究》，经济管理出版社 1990 年版。

周振华：《产业政策的经济理论系统分析》，中国人民大学出版社 1991
年版。

李廉水主编：《中国制造业发展报告》，科学出版社 2009 年版。

贺灿飞：《中国制造业地理集中与集聚》，科学出版社 2009 年版。

张青山等：《制造业绿色产品评价体系》，电子工业出版社 2009 年版。

H. 钱纳里等：《工业化和经济增长的比较研究》，上海人民出版社 1995
年版。

路江涌、陶志刚：《区域专业化分工与区域间行业同构——中国区域经济
结构的实证分析》，清华大学经济管理学院，《经济学报》，清华大学
出版社 2005 年版。

［德］阿尔弗雷德·韦伯：《工业区位论》，李刚剑译，商务印书馆 1997
年版。

［美］埃德加·M. 胡佛 ：《区域经济学导论》，张翼龙译，商务印书馆
1990 年版。

［德］奥古斯特·勒施：《经济空间秩序》，王守礼译，商务印书馆 1995
年版。

王缉慈：《创新的空间：企业集群与区域发展》，北京大学出版社 2001
年版。

［美］保罗·克鲁格曼：《地理与贸易》，张兆杰译，北京大学出版社、中
国人民大学出版社 2000 年版。

［美］蒂莫西·J. 科埃利、D. S. 普拉萨德·拉奥、克里斯托弗·J. 奥唐
奈、乔治·E. 巴蒂斯：《效率与生产率分析引论》第二版，王忠玉
译，中国人民大学出版社 2008 年版。

Daniel C. Esty, Michael Porter, "Industrial Ecology and Competitiveness: Stra-
tegic Implications for the Firm" [J] . *Journal of Industrial Ecology*,
Vol. 2, No. 1, 1998, pp. 35 – 44.

Abraham, K. , Taylor, S. , "Firm's Use of Outside Contractors: Theory and
Evidence" [J] . *Journal of Labor Economies*, Vol. 14, 1996, pp. 394 –
424.

Porter, M. E. , "What Do We Know about Variance in Accounting Profitability?" [J] . *Management Science*, Vol. 7, 2002, pp. 834 – 851.

Kim, S. , "Expansion of Markets and the Geographic Distribution of Economic Activities: The Trends in U. S. Regional Manufacturing Structure, 1860 – 1987" [J] . *The Quarterly Journal of Economics*, Vol. 110, No. 4, 1995, pp. 881 – 908.

Kim, S. , "Region, resources, and economic geography: Sources of U. S. regional comparative advantage, 1880 – 1987" [J] . *Regional Science and Urban Economics*, Vol. 29, No. 1, 1999, pp. 1 – 32.

Ellison, G. , Glaeser, E. L. , "The geographic concentration of industry: Does natural advantage explain agglomeration?" [J] . *American Economic Review*, Vol. 89, No. 2, 1999, pp. 311 – 316.

Krugman, P. , "Competitiveness: A Dangerous Obsession" [J] . *Foreign Affairs*, Vol. 73, No. 2, 1994.

Rugman, A. M. , "Diamond in the rough" [J] . *Business Quarterly*, Vol. 55, No. 3, 1991, pp. 61 – 64.

Rugman, A. M. , D'Cruz, J. R. , "The double diamond model of international competitiveness: Canada's experience" [J] . *Management International Review*, Vol. 33, No. 2, 1993, pp. 17 – 39.

Dunning, J. H. , "Internationalizing Porter's diamond special issue" [J] . *Management International Review*, Vol. 33, No. 2, 1993, pp. 7 – 15.

Dunning, J. H. , "Reappraising the eclectic paradigm in the age of alliance capitalism" [J] . *Journal of International Business Studies*, Vol. 26, No. 3, 1995, pp. 21 – 30.

Cho, D. , Choi, J. , Yi, Y. , "International advertising strategies by NIC multinationals: The case of a korean firm" [J] . *International Journal of Advertising*, Vol. 13, 1994, pp. 77 – 92.

Moon, H. C. , Rugman, A. M. , Verbeke, A. "The generalized double diamond approach to international competitiveness" [J] . *Research in Global Strategic Management*, Vol. 5, 1995, pp. 97 – 114.

Fagerberg, J. , "Technology and competitiveness" [J] . *Oxford Review of Economic Policy*, Vol. 12, No. 3, 1996, pp. 39 – 51.

Marion, B. , D. Kim, "Concentration changes in selected food manufacturing industries: The influence of Mergers and Acquisitions vs. Internal Growth" [J]. *Agribusiness: An International Journal*, 1991, Vol. 7, No. 5, pp. 416 – 431.

Moreno, Lourdes, "The determinants of Spanish industrial exports to the European union" [J]. *Applied Economics*, Vol. 29, 1997, pp. 723 – 732.

Karnani, A., "Equilibrium market share – A measure of competitive strength" [J]. *Strategic Management Journal*, Vol. 3, 1982, pp. 43 – 51.

Enoch, C. A., "Measures of international trade", *Bank of England Quarterly Bulletin* [J]. Vol. 18, No. 2, 1978, pp. 23 – 35.

Prebisch, R., "Commercial Policy in the Underdeveloped Countries", *American Economic Review*, Vol. 49, No. 2, 1959, pp. 251 – 273.

Menzler – Hokkanen, I., "Can international competitiveness be measured by the relative unit labor cost approach? A comment on professor Artto" [J]. *Management International Review*, Vol. 29, No. 1, 1989, pp. 72 – 77.

Francis, Perroux, "Economic Space: Theory and Applications" [J]. *Quarterly Journal of Economics*, Vol. 2, 1950, pp. 48 – 62.

Amin, A., Thrift, N., "Neo – Marshallian nodes in global networks", *International Journal of Urban and Regional Research* [J]. Vol. 16, No. 4, 1992, pp. 571 – 587.

Harrsion, B., "Industrial Districts: Old Wine in New Bottles?" [J]. *Regional Studies*, Vol. 26, No. 5, 1992, pp. 469 – 483.

Forslid, R., Haaland, J. I., Knarvik, K. H. M. A., "U – shaped Europe? A simulation study of industrial location" [J]. *Jorunal of International Economics*, Vol. 57, No. 2, 2002, pp. 273 – 297.

Abramovitz, M., "Resource and output trends in the United States since 1870" [J]. *The American Economic Review*, Vol. 46, No. 2, 1956, pp. 5 – 23.

Solow, R. M., "A contribution to the theory of economic growth" [J]. *Quarterly Journal of Economics*, Vol. 70, No. 1, 1956, pp. 65 – 94

Solow, R. M., "Technical change and the aggregate production function" [J]. *Review of Economics and Statistics*, Vol. 39, No. 3, 1957, pp. 312 – 320.

Denison, E. F., The sources of economic growth in the United States and the alternatives before us, New York: Committee for Economic Development, 1962.

Jorgenson, D. W., Grillches, Z. T., "The explanation of productivity change" [J], *Review of Economic Studies*, Vol. 34, No. 3, 1967, pp. 249 – 283.

Jorgenson, D. W., *Productivity: Postwar U. S. Economic Growth*. Cambridge, MA, MIT Press, 1995.

Ernst, R., Berndt, Mohammed, S. Khaled, The Journal of Political Economy, Vol. 87, No. 6, 1979, pp. 1220 – 1245.

Subal, C., Kumbhakar, Almas Heshmati; Lennart Hjalmarsson, "Parametric Approaches to Productivity Measurement: A Comparison among Alternative Models" [J]. *Scan of Economics*, Vol. 101, 1999, pp. 405 – 424.

Taeko, Aoe, "Eco – efficiency and Eco – design in Electrical and Electronic Products" [J]. *Cleaner Production*, Vol. 15, No. 15, 2007, pp. 1406 – 1414.

G., Ellison, E., Glaeser, "Geographic Concentration in U. S. Manufacturing Industries A Dartboard Approach " [J]. *Journal of Political Economy*, Vol. 19, No. 10, 1997, pp. 889 – 927.

Young, A., "The razor's edge: Distortions and incremental reform in the People's Republic of China" [J]. *The Quarterly Journal of Economics*, Vol. 115, No. 4, 2000, pp. 1091 – 1135.

Kumbhakar, S. C., "Estimation and Decomposition of Productivity Change when Production Is Not Efficient : A Panel Data Approach" [J]. *Econometric Reviews*, Vol. 19, No. 5, 2000, pp. 425 – 460.

Battese, G. E., Coelli, T. J., "Frontier Production Function' Technical Efficiency and Panel Data: With Application to Paddy Farmers in India" [J]. *Journal of Productivity Analysis*, Vol. 109, No. 3, 1992, pp. 153 – 169.

Jondrow, J., Lovell, C. A. K., Materov, I. S., Schmidt, P., "On Estimation of Technical Inefficiency in the Stochastic Frontier Production Function Model" [J]. *Journal of Econometrics*, Vol. 135, No. 19, 1982, pp. 233 – 238.

Battese, G. E., Coelli, T. J., "Prediction of Firm – Level Technical Efficiencies with a Generalized Frontier Production Function and Panel Data" [J]. *Journal of Econometrics*, Vol. 98, No. 38, 1998, pp. 387 – 399.

Transition Economy: A Non – Parametric Approach for China [J]. *Applied Economics*, Vol. 37, No. 7, 2005, pp. 725 – 739.

Denison, E. F., Why Growth Rate Differ, Washington D. C. : The Brookings

Institution, 1967.

Marion, B. , D. Kim, "Concentration changes in selected food manufacturing industries: The influence of Mergers and Acquisitions vs Internal Growth", Agribusiness [J] . *An International Journal*, Vol. 7, No. 5, 1991, pp. 416 – 431.

Kortelainen, M. ,"Dynamic Environmental Performance Analysis: A Malmquist Index Approach" [J] . *Ecological Economics*, Vol. 64, No. 4, 2008, pp. 701 – 7151

J. R. , Boudeville, *Problems of Regional Economic Planning: Edinburgh* [M]. University Press, 1966.

Fracis, Perroux, *Note on the Concept of Growth Poles*, *Regional Economics: Theory and Practice.* The Free Press, 1955, pp. 93 – 104.

Denison, E. F. , *Why Growth Rate Differ* [M] . Washington, D. C. The Brookings Institution, 1967.

Storper, M. , Walker, R. , *The Capitalist Imperative: Territory; Technology and Industrial Growth* [M] . Basil Blackwell, 1989.

Piore, M. , Sabel, C. , *The Second Industrial Divide: Possibilities for Properity* [M] . New York: Haper & Row, 1984.

Remigio, R. , Alberto, B. , Richard, G. , *The Dynamics of Innovative Region: The GREMI Approach* [M] . Ashgate Publishing Ltd. , 1997.

Scott, A. Technopolis, *High – Technology Industry and Regional Development it South California* [M] . UC Press, 1993.

Hirschman, A. O. , *The Strategy of Economic Development* [M] . Yale University Press, 1958.

Prebisch, R. , *The Economic Development of Latin America and its Principal Problems* [M] . United Nations Economic Commission for Latin America, 1950.

Friedman, J. , *Regional Development Policy: A Case Study of Venezuela* [M]. MIT Press, Cambridge, Massachusetts, 1966.

Friedman, J. , Generalized theory of Polarized development, In: HanSen, N. M. (ed.), *Growth Centers in Regional Economic Development* [M] . the Free Press, 1972, pp. 82 – 107.

Jacobs, J., *The Economy of Cities* ［M］. New York: Random House, 1969.

Jacobs, J., *The Death and Life of Great American Cities* ［M］. New York: Random House, 1961.

Hoover, E. M., *Introduction to Regional Economics* ［M］. Alfred A., Knopf Inc., 1975.

Wooldridge, J., *Introductory Econometrics: A Modern Approach*, 2nd edition, 影印本, 清华大学出版社 2004 年版。